广东学校德育"百系列"丛书——践行社会主义核心价值观系列

U0799837

GUANGDONG BAIMING YOUXIU XUEZI JISHI

广东百名优秀学子纪实 上

广东省教育厅◎编著

南方日报出版社
NANFANG DAILY PRESS
中国·广州

图书在版编目（CIP）数据

广东百名优秀学子纪实 ：全2册 / 广东省教育厅编著. — 广州 ：南方日报出版社，2018.1
（广东学校德育“百系列”丛书. 践行社会主义核心价值观系列）
ISBN 978-7-5491-1355-2

Ⅰ. ①广… Ⅱ. ①广… Ⅲ. ①模范学生—先进事迹—广东省—现代 Ⅳ. ①K828.4

中国版本图书馆CIP数据核字(2016)第006125号

GUANGDONG BAIMING YOUXIU XUEZI JISHI
广东百名优秀学子纪实（上）
广东省教育厅 编著

出版发行：南方日报出版社
地　　址：广州市广州大道中289号
出 版 人：周洪威
出版统筹：周山丹
责任编辑：方　明　曹　星
特约编辑：梁小冬
封面设计：劳华义
内文设计：胡馨怡
责任校对：王　燕
责任技编：王　兰
经　　销：全国新华书店
印　　刷：虎彩印艺股份有限公司
开　　本：787mm×1094mm　1/16
总 印 张：28.5
总 字 数：547千字
版　　次：2018年1月第1版
印　　次：2018年1月第1次印刷
总 定 价：90.00元（全2册）

投稿热线：（020）83000503　读者热线：（020）83000502
网址：http://www.nfdailypress.com/

编委会

序

p r e f a c e

◎景李虎

党的十八大明确指出，要全面贯彻党的教育方针，把立德树人作为教育的根本任务，培养德、智、体、美全面发展的社会主义建设者和接班人。这一重要论断深刻揭示了学生思想道德素质培养在学生教育中的基础性地位及德育工作对于学校教育的重要意义，为我们进一步做好学校德育工作增添了动力、指明了方向，我们必须全面学习领会、深入贯彻落实。

在贯彻党的十八大精神、落实立德树人要求的过程中，广东紧紧围绕培育和践行社会主义核心价值观，着眼课堂教学、校园文化、社会实践、学校管理“四育人”平台建设，着力推进课堂育人，创新高校思想政治理论课和中小学德育课教学，探索建立高校党委书记、校长上第一堂思想政治理论课制度，把学科育人纳入学科教师日常培养培训及教育教学考核；着力推进文化育人，举办学校校训、校徽、校歌展示活动，引导师生对学校文化蕴含的传统文化和时代精神进行挖掘、阐发，持之以恒分类开展高校、中小学、中职学校主题教育活动，促使活动教育化、系列化、品牌化；着力推进实践育人，加强大学生社会实践活动的正确引导，让大学生通过实践增强对中国特色社会主义的政治认同、情感认同和实践认同，加强中小学生综合实践基地建设，破解中小学生社会实践安全难题；着力推进管理育人，全面深化德育管理队伍培养，精心打造“三项赛事”（高校思想政治理论课青年教师教学基本功比赛、辅导员职业能力比赛、中小学班主任专业能力比赛）、“三种培养”（高校思想政治理论课名教师骨干教师培养、名辅导员培养、中小学名班主任培养）、“三类工作室”（高校思想政治理论课名师工作室、名辅导员工作室、中小学名班主任工作室），形成优秀德育教师从发掘选拔到培养成长到辐射带动的完整链条。凡此种种，不胜枚举。

总结广东近几年学校德育工作的成功实践，有一条基本经验——重视学校德育工作的“四性”建设，即科学性、创新性、实践性、实效性建设，其中，科学是基础，创新是动力，实践是关键，实效是根本。可以说，新形势下广东学校德育工作取得的每一点进步、每一分收获，都得益于对“四性”的深刻理解和自觉运用，得益于在对“四性”一贯坚持中的丰富发展。

一是突出科学性。德育工作的对象是活泼的学生个体，其工作成效如何不仅影响学生当前成长，更关乎学生长远发展，来不得半点任性和马虎，必须认真遵循学生身心成长规律和德育自身工作规律。把握科学性，广东依托高校成立了中小学德育研究与指导中心、中职学校德育研究与指导中心、中小学心理健康教育指导中心等专业机构，建立起行政推动与专家指导相结合的工作推进机制，使得省级德育工作宏观管理具备了坚实的学术支持、学理支撑和科学奠基。

二是突出创新性。当今时代，经济社会深刻转型，思想文化多元多样多变，互联网、手机等新兴媒体迅猛发展，“新”和“变”已然成为学生所处环境的重要特征。做好德育工作，我们比以往任何时候都更加需要创新，“老办法”可以不灵，但绝不能够不会“新办法”。把握创新性，广东设立了省级学校德育创新项目和高校思想政治教育工作创新项目，积极鼓励和支持各地各学校进行德育理念创新、手段创新和基层工作创新，促使德育创新蔚然成风、德育创新成果竞相迸发。

三是突出实践性。常言道，实践出真知，没有经过实践的道德认知难免苍白无力，难以支撑起学生终身认同和践行的道德法则和价值准则。德育的入耳、入脑可以通过课堂教学实现，但要入心、要真正刻入学生心灵，唯有通过实践、通过学生亲身经历、亲身体验和自我感悟、自我理解才能达成。把握实践性，广东在推进“创强争先建高地”教育中心工作的过程中，明确将实践育人、青少年校外活动场所建设等写入创建教育强市、强县（市、区）、强镇及推进教育现代化先进市、先进县（市、区）指标体系，并对推进教育现代化先进市的中小学生综合实践基地建设指标、推进教育现代化先进县（市、区）的青少年宫建设指标实行“一票否决”。

四是突出实效性。加强德育工作的科学性、创新性、实践性建设，根本目的就在于增强德育工作的实效性，让德育在学生中更好地落地、生根、开花、结果，让德育真正润进学生心田。也就是说，德育要见实效，工作的科学性、创新性、实践性必须落地，落实到德育工作的各个实施层面。把握实效性，广东对学校德育科研工作进行大胆改革，树立实践导向，把重心下移到德育实践操作层面，通过整合零散的理论研究力量，集中优势团队进行少数重大理论问题研究，大力释放实践研究空间，大幅度提升了德育实践研究项目的立项比例，引导各地各学校多出德育方法载体、渠道途径等实施层面的成果，减少那些缺少新意、反复注解、难以推广运用的理论“研究”成果。

一分部署，九分落实。广东各地各学校在推进“四育人”、加强德育“四性”建设的过程中，坚持务实进取、主动作为、积极探索，创造了一大批优秀德育理论和实践成果。为加强各地各学校间的学习交流，发挥先进典型的示范引领作用，广东省教育厅于2014年在全省范围内组织开展了“百系列”学校德育优秀成果展示活动。活动面向各级教育行政部门和各级各类学校，分为“教书育人”“践行社会主义核心价值观”“以德立校”“科研引领”“聚焦课堂”“实践育人”六个系列，经层层推荐、严格遴选，集中展示了“百名优秀德育教师”“百名优秀学子”“百个优秀德育案例”“百篇优秀德育论文”“百个优质中小学德育课、高校思想政治理论课课例”以及“百项优秀校外教育成果”。这套“百系列”丛书所呈现的就是展示活动中的部分优秀成果。通过这些成果，我们对基层一线的德育工作也有了更深的认识。

第一，基层一线德育经验之丰富多样，令人欣喜。这些优秀成果从实施途径来看，涵盖了课堂教学、校园文化、社会实践、学校管理等各种育人渠道；从实施内容来看，包括了理想信念教育、中国精神教育、道德品行教育、法治知识教育、职业生涯教育、心理健康教育等各类教育内容；从实施主体来看，大到一个区域、一所高校，小至一所中（小）学、一个院系、一个班级。难能可贵的是，这些成果来自基层一线，符合基层实际并经基层实践检验，操作性、实用性、可学性都很强，普遍具有较高的推广应用价值。

第二，基层一线德育方法之不断改进，令人振奋。从这次展示活动来看，基层一线对德育方法的科学性越来越重视，再也不是囫囵一堆、不管先后、不分轻重地一拥而上、使劲灌输，而是注重针对学生身心特点和思想实际，采用适合的德育方法。例如，更加关注学生的个性化需要，更加重视与实践的结合，更加突出学生的主体性，更加发挥手机、网络等新媒体作用等等，呈现出多样化、精细化、特色化的良好态势。

第三，基层一线德育教师之奉献精神，令人感动。随着时代发展和社会进步，无论是教育部门和学校，抑或是家长和社会，都对教师的期盼越来越多、要求越来越高。即使这样，基层仍然有大批德育干部和教师承受住重重压力，刻苦钻研、辛勤耕耘，全身心投入到德育工作中，并取得骄人的业绩。尤为可贵的是，这些优秀德育干部和教师不仅有爱心，更有智慧、有思想；不仅敬业爱岗、辛勤付出，更能将科学的思想和理念贯彻到工作实践中。他们可以说是治教、教书和育人“全面发展”的优秀教师，希望大家把他们立为标杆、树为榜样，见贤思齐、不断进步。

大学生思想政治教育和未成年人思想道德建设任重道远，必须持续用力、久久为功。殷切期望德育战线全体同人抖擞精神，在巩固好“百系列”展示活动成果的基础上，继续保持改革创新的锐气、昂扬向上的朝气和争创一流的勇气，继续开阔视野、开动脑筋、开拓思路，争创广东学校德育工作新优势，为我省教育“创强争先建高地”不断做出新贡献！

是为序。

（本序作者系中共广东省委教育工委书记、广东省教育厅厅长）

目录

contents

苦寒的风吹不倒仰起的头

——记南方医科大学学生刘付剑波

题记：『我什么都不怕，只畏自己不够拼搏，不够奋进。』他总是如是对身边的人说。对他来说，大学不是意味着苦读的结束、放松的开始，而是新一轮更加艰辛更多汗水的航程。这位船长始终如一地引领着自己的人生之船，搏击风浪，高歌前进。路过的风雨已经成为过去的风景，前面的风浪却从未令他畏惧。他从未想过能否成功，但是却一如既往地拼搏，并不断地提醒自己：更加努力！

刘付剑波，南方医科大学人文与管理学院2011级卫生经济学专业学生，出身贫困农村家庭，家里弟妹多，早年父母不堪忍受农村看天吃饭的日子，外出打工数十载，中途波折四起，家中经济状况亦依旧贫寒。身为家中长子，他知晓家中困境及自己身上肩负的家人的期望，从小懂事好学，成绩优秀。2011年9月，这个农村男孩踏入了南方医科大学校门，和同学一起开始了憧憬已久的大学生活。不同的是，他知道自己除了学习，还要用自己还不够成熟的肩膀扛起自己的生活。从一开始，他就注定了要比别人流更多的汗，受更多的苦，但他却从未胆怯。如今3年已经过去，曾经那个满怀激情却懵懂的男孩已然成长，激情依旧，却更成熟稳定。三年充满汗水的大学生活，显然让他受益良多。

承高考艰苦斗志　启大学自强风帆

从一踏进校园的那一刻起，他就得考虑生活的问题，然而生活的压力从未使他屈服。在不影响学习的前提下，他很快开始了自己大学奋斗生活的第一步——兼职。所在校区地理位置偏僻，兼职的机会不多，送外卖成了他的第一个选择。在很多同学看来，送外卖是份辛苦且没有面子的工作，可他却为这份工作暗自自豪，因为他不仅从中挣足生活费养活了自己，更是从中学到了很多东西。在送外卖路上，他从不只是简单地在做一份体力工作：爬楼梯、敲门、送餐、收钱，而是总是绞尽脑汁地想着如何更快更好地送更多外卖，如何更加妥当地处理同学顾客的意见，他甚至自发组织安排了工友的分工，极大地提高了整个饭馆送外卖的效率，得到雇主的好评。对他来说，把送外卖这份工作做好，不仅是为了让自己的生活没那么困窘，更是他对一份工作应有的态度——把事情尽力做到最好。整整一年，他挥洒了无数汗水，却也收获了生活。

大二各项学习生活开支渐大，他开始做家教，而且同时接两份家教。别的同学总是觉得家教简单轻松，以自己的知识很容易应付孩子家长，但是他从不应付，而是用心和孩子交流，认真备课，耐心讲解。孩子成绩进步很快，至今时隔一年，他依旧在生活方面以师长和朋友身份给孩子指导。孩子父母说看得出刘付剑波同学很用心，他们很放心。

如上，他在每一份不起眼的兼职中都投入自己拼搏的汗水，他需要兼职来养活自己，却不是简单地只是为了拿钱把工作应付了事。他用心在做事，收获了实践知识，收获了周围人的肯定。

靠着自己的兼职和国家提供的大学生助学金，他基本上没伸手向家里人要过钱——他正是这样践行着自己的自强不息的。

报效祖国山区支教　心系社会义务献血

作为接受国家资助的贫困大学生，刘付剑波一直有着一颗用公益回馈社会的心。怀着这样的信念，大一的时候他就积极参加了学校逐光服务队。通过重重选拔，他最后如愿在暑假随队到揭西乡下进行了为期半个月的支教支医活动。“他很优秀，但是他感恩的心才是入选的关键，整个过程中，他的热忱令其他队员都很感动。”随队队长如是说。是的，无论之前的准备工作还是支教过程中的事务，他都以十二分的热情认真对待，因为他希望通过自己力所能及的力量来回馈社会。

支教的学校里，很多孩子是留守儿童，缺少父母的关爱，基本都是老人带大的，他们通过调皮的方式引起大人的关注以期获得更多的关爱，尤其年纪小的孩子很调皮，面对亲切的大哥哥大姐姐更加放肆，其他队员都头疼不已。但早年父母就外出打工的他明白孩子们的想法，心里一阵酸楚，也更坚定了此行的意义。他带着他们玩游戏，融入他们，然后教导他们——一切在用心的爱下显得如此自然。到最后，他才发现自己已经投入太深以至完全无法“自拔”。他说：“为孩子们发自内心的付出后，你会觉得他们成长了，自己也成长了。”

此外，在毗邻南方医院的医科大学里，献血救人的风气向来盛行，刘付剑波同学亦踊跃参与。他曾多次在献血点献全血，亦曾在病人病重求助时直接赶到医院捐献成分血。每每想到自己的血救了人，他就暗自激动。他热心地回馈着社会，这与他的处事态度是一致的——他总是用心对待周围的人和事，用心去做，做到最好。

学习优秀模范生　工作积极好党员

刘付剑波同学常说：“身为学生，好好学习才是这个身份最原始最根本的意义。”为了生活，他不得不在课外花很多时间进行兼职工作，但是他却从未放松自己的学习。身为所在专业的教班主任，他总是以身作则，上课认真听讲，积极和老师同学交流自己的想法。他也曾无数次为了完成自己领导小组的课题展示，带领小组成员花几个星期时间搜集整理资料，深入研讨，极好地完成了课题作业。他还不限于课堂知识，而是积极广泛涉猎与专业相关的课外书籍，带动周围同学就书的内容进行讨论，还不定时向周围同学介绍自己新看的书籍。尽管他的课外时间因为兼职而没有其他同学多，但是通过这样用心的学习，他的成绩依然优秀。大一大二时期，他一次性以550分和520分的优秀成绩通过国家大学生英语四、六级考试。怀着对心理学的浓厚兴趣，他还辅修了心理学双学位。这对于他来说无疑又是一个大挑战，但是他向来信心满满，凭着自己做事踏实的狠劲，一直学得不错。他说："我会尽自己最大的努力在被限制的学习时间上做到自己的最好。"

刘付剑波同学在兼职、学习之余，还热心服务同学。他大一的时候通过专业内演讲竞选方式担任所在专业教班主任，至今已三年。教班主任工作比较琐碎，除了统管学习等方面的工作外，类似于填表、收费、解释学校教学制度等事项需要负责人有极大的耐心和责任心。但他就是这样坚持着：每个学期分析庞大的成绩数据，指出同学学习方面的进步与不足；关于学校教学安排的各种解释往往要和班上不同的同学重复解释很多遍，直至同学理解；交过来的评优申请表格不正确的，他会一个个地找住在不同宿舍楼的同学面谈说明问题然后让他们改正……挂一漏万，这些都是平常他在繁重的工作和学习之后学生工作的一个缩影。其中的用心程度，非一般人可以做到。

由于成绩优秀，为人积极上进，刘付剑波一直以自强不息的践行精神影响着周围的同学。因此，作为先进榜样，他在2014年经过两年的考察，光荣地加入了中国共产党，成为一名党员。

斗志昂扬战职场　勇立潮头迎未来

大三开始后，刘付剑波同学亦开始有计划地投身实习，提前接受社会洗礼。大三上学期，他成功成为新东方教育科技集团实习生，负责在校园推广公司品牌及课程。一如往常，他用心工作，努力适应职场人的工作方式。作为新人，他必然碰了许多壁，但是他拿出了一向的做事风格：用心，拼搏。他克服心理障碍，积极走访客户；他不放过任何一个疑点，不停地和同事交流，吸取经验。一番努力之后，他得到了回报：和同事成功举办各种讲座，屡次超额完成公司业绩要求。最终，他们团队从众多优秀团队中脱颖而出，荣获"最佳团队奖"，这其中当然少不了刘付剑波同学的用心付出。这让他再一次坚信自己的付出终究有回报，亦让他更有信心去迎接接下来的挑战。

大三下学期，他转至中国联通广州分公司，前期负责校园业务的推广。由于工作用心得力，业绩优秀，后期他被调往市公司参加该公司的青年创业社筹备委员会，为青年创业社的壮大发展做前期性筹备工作。想必，他努力把每一件事做到最好的风格得到了赏识。

他先行一步，积极投身社会实践让他获益匪浅——除了这其中的成绩，还有他历练后的成长。

后记：身为一名大学生，刘付剑波是其中普通的一员，他和他们一样青春、活力、有理想，但他又是如此的不一样。他显然比他的同辈们更早更深地懂得努力奋斗，自强不息。贫寒出身阻挡不了他进取的心，压不倒他高高仰起的头。他信心十足，认真地书写着“我辈岂是蓬蒿人”的先进风貌；他用心回馈，执着地践行着“滴水之恩当涌泉相报”的中华民族美德；他努力拼搏，积极描画着“百舸争流千帆竞”的积极景象。这种年轻人应有的风采一直鞭策着他前进，也会有足够的力量成为当代大学生的学习榜样。

学高为师，身正为范

——记华南师范大学学生吴秀婷

题记：坐集千古之智，以善取为乐；不法前人后尘，辟蹊径求知。马克思曾慨叹：『法兰西不缺少有智慧的人但缺少有骨气的人。』今天的中国，同样不缺少有智慧的人但缺少有信仰的人。也正因此，华南师范大学给她的教育，才格外珍贵。

华南师范大学始建于1933年，是一所学科门类齐全的国家“211工程”重点建设大学和广东省省属重点大学。今天的华南师范大学，已经走过八十载的办学历程。80年来，学校数易校名，几度迁徙，虽历经沧桑，却弦歌不辍。一代又一代华师人秉承勷勤大学师范学院“研究高深学术，养成社会之专门人才”的优良传统，承传南方大学“忠诚团结，朴实虚心，勤劳勇敢，实事求是”的革命精神，践行“艰苦奋斗、严谨治学、求实创新、为人师表”的校训，筚路蓝缕，薪火相传，共同铸就了学校今天的繁荣与发展。学校始终以多元化、多样化的人才培养模式培养理想的学生，实现学生的理想。

吴秀婷，女，中共党员，广东梅州人，曾任华南师范大学学生国际交流协会外联部部长、历史文化学院2011级级长，现任广州市第七十五中学团委副书记（挂职）、华南师范大学历史文化学院学生会主席、华南师范大学青年马克思主义者培训学校团支书、华南师范大学学生工作部（处）心理咨询与研究中心助理负责人。

二十二年前的寒冬腊月里，吴秀婷呱呱坠地。但是她的降生似乎不合时宜，父亲看了一眼便转身离开。在一个有着深厚的重男轻女传统观念的家庭里，毫无疑问，她的存在是要被否定的。因此她在四个月大时就离开了父母，被收养在乡下亲戚家里。在她的记忆中，小时候家里的条件是比较艰苦的，一家几口都挤在古老的围龙屋里的几间小房子。但是，人总是能苦中作乐，随遇而安的。在亲人的鼓励和支持下，吴秀婷逐渐驱散了人生路上的重重迷雾，慢慢摸索出了自己生存的模式。通过自身的努力，吴秀婷以高分考进了华南师范大学。进入大学以来，她以成为一名优秀老师为目标，自强不息，默默奋斗。三年来，吴秀婷在学习上刻苦认真，在校成绩在本专业排名前10%（23/241），获国家级奖项1项、省级奖项2项、市级奖项1项、校级奖项6项；在社会实践中奋发有为，投身省级志愿项目2次，担任广州市中共三大义务讲解员；在创新能力上敢为人先，如参加团省委大调研并顺利结题，并获得校级科研奖励4项；同时还获全国柔力球初级指导员资格，校园舞蹈大赛、阳光体育篮球赛等校级奖项4项，综合素质强。由于在学生工作中表现突出以及在专业学习、社会实践等各方面均衡发展，吴秀婷曾于2010年被评为“佛山市优秀团员”；2013年被评为华南师范大学学生会系统“优秀学生干部”、华南师范大学学生工作部（处）心理咨询研究中心“优秀干部”、华南师范大学“玉兰勋章志愿者”；获得华南师范大学学生国际交流协会“杰出贡献奖”称号。

校青马班之信念为先，特长为重

吴秀婷理想信念坚定，能自觉用科学理论武装头脑，密切关注国家政治时事，及时把握社会动向。现担任华南师范大学青年马克思主义者培训学校团支书的她，负责直属团支部的日常事务，监督各项工作计划、决议的执行情况，打造“六个一工程”，即：一个专家团队、一批优质课程、一个实践体系、一套拓展训练、一个阵地依托、一批学习成果，协助对学员进行专业、科学、系统的培训。

依托青马班，吴秀婷也在广州市第七十五中挂职团委副书记，结合自身特长为七十五中的学生工作建言献策，并投身于该校团课教育、社团交流座谈会中。

院学生会之扎根基层，改革转型

在中学担任了六年学生会干部后，进入大学，吴秀婷扎根学院，服务基层。从学生会秘书处一名干事成长为主席，三年时间里，在充分了解院学生会现状的基础上，她着手对学院学生会进行改革转型。

华南师范大学历史文化学院自2005年成立以来，各项工作硕果累累。作为学院学生的群众性组织，历史文化学院学生会连续4次获校级“红旗学生会”称号，取得了辉煌成就，但同时也面临严峻的问题。在吴秀婷看来，最核心的问题就是干部因循守旧，组织文化缺失。因此，吴秀婷从学生会战略定位出发，定外部服务为通过提供品牌化、专业化的工作服务历史文化学院全体同学；定内部服务为营造温情、团结的工作氛围，培养更多的学生会系统的精英干部；同时，从问题意识出发，锐意创新，尤其体现在干部培训板块。由于发现过去学生会的干部培训机械重复，吴秀婷以“朋辈教育，分层培训，竞赛外院，有所针对”为导向，在各部门的配合下，积极开展了别具一格又卓有成效的干培活动，如邀请心理咨询中心的咨询员为学生会部长层开设“学生工作常见心理问题处理以及自我心理调适”的沙龙、与地理科学学院学生会共同举办干事层的方案设计大赛等。在2013年，历史文化学院学生会在全校范围内率先开展的模拟招聘大赛被授予“华南师范大学优秀学生会品牌活动”称号。另外，历史文化学院学生会也圆满地举行了第一届广东省历史专业师范生教学技能大赛和第二届全国师范院校历史专业本科生教学技能竞赛选拔赛，为同学打造精而简的活动。

作为一名主席，吴秀婷并没有高高在上，相反，她以服务同学为出发点，结合个人能力，组建团队（担任负责人），积极投入到推动校园文化建设的各项调研提案活动中，贴近学生。其中《关于华师校园女厕“如厕难”问题的调研》更是从安全和便利两个角度出发，为维护学校女生的权益贡献了一份力量。另外，在2013年华南师范大学第十三期当代大学生论坛特色调研中，吴秀婷所在小组的《华南师范大学石牌校区校园讲座质量和组织情况的调研》被评为校级优秀课题；在2013年华南师范大学提案征集大赛，吴秀婷所在团队的《华南师范大学石牌校区旧书回收循环利用系统建设规划提案》获二等奖；在2014年团省委调研中，吴秀婷所在小组的《新媒体在社会主义核心价值观传播中的运用研究》也顺利结题。

专业学习之仰望星空，脚踏实地

吴秀婷是一位学生干部，但她首先是一位学生。作为一名师范生，吴秀婷在专业考试、师范技能比赛中也取得突出的成绩，并曾作为优秀学生代表分享经验。其前五个学期平均绩点3. 66，在本专业241人中排名第23，位居年级前10%，并于2012年、2013年连续两年以学年综合评优第一名获华南师范大学一等奖学金和“优秀学生标兵”称号。同时，吴秀婷在学有余力的情况下参与汉语言文学的双学位学习，也获得赴加拿大英属哥伦比亚大学学习的资格，并被推荐免试攻读华南师范大学“4+2”模式硕士研究生。

其次，吴秀婷的师范技能非常突出。在2012年4月，她获第四届全国大学生语言文字基本功大赛二等奖；2013年9月，获第一届广东省历史专业师范生教学技能大赛一等奖（第一名）；2013年5月，获广州市“淞沪抗战”送课到校比赛一等奖（第一名）；2013年11月，获华南师范大学普通话大赛总决赛二等奖（第三名）。

社会实践之志愿服务，凸显价值

进入大学以来，吴秀婷参加华师信使团，以纪录片（片名：《榜样华师》）的形式记录、了解一帮怀揣理想的新生的励志故事和梦想；作为广州市中共三大会址纪念馆义务讲解员，吴秀婷结合专业特色，服务社会；在担任华南师范大学心理咨询中心助理负责人期间，吴秀婷充分利用QQ群、微信群与新浪微博等工具加强内部团结和外部宣传，扩大中心的影响力；吴秀婷还参与暑期社会实践活动“三下乡”活动，下乡地点涵盖包括广州、云浮等地区，受益人数达180多人，服务时长将近250小时，形成调研报告4份；吴秀婷也定期前往广东省培英职业技术学校等地，去帮助、关爱残疾人士达40人；吴秀婷还积极参与关爱离退休教授活动，与退休老教师聊天、帮忙搞卫生等，慰问关爱曾经为教育事业奉献了一生的老人们；在华南师范大学80周年校庆庆典中，吴秀婷一直坚守工作的岗位，努力做到让校友有“回家”的感觉；吴秀婷还参与中国扶贫基金会和善行100举办的爱心包裹活动，用爱温暖冬天，给孩子一个完整的呵护。吴秀婷积极投入到社会实践，尤其是志愿活动，因此也被授予华南师范大学“玉兰勋章志愿者”称号。

后记：吴秀婷纵情于鲜动灵活的学生时代中，她并没有像所谓的书呆子般沉浮于茫茫书海。相反，在游弋成绩分数云端的同时，她也投身学生工作和参与社会实践。在自强奋斗的过程中，她始终坚持自己的那一份信仰——学高为师，身正为范。她踮起脚尖，离目标更近了一步，她也用自身的行动，完美地诠释了“优秀学生”这个名词。

追求卓越，无悔绿色青春

——记广东工业大学国防生陈正峰

题记：『既然选择了远方，便只顾风雨兼程』，陈正峰用行动诠释着汪国真的这句人生经典。

陈正峰，男，汉族，中共党员，1992年4月出生，2012年12月入党，现就读于广东工业大学机电工程学院，为机械设计制造及其自动化专业2011级机电（3）班的国防生。

男儿有志挥金戈。2011年高考后，陈正峰毅然听从了内心深处梦想的召唤：当一名军人！顺利通过了政治审核和军事体格检查等一系列选拔后，他被成功录取为广东工业大学国防生。就是这个选择，开始了他的携笔从戎之路。

勤奋苦学，勇争学习尖兵

“作为一名国防生，携好笔就是使命”。每当谈到国防生的职责时，他总是这么纯朴地说道。在专业知识学习上，他深知“笨鸟先飞”的道理，一直以积极认真的态度对待，脚踏实地，走好每一步。进入大学校园后，为了在紧张的学习和训练之余挤出更多的学习时间，他每天的节奏就是五点起床晨读，出早操，晚上自己给自己加码训练，训练完还一身汗味就又回自习室学习，然后最后一个离开课室。课桌前孜孜不倦、图书馆里潜心钻研、寝室里挑灯夜战，这就是他学习生活的真实写照。陈正峰对学习的热爱程度到了同学们口中的“走火入魔”状态，当发高烧被送去医院打点滴时他也不忘带上书：“躺在那里浪费了学习时间我会更难受。”也就是这么一股韧劲，让他成了许多任课老师赞不绝口的好学生，获得了令人骄傲的回报，他的学业绩点连续两年在学院6个专业826名学生中位居年级第一，两次获得国家奖学金。

陈正峰不仅自身学业优秀，更希望把优秀传递给身边的人。针对大家普遍觉得难的科目，他经常组织同学们在一起并为他们作相应的辅导和交流。他的努力取得了非常显著的效果，大一第二学期，全院国防生成绩绩点同比上学期整体提升0. 3个百分点，优秀率超过了50%，2人荣获国家励志奖学金，11人获得校级奖学金，同学们都笑称他为“陈老师”。

同时陈正峰并不满足于课本知识，他更注重拓宽专业视野，学习和了解专业前沿知识和研究领域，把所学付诸实践。学校近两年推进的《大学生创新行动计划》，让他这一类不太“安分”的学生受益良多。加入学校机器人创新团队后，他从零基础开始，从最基本的元件识别到最简单的零件焊接，从最基础的程序语言到最容易的软件调试。他独立做的第一个产品“智能小车”的过程尤为坎坷，尽管产品不断出现新问题，但他凭着不服输的劲儿，经过通宵达旦实验调试，最终顺利完成作品，并以此获得学校第18届动力汽车模型设计大赛二等奖，顺利入选学校机器人实践提高班。之后他又独立完成了“智能小闹钟”“笔记本卫士”等多个作品，申报学校创新创业项目

1项。其中他参与的1个作品获得中南地区港澳特区第六届大学生创新设计制造大赛三等奖。

爱军习武，从排尾到排头

“正己方为人峰”是陈正峰的口头禅。你可以从他黝黑的脸中看到那双炯炯有神、坚毅的眼神，挺拔的军姿、铿锵有力的口令、五公里的排头兵都成了他过硬军事技能的标签。可谁又曾想到就如今这么一位排头兵，以前却是连队的“吊车尾”。刚进入国防生队伍的陈正峰不仅队列痼癖动作多，而且体能也达不到合格的标准，连最起码的3公里都跑不下来，一度拖了连队的后腿，成了驻校选培办干事的重点“照顾”对象。但陈正峰骨子里是个不服输的人，在经历了最初的苦痛、犹豫和彷徨后，他默默下决心一定要坚持下去，还要比别人做得更好。针对自己的痼癖动作，他想到对着镜子来训练纠正，一个动作别人练习一遍他就练习十多遍，别人站军姿站一个小时他就站三个小时，晚上睡觉时自己用腰带绑住双脚来纠正腿部的痼癖动作，寝室舍友经常感叹道：“陈正峰晚上睡觉做梦都在练习齐步摆臂啊。”而针对体能的不足，其他战友徒手跑5公里，他就背二十多公斤的沙袋跑5公里，每天晚上还自己加码训练。就这样，挥洒在训练场的汗水给予了他回报，学年结束考核时各项军政指标考核优秀，获称学校年度“优秀国防生”称号；在2012年广州军区暑期基地化集训中被军区授予“先进个人”称号以及在2013年广东高校国防生班长素质集训中获得军事训练标兵称号。

尽管经过了大一一年的摸爬滚打后，陈正峰在军政素质上取得了非常大的提高，但他并没止步于此，“高标准才能练就铁身板！”除了每天继续保持以前的训练量，他还额外挤出时间学军体拳、捕俘拳等来提高自身军政素质。他率队参加2012年首届广东省“南粤长城杯”国防生技能大赛并获得了第二名。

在自身体能得到提高后，他还在国防生中成立了一个体能突击队，专门帮助体能有弱项的战友。他根据自己提高体能的经历，制定计划，科学组训，成效显著，在年度考核中，全体国防生100%通过了3公里考核项目。

坚定信仰，争当核心骨干

两年的国防生模拟训练营班长任职锻炼和假期部队集训让陈正峰懂得了“兵为谁当、仗为谁打”。他深刻认识到，作为一名国防生党员，不仅在日常学习生活中要充分发挥模范带头作用，更是要树立坚定的政治立场：一切行动听从党的指挥。

陈正峰在担任新生连排长时，发现班上有位新生丁鹏思想上党性意识薄弱，从军信念不坚定，学习训练松懈，他便通过组织党员们为丁鹏母亲筹集医药费等的一系列切实行动来让丁鹏感受到党组织的先进性。于是，丁鹏在他入学第二学期就向党支部递交了入党申请书，并立志为早日成为优秀共产党员而奋斗。

心系社会，甘愿默默奉献

孔子曾说过："仁者，爱人。"陈正峰也时常用这句话来要求自己。因此在学习训练之余，他还利用课余时间和寒暑假期组织义教、扶贫等社会实践活动，向需要帮助的人伸出援助之手。

2013年暑假，陈正峰组织了十名国防生赴韶关南雄的一个小山村进行了为期10天的扶贫实践。通过为留守儿童上课、慰问退伍老兵、关爱年迈老人等方式，陈正峰带领团队用自己的方式向这些似乎与世隔绝的亟须帮助的人表达自己的关心与帮助，受到村民和村干部的一致赞扬。

争先创优，践行青春誓言

从步入"绿色方阵"的第一天起，陈正峰就明确告诉自己：不懈奋斗的四年，通向的将是火热的军营——一个可以挥洒青春、建功立业的人生战场。而他如今正用忠诚和智慧书写着"携笔从戎报国防，志把青春献祖国"的铮铮誓言，以实际行动践行着当代革命军人的核心价值观。作为一名准军人，没有普通大学生的午夜狂欢与花前月下，有的是在部队锻炼、集训中度过的大部分寒暑假期。三年的国防生生活以及阶段性的国防生部队锻炼这样一松一紧环境转换，让陈正峰有足够的时间去驻足思考与冥想，让他懂得去珍惜大学里每一次进步的机会，学会统筹与权衡，在学生与准军人的两个角色中相互转换与促进，从而让他在大学校园里找到前行的方向，力争上游。于是，各种文体活动比赛的颁奖台便成了他汗水的见证。

三年的国防生生活，陈正峰从一个未谙世事的懵懂少年成长为一个满怀报国之志的热血青年。也正是这三年的军旅生活的洗礼，让陈正峰对国防生的使命与责任有了更深刻的理解——因为自己是一名后备军官，是一名国防生，肩上担负着为科技强军贡献力量的重要职责。而这就是他一直在努力践行着的。

后记：曾连续三年任班级班长、学校国防生模拟训练营排长、国防生团委学术部部长、团委副秘书长、机电国防生学风小分队队长，学业成绩连续两年位于学院年级第一，获得校内外奖项20余项，陈正峰始终用实际行动诠释着社会主义核心价值观。当他得知教育部和四总部联发的“2014年国防生卓越工程师教育培养计划”选派优秀国防生赴军事院校学习深造时，他毫不犹豫地向选培办递交了表示立志为科技强军不懈努力的自荐信。谈话时，问到他为何有此想法时，他真诚地说了句：我要对得起身上的这身橄榄绿！

立足平凡，追求卓越

——记广东外语外贸大学学生陈嘉华

题记：敬业，就是满怀责任心做好自己的分内之事。不管身兼何职，无论何时何地，陈嘉华同学始终扎扎实实干事，踏踏实实做人，用自己的实际行动诠释诚恳敬业之道。

陈嘉华，男，中共党员，广东外语外贸大学思科信息学院2012级管理科学与工程硕士研究生。一段广外路，一生广外情。大学以来，他立足平凡，勤勉好学，积极进取，追求卓越。博才与专注并重，进取共踏实齐飞。他在品德修养、学生工作和社会服务等各方面均有所成长，在科技创新方面尤其优异，取得一定的成绩，用自己的实际行动诠释“敬业在广外”，为学校赢得荣誉，受到各方一致好评，具有一定社会影响力。

品德修养，内外兼修

在品德修养方面，陈嘉华同学内外兼修，展现出当代大学生应有的先进性、责任感与使命感。

自2008年入读广东外语外贸大学以来，他践行社会主义核心价值观和“明德尚行，学贯中西”的校训，逐步形成了正确的世界观、人生观、价值观。他政治立场坚定，拥护中国共产党的领导，爱国爱校，积极向党组织靠拢，用党员的标准严格要求自己，于2009年6月成为同期学生中首批入党积极分子，并于2010年4月光荣加入中国共产党，成为一名正式党员。

学习生活上，他尊敬师长，为人诚实，活泼开朗，乐于助人，与同学关系融洽，深受老师的好评、同学的尊重；集体生活中，他热爱集体，积极参加党团班级组织生活实践，个人获得广东外语外贸大学“优秀共青团员”荣誉称号，带领所在集体获得广东外语外贸大学“先进班集体标兵”“共青团之星”等多项荣誉称号。

科技创新，刻苦钻研

在科技创新方面，陈嘉华同学刻苦钻研，展现出科研人员应有的孜孜不倦、坚持不懈与自主创新精神。

他学习态度认真，学业成绩优异，曾获得广东外语外贸大学综合奖学金三等奖（两度）、邓永豪研究生奖学金一等奖（该奖项面向全校硕博士生，共5人）、荣锋研究生社会实践奖学金和创新奖学金等，并三度获得“三好学生”（含毕业班“三好学生”）荣誉称号，还于2011年10月获得广东外语外贸大学2012年推荐免试攻读硕士学位研究生资格。读研期间，他勤奋刻苦，投身科研，在结合广东外语外贸大学的英语特色与思科信息学院的计算机能力的基础下，跟随导师李心广教授深入英语语音识别与评测方面的研究，科研成果丰硕：参与教育部人文社会科学研究规划基金项目和广州市科技计划项目、申请和获得国家发明专利3项、登记国家计算机软件著作权5项、发表学术论文2篇，有效地推动了该研究领域的发展。

此外，他还担任广东外语外贸大学英语语音科技创新团队负责人，带领团队积极参加学术科技竞赛，并获得2012年广东外语外贸大学“挑战杯”大学生课外学术科技作品竞赛唯一的特等奖；此后作为推荐代表学校参加第十二届“挑战杯”广东大学生课外学术科技作品竞赛，更是荣获省级特等奖。更令人可喜的是，英语语音科技创新团队于近日以广东省6个入围团队之首的身份通过公示，荣获中国青少年科技创新奖励基金支持的全国首批大学生“小平科技创新团队”。该奖项由共青团中央面向全国高校进行评选，旨在进一步加强大学生科技创新能力的培养，重点奖励支持100个在学术研究、科技竞赛、成果转化等方面取得突出成绩或显示出较大潜力的大学生科技创新团队。

丰硕的科研成果来自于孜孜不倦的学术追求，来自于持之以恒的科研坚持，来自于专心致志的研究态度，来自于勇敢大胆的创新精神，来自于高瞻远瞩的探索眼光，来自于扎实出色的研究能力。陈嘉华同学充分利用学校的电子资源、图书资源，饱览资料，站在巨人的肩膀上，不断丰富自己的研究思维，形成自己独特的思考方式，总结自己创新的研究方法，并在跨学科的研究中融会贯通，找准研究切入点，为自己定位，展示自我风采，收获人生硕果。

学生工作，尽心尽责

六载广外情，他扬帆校园，尽心尽责，惠泽师友，以诚恳敬业的工作态度奏响了广外优秀学生干部的动人乐章。

他曾任思科信息学院计算机0804班班长，凝聚班级，团结同学，带领班级荣获广东外语外贸大学“先进班集体标兵”称号。

他曾创立广东外语外贸大学人文素养协会，担任人文素养协会及（心理健康教育与咨询中心）素质拓展协会会长，旨在推动大学生人文素质的培养和综合素质的提高。该协会在创办第二年即荣获广东外语外贸大学2012—2013年度“十大优秀学生团体”及年度“飞跃进步团体”奖项。

他曾担任广东外语外贸大学学生工作部（处）学生助理，连续三年作为我校毕业典礼暨学位授予仪式的工作人员，协助领导老师处理大小事务。

他曾是“青马工程•广外100”云山学生骨干培训班第一期和第二期学员，并代表学校参加2012年全国少数民族大学生社会实践与社会观察活动暨第十一期广东大学生骨干培训班。该培训班由团中央和全国学联主办，团广东省委和广东省学联承办，共有来自全国15所民族高校的195名优秀少数民族大学生和广东省53所高校的105名优秀大学生参加。在培训班中，他努力学习马克思主义理论，增强政治素质，与杰出人物和各学生干部交流学习，增加学生工作经验。

他现任广东外语外贸大学南校区13栋学生宿舍自律委员会指导老师、研究生会副主席，一直坚持为学校学院及领导老师同学服务，为建设国际化特色鲜明的高水平大学奉献自己的青春力量。

在服务集体服务师生的过程中，他不断提升自己的综合素质和服务能力，也得到了学校、学院领导、老师和同学们的一致肯定，曾三度荣获“优秀学生干部”荣誉称号。

社会服务，志愿奉献

六载广外情，他兼善社会，志愿奉献，服务他人，以热忱真诚的公益之心谱写了新时代中国梦青春梦之歌。

自2008年加入志愿者组织以来，陈嘉华始终坚持“奉献自己，服务他人”的志愿理念，弘扬“专业、奉献、坚韧、进取、包容、友爱”的广外志愿者精神，积极主动参加各项志愿者活动，如北城幼儿园义教、“服务一条街”、北校电脑义修、北城老人院探访、朋辈心理咨询活动等。在志愿服务活动中，他不断学习，努力提高自己的服务水平和能力，以更好地服务他人、服务集体。

2010年适逢广州亚运会、亚残运会的重大赛事，陈嘉华同学积极投身亚运、亚残志愿服务工作，积极为建设文明城市贡献自己的绵薄之力。不管是作为思科信息学院负责人、亚运开闭幕式安保验证验票团队队长还是广东外语外贸大学场馆团队观众服务业务口运行助理，他始终以身作则、勤勉踏实、任劳任怨，竭诚为亚运亚残服务，认真履行党员的义务，以实际行动发挥党员的先锋模范作用；同时主动关心和帮助其他成员，共同面对挑战和挫折，增强团队的凝聚力，努力打造一支具有战斗力的核心队伍。凭着良好的工作态度、工作热情和工作能力，他最终圆满完成亚组委、学校、学院交予的光荣任务，并受到老师和同学们的一致赞扬，起到很好的先进模范作用。2011年1月，共青团广州市委员会、第16届亚组委志愿者部、广州2010亚残组委志愿者部联合授予的“广州亚运会、亚残运会创先争优主题实践活动先进个人”荣誉称号，正是对他的最好肯定。此外，他还荣获“广州亚残运会广外场馆团队优秀志愿者标兵”、广东外语外贸大学“优秀志愿者”和思科信息学院“优秀党员志愿者”等荣誉称号。

2011年11月，作为主要负责人的他带领“爱飞翔”团队成功竞标并参展由省社工委指导，团省委、省文明办、省志愿者联合会、广州市发展志愿服务事业指导委员会等单位共同举办的“粤志愿粤幸福”2011广东志愿文化节暨首届志愿服务广交会。更令人可喜的是，团队获得基金会的资助，目前相关志愿服务工作正在统筹开展中。

2012年5月，他加入广东外语外贸大学“筑梦彝乡”公益团队，并于7月奔赴四川凉山彝族自治州进行暑期三下乡活动，为当地的教育事业提供人才及资金支持。团队于2012年9月代表广东省优秀暑期三下乡队伍参加“与信仰对话——‘科学发展新成就’校园报告会”现场展示，并于2013年5月荣获2012年度广东大学生“福彩公益优秀团队奖”。

后记：盛名如斯，他却常怀感恩，谦逊如常：“路漫漫其修远兮，感谢学校学院的诲人不倦，感谢老师同学亲朋好友们扶持相随！于我而言，我只是做好自己的分内之事，这些荣誉更是一份责任与动力，不断激励着我上下求索！我会铭记并践行仲伟合校长给我的题词——立足平凡，追求卓越！我一直在不断努力，在不断前进的路上。”

立足中医药，做公益创业先行者

——记广东药学院学生翟李翔

题记：『脚踏实地，仰望星空』不仅是翟李翔团队的一句队训，也是他作为自己人生的一句座右铭。他用青春的热情紧追着时代的步伐，用自觉的行动创造着远比生命更重价值，在他的生命乐章中显示出了优秀共青团员的勇敢与激情，保持昂扬奋发的精神风貌，写就了一个带领团队共同成长的故事。

翟李翔，男，广东药学院2011级中药学本科生。

广东药学院是广东省属普通高等院校，全国独立建制的四所药科类高等院校之一，广东省培养药学、预防医学和临床医学等高级技术人才和管理干部的重要基地，是国家大学生文化素质教育基地和广东省国家执业药师培训中心，也是广东省医药卫生系统继续教育的重要基地和广东省3家药学法定CMA计量认证单位之一，具有硕士学位授予权以及接收港澳台学生、外国留学生和面向全国招生资格。

所谓公益创业，就是企业在经营过程中，将社会价值与经济价值创造性地融合的过程。翟李翔用他深入社会，创新公益的精神态度，以及商业践行公益的理念，体现出了优秀共青团员良好的责任感与勇敢执着的精神。

作为“苦药良渣”项目的负责人，他获得2014年“创青春”全国大学生创业大赛广东省金奖，其所在广东药学院Enactus创行团队在2013年凭借该项目获得Enactus世界杯中国站创新公益大赛全国亚军；同年7月，获赛默飞&创行公益大赛全国总冠军；同年9月，又凭借“润土生物科技有限公司”获第二届“助你创业，赢在广州”创业大赛三等奖，并于同年12月底凭借“广州百意网络科技有限公司”获第一届“中国好梦想”青年创业大奖赛三等奖。其所在团队获“广东省优秀社团”和“校优秀社团”称号。

他曾先后获得院级三好学生、国家奖学金、“社会实践积极分子”及广东药学院第十一届“挑战杯”学术科技竞赛二等奖，广东药学院新生杯、学院杯辩论赛冠军等荣誉；入围2013年第九届中国大学生年度人物200强；曾作为学生代表参加广东药学院第19届中日健康学术研讨会，论文《中医药取类比象思想在食疗保健中的应用》获得中日双方学者高度评价；社会实践经验丰富，曾于广州康美药物研究院、康美中药饮片加工基地、湖南湘众药业GAP基地、中华英才网等进行广泛实习并获得上级一致好评。

环保公益，商业践行

发现机遇：“这应当是一个属于我们和项目共同成长的故事。”他说。从2012年的5月份对中山某制药厂的调研开始，他迈出了公益实践与创新创业的第一步。在对该厂进行调研的过程中，他和队员们发现了该厂中药渣处理不当、随意丢弃的情况。我国中药企业有1636家，占全国医药行业企业32%。每年产生的植物类药渣多达数百万吨，若无法得到有效的规范处理和再利用，会对整个中医药产业带来不利的影响。

探索技术：调研之后，他便与老师同学联系合作，探求中药渣再利用方式，成立了“苦药良渣”项目组，旨在挖掘中药渣潜在价值，实现资源再利用，保护环境。

不同于一般的学生课外活动，他们的项目组内兼顾了各个学院各种专业的同学，在进行着科研探索的同时，还积极地进行社会资源的整合，包括主动联系相关的合作方，力求将该技术更广泛地应用到实践中。而这一切，都是以不求回报、从公益角度出发为前提的。

管理团队：作为该项目的负责人，他一直认为如何真正帮助药厂周围受众群体，改善环境才是至为关键的一点。在他的良好组织下，团队成员通过有条不紊的合作和不懈努力，探索出了逐级处理的方式，将中药渣资源高效利用。

践行公益：他们以一家肥料场为合作帮扶对象，帮助该肥料厂提高产能，充分消耗原药厂药渣；降低肥料成本，减少资源浪费；减轻环境污染，有效保护土壤。作为项目负责人，他不仅在团队全国比赛中负责着照顾队员行程，还凭借着出色的英语能力承担着同声传译工作，首次在北京国家会议中心以国际化的角度向世界传达着中国学生的特色环保公益理念。

在未来的项目规划中，他们计划将会开发出更多相关类型的产品，鼓励更多中药制造企业加入绿色公益变废为宝行动，充分体现中药企业社会责任感。

激发热情，点燃生活

在这些创业奖环的背后，他还是一个热爱街舞的学生，曾获得“统一鲜橙多”舞蹈大赛冠军和广东工业大学第八届艺术节舞蹈大赛二等奖，代表学校参加广东省大学生舞蹈大赛。每一次的演出与比赛，为的不是鲜花与掌声，而是为了享受青春，追梦无悔。同时，他还利用课余时间在舞蹈工作室进行教学，传播街舞文化，并将所得的部分薪水捐助给公益事业。

永怀希望，勇敢无畏

“脚踏实地，仰望星空”是他团队的一句队训，也是他作为自己人生的一句座右铭。做事情踏踏实实，对梦想永怀希望，对未来勇敢无畏，是他自己鼓励自己的一种信念。“纸上得来终觉浅，绝知此事要躬行。”紧追着时代的步伐，翟李翔会继续用行动践行着公益，用自身创造价值，将公益理念和商业实践进行有机结合，显示出优秀共青团员的勇敢与激情，带领着更多有创业理念想法的学生加入到这个队伍中去。

后记：以坚持马克思主义为指导思想的当代大学生活的思想灵魂。他坚持了学习创业与理想、信念在思想理念上的统一。他把爱国放在了心目中的第一位，立下爱国之志，以热爱祖国为荣，选择自己最喜欢的、最能发挥自己长处的人生道路，无论遇到什么样的困难和考验都能够坚定不移、矢志不渝。他所创造的业绩，不仅获得了第一届“中国好梦想”青年创业大奖赛三等奖，而且其所在团队获“广东省优秀社团”和“校优秀社团”称号。他用深入社会、创新公益的精神态度，以及商业践行公益的理念，体现出了优秀共青团员良好的责任感与勇敢执着的精神。

以坚持中国特色社会主义共同理想的当代大学生的坚定信念。他理想坚定、志向远大，在建设中国特色社会主义事业中积极奉献自己的才智；他积极向上、锐意进取，为了理想持之以恒；他不仅拥有梦想、拥有青春、拥有激情，而且拥有一颗赤胆忠诚的红心。他用青春的热情紧追着时代的步伐，用自觉的行动创造着远比生命更重的价值，在他的生命乐章中显示出了优秀共青团员的勇敢与激情，保持昂扬奋发的精神风貌，写就了一个带领团队共同成长的故事。

以坚持求实创新为时代精神的当代大学生的创业需求。他以及他的队友们是实施人才强国战略和建设创新型国家的生力军的一部分。良好的学习环境为他们提供了学习知识、锻炼能力、提高素质的舞台，大学时代是他们人生最美好的时光。他们珍惜宝贵的学习机会，努力学习新知识、掌握新技能，全面提高自身素质。在学生时代，他就积极参与科学研究和科技服务，崇尚科学精神，掌握科学方法，培养探索兴趣，激发了作为当代大学生的创业、创新热情。为了在挖掘中药渣潜在价值，实现资源再利用，努力保护环境，并谋求环境保护，积极探求中药渣再利用方式，他带头成立了“苦药良渣”项目组，成为项目负责人。他带领着他的团队坚持深入基层，广泛开展社会实践，在服务经济社会发展中创造了不平凡的业绩。

明荣辨耻的道德准则和时代坐标体现了当代大学生的社会主义荣辱观。直面挫折、战胜困难已成为他和他的团队的优秀品质。他带着自己的团队，一次又一次地深入调研，进行着枯燥并不厌其烦的科研探索，积极进行社会资源整合，以百折不挠、顽强拼搏的精神，坚守创造着自己喜欢的中药事业，并努力规划着未来的项目。在与社会各方面协作上，他们坚持了诚实守信、团结互助的品格，积极磨砺意志，完善自我，不断迎接新的挑战。他们胸怀大志，又脚踏实地，热心于公共事业。作为当代大学生，他们敢为人先，虚怀若谷，不断磨炼着自己的意志品质，锤炼道德修养，努力地成长为国家需要的栋梁之材。

不饰明珠握球拍，飒爽英姿凯旋来

——记深圳大学学生关文君

题记：『乒乓球是我的知心伴侣，它将伴我一生。』每当说起乒乓球，她就能如数家珍般讲出许多。对于从小进入体校集体生活的关文君来说，乒乓球已经融入了她美丽的生命和不屈的信念。

六月烈日炎炎，知了的叫声都喑哑了，深圳大学却热闹非凡，不仅因为清甜的荔枝味儿飘满校园，更是因为大四的莘莘学子终于毕业。如果您有幸游览深大，一定不会错过北门的“仰望星空”——也许就在拍照留念的瞬间，一个形色匆匆的女孩儿穿着一身轻便的运动装从您身边经过，直径走向小球馆。即便在全校欢庆的日子，依然坚持每天训练，她就是深圳大学乒乓球高水平队队长关文君，国家一级运动员，目前就读于深圳大学师范学院运动系。

乘风破浪会有时，直挂云帆济沧海

关文君9岁进入广州市体校，当别的孩子在阳光沐浴着的游乐场玩耍时，她却在被烈日笼罩着的田径场里奋力疾跑。皇天不负有心人，她在广东省第十二届运动会乒乓球比赛中获得了丙组单打第二名的佳绩。同年，她以省苗子集训选拔赛第一名的优异成绩换来了通往梦想的第一张门票——省集训队。训练平台的提升让她的实战水平突飞猛进，并在13岁就获得了“国家一级运动员”的称号。她不仅与国内的乒乓健将交手，还曾在2006年被派到日本大阪参加“中、日、韩——少年乒乓球公开赛”，在2009年到瑞士洛桑与国外的运动健将切磋球艺，为国争光。

“技术全面，特长突出”是每一位乒乓球运动员的发展方向及获胜良药。虽然关文君的抢攻能力不强，但是她的技术比较全面，没有明显漏洞。她的技术风格总能让对手情绪焦躁、思路混乱，“比对手多一分球”是她的参赛信念。遇到相克的技术打法，她会在比赛中扬长避短，先下手为强，主动找到对手的漏洞，扰乱对手原本的战术。扎实的基本功加上意志的顽强，让她在比赛场上愈发自信。

可是，这世上从来没有一帆风顺的人生，就像没有哪片天永远都不下雨，关文君也曾受到了重大的挫折。在2010年全国少年乒乓球锦标赛前，因为超负荷的训练，她的腰部在原先慢性损伤的状况下加重病情导致腰间盘突出。

若是因为深陷困境就丢失了梦想，丧失了自信，遗失了斗志，那只能为惨淡的生活增添悲情的一笔。关文君相信，只要乐观地看待挫折，从容地应对难题，顽强地承受压力，一切的不顺利就会在不懈地坚持中土崩瓦解。

忍着剧痛，关文君没有放弃，凭着稳扎稳打的基本功和百折不挠的意志力，她最终在全国少年乒乓球锦标赛中获得了单打第三名的突破性成绩。根据历年的惯例，前三名就能获得“国家级运动健将”称号，并有希望进入每个乒乓球员都梦寐以求的“中国乒乓球队（国家队）”。可是因为当年政策调整，关文君与健将称号失之交臂，这对她是莫大的打击！

经过了几个月的消沉，在一次队内大循环比赛中名次几乎垫底的关文君感受到了前所未有的痛苦。队内循环赛结束后，她在球馆里足足坐了五个小时。伤心布满了她的神经，泪水沾湿了她的衣裳。她知道若再不重新振作起来，自己就要跌落谷底。正如李白的《行路难》中所说，“乘风破浪会有时，直挂云帆济沧海。”——尽管前路障碍重重，但仍将有一天会乘长风破万里浪，挂上云帆，横渡沧海，到达理想的彼岸。关文君未因短时间内经历的种种挫折而放弃对乒乓球的热爱以及对梦想的热烈追求，她仍然坚信自己的理想和抱负总会实现。

宝剑锋从磨砺出，梅花香自苦寒来

陀思妥耶夫斯基说过：“我只担心一件事，我怕我配不上我自己所受的苦难。”在专业队经历了近十年的起落沉浮，在倍受打击后，关文君意识到自己应该加强自身的文化素养，从理论的高度审视乒乓球，分析自身的优势和不足，重整旗鼓，再次向梦想进发！

在2010年，关文君大胆地拒绝了“广东省乒乓球队”抛出的橄榄枝。进入省队意味着彻底走向职业化道路，在这个巨大的诱惑面前，她放弃了做一名专业运动员的机会而是选择到深圳大学进修。在备考期间，她不仅要坚持训练，还要捡起多年不曾认真看过的书本。通过运动员招生考试，她较为顺利地入读深圳大学师范学院运动系。

大学的生活与专业队的生活截然不同。起初，因为她欠缺对文字理解的能力，跟不上大学的学习进度，大学第一年的成绩并不理想。“有心事藏着，有压力掖着”的习惯被专项课的高颖老师发现。经过高老师的开导和鼓励，一年后，在她纯真的笑容中感受到了幼苗的破土成长；两年后，在她顿挫的言辞中听到了梦想的无限动力；三年后，在她灵动的眼神里看到了久违的意气风发。高老师在课余经常主动找她谈心，让她感受到了亲人般的温暖。同时，她还学会了如何与家人沟通，家人的支持永远是她在前行路上最坚强的后盾。

除了学习，关文君一直辅助深大乒乓球高水平队教练高颖老师，从大二开始担任队长，积极参与球队的组织建设，为乒乓球队作出了巨大的贡献。

2012年，“动感地带——深大乒乓球俱乐部”女队在全国乒乓球甲B联赛中，以第一名的骄人战绩挺进甲A。深圳大学成为广东第一所进入甲A联赛的高校，在2013年深大俱乐部成为了广东省在甲A女子赛场上的“独苗儿”。

残酷的淘汰赛中，最惊心动魄的是最后一场比赛，深大俱乐部队与广东队强者相逢。广东队是省级专业队，麾下球员的水平可想而知。两年前，关文君曾在广东集训队训练，因此对对手的情况了如指掌。在高老师的指导下，全队进行了有针对性的准备，并且精心排兵布阵。

赛前，关文君拿出了领导者的风范，主动调整队员的心理素质，在准备会中肯定了队员的实力，鼓舞了队员的气势，用心中喷薄出的澎湃之词激发了全队对成功的渴望！

努力的另一个名字是奇迹，深大俱乐部以纯粹的“学生军”扳倒了一支现役专业队，而且打出了令人惊叹的3比0。在这“奇迹”中，关文君功不可没。深大乒乓球俱乐部2比0广东队，第三场上场的她乘胜追击。面对专业的运动员，她毫不畏惧，在首局失利的情况下，用坚定的心态和明确的战术连扳三局，顺利赢下比赛！

“宝剑锋从磨砺出，梅花香自苦寒来。”深大俱乐部队的成功源自于平日的努力，更离不开关文君的积极斡旋，用自身的亲和力和凝聚力将全队推向新的高度！

春蚕到死丝方尽，蜡炬成灰泪始干

从大二开始，关文君就开始规划自己的人生，她相信人生终将归于平淡和平凡。在聆听了老师、家人和朋友等多方面建议后，她决心要当一名光荣的人民教师，让乒乓球的体育精神点燃更多的梦想，让祖国的接班人有强健的体魄、不屈的灵魂迎接新时代的挑战。

经过三年的打磨，她的大学成绩蒸蒸日上，但她并没有因此固步自封。她认真地学习基础教育学和基础心理学，此外还有体育心理学、运动生理学和学校体育学等专业课，观摩各种运动项目的教学视频。作为一名教师，不仅要自己会练，更应该懂得如何教导、引导学生，使学生事半功倍地掌握某项运动技能。因此她坚持“从理论出发，在实践收获”的方法，逐步探索出一套属于自己的授课方法。

为了更好地迎接职业生涯，关文君一直无偿教授小学生乒乓球。她坦诚地对每一个学习乒乓球的学员说她没有运动天赋，她现在取得的成绩完全依靠她的坚持和拼搏。她希望学生学到的不仅仅是乒乓球的技术，更是一种不屈不挠、持之以恒的体育精神。

一位学员被她的人格魅力所感染，在某节训练课结束时，他已汗洒满地并气喘吁吁，但他却走向他的老师，说："关老师，我可以再多练半个小时吗？我对正手拉球的体会不够深刻，我今天一定要掌握这项技术才下课。"学生的一句话感动了关文君，她仿佛看见了刚刚接触乒乓球不久时的自己。欣慰之余，让她更加坚定做一名教师的理想。

"不饰明珠握球拍，飒爽英姿凯旋来。"赢得比赛凯旋归来是一种荣耀，但更难得的是赢得人生。关文君是转型成功的运动员，深圳大学运动系的体教结合方向让她找准方向再次飞翔。也许将来的路途中不再有赛场上的光芒，但是她全身全意投身于体育教育事业中，这何尝不是一种辉煌！

后记： 短短的几千字并不能表达出关文君的全部，她无所畏惧地挥洒着青春，洋溢着热情，用生命中全部的力量去热爱祖国、热爱生活、热爱一切美好的事物。赛场上的她眉头紧锁，学习时的她一丝不苟，工作中的她耐心细心。她的人生还有很长的路，但是她的勤奋、乐观和拼搏将为她赢得掌声！

不待扬鞭自奋蹄，奋斗青春最美丽

——记广州城市职业学院团委学生黄裕

题记：他，是一个普通的90后男生；他，是一名普通的大学生团干部。在校园里总能见到他匆匆而过的身影，他用他的勤奋和耐心，得到了领导老师、同学们的一致称赞。

黄裕，男，汉族，中共党员，广东普宁人，广州城市职业学院公共管理系2012级人力资源管理专业（2）班学生，任校团委副书记、公共管理系学生党支部副书记、学院第七期中国马克思主义理论学习班团支书等职，同时为普宁市作家协会会员。

该同志自初中以来一直从事共青团、学生会相关工作，具有较丰富的实践经验和较强的管理能力。2012年9月，他怀揣梦想来到广州城市职业学院这片沃土，在这里茁壮成长。他历任2012级人力资源管理专业（2）班班长、学校团委组织部干事等职，在平凡的岗位上做出了不平凡的业绩。

刻苦钻研，提升专业技能水平

作为一名大学生，他深知学习是大学生最根本的任务之一。他总用哈佛大学的一句名言激励自己："忙完秋收忙秋种，学习学习再学习。"他上课认真听讲，虚心请教，注重理论与实际相结合。在2013年10月的综合测评中，他名列班级前20%，获得了广州城市职业学院2012—2013学年度三等奖学金；2013年6月，顺利通过全国计算机等级一级考试；12月，顺利通过广东计算机二级（PS）考试；2014年6月，通过秘书（中级）职业资格证考试，获高级职业英语能力认证。

在课堂专业学习之余，黄裕积极参加各类与专业相关的技能竞赛：2013年10—11月参加香港廉政公署、香港中文大学等机构主办的"诚信•承传——青年诚信推广计划大赛"；2014年1—3月参加广州城市职业学院首届"挑战杯"大学生创业计划竞赛，组建了一支横跨学院六大教学系、七大专业的创业团队，获得了校一等奖的好成绩，并于2014年5月参加团省委、省教育厅、省人社厅、省科技厅、省科协、省学联联合主办的第九届广东"挑战杯"大学生创业计划竞赛，获银奖；2014年6月，获得团省委、省教育厅、省科技厅、省科协、省学联联合主办的2014年"挑战杯——彩虹人生"广东职业学校创新创效创业大赛——创业计划竞赛（高职高专组）省决赛二等奖。

恪尽职守，用爱凝聚集体

黄裕同志在担任2012级人力资源管理专业（2）班班长期间，热爱班集体，关心同学，具有高度的工作责任感。大一入学初期，班上一男生半夜突然眼睛红肿，情况不明，得知情况后，黄裕当即与伙伴们陪该同学前往医院。有一次，班上一女生突然胃痛坐在操场边休息，黄裕路过，得知情况后马上联系附近宿舍楼同学拿药、水给该女生。有一次，班上有一女生外出游玩手机因电量耗尽无法接通，家人无法与其取得联系，十分着急，黄裕在得知情况后立即向其同宿舍同学了解详细情况，向辅导员老师汇报并迅速联系其家人，最后发挥集体力量联系到该女生。

作为班长，他除了以身作则，率先垂范，营造班级良好的学习氛围，提高班级同学的纪律意识外，还与其他班委一道组织策划了许多青年学生喜闻乐见的班级文体活动，比如策划参加了学校“梦想激励人生”班会比赛，荣获学校三等奖；参观广东博物馆之旅、参观三元里抗英纪念馆等活动。由于班级同学分布在广东省内外，黄裕同学通过在春季开学初举行“最美的家乡风采展示”班会，用爱进一步凝聚了班集体。

责任感召，奉献工作

黄裕同学在任职校团委组织部干事期间，认真履行工作职责，完成学校团委交办的各项工作任务，当时虽未担任部长职务，但是他主动学习，提升自己的公文写作能力。

2013年1月，他顺利当选广州城市职业学院第三届团委委员、团委副书记，从干事到团委副书记的角色转变，他意识到将肩负起更加沉重的担子，为此他及时调整工作状态，顺利完成了角色转变。

在工作中，他切实做到“党有号召，团有行动”。在团委老师的指导下，团结带领团委学生干部，开展了一系列有利于学院发展和学生健康成长的活动，得到了学院领导及老师的认可。

2013年春节期间，他接到了学校团委关于组织招募广府庙会志愿者的通知。作为团委副书记，他立即停止休假，根据上级团组织的要求，下发通知招募志愿者，正月十二他便收拾行装赶回广州负责协调志愿者的食宿安排。

2013年9月15日，2013级大一新生入学报到注册，有些不法分子趁机以推销订“英语周报”为名，骗取大一新生钱财。黄裕在得知情况后，迅速向学校通报不法分子的体貌特征，协助学校保卫处成功拦截2名不法分子并移交公安机关，追回损失2000多元。

黄裕的责任意识强。在繁忙的学习之余，他带领团委学生干部工作团队完成了大量工作：2012、2013年度团员教育评议、团支部PK、评优评先工作；第三届校园开放日、学院第七届学术科技节中国梦征文大赛、第七期学院青年马克思主义理论学习班、2013年学院暑期“三下乡”大学生社会实践工作；2013年展翅计划大学生创业就业能力提升计划系列活动、学院第八届校园文化艺术节、广州第三届志交会志愿服务项目申报参展、团省委第十三届第二次全会提案上报等工作；2014年度广州城市职业学院学生干部骨干培训班、大学生思想政治教育工作自测自评（团委部分）等工作。

学校团委工作时间紧、任务重、人手少，黄裕同学努力协助减轻团委领导、老师的工作压力。他与他的学干团队针对90后学生的特点制定培训方案，在团委学生干部的第一轮招新后，他组织举行团委办公常用能力培训及团队户外拓展培训；通过带领、指导大一干事开展活动等形式，实战锻炼学生干部队伍；对于“新人学干”，实施“一对一”工作辅导；对表现优秀的“明星学生干部”给予充分的肯定，提升工作活跃度；对于“懈怠学干”在工作上主要通过指令分派任务，并找其谈心了解情况，促使其调整工作状态；对于“落后学干”实施激励政策，鼓励其向表现优秀的学干看齐。黄裕同学不计较个人得失，只要条件允许，学干们的表现达到标准，他总会把一些荣誉“让”给其他人。他说，一个人的优秀不是优秀，一个团队的齐心奋斗才是优秀！

黄裕同学作为系学生党支部副书记、系学生党员社区知行社社长，能认真学习邓小平理论、“三个代表”重要思想和科学发展观，贯彻落实党的十八大、十八届三中全会精神，不断提升个人的政治理论素质修养；认真、负责地组织好支部的每次民主生活会、理论学习会，为支部发展集思广益；充分发挥支部战斗堡垒作用，开展了党的群众路线教育实践、“诚信•传承”系列活动、参观中共三大遗址等活动。由于工作业绩较突出，他被公共管理系党总支评为2012—2013学年度“优秀学生党员”。

尊师敬长，不断提升文化涵养

黄裕同学在生活中尊敬师长，团结同学。他认为，老师为学生成长成才指明方向，如同黑夜里的指路灯，是最值得尊敬的人；同学是成长路上的伙伴，没有他们的支持与鼓励，自己将一事无成。基于这种认识，当同学们遇到困难的时候，他会伸出援助之手，使同学们充分感受如家一样的温暖。在生活中，他逐渐养成了具有高度纪律性、较强的大局观念以及自省反思的优良作风，不但能够进行自我批评并改正，也能够正确地对待同学的批评和意见并及时改正。

他热爱文学创作、新闻采编工作，现为普宁市作家协会会员，先后有多篇作品发表于《羊城晚报》《中国青少年记者》《老游击战士（期刊）》《揭阳日报•教育周刊》《广州城市职业学院校报》和广州城市职业学院网等处，共计文学作品4篇、新闻通讯16篇；2014年4月参加学校学工部、团委、国学院组织的2014年“立人•励志”国学征文比赛，荣获三等奖。

后记：在黄裕身上，我们深深地感受到了作为一名大学生党员所具有的开拓进取精神和奉献精神，也感受到了作为学生干部所特有的活力和亲和力。他在平凡的岗位上默默工作着，个人成长进步的同时带领周围同学共同进步，为学校创建省级示范性高等职业院校贡献自己的力量，是不待扬鞭自奋蹄的生动写照！

青春需要奋斗

——记阳江职业技术学院学生叶舒恩

题记：我的人生，因为青春而美丽；我的青春，因为梦想而绚烂；我的梦想，因为努力而闪耀。

叶舒恩，女，中共预备党员，阳江职业技术学院中文系2012级语文教育（5）班的学生，曾担任系秘书处干部、系团学委员会委员、系团总支副书记，现担任该班副班长及系党支部第三组副组长。

生活需要自强

生活上，她艰苦奋斗、勤俭自强，不断提高自立能力和道德品格，成为生活上的典范。因生活在农村的家庭，兄弟姐妹较多，所以在大学期间，她利用业余时间和寒暑假努力做各种兼职来赚取自己的生活费。在高中毕业的暑假期间，她去了一间灯饰厂当生产工；大一暑假时在玩具厂当过检测员；大一大二寒假时在饭店当服务员；大二上学期间利用课余时间在广告公司当助理等。在做兼职期间，她待人热情，坦诚友善，乐于助人，与工作伙伴都建立良好的人际关系，获得负责人和工作伙伴的好评。在日常生活中，她严格要求自己、积极上进、团结同学、助人为乐，不但在学生工作方面起到了很好的模范带头作用，而且在政治思想、学习成绩等方面也是力争上游。

性格上她热情开朗，待人友好，有亲和力；工作上她有责任心，善于与人沟通，具有较强的组织管理能力；生活上她为人朴实，热爱集体，尊敬师长，独立性较强，能够与同学相处融洽。同时，她还严格要求自己，在思想政治和道德素养方面，她认真学习马列主义、毛泽东思想、邓小平理论和“三个代表”重要思想，努力树立科学的发展观，积极地向党组织靠拢；并于2012年9月向院党组织递交了入党申请书，认真学习党的理论知识，不断提高对党的认识，定期向党组织汇报思想，在思想上、行动上始终与党组织保持一致，于2013年11月成为一名预备党员，一直坚信认真严谨的生活态度让她不断提升自己。

工作贵在坚持

工作上，她一丝不苟，以身作则，团结带领广大同学努力践行科学发展观，在各项工作中都尽心尽力、尽职尽责，并始终秉承着“自我服务、自我管理、自我教育”的理念，积极发挥老师学生之间桥梁纽带作用，做老师的助手、同学的朋友。职务的层层递进，让她更加坚定要一步一个脚印，努力实现自己的价值，为同学服务。中文系团总支的副书记这一职务的历练，让她懂得亲和、沟通、礼貌、细心、耐心，也让她不断地提高自身心理素质，在自己收益的同时也为其他同学带来快乐。所以，平时，她总爱为同学们解除烦恼，鼓励一些比较迷茫的同学，开导他们。她认为身处同一个集体，应该互相帮助，互相关心，不应该有遗弃任何同学的想法，因此，在做任何事情时，不能只顾个人的想法，而需要从大局考虑，找到一个符合大多数人想法的方案，这样才能使这个集体更加和谐，也更像一个“家”。此外，系里的各项活动从前期的筹备到后期的总结，她都积极参与，出谋划策，为系服务，团队的合作使得系的各项事务都有条不紊地开展，深得老师的喜爱与肯定。她还定期组织两会的干部开例会，及时把同学们的意见反馈给老师们，纠正工作中的错误，精益求精。

她除了对工作认真负责外，还关心干部们。她经常对干部说：“身体是自己的，工作是大家的。”叮嘱干部一定要填饱肚子才来工作。其他同学会经常问她：“你当一名学生干部有什么用？自己一点私人时间都没有。”她说：“我当一名学生干部并不是要谋取什么利益，我是来学习，来锻炼的，想要为同学、老师多做些力所能及的事情。”当干部们闹矛盾时，她会主动出面去协调。2014年5月12日晚，她叫两名闹别扭的干部出来，请她们喝奶茶，让她们坐下敞开心扉地聊聊她们对对方的不满，试着让她们换位思考。经过这一轮的“谈判”后，她们心中的锁终于解开了。

志愿带来快乐

“羊有跪乳之恩，鸦有反哺之意。”她积极参加各项志愿服务活动，做一个对社会有用的人，服务地方大众，回报社会。

2013年7月中旬，她积极参加暑期“三下乡”社会实践活动，到阳东县关爱留守儿童。在去三下乡前的一个星期，她遇到了一些不开心的事——手机丢了。当时她就想手机丢了还要不要去三下乡？因为她之前回家乡都有同乡陪的，而这一次是她第一次自己一个人坐车从阳江回从化，重点是连手机都不见了，非常担心到时要是发生什么特殊情况，很难联系家人。她又想到自己是这次三下乡宣传组的组长，很多事都是自己负责的，这样做会对这次三下乡的活动造成很大影响。经过再三的考虑，她最后还是选择了坚持去三下乡。虽然在三下乡活动的开展过程中遇到了很多困难，但在大家团结努力下攻克了一层层困难，圆满地结束了这次三下乡活动。后来所在的“关爱留守儿童”服务队荣获院级“优秀服务队”的荣誉称号。此外，在“三下乡”社会实践活动中，她被评为三下乡“积极分子”。

2014年5月1日至5月3日，阳江职业技术学院中文系联合阳江市南海1号考古与研究中心开展了一次关于“南海一号”文化宣传的志愿活动，她担任这次志愿活动的组长，组织了40多名志愿者分别来到南海1号博物馆担任讲解员和在模拟古船上扮演将军、侍女、士兵等不同的角色，让游客们体会到了宋代文明，让志愿者们体验到了宋代的风情，加深了传统文化的熏陶。在当组长的三天里，白天烈日当头要去做志愿服务，晚上回到宿舍还要安排第二天的工作，有时候被安排到的志愿者又闹点小情绪，又要做她们的思想工作，当时她就想，要当好一名优秀的组长真不容易。三天的志愿工作很快就结束了，这三天里，虽然天气很热，志愿工作很艰辛，但她无悔，因为她觉得在这三天里不仅宣传了千年古船梦，还传承了志愿者奉献精神，同时也让她收获了一份份志愿者们的友谊之情，给她带来更多的是快乐！

成绩源于自信

学习上，她严于律己，学生干部的工作并没让她懈怠自己的本职——学习。在校期间，她获得2013年国家励志奖学金，一次性通过英语B级、计算机一级，她还参加了英语四级的考试和本科自考，自考统考科目一次性通过。平时，她认真学习自己的专业技能，积极与老师、同学讨论教学方面的各种问题，从细节抓起，把功夫下在平时！

在校期间，她曾荣获2013年国家励志奖学金；在2012—2013年度中被评为“优秀团员”；2012—2013学年所在的学生会获得阳江职业技术学院“优秀学生会”称号；2012—2013年度所在“心手相牵•关爱留守儿童”服务队获得“优秀组织奖”；2012—2013年度暑期“三下乡”社会实践活动中荣获“积极分子”称号；2012—2013学年在青年志愿者行动指导中心的文宣服务队中荣获“优秀队员”称号；在第二届“飞扬杯”排球公开赛中获得“进步奖”；中文系制作彩印Logo“三等奖”；第五届“新星杯”友谊篮球赛甲组女子“第二名”；2013—2014学年所在的团总支获得阳江职业技术学院“红旗团总支”称号；2013—2014学年荣获“校园十大杰出青年志愿者提名奖”；2013—2014学年荣获“优秀女大学生”称号；2014年纪念五四运动95周年暨建团92周年“青春红歌会 唱响中国梦”合唱大赛中荣获“二等奖”；在2013—2014年度中被评为“优秀团干部”；中文系第七届三笔书法比赛中荣获毛笔组“三等奖”；第三届“飞扬杯”排球公开赛中获得“二等奖”等奖项。她知道成绩代表着过去，但她会以此来作为动力，争取在未来更上一层楼。

在大学的两年时间里，有艰辛和苦楚，但更多的是汗水和欢笑。她在不断挖掘着自己的潜能，使自己的各个方面都得到锻炼，不断充实、完善自己。她的大学生活过得很充实，她无悔于奋斗的青春。

后记：大学生活锻炼了她坚毅的品格，让她越发沉稳坚强。虽然以后的人生道路还会充满荆棘，但她会用奋斗的青春谱写属于自己的美丽人生。成绩只能代表过去，“实力和自信”才是她进步的源泉和动力，她对自己的未来充满希望。

他的故事

——记顺德职业技术学院学生周卓华

题记：世界很大，人很渺小。虽然不能改变命运，但可以改变生活。

"世界很大，人很渺小"是他喜欢挂在嘴边的一句话。一身平凡朴素的外观让他平淡地穿插于人群之中；一个深黑色的指环放大镜让他在人群中泛起一点微光；一双深邃而温柔的眼睛让每个走近他的人都感到温暖。他能看到的道路昏暗无光，而他能走过的街巷灯红酒绿。他是如此的平凡和特殊。

黄昏掩朝霞

他，出生于顺德杏坛的一个小农村，名叫光辉村，这个名字来源于这个村子每天金黄色的灿烂的朝阳。也正如这初升的朝阳一样，童年的他充满朝气，胖胖的小个子经常从村道上溜来溜去，有捣蛋，也有小孩子特有的正气与幼稚。

无论是怎样朝阳四射的一个村庄，都会有黄昏落幕的时候。当那一天的黄昏，他开始看到作业本上的字一分为二了，当他觉得灯光已不够夕阳那么明亮，当他坐在第一排都看不到老师在黑板上写了什么的时候，他害怕了，他哭了，因为这对一个小孩来说是个什么兆头？他不懂，但是他知道："别人没有，而我有，我跟别人不一样就是有毛病的人！"

这一次，他的朝气没有了，他所看到的金黄色的灿烂阳光变得昏暗了。几个月的寻医和奔波，让他变得疲惫了。最后的一次检查，医生在病历本上写上了"原发性视网膜眼底黄斑色素变异"这几个字。他看不懂这是什么意思，只是知道哭，因为医生说："没办法了，这孩子命太苦了。"从发现病情到确诊，前前后后三个月过去了，他好像做了一场恶梦，一场不知道什么时候才会完结的梦。每天在迷惘和不安中度过，每天的黄昏，他才能正视着太阳，因为这样眼睛才不会痛，至少还可以沾点光彩。

他远离了同伴，远离了学校，因为在农村，这样不可思议的事被视为厄运、不幸。人们会嘲笑他，会打击他，他弱小的心已经经不起打击了，于是他把自己封闭了，与黄昏为伴，与影子为伴。

明镜映光辉

上帝说，神把你的一扇门关上了，会为你打开一扇窗；没有一个苹果说被人咬了一口，就种不出参天大树的。他在黑暗中度过了一年，但那颗朝阳的心依然追求着光芒。为了摆脱那种像老树一样腐朽的生活，他决定回到校园，重新走一条求学求知的道路。其实当初，他也是抱着一个很渺茫的念头——找出治好自己的办法，所以做出了这个决定。

回到学校的他处处碰壁，先不说学习，单单是走路，视力衰退的他难免会有摔跤、撞柱子的事情发生。学习上，因为已经看不到黑板和课本了，他只好安安分分地认真听老师讲的每一句话，日子久了，他渐渐地习惯了这种上课模式。最后，他还可以做到把老师说的知识一直记着，不用复习不用看，听一遍就能理解的地步。而其实，最引人注意的，还是他读书写字的时候有一只手指经常穿着一面很精小的放大镜，平时无论在什么时候，他都是那么平凡，但一看到他看书的样子，每个人都会感到心疼和敬畏。他的头会变得很低，下巴几乎贴上纸张，他用一只手夹住放大镜放在右眼下，左手抓着笔做记号。他能看到的视野很小，一次就那么两三个字，可是他会很用心地去看，这样的姿势对腰和脖子的压力很大，可是他只要一低下头，就这样保持，直到看完才抬一下头。他看书特别认真，无论平时如何嬉笑，只要一看书，他立刻一言不发，无论周围多吵闹，也无法从他的“睡梦”中把他拉出来。

从小学到高中，他的成绩一直很好，这双没有色彩的眼睛，一直对人发出不可思议的光辉。他明明是那样看不清，做不快，却很多时候是惊人的优秀。其实，这一点一点的光芒，不正是他用自己内心的一点一点星火映出来的吗？翻开他的练字本，他从眯着眼写的支离破碎的散体字，再到一个个整齐成型的汉字；他深黑色的指环放大镜被无数的汗水与泪水冲刷成了银灰色；他所做过的作业本并不多，但每一份错题集都密密麻麻地写上笔记。十年了，从回来学校的那一天到考上大学，他每一场考试都坚持到最后。他很少有机会把试卷写完，然后完满地交上去，但他只要写了的就很少会错。他用坚持，从一个连笔也不会抓的人成为一个可以写下几千字作文的学子；他用信念，从一个无力学习的人走出了高考考场，迈进了大学的殿堂；他用毅力，克服了一次又一次的困难，成为同学们心中的光，实现了旁人所无法想象的可能性。

看寒析梅红

不经一番彻骨寒，怎得梅花扑鼻香。一个经历过那么多坎坷的人总是那么让人窝心。他喜欢笑，无论是伤痛还是快乐。在球场上，尽管他不能跟大家一起玩，尽管他其实分不出运球的是谁，他依然在笑，胖胖的脸，笑起来是那么可爱；在每次大考过后，无论是考好还是考差，他还是会笑，笑着一飘而过，让人看了是自然，是轻松；当难题当前又或者挫折临门，他依然是笑着面对，只是笑里带点苦，又渗点甜，让人看了安心、踏实。他的乐观，总是那么淡淡的，渗入到身边人的忧伤，化作一丝甜味，游荡在整个心田。人们说，吃得苦的人最懂甜，大概说的是他了吧。他是一个背包客，经常称自己是个搬着家旅行的人，因为没人会想到，无论你在路上发生了什么状况，只要他背包在手，问题就很容易解决了。在朋友当中，他永远是最知心、最贴心的一枝梅花。曾经有一次，有个女同学闹分手了，要离家出走，他可以放下自己的时间，陪她聊天陪到半夜；有一个男同学考不上大学，前途迷惘的时候，他不懂社会关系，却到处为这位同学找意见、找出路。他为很多人搞过生日会，却从未给自己吃上一口自己的生日蛋糕。他为朋友东奔西走，对路人热心帮忙，却很少因为自己的事去打扰别人。他是一枝春梅，寒冬封不住他的热血，芬芳盖不住他的幽香，他在寒风中挺立，而在春雨里弯腰，他始终影响着身边的人。

暮里闻花香

他今年20岁，就读于顺德职业技术学院社会工作专业。想起他的过去，他曾是个向往音乐的艺术生，后来是一名理科生。大学时他原属设计专业，后来跻身于社会工作的文科专业。他开玩笑说："文理术我都读遍了，这辈子我读书也就无憾了。"大学是一个独立的时代，而成为大学生的他丝毫没有让自己颓废。他虽然知道自己的视力不好，但依然踊跃地参加大学活动，他说，这么辛苦才熬进大学，总不能空手出来的。在课堂上，他依然是那个坐在最前排趴着看书的老模样；在宿舍里，他是那个会捧着吉他边弹边吐槽的"坏舍友"；在社团里，他是那个不会偷懒、认真负责的好干事；而在路上，他依然是一个处处碰壁的奇葩。夜幕或许掩盖了他的身影，但藏不住他的热情；平凡或许模糊了他的不幸，但抹不去他的伤疤；笑声或许覆盖了他的忧伤，但压不住他的豪情。大学里的他过着忙碌而充实的生活，虽然不知道前路何去何从，虽然明知道眼睛总有一天会完全失明，但只要他活着，他就会一直走下去。在他的相册里，装了两千多张他在这一年里拍的照片，有的可以再遇，但有的永远定格了。他用这些相片记录了生活，记录了时间，因为不知道明天，所以今天就要好好活着。

后记：正是不幸让他觉醒，正是挫折让他成长，正是信念让他坚定。他的故事是一首没有激昂高潮和完满结尾的曲子，有的只是平淡的小桥段；他的故事是两行干了的泪痕，没有消极与绝望，有的只是坚强和振作；他的故事是一点摇摆的烛光，微弱却足以照亮一片方原。

俗语说，人无完人。就是这么一个不完美的人，能给身边的每一个人都带来希望，带来欢笑。生活就像一张白纸，乐观是一支支不同颜色的蜡笔，给生活画上色彩。无论生活给予多少考验，只要我们勇于接受，坦诚相对，定能在生活里找到通往希望的星光大道。

没有伞的孩子，必须学会奔跑

——记广州康大职业技术学院学生林进国

题记：进而自强不息，国必心存感激。『自强不息』出自于《周易·坤》中的：天行健，君子以自强不息；地势坤，君子以厚德载物。『心存感激』，则体现主人公的厚德载物和尊师重道的胸怀，感激他来之不易的生活。

林进国，男，中共预备党员，汉族，广东湛江人，1993年5月出生，计算机系2012级网络工程师班学生，现任学院院学生会主席、系学生党支部纪检委员、团支部书记，曾获国家励志奖学金、学院三等奖学金、“优秀团干标兵”“优秀学生干部标兵”等荣誉。

他的名字叫作林进国，是康大一名普通学生、一名学生干部。他是舍友们的“好妈妈”、老师们的好帮手、朋友们的蓝颜知己；他成绩优异、能歌善舞、收获的硕果累累；他性格开朗、乐观向上；他谦卑有礼、待人友善；他低调做人、做事稳重。

他来自一个有14口人的家庭，作为最小的五弟，面对年近60岁的父母亲和身患残疾的两个哥哥，仅有两个哥哥姐姐能维持家庭生计，眼看着还有四个小侄子需要供书教学。他多少次痛恨自己为何还要上大学；多少次产生放弃学业外出打工的念头；多少次他忍着饥饿不忍心问父母要伙食费；多少次……

有缘所以相聚

他就读于广州康大职业技术学院计算机系，主修计算机网络技术。入学时，他怀着一颗不懈奋斗的心，参与各类学生组织工作与培训。一次培训后，他阴差阳错地加入“康大梦之队”，与队员一起“汇聚团旗下，共筑康大梦”。

有缘所以相聚。有人因在第一报告厅、在第二报告厅、在歌舞厅等院系工作场景都看到同一个身影，曾给那个身影命名为“专注”，因为他有一种理念，或者说是一种态度，使各位团总支书记和老师都在无意中注意到这位“专注”的孩子。是因为他的坚持和努力，部门里面的同学都累了去休息了，尽管他也累了，也站起来和大家说：“交给我吧，你们好好休息，放心，我会做好。”每次都是这一句句温馨的关怀，和自身的坚忍不拔。不是因为经常出现，而是他真的用心在工作，用情去关怀，用双手在呵护大家。他不做作、不谋利、不强势。他是一颗在漫漫人海中闪烁的小金子，只有在无意中才能发现他的存在，他的光芒很弱，但是力量却很强大。这就是他为人处事的风格和特点。于是，大家都知道了一个叫“进国”的学生。

有梦所以坚毅

有人问过他为何如此的坚定与拼搏？他说：“每个不甘堕落的人，都有一段沉默的时光。那段时光，是付出了很多汗水泪水，忍受孤独和寂寞，不抱怨不诉苦，日后说起时，连自己都能被感动的日子。唯累过，方得闲；唯苦过，方知甜。”只能说，他的艰辛非笔墨所能形容。

穷人的孩子早当家。家庭经济并不宽裕的他，在大家的心目中却是阳光少年。

上高中以后，他就从未向父母要过钱，父母经常打电话问："还有没有钱用呀？"或是："够不够呀？"就算是已经油尽灯枯了，他依然说："有啊！够用啊！放心啊！饿不死你儿子的！"除非父母主动寄钱给他。他有一个成熟的想法：18岁后问父母要钱是一件不孝的事。他想到通过勤工俭学帮补家用，所以高三暑假就自食其力，全靠自己打暑假工赚钱交房租、吃饭，不要父母一分钱。那两个半月的时间都是自己一个人，也让他成为一个小小的手机专家。现在，他利用节假日在广州尚德机构做兼职，担任助教一职，每周末凌晨6点就要起床赶第一班公交，到教学点为机构的学员服务，解决课程和咨询等相关问题，当然少不了搬搬抬抬的工作。有时候会被学员刁难，甚至辱骂，但是他还是笑着把最好的服务态度给予学员。经过半年的努力，初出茅庐的他从懵懂不知所措，到现在能利索地完成公司分配的任务，得到广州各个校区的老师和学员的认可。近期，公司对他升职加薪，提拔他担任天河校区负责人，同时监管其他助教的工作。每个月都能获得公司的奖励，但作为负责人的他却说："我可有可无，要不把奖励留给其他人，让他们得到激励，能更好地工作，同时又能得到锻炼。"公司资源部主管说："他是一个让全公司都佩服的助教。"

有心所以珍惜

他在工作中很忙碌。仍记得，第十届校运会进行得如火如荼时，作为院学生会副主席，分管广播台、体育部、文艺部的他，自然是忙碌在绿茵场上，可当天却一直不见他的影子。他说："工作已经交代好了，周末要考自学考试，所以到图书馆复习去了，请大家见谅。"因为有心，且行且珍惜。因为用心，进国异常自信地处理好学习与工作、学习与恋爱、学习与生活的关系。

学习与工作两不误。他现任学院学生会主席、学院团委网络团支部部长、系学生党支部纪检部部长、团支部书记，曾任学院广播台技术部干事、系学生会文艺部干事。工作很多，但学习并没有落下，他通过了计算机一级等级考试、英语B级考试、职业资格证考试，还报读了自学考试专升本，获"国家励志奖学金"、学院三等奖学金、学院"优秀学生党员"、学院"优秀团干标兵"、学院"优秀学生干部标兵""优秀团支部书记"、学院"文体积极分子"、"富力地产"校园精英选拔赛"优胜奖"及"最佳形象奖"、社团征文比赛"优胜奖"、学院手抄报比赛一等奖（团体）、学院大合唱比赛一等奖（团体）、学院优秀啦啦队奖（团体）；带领所在团支部荣获"红旗团支部"。

工作与生活皆给力。他能歌善舞，哪怕就是玩游戏，他也能玩出水平。2013年暑假，他参与了天河电脑城举办的神庙逃亡2的游戏比赛，在近千人中赢得冠军，获得厦门双飞三日游大奖。

我们永在路上

“没有伞的孩子，必须学会奔跑。”他自认不是很聪明，但努力做好每件事。冬天被窝的诱惑很大，但他依旧早起、上课、实训；睡懒觉的诱惑很大，但他会继续坚持；周末逛街的诱惑很大，但他会继续拼搏、兼职、社会锻炼。早出晚归、披星戴月，或许会很累，但是生活、学习、工作的日子是充实的。他，用一点一滴的行动打造一个充满爱的“团学”队伍；他，永远在不停地行走和学习，以热忱追逐梦想，“我还在路上”是他不断追求的方向。

后记：自强奋斗的他面对富不如人的家庭，还有3B学院的限制，他没有埋怨，没有不满。对于他而言，这是一种挑战、一种考验，一种逆境的成长。

他是一个注定要奋斗的青年。面对家庭东借西凑的学费，他对待大学从不儿戏！在努力专本连读的同时，想起家里那本难念的经，想起家庭对他的厚望，他看到的比一般人远！他选择了学生干部这个平台来塑造自己，提高综合技能，内强素质，外塑形象！大一和大二两年来都兼任4个不同职位，而且每个职位都是责任重大、要求严格的岗位。他坚持每周末外出兼职，减轻父母的负担。每日早出晚归，累但充实，累但收获，累但快乐！

有人问：“那么累，值得吗？”他的回答是：“看到自己在不断成长，再累再苦也是值得的！可能很多人不懂我，甚至有时候我也很不懂我自己，这么累是为了什么，我相信未来的我会告诉我答案。满书架的专业书籍，忙碌的学生工作和奔波的大学兼职带给我充实的大学生活。通过坚持不懈的努力，两年来，我积极参与团体活动，成绩名列前茅，获得了奖学金……或许这是我一直努力的成果，但是对于我而言，更多的是它给我带来了言之不尽的鼓励和发自内心的责任感、使命感，让我更加坚定我的梦想！”

滴水之恩应当涌泉相报。时代呼吁我们，祖国需要我们，作为中华儿女的我们必须时刻准备好，像主人公进国一样，能够自立自强地接受生活中的苦难。孟子云：“故天将降大任于是人也，必先苦其心志，劳其筋骨，饿其体肤，空乏其身，行拂乱其所为，所以动心忍性，曾益其所不能。”他不屈不挠、学无止境、勇往直前、壮志凌云。

他肩负着梦想，林氏之大丈夫；进而自强不息，国必心存感激！

自强奋斗远志向，展翅高飞过千帆

——记吉林大学珠海学院学生陈纪植

题记：『天行健，君子以自强不息；地势坤，君子以厚德载物。』这句话很好地总结了陈纪植大学三载自强奋斗的经历。从踏入吉林大学珠海学院校门，他脚踏实地，一方面通过参加学生组织、兼职等活动锻炼自己的能力，丰富阅历，结交朋友；另一方面认真学习专业知识，不断拓展视野，涉猎了工商、市营、人力、财务、广告学以及计算机软件的知识。天道酬勤，短短三年，陈纪植获取无数奖项，并赢得老师及同学的一致认可，同时他在课余时间参与开发并推广一款为吉林大学珠海学院许多学子『量身打造』的软件——吉珠湖畔。自强奋斗远志向，展翅高飞过千帆。

陈纪植，吉林大学珠海学院工商管理系2011级工商管理专业学生。三载光阴，陈纪植在社团组织中展现出过人的能力——曾任吉林大学珠海学院学生会网络部部长、校工商管理系学生会网络部部长；在任期间策划组织参与吉林大学珠海学院工商管理系第七届“职场连环闯”活动及工商管理系首届仟润漂浮摄影大赛。在参加社团组织的同时，陈纪植也利用课余时间积极参加各类活动比赛并取得优异成绩。在2012年12月他参加“粤创粤强”广州大学生创业大赛，荣获季军；2013年2月参加首届广东大学生“梦想沃之星”职场风采挑战赛，荣获珠海市第一名，广东省24强；2013年5月荣获“助你创业、赢在广州”第二届大学生创业大赛暨吉林大学珠海学院第三届大学生创业大赛二等奖；2013年12月参加金湾区首届大学生创业大赛荣获冠军；2014年5月参加“挑战杯•创青春”广东大学生创业大赛之创业实践赛荣获铜奖等。与此同时，他还荣获院2011—2012学年社会实践奖；2012—2013年度共青团优秀团员；2013—2014年度优秀团干部等。理想与抱负载他起飞，自主创业的精神引领他前进，如今他与创业伙伴一起创立互联网软件公司珠海指针信息技术有限公司并担任市场部经理，创办的公司正在开发和已经完成开发项目十余个，公司的创业事迹多次被《珠海特区报》《羊城晚报》等采访报道。他的梦想是展翅的雄鹰，脚踏实地，务实发展，勾勒一幅未来的蓝图。

青春佳绩欣向荣，少年扬帆远志向

时光荏苒，学校三载，陈纪植以累累硕果及辉煌佳绩赢得在校老师及同学的一致认可。从2011年加入校工商管理系学生会网络部担任干事，到2012年担任工商管理系学生会网络部部长，再到2013年担任校学生会网络部部长，服务学生，带领所管部门推广工商管理系以及全院学生活动，积累许多的管理经验和业务知识。三年身份的转变，也造就他活动组织策划管理及办事能力质一般的飞跃。与此同时，他于2012年12月策划组织工商商管理系首届仟润漂浮摄影大赛及2013年4月—5月策划组织参与吉林大学珠海学院工商管理系第七届“职场连环闯”大赛。他日积月累的经验及成果是今日铸就成功的基石，也正由于三年能力的开发及拓展和个人经验的累积，才能铸就今日自主创业的陈纪植。

学生组织的锻炼是陈纪植不可或缺的经验磨砺。积极参加各项比赛，努力学习专业知识，都是陈纪植光辉事迹中不可泯灭的笔画。他以优越的成绩及过人的能力荣获学校工商管理系学生会“优秀干事”、工商管理系“实干精神奖”、2011至2012学年“社会实践奖”；还囊括了吉林大学珠海学院“共青团优秀团员”“优秀团干部”等各类奖项。

三年光阴，佳绩连连，作为学校优秀学子，他在2014年5月19日的学校升旗仪式上担任工商管理系旗手，以“凝聚共识，齐力共筑中国梦”为主题，以自身经历为例，共勉学弟学妹铭记自己的社会职责，用心对待身边的人与事，不断用自己的实际行动实现自己的目标，向学弟学妹展示新一代青年自强奋斗，志向高远的风采。

青春佳绩欣向荣，少年扬帆远志向。理想载他高飞启航，不竭的奋斗为青春志向灌溉力量，铸就欣荣佳绩，青春未来。

风云无双赢赛场，顿学累功励自强

如果说三年磨砺在学校夺得累累硕果，那么梦想远大的陈纪植在各类赛场上更是勇创佳绩。从大一新生稚嫩的步伐，到今天大三结束的成熟稳重，陈纪植凭借自身的努力及过人优秀的能力参加各类大赛，带领自己的团队创造出一个又一个丰硕的成果。

2012年6月—12月，陈纪植及同伴开发和推广了吉林大学珠海学院首个校园生活手机应用“吉珠湖畔”，研发出安卓版和苹果版的版本，并汲取经验及周边同学的反馈意见认真改进，使当时吉珠湖畔拥有了5000个安卓手机用户和500个苹果手机用户；同时事迹被采访登上了《珠海特区报》《珠江晚报》、珠海电视台等媒体。2012年12月，他参加“粤创粤强”广州大学生创业大赛并荣获季军。将专业知识与实际实践相结合，勇于创新，在创业大赛中首次荣获季军，是他学生生涯中光辉的一笔。紧接着，勇敢与创新承载着他梦想的光芒，他积极参加各项创业大赛，并于2013年2月参加首届广东大学生“梦想沃之星”职场风采挑战赛，荣获珠海市第一名、广东省24强；2013年5月荣获“助你创业、赢在广州”第二届大学生创业大赛暨吉林大学珠海学院第三届大学生创业大赛二等奖；2013年12月，参加金湾区首届大学生创业大赛荣获冠军等。参赛之余，陈纪植凭借丰富的比赛经验及广阔的人脉，于2013年9月—12月担任“格力电器”2013珠海国际半程马拉松新媒体推广负责人。2013年的累累佳绩拓展了他未来的视野，顿学累功、自强不息使他于2014年5月参加“挑战杯•创青春”广东大学生创业大赛之创业实践赛再次荣获铜奖。

风云无双赢赛场，顿学累功励自强。陈纪植用三年光阴努力奋斗，驰骋赛场，赢出一场又一场佳绩辉煌。

挥斥方遒梦想时，自主创业响未来

学生组织管理能力的锻炼和精英赛场创新实践能力的磨砺，集就满车经验，陈纪植与团队伙伴一同创建珠海指针信息技术有限公司，并担任市场部经理。在创业过程中，他与团队伙伴不断接洽新业务，帮助社会各大企业提供解决方案，并逐步成立新的运营部门和新的产品部门，增强公司整体实力，扩大业务范围，并为珠海在校大学生提供更多优质的实习就业岗位；同时于2013年7月成功招聘吉林大学珠海学院计算机系实习生两名、广东科学技术职业学院实习生一名。

从2013年至今，创办的公司正在开发和已经完成开发项目已有十余个，包括高校校园应用——微校圈、高校通；餐饮点餐——东西南北咖啡点餐系统；安卓手机应用——云财经；旅游产品IOS端——E度游；智能家居型安防系统手机客户端开发；安卓、苹果手机炒股手机应用定制——神股大盗；大型国际性活动推广等等，得到了客户公司的一致好评。2013年8月，广东省委常委、珠海市委书记李嘉到珠海大学生创业孵化基地调研参观指导和肯定了他的创业公司。

自主创业的道路也不总是一帆风顺。在创业之初，产品也曾遭遇滑铁卢，出现严重亏损、团队成员洗牌等艰难情况。但不经历风雨又怎能出现彩虹，团队众人齐心协力，坚持不懈，改革经营，最终乾坤扭转，转亏为盈，公司取得愈来愈好的业绩。

挥斥方遒梦想时，自主创业响未来。厚积薄发，陈纪植用三年努力奋斗的决心和累累经验向未来发声，在莘莘学子还埋头于课本知识时，他跳出纸上谈兵的牢笼，以比赛经验及社团组织能力为积淀，将自主创业的梦想付诸实际，开拓更高更远的未来。

后记：哲学家萨特曾经说过：“世界上有两样东西是亘古不变的，一是高悬在头顶上的日月星辰，二是深藏在每个人心底的高贵信仰。”陈纪植的大学生涯充斥着梦想的光芒。正是这份梦想光芒的信仰，他才能一步一步脚踏实地地奋斗，以一名普通学子的身份走出不同寻常的道路，以共青团员的要求以身作则，响应十八大精神，将青年精神薪火相传，切实担当起国家所赋予的重任，与祖国共奋进，与时代共发展，在创建社会主义和谐校园的进程中作出自己应有的贡献；凝聚共识，践行社会主义核心价值观；以自身为起点，自强奋斗，努力拼搏，齐力共筑中国梦，抵达梦想彼岸。

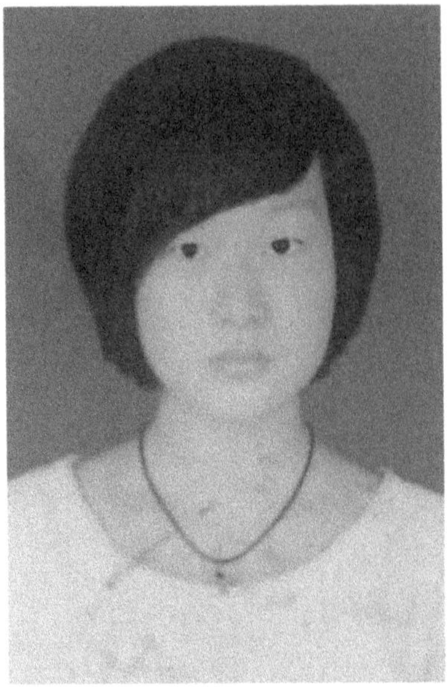

笑容，坚强中绽放

——记华南理工大学学生郝静怡

题记： 感动不是单纯地落泪，不是肤浅地感时伤怀。感动是一种坚强，是一种在困难中依然能将乐观展现给大家的精神。

初到华园

2012年9月，踩过高考的独木桥，2012级新生纷纷从全国各地赶到梦寐以求的大学校园。独自来到陌生的南国，面对着众多生涩的面孔，华南理工大学2012级轻化工程一班的郝静怡并不像大多数同学那样羞于表现自己，而是很快地融入新集体中。在军训期间的各类休闲娱乐活动中，她为同学们展现了精彩的街舞表演，带来了自己写的歌，给烈日炎炎下辛苦疲惫、汗流浃背的同学们带来了欢声笑语。这个外表看起来恬静温婉的小女生，在她挚爱的街舞的陪伴下，流露出了特有的魅力，活泼俊逸，灿烂热情，在班级各种活动中都给同学们带来新的精彩。她，就这样在大家的心中留下了一个印象，一个真正快乐，无忧无虑的开朗外向女孩的印象。

祸从天降

2012年10月，国庆假期刚过，同学们也开始了在大学的第一周的课程。活泼爱运动的郝静怡当然不会只顾学习，周末便随同学们踩单车在大学城游玩。可谁也没有想到，意外发生地那么措手不及。在一个下坡中，她因控制不住剧烈摇晃的车把而摔倒，头部受了重伤，当场抽搐昏迷，丧失了意识，不省人事。在场的同学们立即找来最近的校医院医生，但因情况严重不能处理便拨打了120急救电话。广东省中医院派来救护车，因出事地点离广东省中医院非常近，得到了很及时的抢救，并在取得了父母的手术同意后进行了开颅手术（脑硬膜下血肿清除术+颅骨切除减压术）。手术后，主治医生走出手术室，对焦急等待的老师同学说："手术很成功，但是就是不知道她什么时候能醒，如果这周还不醒，就醒不过来了。"一句话让所有人的心都揪了起来。她虽然处在昏迷状态，但是手却一直在动，甚至影响了正常的输液，需要绑在病床边的扶手上，拍CT的时候都需要专门有人穿着厚厚的防辐射服按住手臂，医生说这正是她求生意识强烈的表现。

终于，几天之后她醒了。但是在很少有的清醒时候，她也从不主动说话，只是用小孩子一样缓慢的语速回答问题，甚至有的人都不认识了。就在刚刚脱离生命危险，从重症监护室转入普通病房的时候，她第一次有意识地主动开口说话："What should I do？ I want to dance…"她用的是英文，当时把大家都吓坏了，但那种茫然和那种语气中的坚强让在场的同学们都十分欣慰和感动。

于是，在同学们都在惊喜地探索大学的新奇事物时，她却留下了一片记忆的空白区，并且只能默默地躺在病床上，开始度过本不应该属于她的枯燥、痛苦生活。后来，每次同学们去看望她的时候，她总是很乐观开朗，从不说治疗的疼痛、住院的孤独，总是积极地问一些大学生活的趣事。学校同意她休学一年进行治疗，但是她却拒绝了，她说坚持和大家一起入学，一起毕业，一个都不能少。医生叮嘱不能太用脑，但在病床上，她坚持自己学习、按时完成作业，在医生允许的情况下，还会参加班会等班级活动，也会经常散步走回校园，看看熟悉的红色楼房。她的坚强性格，为她，为她的父母，也是为所有关心她的人创造了奇迹。住院近一个多月后，她终于可以出院回到她向往的大学，融入真正属于她的大学生活，融入新的大家庭。

回归校园

那时的郝静怡不仅头发比男生还短，而且因为切除了右侧的头盖骨，“半头人”的样子看上去有点吓人，因此她每天都要戴帽子。而且因为没有骨头保护，薄薄的一层头皮下就是大脑，但是她每天都坚持格外小心地去教室上课，还要去图书馆自习来补因住院落下的功课，最终也比较顺利地通过了期末考试。在期末考试最后一科刚刚考完，本该是大家放松的时候了，她又马上去医院接受了颅骨修复手术，补上了人造头盖骨。这次她清楚地知道自己要面临什么，知道手术台的冰凉，重症监护室的黑暗，但她仍勇敢地挺过来了，奇迹般地两周就恢复较好出院了，连医生都说是“大难不死，必有后福”。

经过寒假的调整修养，她终于能真正开始属于她的大学生活了。因为和死神碰过一次面，遗失了一些记忆，错过了大学最开始的时光，所以她会更懂得珍惜，去丰富充实自己。在集体生活中，她很快地融入集体，并不因为自己之前的住院情况而要求任何特殊照顾。虽然会有头部偶尔的不适、有后遗症的风险，但是她依旧乐观开朗。在身体恢复较好后，她频繁出现在各种活动、创新项目、社团、学生会部门中。她在街舞协会坚持练习街舞，还应邀参加学校各种活动的演出，把那种坚韧的力量通过舞姿展现出来。她曾笑着说，也许正是因为军训的锻炼和当时每天晚上都为迎新晚会排练街舞，她才能有一个比较好的身体素质，没有被死神打倒。大一下半学期，她也和同学一起创办了华园台球协会并任副会长、代理会长，举办了多场比赛，带领协会获得“华南理工大学2013年优秀学生社团活动”的荣誉。

感恩回报

家人、老师、同学们为她做的也让郝静怡学会感恩与回报。她说感觉自己就像是自私地舒舒服服睡了一大觉，把现实中各种大大小小的事情都丢给别人处理，还让他们为自己担心。所以，她积极参加各种志愿活动——食品营养与安全知识宣传进社区、海幢街工疗站志愿活动、芳村聋儿语言训练学校义教、北校区研究生迎新活动等等，用自己的努力为别人奉献爱心，也许只是绵薄之力微不足道，但她依旧乐在其中。因此，她荣获了“2014年华南理工大学一星级志愿者”称号和“广东省环境友好使者”称号；担任了“大学生志愿者千乡万村环保科普行动”志愿者、“8th CIGR Section VI International Technical Symposium”（第八届国际农业工程学会会议）志愿者。

享受生活

大一时，当大家还沉浸在脱离高考苦海的欢乐中，郝静怡报名了SRP（学生研究计划）项目，这也是受到高中的化学竞赛老师杜宝石教授（郑州大学化学系教授，两次荣获诺贝尔奖的著名化学家Linus Carl Pauling的两个中国学生之一）两年半的熏陶的结果。在医院里，她还一直对杜教授上课时关于半导体冰箱的想法念念不忘，这是很好的一个应用，她希望可以真的被应用。后来，当查到现在的车载冰箱就是应用这个原理做出来的，她也露出了开心的笑容。她说，在那时，有人当学霸一心想转专业，有人做学渣肆意享受大学的放养生活，而她，只想静下心来认真地做出一点东西，所以一整个暑假她就留在实验室进行实验了。现在虽然还是大二，但她已经拥有了一项发明专利，并以第一作者发表了SCI、EI论文各一篇（EI论文已初步录用）。

经过这次事故，她也深知锻炼身体的重要性。作为校学生会体育部主管，她也参与举办了各种校级的大型体育活动。她曾在烈日下流着汗水，看着全校四五十个班级的人都来参加她们举办的班级嘉年华活动，心里非常激动。当每次比赛后参赛人员对工作者衷心地说一句“辛苦了”，并且真的交到几个同样热爱运动平时也会一起打球的朋友时，她都觉得之前多日的辛苦准备和活动当时的繁忙工作都不算什么了。

虽然她忙碌在各种课外活动中，但她并没有在功课上有丝毫松懈。早晨，空寂的教室总是会出现她熟悉的身影。课后，大家纷纷冲向饭堂与宿舍时，也总能看到她与老师交流的背影。她总是认真按时地完成作业，也很乐于与同学讨论难题。由于高额的治疗费用，她坚持做兼职来补贴家庭。她说她在住院的时候错过了太多太多大学生活的美好，其中那段记忆空白更是折磨着自己。现在的她要通过自己的努力抓住大学生活的每一个美好瞬间。

后记：现在的郝静怡，依然在用自己的坚强与笑容面对着未知的明天，用自己青春的热情向自己的理想拼搏。每次看到她熟悉的笑容、优美的舞姿，都会感到一种温暖而强大的力量。愿过去那些不幸的梦魇已经远去，她会安好。她在努力，她也会一直感动和激励着身边的人们。

青春的梦想在奋斗中点亮

——记暨南大学国际学院学生马荣镇

题记：『宝剑锋从磨砺出，梅花香自苦寒来。』成功是每一个人的梦想，只要有恒心和毅力，那么离看到梅花傲雪绽放的绚丽景色的日子就不远了。

马荣镇，来自中国香港，暨南大学国际学院CGA（会计学）专业2010级本科生。

初到暨大，成长适应

2010年，怀着对梦想的执着与追求，马荣镇同学从香港来到了素有“华侨最高学府”之称的暨南大学。由于身份的特殊、文化的差异，让刚进大学的他似乎有点不太适应，在刚开始学习时候，他内心充满着落寞与迷惘，也许跟大多来到暨南大学的外招生一样，他一直担心基础课或专业课的学习跟不上，也迷惘暨大的学历在香港的认可度。但俗话说：既来之，则安之。他慢慢学会如何利用暨南大学的平台，去克服自己的劣势，发挥自己的优势。他深知，学历文凭不过是一张火车票，软卧也好，硬座也罢，这些都不重要，因为我们只关心自己的目的地到底在哪。

专业学习，天道酬勤

马荣镇同学一直坚信勤能补拙，笨鸟先飞，态度决定一切，他会抓紧每一分每一秒去学习新知识，同时对学过的知识及时进行复习和总结。在那些可以当作枕头的课本上，他都习惯于留下学习的各种笔记和注解，以便于记忆和回顾。每天，他会给自己的学习任务制定好目标和计划，按时按质完成，不断进行反省和总结。课前预习新知识，课后请教老师同学，这些听起来最普通最耳熟能详的学习方法，他每天都一直坚持着，再坚持着。课堂上的全神贯注、聚精会神，是他青春路上的缩影；图书馆里的孜孜不倦、埋头苦干，是他在梦想路上的证明。他始终坚信，学习需持之以恒，成功是不会降临到懒惰者身上的。另外，他还经常主动帮助其他同学解决学习上的难题，和他们共同探讨、共同进步。在他成长的道路上，暨南园的多元文化就像一位孕育着各国优秀学子的母亲，从内招同学的身上，他懂得取长补短，博观约取，厚积薄发；从外国友人的身上，他学会多想多问，批判辩证，独成己观。文化的碰撞与交融，让他不断开拓自己国际化的视野。

通过长期的刻苦学习，勤奋的汗水终于换来喜人的结果。马荣镇的学习成绩不断取得进步，目前在班上名列前茅，位列本专业第一。获得的国家奖学金、港澳华侨学生奖学金、金帆奖学金是对他学习汗水的一个肯定。不仅给予他极大的信心，激励着他以后的学习，更减轻其父母的负担，让父母放心，回应父母那殷切的期盼。他的一位外教Professor Louis曾评价说，马荣镇同学是他在任教以来的学生中，最让他记忆深刻的优秀学生。

科研竞赛，信心为伴

在紧张的学习生活之余，他还积极地参加各级别的学术科研类竞赛和课题项目。不久前，他跟他的团队经过一年的努力和研究，共同完成了暨南大学大创训练项目，并成功结题。结束后不久，另一个国家级的大创项目已经立项，他担任负责人，课题也在今年7月顺利通过结题验收。

今年6月，他和班上几位同学组队参加了“CIMA2013国际商业精英挑战赛”的中国总决赛。这项被誉为商业奥运会的国际赛事，从华南区的初赛到中国区的总决赛，历时半年，他跟其他队员都非常重视。由于决赛准备时间相当紧张，他们每天晚上一下课，便抓紧时间对案例进行头脑风暴、讨论分析、反复修改直至深夜，第二天却还要面对各种测验和考试。而每个周末，他们就在图书馆查找着各种相关资料，请教他们的指导老师，并且为团队展示进行着反反复复的彩排和演练。他始终相信，一分耕耘，一分收获。

决赛答辩时，尽管他们并没有相当丰富的大赛经验，但面对来自清华大学等高校的强队时，他们的队伍并没有怯弱或害怕；相反，他们勇于把自己当成专业的管理会计人员，从数据出发，以理论结合实际，向评委们清晰、自信地阐述着他们团队的解决方案。最终，他们凭借着出色的表现，勇夺本项赛事的全国亚军，为母校刷新了参加本项赛事以来的最佳战绩，并接受来自英国驻广州领事馆总领事摩根、CIMA全球执行总裁Ander Harding、CIMA中国区新兴市场业务总监夏鼎的颁奖。

这成果得来不易，在其背后隐藏着他和团队一次又一次的尝试、一次又一次的努力付出。即使面对一而再，再而三的失败，他也不曾怀疑自己努力的价值，也不曾想过退缩，因为他坚信“苦心人，天不负”！

工作实践，收获丰硕

实践的能力的提高，要在平时的工作生活锻炼中去进一步磨炼。台湾著名的主持人蔡康永曾说过，5岁觉得游泳难，放弃游泳，到18岁遇到一个你喜欢的人约你去游泳，你只好说“我不会耶”；18岁觉得英文难，放弃英文，28岁出现一个很棒但要会英文的工作，你只好说“我不会耶”。人生前期越嫌麻烦，越懒得学，后来就越可能错过让你动心的人和事，错过新风景。他坚信，机会总是留给有准备的人。

因此，他也积极参加校内外的不同组织，培养和锻炼自己的软技能，为将来事业打下坚实的基础。他曾担任青年会计学社副会长、国际学院团委学生会副部长、院刊美工组组长、羽毛球协会部长，学习去带领自己的团队去组织策划不同的活动，完成不同的任务，多次被评为优秀干事。在这过程里，他除了收获珍贵的友谊，与此同时也很好地锻炼了自己解决问题和领导负责的能力。他始终认为，学生干部工作实质上就是为同学服务，从成就别人的行动中收获感动，收获工作经验并收获友谊。因此，他从来不因学生社团事务繁杂而不情愿，他总是本着为同学服务的心态，努力把每件事情做到最好，努力让老师满意，让同学满意，并得到大家的支持。同时，他还参与到暨南大学校庆105周年的志愿者的队伍中，为母校贡献自己的力量，并得到学校的表彰。在校外的公益活动Smile Collection中收集来自各行各业不同人员的笑容，在感恩社会的同时，也为社会传播快乐和正能量。

去年年初，他还加入到了四大会计师事务所之一的普华永道中天会计师事务所，进行关于审计的实习工作。忙碌的实习工作让他对审计有了自己的体会，认识到作为一个审计人员所需要的素质和能力，细心、谨慎成为财审人员最重要的标志。因此，他时刻提醒着自己要具备扎实的专业知识和较高的英语水平，还需要熟练的计算机操作能力作为后盾，更要具备较强的沟通学习能力、信息收集能力、发现以及分析问题的能力。

后记：这就是马荣镇，一个普通平凡的香港学子在暨南园里为梦想而不断奋斗的故事。千里之行，始于足下，大学是人生宝贵的四年，与其在浑浑噩噩后扼腕叹息，何不努力踏实过好每一天，为梦想而奋斗，让青春变得更有价值！

勇立青春潮头，高唱志愿之歌

——记岭南师范学院学生王志平

题记：『志愿服务，平凡而伟大！』——这是他对自己的名字最自豪的诠释。

王志平，男，岭南师范学院人文学院2011级广电（2）班学生，中共预备党员，广东省大学生福彩公益之星，中国大学生服创大赛队长，曾带领7支团队获得省级以上奖励。王志平同学非常喜欢张国荣的一句歌词："我就是我，是颜色不一样的烟火。"从踏进岭南师院那刻起，他就用火一般的热情燃烧着自己的大学梦。

心怀志愿梦想，展翅一路飞翔

从"全国志愿助残示范基地"到"广东省志愿服务银奖"，从院团委副秘书长到校青志联副主席，作为岭南师院志愿服务的组织者和管理者，他用自己的实际行动号召广大学子走出校园，服务社会，磨砺成长。

选择志愿这条路，并坚定不移地走下去，志平坦言，其中受母亲影响颇深。"母亲是一个善良的人，小时候我看见妈妈经常帮助路边无助的乞丐，帮助身边各种有需要的人。"那个时候，爱心的萌芽就在他小小的心灵滋长了。作为从小就是贫困生的他，总会得到社会各界的无私帮助，志平心里总是暖暖的，有说不出的感动，所以他也想把这种感动带给身边的人，带给有需要的人。

小学时，志平是班上的劳动委员，"每当我路过草坪，发现里面有垃圾时，我总会顺手把它捡起来扔进垃圾桶"。日复一日，每天如此。就这个在志平看来理所当然的一件小事被老师同学相继发现了，"清洁王子"一时走红校园，并于2004年被评为市"三好学生"。中学时，志平参加了学校的爱心服务机构，有机会去探望孤寡、帮助残疾老人。于是，怀着一颗奉献他人、服务社会的心，大学时期他毫不犹豫地加入了青年志愿者联合会，凭着火一般的热情，一路向前奔跑，执着地追寻着自己的志愿之梦。

"有一种生活，你没有经历过就不知道其中的艰辛；有一种艰辛，你没有体会过就不知道其中的快乐。这种生活就是志愿者的生活，这种快乐就是志愿服务的快乐。"大学期间，他带领志愿者近32600人次，组织志愿活动逾200项，服务人群数万名。志愿者证上730多个志愿小时的记录印证了他的志愿之路。

"忘不了和志愿者一起走访社区，探望孤寡；一起美化校园，除草去癣；一起迎接新生，搬运行李；一起外出服务，累了饿了就蹲在街边吃盒饭……每一次奋斗，我都愿与志愿者们同甘共苦。我觉得，能服务社会是一种幸福，我只是单纯地想尽自己所能将一份爱送给有需要的人。"是的，他爱青志联，他爱志愿者。

志愿助残报社会，躬身实践为修身

作为“全国志愿助残示范基地”——岭南师院志愿助残服务总队的副队长，他服务残疾老人50余户，离退休教职工100多名，为他们打扫卫生、买菜做饭、按摩洗脚以及心理疏导。同时，他还带领志愿者走进福利院、护老院和特殊教育学校，为他们购进大米、食用油、衣服、清洁工具等日用品，为他们带去音乐舞蹈、魔术书法等文娱活动。他说：“在我心里，尽己之力帮助他人才是最重要的，任何苦与累都是值得的。”

生活在社会最底层的服务对象给了志平心灵很大的触动。其中有一个服务对象住在阴暗的臭水沟旁边，他看到那场景都会莫名地感到心酸。“没有亲历过，你永远都不会想到社会中还有这样的一些人，他们是这样不堪地活着。”不过，令人感动的是，不能说话的老人总会竖起大拇指表达谢意。还有一个服务对象黄伯，五年前出了车祸，行动很不方便，妻子和女儿也离开了他。虽然他一生充满坎坷，但他却非常乐观开朗。每当志平去服务时，黄伯的脸上总是充满了欣慰的笑容。每次服务，除了给老人打扫卫生，还陪老人去做礼拜……每次老人都会早早地在门口等待志愿者的到来，笑容满面地与志平侃侃而谈，充满欢乐。

“这样感人的事例举不胜举。每当我给生活困难的老人洗一次脚，为床上患病的老人掖掖被角，他们就特别容易知足，泪水盈满眼眶，连声道谢。我只知道，他们需要社会的关爱，哪怕是几声轻轻的问候。”

实践凝聚青春志，奋斗成就中国梦

2012年，志平组建了“齐骑”创卫队和“阳光种子”关爱留守儿童服务队，还热情参与了其他7支社会实践队伍。期间，志平广泛参与到弘文励教、政策宣讲、社会调研、环保创卫等一系列社会实践活动中，把他的假期全部奉献给了“三下乡”。以“阳光种子”在赤坎区九二一社区的服务中心为例，志平每周末都会带领志愿者把社区内的留守儿童集中起来，对小朋友进行课程补习。“为了逗孩子们开心，我会绞尽脑汁给予最贴心的呵护：教孩子们复习功课，给孩子们讲笑话，帮孩子梳剪头发……我能感受到在这一刻，他们暂时忘却了心中的苦涩，脸上荡起了甜甜的笑，与志愿者亲如家人。”时至今日，“齐骑”依然穿梭在湛江的大街小巷，“阳光种子”已累计开展服务680多次。

2013年，志平又组织了“火红青春”红色教育实践队，在校团委郭和才书记的带领下远赴黔渝川红色革命纪念地，开展红色教育、重走长征路、爱心捐学等活动；分别前往贵阳龙洞堡小学、四川雅安市上里镇共和村希望小学举行爱心捐赠仪式，为孩子们送去了电脑、打印机等电教设备，以及一大批书包、图书和体育用品，建立了爱心图书室，以促进希望小学的教学改革和校园重建。

幸运的是，志平所率领的“齐骑”创卫队和“阳光种子”关爱留守儿童福彩队均获2012年广东大学生“福彩公益奖”优秀团队奖，其参与的“海螺号”服务队和“梦翼飞翔”福彩队亦均获此殊荣，其组织的“火红青春”红色教育实践队也获得了2013年广东“三下乡”社会实践活动优秀团队称号。由此志平也获得了广东省大学生“福彩公益之星”、市“优秀共青团员”、市“预防结核病先进个人”、校年度“环保人物”、校“十佳志愿服务先进个人”等多项荣誉称号。

创业成就梦想，创新引领未来

“他是一个工作狂。”“他总是很忙，没完没了地工作与学习。”这是同学眼中的他。面对这个问题，志平笑言：“是的，我是一个追求完美的人。”

2014年，已经大三的他依然激情未泯，组建了“卧鲤”老龄服务有限公司和“意次元”文化传媒有限公司，均成功入驻湛江市大学生科技创业孵化园，并在参与省“创青春”创新创业大赛和省“行业—专业—就业人才需求分析”大赛中分别荣获铜奖和优胜奖。同时，他还积极参与“挑战杯”全国大学生课外学术科技作品竞赛以及第三届中国创新创业大赛，并率领岭南师院唯一一支校队闯入了中国大学生服务外包创新创业大赛。

在他眼里，“疯狂”的定义是全情地投入。在工作上，他事无大小都亲力亲为；在学习上，他学无止境苦心钻研。为了工作和学习，他可以牺牲各种娱乐时间，可以苦战到夜阑人静。在别人眼里，他是疯狂的，但在这疯狂背后其实是一把烧不完的热情之火。他告诉我们：“要适时疯狂，也要适度疯狂。把握好这一点，我们任何方面都可以做得很出色。”如今，即将面临毕业的他要继续将这种“疯狂”进行到底，因而他全情地投入到考研的准备当中。“在大学要好好地充实自己”，怀着毕业后创业的梦想，他继续着向前努力的步伐。

正是这份“疯狂”的投入，他用火般的热情挑战各种舞台。当别人还处于过渡迷茫期时，他早已为自己规划各种目标了；当别人在各种机遇与挑战面前徘徊时，他已奋力将自己推出去，用勇敢与自信征服眼前的竞争对手。热情让他在各种挑战面前乐此不疲，无畏无惧。这份烧不完的热情为他带来了各种成绩各种荣誉，也使他早早地在大学里找到自己的位置与角色。

青春就该这样过，激情燃烧，不让自己后悔。

挥洒青春收获幸福，用爱作证永不止步

成功的背后总有着一段惊人的坚持。他说没有机会，就主动创造机会。“你要和优秀的人在一起”，一路走来，他能够找到自己的“镜子”，看清自己的不足并不断改善自己。“志愿活动让我付出了很多，但是我收获的却远比付出的多很多。它让我快乐，让我不再孤独，让我学会去爱去包容，用爱心见证成长。”一路收获累累硕果的志平，总是带着一颗感恩之心去生活、去学习、去工作。他说：“只要你认认真真干了，就会得到应有的回报。”在志愿服务的过程中，他也懂得了感恩，感恩父母、感恩老师、感恩朋友，感恩每一个出现在自己生命里的人。

从这位激情如火的同学身上，我们反思了一个问题：“我们的大学应该怎样过？”没有梦就没有方向，王志平找到了自己的梦，所以才能热情如火地去追梦。

后记：一路走来，志平追求着、奋斗着、坚持着，力求做最完美的自己。然而生活并不都是一帆风顺的，他也曾几度失落，几度迷茫，甚至还曾大病一场。志平遗憾地说：“因为行走匆匆，错过了身边的很多风景。”

此时的他选择了再次挑战自我，踏上了考研之路。当谈到未来的计划时，志平笑了，一直以来他有个心愿，就是希望能到西部去支教，到祖国最需要的地方去书写新的人生。他努力地为梦想铺好了轨道，剩下的只是乘坐时间的列车一路前行！

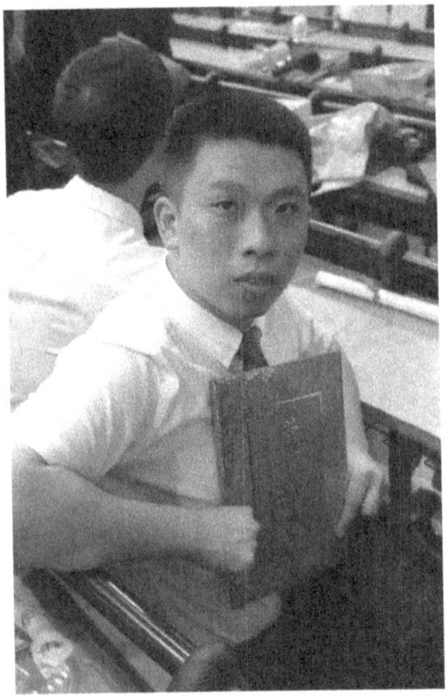

乐观无惧残疾，自强开创事业

——记韩山师范学院学生林任樟

题记：『发挥我所长，找到我所在，给梦想一个行动的舞台！』林任樟一直信奉着这句话，并且不断地为梦想而奋斗拼搏。他虽然从小患有残疾，行动不如正常人，但是他以坚强的毅力去实践自己的人生规划。软件编程是他的特长，也是他的兴趣所在，他在这方面一直非常努力地去学习并挖掘自己的潜能，也与自己的创业梦想结合起来。

林任樟出生在广东省潮安县的一个普通农村家庭，由于患了小脑瘫痪疾病，导致行动不便。从小父母就带着他到处寻医问药，于2000年在河南郑州的河南医科大学脑瘫专科附属医院接受了脑瘫手术。经过术后恢复，他的身体状况好了许多，行动也自如了一些，在日常生活中基本能够做到生活自理，但跟正常人相比，还是有很大的距离。

2010年，林任樟同学参加高考，考上了广东省韩山师范学院计算机科学与工程系的软件工程专业。韩山师范学院是一所历史悠久、特色鲜明的广东省属本科师范院校，位于享有“中国瓷都”美誉的国家历史文化名城潮州市，享有“千年学府，百年师范”美称，是一所拥有深厚文化底蕴的本科学院。

在读期间，林任樟克服身体和其他方面的种种困难，刻苦努力，带领团队于2012年完成了电脑版的“潮语输入法”，该作品于同年获得了第22届广东省“高校杯”软件作品设计竞赛（本科组）一等奖，创下了韩师学子参加此项赛事以来的最好成绩；同时在2013年广东省第12届“挑战杯”竞赛中获得二等奖，并入围国家级大学生创新创业训练项目。作为一名应届毕业生，目前该同学已经联合其他人建立工作室，力图把自己的作品推向市场，迈开了大学生创业实践的坚实步伐。

勇于面对现实，乐观对待生活

1990年，林任樟出生在潮安区金石镇的一个普通农村家庭。婴儿时期，林任樟与其他的孩子并无多大区别。三岁的时候，父母发现到了孩子会行走的时期林任樟却还不会走路。父母就带着他开始了漫长的寻医路，那时每个医生对他的病情都有不同的看法，有人说是小儿麻痹症，有人说是脑瘫等等。当时，他们寻访的土医生、正规医生不计其数。期间，他几乎每天都要在打针和喝中药中度过。“对于小孩子来说，打针真的很痛，中药也很苦，但为了身体快好，我只能忍了下来，配合医生，从不哭闹。”林任樟说。就医过程中，让他印象最深刻的是当时饶平一位土医生要让7岁的他每天不断用童子尿浸泡身体，即便味道很难闻，但他从不抱怨，悉心遵循医生叮嘱。

2000年的夏天，林任樟在河南医科大学脑瘫专科附属医院确诊为患有“小脑瘫痪”疾病，并接受了脑瘫手术治疗。经过三个月艰苦的术后康复期后，他终于重新站了起来。如今的他，身体状况好了许多，除了走路时比正常人少了些许平衡感外，在日常生活中基本能够做到自理。生活中的他会游泳，会骑单车，自己能做的事都争取自己完成，他希望做一个独立的自己。

林任樟虽然身体有缺陷，但他从不为自己的身体缺陷而表现出悲观的情绪，从小的身体缺陷反而锻炼了他在日常生活中的抗压能力，在困难面前他都能勇敢地去面对，并很好地战胜生活中的困难。生活中，他的人缘很好，身边有很多的朋友，他非常平易近人，待人也很真诚，经常力所能及地帮助身边的人。乐观自信的他赢得了大家的尊重和关爱，大家都喜欢和他交朋友。

发挥自己所长，找到自己所在

林任樟从小读书学习就比较刻苦，小学初中的时候成绩都是比较优秀的，特别是数学成绩在班上总是数一数二，自学能力也很不错。林任樟从小学五年级就开始接触计算机，经常通过网络和别人进行交流。出于对计算机的热爱，他从初中就开始自学做网站。当别人在用电脑打游戏时，他就通过网络向资深网友请教，一旦自己有疑惑，一定要问个明白。那时，他开办了自己的第一个导航网站，域名为“www. good363. com”。

后来，林任樟考上了市华侨中学。当时，林任樟是在学校住宿，生活各方面都需要自理，这对于腿脚不灵便的他来说是莫大的挑战。同时，高中的课程比较多难度也比较大，加上自己患有鼻炎，经常头晕，但他仍然坚持学习。经过三年的奋战，2010年，林任樟考上了广东省韩山师范学院。根据自己的兴趣，他自信地选择了计算机科学与工程系的软件工程专业。该专业课程学习相对比较难，但是他凭着对计算机的热爱和平时的努力，在期末各学科的考试中都取得比较好的成绩。自信好学的他还经常提出具有创新性和难度的项目，并且主动参加学院主办的课外科研立项竞赛、校级“挑战杯”比赛等大学生课外竞赛项目。

大学一年级期间，他就跟专业课的老师提出要用自己的专业知识为潮语开发一个输入法，让更多的潮汕人能够用自己的母语来跟电脑交流。作为项目开发的负责人，他带着自己的4人小组团队在老师的悉心指导下开始了项目研发。从项目的前期调研，资料的搜集，项目的规划，软件的设计等，历经一年多，他和他的团队终于开发出来了一款以潮语为发音码的输入法，填补了潮语输入法这一领域的空白。然而，开发的过程中并不是一帆风顺，由于项目难度很大，所需资料范围也广，数量庞大，需要大量的时间和精力去收集、归纳、整理和研究。但林任樟从不畏惧困难。他说：“每设计一个新的领域，就要开始新的学习，对于不懂的知识，我都是自己查资料学习研究。自己要相信自己可以完成它。”

林任樟是一个非常有计划的人，每日一计划，每日必完成。他有时候为了攻破一个难题、完成一个计划而通宵达旦。就如他曾经为了想出程序修改的方法以及为创业比赛修改创业书而熬夜到凌晨三四点。

敢尝试勇闯荡，坚持创业梦想

转眼，林任樟到了大四毕业时期。由于受到父母做生意的影响，以及自己对计算机的热爱，他毅然选择与计算机相关的创业之路。“我从初中就开始有创业这个想法了。”林任樟说。从2013年8月开始，他就与他的两个初中同学一拍即合，成立了现在的工作室，主要是拓展电子商务和移动互联网两个方面。团队也在不断扩大，现在6人的创业团队，成员都是林任樟的同学，有初中同学、高中同学和大学同学。

林任樟表示毕业后会继续坚持创业，希望将手机版的潮语输入法这个产品做得更好，让潮语输入法成为他们声色网络的一个品牌。他说：“我会带着自己的团队往移动互联网这个方向深耕下去，开发出更多更好的产品，通过创业来实现自己的人生价值和社会价值。”更重要的是，他希望通过自己的努力，回报父母对他的照顾与关心。“天下父母心，从小到大，我的父母为我付出了太多太多。报答是细水长流的，而创业是我实现梦想的舞台。我希望自己能在创业道路上做出一番成就，报答父母的养育之恩。”林任樟用行动来对父母感恩。

对于自己的人生规划，他表示李开复的《做最好的自己》对他的影响非常深。“李开复是互联网中较为先行的人士，我把书仔细地看过了两遍。对于书中基本的框架，我都非常的熟悉。”林任樟说。他相信上天是公平的，上天夺走他的一些东西，必然会为他留下另外更宝贵的东西。所以他一直信任书中一句话：“发挥我所长，找到我所在，给梦想一个行动的舞台”，并且不断地为自己的梦想拼搏努力。

后记：身体的残疾给林任樟的行动带来不便，但是没给他的心理带来不便。他在困难中积蓄的自信与求学中的勤奋会让人忘却他其实是一名行动不便的残疾生，他在课外科研和创业实践的道路上比其他大学生走得更好更远。作为一名即将毕业走向社会的大学生，林任樟以其自强奋斗的励志历程自觉地践行着社会主义核心价值观。虽然身体上的缺陷注定了他要付出比别人更多的汗水和努力，但他仍以乐观自信的态度去迎接他新的人生旅程，将自己的特长和创业的梦想结合起来，勇于尝试，勇于创造，展示了新一代青年学子自强不息、努力奋斗的风采。

把握青春·坚定信仰·放飞梦想

——记韶关学院学生黄维坤

题记：『大学，就应该选择一条属于自己的路去奋斗，才不会让自己的青春留下太多的遗憾。有些事情，你现在不做，以后就不会再做了。』黄维坤，一名校园中响当当的志愿达人，一名团学活动领袖人物，一名机械设计创新能手。他以青春的激情把握青春，坚定信仰，放飞梦想，让人生因选择和奋斗而绚丽多彩。

黄维坤，韶关学院物理与机电工程学院2011级学生，曾任韶关学院青年志愿者指导中心活动团总支书记、常委副主任、代理班主任、班级团支书等职务，曾荣获2013年度中国大学生自强之星志愿公益提名奖、第六届全国大学生创新设计大赛二等奖（国家级）等多项奖项。作为学校的团学干部，黄维坤同学积极响应学校开展的社团工作和社会实践活动，在学校校园文化活动和志愿服务活动中积极表现，以自身的行动来积极践行社会主义核心价值观，以可爱、可信、可贵、可为的形象来对待身边的每一个人。在学习、工作、生活中，他善于思考、勇于创新、勤于实践，赢得了广大师生的认可。同时，多年的学生社团工作体验以及志愿服务经历培养了黄维坤同学较强的团队合作意识、吃苦耐劳自强奋斗等品质，使他拥有比常人更为坚毅的性格。在校期间，黄维坤共获得省、市、校级约三十多个奖项。

青春在志愿奉献中闪光

“有些事情，你现在不做，以后就不会再做了，趁年轻，加入到志愿者的行列中，让我们的青春在奉献中闪光吧。”这是黄维坤鼓励身边同学加入到志愿者队伍中经常说的一句话。志愿者，这简单的三个字，在黄维坤的大学生活中刻下磨灭不了的烙印。从大一开始，黄维坤就加入了韶关学院青年志愿者指导中心，从此之后，就与志愿者结下了不解之缘。

作为一名大学生志愿者，黄维坤在大一时就有机会参加2011年广东国际旅游文化节志愿服务活动，并凭着专业的志愿服务水平与熟练的接待技巧得到众多嘉宾的赞许；大二时，他组织策划并参加了学校的地震应急救援演练、第二届（2012）广东装备制造业国际高峰论坛等系列活动；大三时，黄维坤担任了韶关学院青年志愿者指导中心常务副主任，致力于团结发展校园志愿者队伍，配合学校组织开展省市级大型志愿服务，以及开展志愿者招募与培训。在每一次的志愿服务活动中，他总是身先士卒、身体力行，以自身的实际行动带动身边的人参与到志愿服务中来，让更多的人体验到“奉献、友爱、互助、进步”的精神，同时也能感受到其中的快乐。三年来，黄维坤在志愿服务领域作出了许多突出的奉献，所在单位获得2012—2013年度全国大学生志愿服务西部计划“优秀项目办”、第四届广东志愿服务银奖（集体）、广东省重点培育社会组织、韶关市公共文明引导志愿服务先进单位等荣誉。同时，黄维坤的付出也得到了肯定和回报：他在志愿服务领域获得了2013年度中国大学生自强之星志愿公益提名奖、第二届（2012）广东装备制造业国际高峰论坛暨中国机械博士大会优秀志愿者、世界张氏总会第六届恳亲大会志愿服务先进个人、韶关市公共文明引导志愿服务活动先进个人、韶关学院五星青年志愿者等多项荣誉。最重要的是，他在志愿奉献中所收获的真情与快乐。“在这里，有着一群志同道合的志愿者朋友，我们一起欢笑，一起享受奉献的乐趣，在这里，我能感受到自己的使命感，我只是想用自己的实际行动呼吁和吸引更多的人加入到志愿奉献中，用自己的力量回报社会，提升自我价值。”黄维坤如是说。

信仰在社团文化中成熟

“海阔凭鱼跃，天高任鸟飞”是黄维坤自励自勉的座右铭。高中时就担任过校学生会主席的他，在大学这个宽广的舞台上更是有着一番新的作为。大学三年，黄维坤参加过各类学生社团，包括：校学生会文娱部、韶关学院青年志愿者指导中心、韶关学院创业者协会、CAD协会；同时还担任了代理班主任、班级团支书等职务。在每一个岗位上，黄维坤总能以强烈的责任心和独特的人格魅力去做好自己的本职工作，不仅坚定着自身的信仰，使自己的能力和素质在社团文化中得到锻炼；同时还很好地做到为同学服务，加强学生的权益维护，丰富校园文化生活。

作为一名学生干部，黄维坤每天要做的事情总是很烦琐，但他依然能够游刃有余地安排好每一项工作，高效地做好每一件事情。在世界张氏总会第六届恳亲大会前期，黄维坤作为志愿服务学生负责人之一，投入了大量的时间和精力，这是他第一次面对这种类型的活动，还有背后的组织团队给予的大力支持。他知道，一个大型活动的成功举办，需要很多人的配合与帮助，这更让他懂得了团队合作的重要性。“做任何事情都要全面地考虑问题，要冷静地对待一切突发状况，一个活动的成功举办，离不开团队每一个人的努力”，黄维坤这么说道。

除了做好本职的工作外，黄维坤在学业上也严格要求自己，不断自我提升。为了合理地分配工作和学习的时间，平时黄维坤都习惯制定一个较长时间的计划对学习状况进行控制和调整，避免了突发性的工作对学习的影响，以保证学习的质量。同时，他还利用课余的时间阅读了大量书籍来提升自己的能力。他认为，只有不断学习，不断进步，才能使自己的能力得到提高。正是由于这种孜孜追求的精神，黄维坤在实践中不断提升自己，让生活充满激情和动力，让自己一点一点地进步，在享受中奋斗，在奋斗中实现自己的人生梦想。

在工作中学习，在学习中成长，多年的社团文化使黄维坤逐步成熟起来。他始终在思想上保持先进性，在团务工作中积极表现，在工作中一直保持着一如既往的工作热情，全心全意为同学服务，做好老师和学生之间的纽带作用；同时还不断地进行创新，不断地改善工作方式和方法，提高工作质量。他总是虚心地听取别人的意见，反思和总结曾经犯过的错误，从而减少错误的产生。长时间的历练让他学会了保持谦虚的态度与人沟通，同时使自己更加成熟，大大提高了他为人处世的能力。

在三年的社团工作中，他尽心尽责，先后被评为韶关市优秀团干部、韶关学院优秀学生干部、韶关学院社团工作优秀奖、韶关学院校园文化先进个人等多项荣誉称号。对于黄维坤来说，这是对他所挥洒的汗水和努力的肯定，让他以一种更加积极的姿态去迎接未来的挑战，脚踏实地去奋斗，在社团文化中磨炼人生的信仰。

梦想在创新设计中绽放

对于机制专业的学生来说，机械设计创新大赛就是他们梦想绽放的舞台，而黄维坤，恰恰就是这个舞台上的一名舞者。“广东省第六届机械设计创新大赛一等奖、韶关学院第十一届创新设计大赛一等奖、韶关学院第十二届挑战杯科技作品竞赛二等奖、第六届（2014年）全国大学生创新设计大赛广东赛区一等奖、第六届全国大学生创新设计大赛二等奖（国家级）”，这一系列奖项的获得者，就是踮起脚尖、努力追梦的黄维坤。

曾经有许多同学问他，为什么你能够做到这么多？你是怎么做到这些的？每一次，黄维坤总是很谦虚地为大家解答：“我是机制专业的学生，我始终牢记着当初踏入大学时的梦想。既然现在有设备、有条件，我就应该好好珍惜。我觉得大学的时间很宝贵，每一个人的起点都是一样的，我只是把我的时间和精力花在应该做的事情上，我相信我能够实现我的梦想。”志愿奉献、社团工作、社会实践、课程学习、创新设计……每一个方面都能看到黄维坤活跃的身影，而且每一个项目都要求自己做得更好。机械设计创新大赛并不是大家想象中那么简单，从构思作品、统计数据到画图、设计样品、制作作品，都倾注了每一位成员的辛苦汗水。从头顶烈日购买产品零件，到设计方案、反复修改，他们已经不记得奋战过多少次了；当其他同学坐在电脑前学习和玩游戏时，他们却是各自忙于找资料、设计图纸、做PPT、海报和说明书；他们不但要完成书面上的设计，而且要完成作品实物加工。为了完成作品，他们只能利用课余时间或午休、晚上空余的时间到车间加工。

一分耕耘，一分收获，从校赛到省赛、国赛，一步一个脚印，都倾注着黄维坤团队付出的辛勤汗水。不一样的出发点决定了不一样的选择，虽然每个人的参赛经历各异，但有一点却是相同的，那就是这是一群有梦的年轻人，在韶关学院提供的各种平台上，他们愿意为自己的梦想付出努力。通过比赛，他们收获的不仅仅是荣誉，还有友谊和那份坚持。

后记：“生命不息，奋斗不止。在大学生活中，只有不断地挑战自我、超越自我、完善自我，才有能力去谱写辉煌的未来。”这是黄维坤的生活信念。他总是以自己实际的行动来激励身边的同学，用自己的执着、坚持、奉献诠释着一个新时期韶院学子对志愿奉献、自强自立的理解；他用热情诠释了什么是人生，用行动证明了什么是平凡中的不平凡；他用无悔的奉献实现着自己的人生价值，用自身的行动践行着社会主义核心价值观，以可爱、可信、可贵、可为的形象来对待身边的每一个人。在平时的学习、工作、生活中，他善于思考、勇于创新、勤于实践，并赢得了广大师生的认可。

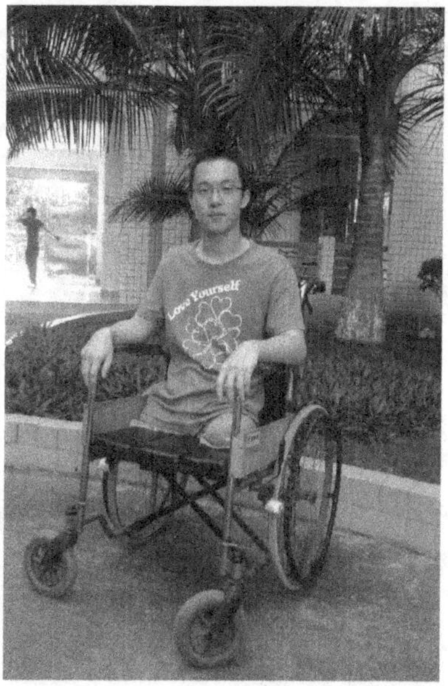

划着轮椅追梦

——记广东肇庆学院化学化工学院学生林滨

题记：『既然生活没有放弃我，那么我就不能放弃生活；坚强不是我与生俱来的性格，而是生活所迫练就出来的一种秉性！』林滨说的很不错，虽然他很不幸地失去了双腿，但是幸运的是他没有失去生命。既然生活给了他一个机会，那么他紧紧地攥住这个机会。生活没有放弃他，所以他选择好好地生活，直面困难。见到过他的人都说他很坚强，我想这是毋庸置疑的。但是他也表示过，他跟大家是一样的，不是一出生就很坚强，而是失去双腿以后直面困难慢慢锻炼出来的一种品质。

相信大部分人都读过高尔基的《童年》，高尔基那曲折离奇又充满苦难的童年，大家肯定印象深刻，无独有偶，有一个人的童年也比较特别，他就是林滨。他从三岁就跟着外公外婆一起生活，一直到九岁，这6年是他生命中最欢乐的时光。农村的生活无限地贴近大自然。那时候，家里用的是灶，烧的是柴。所以，外公每天都会带着他到山上收集柴火。因此，他很多快乐的时光是在山上度过的。他的童年像你们一样，什么坏事、有趣的事都干过，他拿石头砸过马蜂窝，用木棒捅鸟巢，挖过老鼠窝，捕过蝉，在小溪里捞鱼、捉蝌蚪，摘过各种瓜和水果……诸如此类，不胜枚举，只有想不到的，没有做不到的。

这就是他快乐的童年。然而，好景不长，九岁那年中秋节前，当很多人背着书包快乐地去上学的时候，他却被一场突如其来的灾难夺去了双腿。高压电击伤的过程对于他来说是一片空白，他只记得在医院里睁开眼睛后所发生的事。那时天天打点滴和打针是家常便饭，最痛苦的就是换药，绷带从伤口撕开的那种痛，他至今想到都不寒而栗。那时，他没有想着他要坚强地活下去，而是想着：天啊，换药的时候为什么不麻醉。这就是一个九岁小男孩该有的反应。

后来，第二次做手术的时候，由于对死亡的恐惧，当麻醉针打下去的那一瞬间，他心里想着：我不要死！从那以后，每天的换药虽然还是很痛，但是他已经从以前换药要哭得整栋住院大楼都摇晃到后来咬着牙坚持着。这个改变，是他第一次有意识地与命运做斗争。

躺了40多天后，差不多该出院了，那时开始练习如何坐着。坐，这个普通人觉得轻而易举的事情，他却练习了整整一个星期。没有了双腿，连坐着不倒都成问题。从刚开始的用手撑着坐，到放开手坐10秒、30秒、1分钟到10分钟、30分钟，他用了一个星期，每天就是这么练习坐着。光会坐着不行啊，还得练习移动。回到家后，他带着还没有完全痊愈的伤口练习移动，就是在地上爬。爬了一个月后，伤口也好了，就开始练习坐着走路，手辅助移动，再后来就练习用小凳子走路……与此同时，他还面临着上学的难题。母亲怕他去学校上课会被同学们嘲笑，所以最终决定让他自己在家自学。父母是农民，给不了他辅导，家里的经济条件又不允许请家教，那么小的一个孩子将如何走“自学”这条路？

就在他不知何去何从的时候，上天派来了两个天使姐姐——当地一所高中的两个高中生。这两个天使再一次改变了他的生命轨迹，原本痛苦不堪，暗无天日的生命又一次迎来了希望。如果没有她们后来成立的“圆梦爱心小组”来辅导他的功课，那么他可能将不会走求学这条路，生活的帆船将驶向另一个方向，而那个方向是否是生活的尽头，我们将无从得知。

后来，到了上初中的年纪。他到了镇上的一所中学上学。刚开始校长不允许，后来经过协商才答应他去试读。没想到全校第一次考试，他就取得了全校第32名的好成绩（当时全校有1400多人）。这一次，他为自己争取了一个读书的机会。后来，他读书很认真刻苦，很快就保持了全班前3名的好成绩，得到了老师和同学们的佩服与敬重。从那时起，他重新找回了失散多年的自信，也明白了自信要靠自己来争取。慢慢地，他越来越自信，学习起来便更加轻松，同学们拿不会做的题目来请教他，他也一一地为他们解决。后来，终于在又一次全校考试中取得了他初中最辉煌的成绩——全校第一名。

其实，他当时去学校上课还得克服自己的一些心理障碍。首先，由于那次灾难，他的头发被烧掉了一大半，这让他很自卑，所以他总是戴着帽子上课。那时刚好是夏天，天气很热，坐在他后面的同学问他为什么要戴着帽子。他只是简单地说了一句：头部受了伤。连续一个多月，他都是这么戴着帽子，忍受着酷热。老师怕伤到他的自尊心，对于他上课戴帽子没有过问，只是关心地跟他说没关系的，热了就别戴了。后来，还是他自己想通了，他觉得双腿都没了，不必在乎这点头发。于是，他自己走出了内心的阴影。

度过了紧张学习的高中，终于，在2010年的秋天，他如愿以偿考上了大学，来到了肇庆学院。

“只要我能做的，我就去做，享受过程，不过分重视结果。天空虽然没有鸟的痕迹，但鸟已飞过。”这也是林滨常说的一句话。还记得大一的第一次竞选班委，他主动去争夺心理委员的职位。这一路走来，他得到了太多人的爱，所以他想把爱回馈！竞选那时，他义无反顾地上台发言，真诚地表达他要做心理委员的决心。最后，同学们被他的精神感动，全票通过！从那以后，他便成为一名为同学服务的班委。后来，为了提高同学们的心理健康素质和普及心理健康知识，他精心策划组织开展了一场心理健康主题班会，同学们踊跃参与其中，使得那次的心理健康主题班会取得巨大的成功。心理健康知识百题大冲关和一个个的心理健康小游戏，让同学从理论知识和实践中充分体会心理健康的重要性。

大学有很多空余的时间，有些人是去图书馆看书，有些人是在宿舍打游戏，有些人是去做各种兼职赚外快，而他利用这些时间发展他的兴趣爱好。其中乒乓球占用了他很多的时间。

不知道从什么时候起，他就很喜欢乒乓球，那时候觉得乒乓球好玩、刺激，每次在电视上看到乒乓球比赛，他就会很激动。小时候喜欢看王楠和王励勤打比赛，不知不觉中，他成了他们的小粉丝，因此在他心中也萌生了个乒乓球梦……可是，事与愿违，1999年由于意外被高压电击伤以致高位截肢，乒乓球梦也随之变得虚无缥缈。在痛苦的挣扎和绝望之后，他接受了事实并且下定决心改变自己的命运。

当时，他家里附近没有乒乓球桌，失去了在桌上打球的机会。不过他没有放弃，他自己每天对着墙打球。后来，他自己用一个小竹竿和一些布匹做了个乒乓球网，然后放在地上，以地为桌，开始了他的乒乓球之路。妹妹是他的第一个陪练。

初中的时候，学校只有两张乒乓球桌。每天都是围着一堆人打球，自然就没什么机会轮到他。初三的时候，学校空出来一个教室安放了一张乒乓球桌供老师打球。每次经过那个教室，他都会停下来贪婪地观看老师们打球。那时候，他觉得老师们打球好厉害，自己也好想参与其中。不过那时是初三，正在紧张备战中考，而且那个教室是不准学生进去打球的，所以他又错过了一个打乒乓球的机会。

高中的体育馆条件好了许多，有好几张乒乓球桌，他特别激动，所以每个星期体育课他都会去打乒乓球。就这样，高一断断续续打了一年，高二高三由于课室在四楼和五楼，去体育馆打球很麻烦，加上学业繁重，因此，他暂时放弃了打乒乓球。

来到大学，才可以说真正开始实现他的乒乓球梦：有条件，有时间，有爱打球的朋友……一切的一切激发出他内心深处对乒乓球的热爱，并且使乒乓球融入了他的生命。经过刻苦的训练，他在大学期间拿过乒乓球全校赛男子单打亚军和第五名，告诉我们什么是“坚持就是胜利”。在他身上，我们看到了他是如何把不可能变成可能的。

后记：这就是林滨，一个一直以来做着大学梦和乒乓球梦的轮椅男孩。这一路走来，他不断地向命运宣战，并且都战胜了它，扼住了命运的咽喉。其实命运并不可怕，当你迎难而上的时候，发现它只不过是一只纸老虎。我们和命运就像两块同极相对的磁铁，当你迎上去挑战的时候，你会发觉它在后退！

花开，在那最美的季节

——记深圳职业技术学院学生乔德宁

题记：没有尽力而为，只有全力以赴。每件事，都严格要求自己，既然做，就一次把事情做到最好。

乔德宁，男，1992年8月生，河南省濮阳市人，中共党员，深圳职业技术学院机电工程学院11级电气自动化专业学生；曾担任机电工程学院学生会主席、自律委员会主任，11级级委。他来自于贫困的黄河滩区，却始终拼搏进取、积极向上，曾获国家奖学金，国家励志奖学金，每学期均获得二等及以上奖学金；与此同时积极参与各项比赛，并获得多项省市级和校级荣誉。作为新时代的大学生，他始终拼搏进取、积极向上，严格要求自己，在同学中树立良好的榜样。

思想——积极进步与时俱进

乔德宁同学在思想上积极要求进步，具有坚定、正确的政治方向。大学期间，他认真学习马克思列宁主义、毛泽东思想和中国特色社会主义理论体系，坚持科学的发展观。他积极进取，积极向党组织靠拢，在大一开学初就积极申请入党，在大一第一学期积极分子培训中顺利结业，并在大二上学期“团推优”中被推为党员发展对象，以优异的成绩完成党课学习，他时刻都以共产党员的标准来要求自己，全心全意为人民服务，并于2013年3月转为中共正式党员。在校期间，他一直担任党支部负责人，在提高自身政治理论素质和修养的同时，乔德宁同学还积极组织参加各项党团活动，并在其中表现突出。在平时生活中，他十分注重党政知识的积累，关注国家大事，并在各个方面都严格要求自己，与党中央保持一致，在思想行动上为同学们树立了一个良好的榜样。

学习——勤奋刻苦孜孜不倦

学习上，乔德宁同学勤奋刻苦，孜孜以求，不曾有丝毫的懈怠。身为学生干部的他，充分利用时间，提高效率，用无限的热情来支配有限的精力，真正做到了工作、学习两不误。在各科的学习中都取得了优异成绩，每学期均获得二等及以上奖学金，并于2011—2012学年获得“国家奖学金”；2012—2013学年获得“国家励志奖学金”。在每次考试中，他均获得专业成绩前三。在专业学习中，他始终严格要求自己，做到从不迟到、早退，在课堂上积极动手动脑。在大学学习这段时间里，他与老师建立了浓厚的师生情谊。老师们的谆谆教导，使他体会了学习的乐趣，也与身边许多同学建立了良好的学习关系，互帮互助，克服难关。在掌握文化知识的同时，他还关注国际、国内实事，通过不断阅读、思考，提高自己的科研能力，使自己具备了扎实的学术基础和研究潜力。同时他还积极参与各项比赛，分别获得广东省首届助学征文三等奖、深圳市首届助学征文二等奖，并在学校的技能大比武中分别获得“校技能大比武金属工艺大赛一等奖”“机械创新创意设计比赛三等奖”“PLC与单片机挑战大赛三等奖”；同时在学院举行的博学杯中获得博学杯“中国梦、深职梦”演讲比赛第一名、博学杯“中国梦、深职梦”征文比赛第三名。

实践——尽职尽责积极努力

在学习之余，他极其注重对自己实践能力的培养，多次组织参与各类社会实践活动。2012年5月，他担任全国第三届职业院校篮球赛志愿者负责人。在工作期间，他尽职尽责，努力做好赛会服务工作，获得老师的一致好评。2012年暑假担任志愿者中队中队长的他参与到了第十届广东中运会的志愿者服务当中，在这期间共带领15名后勤接待志愿者，短短几天时间里共接待1687名游泳、足球、田径运动员、教练员，为各代表队发放餐票12000张、水20000瓶。服务期间，他带领志愿者队伍在做好每一项任务的同时积极建立志愿者之家，促进团队建设，获得带队老师的一致好评，在评比中获得“广东省优秀志愿者”、校“杰出志愿者”称号。2013年暑期社会实践活动，作为队长的他带队参与到广东省梅州市蓝坊中心小学的支教队伍中。在暑期志愿活动期间，他带领团队队员共同合作，满腹激情与活力，爱心支教，传递希望。在抓好支教活动、培养孩子们的团队合作和学习的兴趣的基础上开展农村调研活动，充分了解当地在教育、医疗、经济发展等方面的发展变化情况、国家政策落实情况、当地人外出务工等方面内容，进行调研，为新农村建设提供调研资料；同时建设便民服务活动，上门家访并为其所需提供服务，帮助当地村民修理家电、清洗空调等，做到了学以致用，便民利民；与此同时还去关爱留守儿童以及孤寡老人，调查留守儿童的学习、生活状况，开展关爱留守儿童、孤寡老人的慰问活动。在支教活动中，他们充分体现了当代大学生的素质，用他们的青春、知识将志愿精神带得更远。在校期间，他还积极组织参与各种社会实践活动，在同学们当中起到良好的带头作用。

工作——任劳任怨兢兢业业

出生在农村家庭的他，吃苦耐劳，在担任学院干部期间认真负责，曾担任机电工程学院学生会主席、机电工程学院自律委员会主任、2011级级委、2011级电气（3）班副班长。

担任班级副班长的他积极督促班级学风建设，严格要求每一位同学；担任年级级委的他努力做好老师与班委之间沟通的桥梁，确保年级活动有效迅速地进行；在任学院学生会主席和自律委员会主任期间，工作认真负责，服从安排，主动开展活动，并协助其他部门组织各项活动，积极配合学院完成工作。干部的工作增强了他的组织协调能力，也加深了他与同学之间的友谊，在校内评比中获得“校优秀律委”和“优秀学风建设”称号。

在担任学生干部以及党支部负责人期间，他始终以一名年轻共产党员的高标准严格要求自己，吃苦在前，享乐在后，无论是面对多么大的困难他都主动冲在最前面，严于律己，以身作则，能够发挥模范带头作用。他努力做好上级组织给的每项工作，同时为了丰富同学们的课余生活，提高同学们的综合素质，他积极组织活动，使同学们得到了锻炼，也为同学们提供了展示自己才华的空间和平台。他严格要求自己，以身作则，做好同学的楷模，起到了带头作用。两年的干部生活让他积累了大量的学生活动经验，也提高了自己的综合能力。在工作中，他忙碌并快乐着。他是同学们的好榜样，是老师的好助手，期间多次被评为“优秀团员”，并获得校“优秀学生干部标兵”和“优秀三好学生标兵”称号。

生活——严于律己宽以待人

生活中的乔德宁，乐观开朗，乐于助人，群众基础良好；有良好的生活习惯，生活充实而有条理，有严谨的生活态度和良好的生活态度和生活作风；为人热情大方，诚实守信，拥有良好的处事原则，能与同学们和睦相处。在生活中，他严格要求自己，时刻做好榜样，所在宿舍多次获得星级宿舍称号；在学校期间，他积极参与勤工俭学，曾负责过全校大一和大二学生的体能测试；与此同时还多次参与校外兼职，多方面锻炼自己。

大学的一次次的学习与收获知识让他懂得学习的快乐；一次次的团结协作让他明白友谊的快乐；一次次无微不至的关心让他珍惜亲情的快乐……他的身边，快乐无处不在，他始终在享受快乐，体验生命里的光彩。他总是心存梦想，知道如何更好地成长。他总是与时间赛跑，每一分每一秒都好好地安排。他坚信生命可以绽放光彩。

这就是乔德宁，思进取、会学习、肯奋斗、乐奉献。他用自己的热情感染着周围的每一个人，用自己的行动践行着“全心全意为同学服务”的宗旨。他是老师心中的好学生，具备着较强的能力和全面的素质；他是同学心中的好同学，总是鼓励、帮助并影响着身边的人。在这最美好的时刻，他也在收获着丰硕的果实。

后记：三年的大学生活是他人生这条线上的一小段，是闪闪发光的一段。结束了大学生活，作为学校优秀毕业生的他加入了中广核集团，即将开始新的征程。

坚定信念　用勤奋助梦想启航

——记罗定职业技术学院学生林培霖

题记：『有人说：「人因梦想而伟大」。但我说：「人因追求梦想而伟大。」如果一个人只是空怀梦想而不付诸行动，那么它永远都是在做白日梦。』是的，如果只是空怀梦想而不付诸行动，那么它永远只是个梦。

林培霖，男，1994年1月12日出生在广东省潮州市潮安区金石镇的一个小山村里，现就读于罗定职业技术学院经济管理系2012工商企业管理（企业人力资源管理方向）专业，担任班长、学院社团联合会主席，在校学习成绩优异，思想态度端正，有丰富的社会实践经验；在校期间，曾获得2012年度罗定职业技术学院“学生楷模”提名奖；2013年、2014年连续两年被评为“三下乡”先进个人；2014年被共青团广东省委员会授予“广东省优秀共青团员”称号。

爱国爱党，诚实守信

2006年12月，林培霖同学向团组织递交了入团申请书，经团组织的认真考核，成为一名光荣的共青团员。作为共青团员的他，一直拥护党的领导，热爱祖国，热爱人民，热爱社会主义，自觉践行社会主义核心价值观，自觉遵守团的章程及履行团员的各项义务，积极参加党团活动，如2013年5月，积极参加“2013年五四系列活动之大合唱”等活动。作为团支部书记，他积极引导团员、非团员向党组织靠拢，学习党的优良精神，刻苦奋斗，定期为团员、非团员上团课。作为罗定职业技术学院社团联合会主席的他，积极开展各类活动，如罗定职业技术学院第九届大学生社团文化艺术节等活动，积极引导各学生社团向党组织靠拢，教导各学生社团爱国爱党，热爱人民。作为班长的他，言出必行，诚实守信，答应的事情就一定会排除所难，尽自己所能把事情做好，他的举动深受老师、同学的好评。

孝老爱亲，敬老爱幼

林培霖同学从小孝老爱亲、敬老爱幼的精神，值得大家去学习。自其父亲被检查出患有恶性脑胶质瘤后，林培霖同学为减少家庭的负担，经常外出接主持，挣取主持费，支撑自己的生活。每到假期，他总会与其母亲在家悉心照料父亲，假期虽短，但是爱是永恒的。每次同学们与林培霖同学外出时，他总是热心帮助别人，遇到老人、孕妇、小孩主动让座，遇到有困难的人主动出手相帮，哪里需要他，他都尽力而为。在学校，他积极参加学院青年志愿者协会，只为帮助别人，收获快乐。人们常说志愿服务是一种奉献精神，不求回报；而在他看来，志愿服务其实是一种付出和回报融为一体的志愿行动，付出的是关爱和行动，获得的是快乐和满足。怀着一颗感恩的心，在敬老院慰问活动中，给老人打扫卫生，陪他们谈谈心，给他们捶背、修指甲，印象最深刻的是在一次慰问活动中，一位白发苍苍的老婆婆紧紧握住他的手，感动地说：“你们真有爱心，从来没试过那么多人来看我的。”临别时还不忘告诫他：“好孩子，要好好学习！”

品格高尚，热心公益

2013年6月11日“三下乡”那天，本着把科技、文化、卫生送入农村的理念，学院青年志愿者协会组织了260名志愿者来到罗定市千官镇，九支队伍开展了多种形式的活动，如义务维修，传播科技知识、农科知识，义务支教，慰问老人、老党员、贫困户、留守儿童等。而他白天就在科技宣传队工作，努力地为村民讲解科技、文化、卫生知识；而晚上，他则参加了文艺队，通过展现自己的才能，为农民送上一出又一出精彩的表演。2014年6月11日，林培霖同学再次参加“三下乡”社会实践活动，成为慰问服务队的成员，进入农村走访贫困户、老党员、留守儿童并给他们送上慰问品。看到了这一幕幕场景，他知道他们的辛苦没有白费，欣慰地笑了，也暗暗地感谢同学们把温暖带到农村，把文明带到农村，同时也将先进的科学技术和文化知识传播到农村中去。是啊！作为大学生就应该具备这样的责任意识，服务社会，奉献社会，更重要的是，每次的活动都给他们积累了许多社会实践的经验。

除了这些，林培霖同学还积极组织各种活动，例如组织召开“打击网络谣言，维护网络诚信”的主题班会，积极引导同学打击网络谣言，一同维护网络诚信，传播社会正能量。2014年1月，在一次篮球比赛中，院艺术体育系的一名大一的同学在比赛中受伤，林培霖同学在对该同学的伤情做出初步判断后，确定移动不会对该同学造成二次伤害，迅速送该同学到罗定市人民医院救治。

自强奋斗，坚持不懈

林培霖同学来自农村家庭，家中仅靠父母平时饲养家禽所挣的一点点钱以及爷爷的退休金作为全家的收入，而2013年9月，作为家庭主要劳动力的父亲病倒了，这个家陷入了危机，而林培霖当时正在读大学。得知情况后他十分担忧，为了缓解家庭的压力，他多次外出兼职主持，先后主持了罗定市庆祝2013年元旦暨罗定职业技术学院专场文艺晚会、云浮军分区“党史、团史、社会主义发展史”知识竞赛、云浮市第三届夕阳红文艺晚会、欢乐泷州——民间艺术表演专场文艺晚会、罗定市第十届农村文艺汇演颁奖晚会，以及在广东美食欢乐节暨“罗定稻米节”开幕式担任司仪等多个活动，赚取主持费，支撑生活。

后记：林培霖同学的事迹让人深受感动，他那可贵的道德品质与精神使人深受鼓舞。作为一名大学生，我们应该孝老爱亲，诚实守信，无私奉献，自强不息，高举中国特色社会主义伟大旗帜，以科学发展观为指导，用青春浇筑“中国梦”，为践行社会主义核心价值观贡献自己的力量。

扬起青春的风帆，演绎别样的精彩

——记暨南大学研究生熊科伟

题记：『用乐观诠释生活，用奋斗点亮梦想。』

出身贫寒，却坚信有梦就会有希望；受助于他人，所以饮水思源、感恩社会；有志于奋斗，因而坚持不懈。暨南大学新闻与传播学院新闻学专业2011级全日制硕士研究生熊科伟，就是这样抒写他的青春的。

熊科伟，男，汉族，1987年2月出生，中国共产党正式党员，本科和研究生均就读于暨南大学新闻与传播学院；本科期间曾两次荣获国家励志奖学金、香港DR医学美容奖学金、郁文奖学金等奖项以及“优秀学生”和“优秀本科毕业生”等荣誉称号，并于2011年9月获得推免资格攻读硕士学位；研究生期间曾荣获暨南大学研究生卓越励志学长奖学金、研究生国家奖学金、梁奇达暨南教育奖学金以及“优秀研究生干部”和“优秀硕士毕业生”等荣誉称号；研二下学期曾作为交换生赴台湾义守大学传播与设计学院大众传播系进行了一个学期的访学。现已获得推荐攻读学院博士学位资格。

成长之路：自强是他前进的方向

在他写的文章中有这样一句话：“如果说贫寒是一种苦难，那么我觉得我应该感谢这份苦难，多年来它一直砥砺着我的成长，锻炼我不屈的意志。”他来自湖北省仙桃市沙湖镇红军坝村的一个家境贫困的农村家庭。由于祖父的英年早逝，祖母一手将包括他父亲在内的子女三人带大，全家挤在一个外面下大雨、里面下小雨的房子里。多年后，没有读过几年书的父母因为感情问题离异，母亲扔下他和兄长远走他乡，让这个本是贫困的家庭雪上加霜。年迈的祖母由此担负起母亲的责任，把他和兄长抚养长大，直到2012年6月去世为止。因为家境贫困，上小学的他常常是班里最后一个去学校报名的学生，也常常是最后一个领到教科书的学生；因为家境贫困，上小学的他开始分担起父亲的部分农活，记不清有多少次由于体力不支倒在插秧的水田里，记不清有多少次被田里的水蛭叮咬而血流不止，记不清有多少次脸上和身上被扛着的麦子的麦芒刺得红肿；因为家境贫困，他曾经两度辍学，一次是兄长考上中专急需要钱的时候，另一次是上中专的兄长不幸从宿舍楼摔下需要做头部手术的时候；因为家境贫困，他曾经被修改过中考报考志愿，了解他家庭情况的老师为了让他能够顺利完成高中学业，将他原本填报的仙桃市第一中学改为仙桃市彭场镇高级中学，而后者可以让他高中三年免交学费，后来由于他的坚持和兄长的支持，他才得以在仙桃市第一中学完成高中的学业；因为家里贫困，他曾经放弃已考上的大学转而选择复读，由于第一次高考考上的江汉大学是湖北的一所二本院校，其学费高昂且办理助学贷款比较困难，他不得不以考上那些助学贷款相对比较容易的重点大学作为复读目标。

盼望已久的大学通知书的到来并没有让他的父亲和家庭感到丝毫的轻松。为了凑足大学第一个月的生活费，高考之后长达两个月的暑假，他去了兄长所工作的地方——武汉市东西湖区，在那里做了近一个月的报童。每天天刚亮，他就骑自行车去报社分销点领取当天的《武汉晚报》《楚天都市报》和《楚天金报》，然后在公交站点、早餐店和客运站等人流较多的地方售卖。剩下的一个月他还去了冷饮批发店做外卖工以及家教兼职。进入大学后，为了减轻家庭的负担，他一直在课余从事学校的勤工助学，先后在珠海学院招待所、校本部图书馆期刊文献服务部和学生资助管理中心工作，因为较好的组织能力，工作勤恳认真，深受指导老师和同学的信任，多次被评为“月度优秀员工”“最爱岗员工”。勤工助学期间他发表的文章《勤助之路，成长之路》《助学贷款，我追求的自立方式》《让未来记住今天》在暨南大学学生处和暨南大学图书馆举办的励志征文比赛中荣获三等奖。

2009年春天，远走他乡的母亲因患突发性脑梗塞去世，原本母亲断断续续寄过来的微薄的生活费由此终断，而此时父亲年事已高，兄长也因为经济问题而迟迟未结婚。面对家里的窘境，他选择了在寒暑假做兼职。在本科的四年中，有三年是在学校过的春节，有一年是在导师的家里过的春节。大学的最后一个暑假，为了攒下研究生第一学年的住宿费，他和同学挤在石牌村狭小的出租房里，每年早晨骑自行车去远在14公里之外的黄埔区做兼职，中午的时候赶回学校就餐。进入研究生阶段，他依然坚守在勤工助学的岗位上，先后在学生资助管理中心和新闻与传播学院学生工作处担任学生助理，协助老师做好学校经济困难学生的资助工作，并将它视作磨砺自己心智的机会。

天行健，君子以自强不息。家境的贫寒让他学会了乐观和坚强。多年来的社会实践经历让他明白，只有努力拼搏，才能分担家庭的重担，才能改变家庭和个人的命运，才能担负起国家和社会的责任。

学习之涯：求知是他前进的船桨

书山有路勤为径，学海无涯苦作舟。作为一名学生，他深知学习是天职；作为一名来自贫困家庭的农村孩子，他深信只有知识才能改变个人和家庭的命运。大学求学阶段是人生的花季，是生命的春天，它美丽却短暂，经不起网络游戏、上街购物和逃课睡觉的诱惑。基于这些认识，他一直把学习放在首位。面对新闻学专业课程的学习，他一贯以一丝不苟的认真态度对待它，以勤奋和踏实的行动来适应它，注重培养好的学习习惯，养成勤于思考、善于思考、独立思考的能力，进而找到适合自己的学习方法，提高学习效率。由于老师授课速度较快，讲课内容较多，对于每一门课程要掌握的程度也不同，他慢慢养成了课前进行预习、课上认真听讲和做好笔记、课后总结梳理和巩固复习、独立完成老师布置的作业、不懂的问题也及时向老师或同学请教的习惯，因此形成了合理的知识结构。在学习专业课之余，他也努力通过课外阅读、网络等其他途径拓宽自己的知识面，丰富自身的文化素养，陶冶自己的情操。同时，他也不敢怠慢本专业以外的各种技能，如英语水平，他大二的时候就一次性地顺利通过了大学英语四级和六级考试。在努力学习和工作的同时，他会合理安排调整自己的作息时间，处理好学习工作和休息娱乐的时间，养成良好的学习生活习惯。在四年的大学生活中，认识他的人总会说他是一个忙碌的人；而用他的话说，他是一个过得很充实的人。功夫不负有心人，大学四年的拼搏努力换来了丰硕的回报：两次荣获国家励志奖学金和“优秀学生”称号；大二和大四期间分别获得香港DR医学美容奖（助）学金和新闻与传播学院郁文奖学金；大学毕业的时候获得“优秀毕业生”荣誉称号；毕业论文也被评为2011届暨南大学优秀本科论文；结合本专业理论撰写的论文《浅析港报内地矿难新闻报道娱乐化倾向的表现形式——以山西王家岭矿难事故专题报道为例》获青年记者编辑部和人民网传媒频道联合举办的第六届全国新闻学子优秀论文评选三等奖。

进入研究生阶段后，他注重培养自己严谨的学习态度以及独立的研究能力，力求学有专精、学以致用，并摸索出一套适合自己的自主学习方式。课程学习方面，根据研究生培养计划和研究方向的要求，他认真学习新闻学专业的核心课程和大部分选修课程，所选课程考试全部通过，取得了平均课程成绩为90. 2分的良好学业成绩，在本专业位于前列。科研实践方面，他广泛阅读本专业的图书和期刊文献，这不仅让他开阔了视野，还对他可能进行的研究方向的应用背景以及整个学科的结构有了宏观的认识。在加强理论学习的同时，他更加注重有目标的思考与科研创新，并积极参加各种学术会议和讲座，先后随同导师参加2011年12月15日在广东省人民广播电台举办的全国第三届广播学术研讨会暨中国广播改革二十五周年高端论坛、2012年新闻与传播学院举办的传媒领袖讲习班、2013年暨南大学与广东省广播电影电视协会举办的首届华语主持传播高峰论坛暨融媒时代记者型主持人发展研讨会、2013年12月1日在广州花都举办的第四届广播学术研讨会、2013年12月21日在武汉大学举办的第四届华中地区研究生新闻传播学术论坛等，并在导师的指导下发表了《全媒体时代广播发展策略探析》（《南方广播研究》，2012年1月）、《2011：广播在改革创新中实现和谐发展》（《传媒》，2012年2月）、《广播在创新中迎接春天——第三届全国广播学术研讨会暨中国广播改革二十五周年高端论坛综述》（《中国广播》，2012

年3月）、《同题材新闻评论比较分析——以〈佛山日报〉涉及“小悦悦事件”的两则新闻评论为例》（《东南传播》，2012年3月）、《2012：广播稳中求变，实现良性发展》（《中国广播电视学刊》2013年2月）、《广播新闻：理念变革 方式创新 渠道拓展》（《中国广播》2013年2月）、《香港媒体对大陆移民家庭的偏见性描述研究——以2005—2006年香港中文报纸为例》（媒介化社会的文明建构——第四届“华中地区研究生新闻传播学术论坛”优秀论文集，2013年12月）、《2013年广播发展概观》（《中国广播电视学刊》，2014年2月）、《广播服务：突出公益属性 健全应急体系 完善对农广播》（《中国广播》2014年2月）等一系列论文。其中，论文《2011：广播在改革创新中实现和谐发展》在2012月4月被中国人民大学复印报刊资料《新闻与传播》收录；论文《〈南方日报〉大型赛事报道比较研究——以2001年北京大运会报道与2011年深圳大运会报道为例》获青年记者杂志社和人民网传媒频道联合举办的第八届全国新闻学子优秀论文评选三等奖；论文《香港媒体对大陆移民家庭的偏见性描述研究——以2005—2006年香港中文报纸为例》获武汉大学新闻与传播学院举办的第四届“华中地区研究生新闻传播学术论坛”优秀论文二等奖。同时，他也积极支持学院研究生会主办的学术刊物——《暨南新闻学术通讯》的发展和建设，先后在上面发表了《浅析港报内地矿难新闻报道娱乐化倾向的表现形式——以山西王家岭矿难事故专题报道为例》（《暨南新闻学术通讯》2011年第4期）、《批评话语分析视域下的新闻语篇比较研究——以BBC和〈纽约时报〉什邡事件新闻报道为例》（《舆情观察》2014年第6期）等论文。此外，由导师悉心指导的环球时报研究生科研创新项目——《当代广播媒介管理学研究》也已结题。目前，他正在准备攻读本院的博士学位。

在本科四年的学习历程中，他也曾遭遇过挫折，也有很落寞和沮丧的时候，觉得自己付出了，却没有得到应有的回报。其中，大二申请交换生受挫让他至今记忆犹新。当时，他申请的是俄罗斯人民友谊大学的交换生，在经过初步的筛选以及首轮的英语笔试和口试后，他如愿以偿地进入了最后的综合面试环节。面试时的过分紧张没能让他发挥应有的水平，结果在交换生的选拔中失利，赴国外大学交流的梦想第一次化为泡影。大二下学期，他又参加了加拿大圣玛丽大学的选拔，同样在面试中落选，赴国外大学交流的梦想第二次化为泡影。但是他没有自暴自弃，反而越挫越勇，将一切挫折转变为动力，重新调整好自己的心态，认为在交换生选拔中失利说明自身的付出还不够，自身的能力还不行。这样一想，他的心情反倒轻松了很多，接着继续一步步脚踏实地地提高自身的英语口语水平和面试能力。因为他相信，付出一定会得到回报，让自身以不懈的努力达到预期目标。终于，本科时的交流梦想在研究生阶段得到实现，在研二的研究生交换生选拔中，他获得了去台湾义守大学传播与设计学院进行交流的机会。

在大学和研究生学习的道路上有过笑容，也有过泪水，但他最终还是坚持了下来，因为他相信一个真理，那就是只要付出就有收获。

奉献之旅：工作是他前进的脚印

一滴水，只有放进大海里才永远不会干涸；一个人，只有当他把自己的工作与集体的事业融合在一起的时候才能最有力量。他一直认为一个合格的高校学生不应该“两耳不闻窗外事，一心只读圣贤书”，不应该只满足于学习的成就，而应该在更为广阔的天地施展自己的才华，挖掘其他方面的潜能，拓展自身的各项素质，在工作和学习方面齐头并进，共创双赢。在过去的大学四年里，他曾担任班级心理委员。任职期间，他始终坚持以诚恳的态度来对待工作，以微笑迎接挑战，以能力获取认同，通过定期开展班级心理班会活动和做好同学的心理工作，将班级内部矛盾降为零，为同学营造了一个和睦的学习氛围，增强了班级成员的集体荣誉感和凝聚力。进入研究生阶段，他担任班级生活委员，在不耽误学习和做好班级管理常规工作的同时，时刻留心班级工作细则和学生干部要求，统筹兼顾，积极配合院系和班级开展各项文娱活动，丰富同学们的课余生活，添加了大家生活的乐趣；曾先后参与第二十九届研究生代表大会新闻与传播学院研究生代表的组织工作、第五届传媒领袖讲习班外籍演讲嘉宾的录音整理工作、新闻与传播学院毕业生晚会的策划工作以及“梦想之夜”2011级科学硕士嘉年晚会的后勤工作。因工作认真突出，他被评为“优秀研究生干部”。在台湾义守大学学习期间，他认真学习各门课程，主动参与课堂互动，时常与老师探讨问题，取得了平均课程成绩为90. 15分的良好成绩。学习之余，他积极宣传暨南大学及其新闻与传播学院的发展情况，同时参加义守大学组织的各种文体活动。其中，文章《当爱成为往事——写在没有母亲的母亲节之际》获义守大学温馨传情“感恩心，一世情”征文比赛优秀奖。重返学校后，他还将义守大学交流学习的感悟写成文章《一个大陆交换生的宝岛记忆：120天爱上义大》，发表在2013年9月刊的《大学（校园版）》杂志上。

当问及社会实践工作的感受时，他说：“多年学生干部工作让我得到了很多宝贵的成长经验，锻炼了我的综合素质，使我富有责任心和团队意识。多次参与策划的学生活动，数年的班级工作，使我在看待问题时，慢慢从狭隘、不成熟转变为长远、熟虑，也让我坚信心有多大，舞台就有多大。在台的交流学习经历提高了我适应陌生环境的能力，结交了台湾本地学生以及来自马来西亚、越南、南非、菲律宾和大陆各大高校的交换生，视野更加开阔，思想更为多元。”

生活之路：爱心是他前进的航标

在日常生活中，他保持着节俭的良好作风，阳光乐观，诚实守信，平易近人，待人和善，与人相处融洽，用“多包容，多体谅，少比较”的理念待人接物，用关怀去换取尊重，用真诚换取朋友，得到了同学们的支持和认可，建立了较好的人际关系。他时常为有困难的同学送去热情的鼓励和帮助，并且经常积极参加各种社会公益活动，热情地投入到社会实践中去，参加志愿者义工服务，左行右立，为青年志愿者行列贡献自己的一份力量。这不仅锻炼了他的能力，也让他深深体会到了奉献的乐趣。风雨兼程的七年，他被和蔼可亲的老师与热情友好的同学鼓舞着，他用汗水与执着换来了今天的成长与收获。过去并不代表未来，勤奋才是真实的内涵。

“雄关漫道真如铁，而今迈步从头越。”一路走来，付出很多，收获也很多。他一直对生活充满热情，从来都以乐观、积极的态度对待一切，他认为态度决定一切。他面前的路还很长，要面对的事也很多。也许还会荆棘密布，但他知道：人生就是奋斗，人活一天，就必须向前跨出一步，这一步一步才能构筑起卓越的人生，才能创造生命的辉煌。他将坚守着自己的梦想，向自己的梦想飞翔，一如既往地追求优秀和进步，不断勉励自己，一步一个脚印地走下去。他不会为一处风景停留太久，因为他的目标在远方，他要为自己的梦想去不懈地追求。在未来的日子里，相信他将会更加努力地学习、工作，争做一名新时代的有为青年，在不久的将来为国家和社会贡献自己的力量。他坚信：机遇不只需要等待，还需要自己努力去创造。正如他所言：“生活总是在不断的创新和挑战中被赋予新的意义，而志存高远、自强不息却作为一种精神主导着每一个阶段，鼓舞着我一步一步地走下去。正因为有了这份毫不畏惧的勇气，才会直面人生中的每一段风雨兼程。有位哲人曾经说过，真正的强者，不只是在现实困难面前毫不退缩，更应该有高瞻远瞩的胆识和卓见。我会在这句至理名言的指引下去继续追逐我的梦想，去履行我肩负的责任和义务。”

后记：感动，它总是在不经意的一瞬间触动心中最柔软的部分。收获不是终结，而是另一个希望的开端。因为爱，所以始终充满期待；因为梦想依旧，所以永不停歇。腼腆自信的笑容，温文尔雅的举止，这就是熊科伟同学，一个平凡的在校学生。在他身上，我们读懂了一名品学兼优的学生所具有的精神品质和价值追求。“丰碑无言，行胜于言”，一路走来或许并不平坦，而他用行动表明了他的生活和人生态度。他的认真、他的态度、他的坚持，似乎一切只是比常人多了那么一点点，似乎也只是优秀了那么一点点，然而，当这些美好的品质结合在一起的时候，总是能迸发出无穷的力量。在此，真诚希望他能够在未来的路上闯出一片属于自己的天空，也希望更多的同学有远大理想、感恩之心、奉献之行、乐观心态，在自己的奋斗之路中创造不一样的精彩！

擦干眼泪，笑对苦难

——记广东财经大学学生戴小蝶

题记：『我不去想是否会成功，既然选择了远方，便只顾风雨兼程。』正是这句看似普通的话，一直激励着小蝶在坎坷的日子里向前迈进。懵懂岁月的坎坷曾让她嚎啕大哭，叹息命运的不公，曾让她自惭形秽，这段在生命中难以磨灭的记忆却让她在磨难中成长，坚定了继续走下去的信念。在苦难面前勇于进取，也在苦难中渐渐地学会了乐观与坚强。

戴小蝶，女，中共党员，广东雷州人，广东财经大学会计学院2011级会计（3）班学生，现担任会计学院就业指导办公室副主任，班级生活委员。其所在的广东财经大学，始建于1983年，原名广东财经学院，1985年改名为广东商学院，2013年6月经教育部批准更名为现名。经过30年的发展，学校已建设成为全日制本科生、硕士生24000多人的省属重点建设院校，是广东和华南地区重要的经、管、法人才培养基地和科学研究基地。

双亲离世，自强不息

戴小蝶出生于一个平凡的农民家庭，自小乖巧听话，虽家庭并不富裕，但父母勤勤恳恳，生活总是充实愉快。可世事无常，就在她对生活充满憧憬，对未来充满向往之时，生活突然偏离了惯常的轨道。

失控的列车突然得让她措手不及，爸爸住院了，诊断结果是咽喉癌晚期。医生说，恢复概率微乎其微，你们要有心理准备。颤抖的双手拿着诊断书，泪水早已模糊了她的双眼。“不，我爸不会有事的！”她哭喊着。爸爸住院期间，她一直坚信会有奇迹发生。爸爸瘦了，虚弱得连话都没法说出。记得有那么一天，爸爸精神好转，跟她聊了很多很多。她开心极了，单纯地、傻傻地以为这是爸爸病情好转的预兆，却没意识到爸爸正以这种方式在向她告别。噩耗传来，爸爸走了，奇迹终究没有发生，幻想破灭。斗不过病魔的爸爸无奈地闭上了眼睛。爸爸走了，这宛如晴天霹雳，震醒了酣睡在幸福中的她，心灵的一座大靠山坍塌了，化成一滩泪水，慢慢地将她淹没，她原以为她会这样继续消沉下去的……

她不去想未来是平坦还是泥泞，只要她咬牙挺过去。妈妈擦干了她腮边的泪水，对她说，孩子别哭，妈妈会照顾你的。看着面容苍老的妈妈，她清醒了许多，天呐！沉浸在失去爸爸的悲痛之中，她已全然忘记了同样痛不欲生的妈妈，她怎忍心一度消沉让妈妈担心呢！强忍着泪水，她答应妈妈，忘却这天大的不幸，好好活下去，作为家中的长女，她需要挑起照顾妈妈和弟弟妹妹的责任！

她不会想背后会不会袭来寒风冷雨。但只恨祸不单行，在劳累的牵引下，病魔也侵蚀着母亲原本虚弱的身体！然而当她对病床上形容枯槁的母亲提出要暂停学业去全力照顾她的时候，似乎已不清醒的妈妈却异常清醒地跟她说：“你要是这样的话，那我还不如死了算了。”拗不过妈妈，她继续回校上课，好不容易挨过了第一学期，带着前所未有的好成绩回家，想向妈妈证明，生活的不幸并没有影响到她的学习。可她还未来得及向妈妈报喜，给妈妈带去心灵的一丝安慰，妈妈就匆匆离开了。那是农历的十二月廿五，她永生难忘的一天，天下着了小雨，妈妈就那么不舍地走了，只留下了那一句："孩子，你要好好读书……"这一次她没有流泪，她感觉她的心在滴血。一夜之间，她不再是一个可以单纯的小孩。

品学兼优，弟妹榜样

她始终坚信着，知识能够改变命运。也许大家会一笑置之，但这句话却深深根植在她的心底。在病魔夺去她的双亲之后她也更加确信这一点！

她自小热爱学习，成绩优秀。因为家庭经济困难，为了给家里争气，也为了能够更靠近自己的理想，她默默忍受来自各方的压力，一直鞭策鼓励自己努力，在生活上自强自立。后来相继考上了市重点中学雷州一中初中部、高中部。

但随着双亲离去，她顿时觉得一无所有，没有了精神上与心灵上的依靠，没有了努力的对象，就连经济也成为了一个很严峻的问题。

就在她万念俱灰的时候，她看到她的弟弟妹妹，她突然发现，其实，她不是孤身一人，她还有他们。此刻，她突然间觉得自己长大了，她不单属于自己，她还是他们的依靠。因此，她不能再消沉，不能再悲观，她要坚强。

父母离世后，没有了经济来源，亲戚朋友们也劝她不要读书了，但是她没有退学，而是坚持上学。她寄宿在大伯家，弟弟妹妹也分别寄宿在亲戚家中，她通过向学校申请减免学费解决了高中的所有学费。在亲戚邻居的好心帮助下，基本上解决了经济上的困难，她和弟弟妹妹终于得以继续他们的学业。

她非常珍惜这份来之不易的读书机会，努力地学习，成绩取得了很大的进步，以优秀的成绩进入了特尖班，还非常荣幸地被吸收为一名中共预备党员。

拿到大学录取通知书的那一刻，他们兄弟姐妹四人欢呼雀跃，争着大声念通知书。是的，这是一件天大的喜事呀！他们怎能不高兴呢？于她，则是如愿完成了爸妈的遗愿，也实现了自己的目标；于弟弟妹妹们，则是向他们证明了，他们也可以很优秀。

志愿活动，感恩回报

失去了双亲，亲人和社会就是她的继父母，正是有了他们，她才可以圆了她的大学梦；正是有了他们，她的生活才有了希望；因为他们，她的不幸才没有被生活的磨难一点一点地放大；没有他们的关爱与资助，她真的就成为了一个孤儿，甚至连生存也成问题，所以她感恩。

进入大学后，面对铺天盖地的社团宣传，她选择了面试青年志愿者协会，也有幸成为了一名志愿者，在青协这个大家庭里，她尝试着把这种感恩化为行动，在自己的能力范围内给陌生人、困难者以绵薄之力，将爱传播。

在帮助他们的时候，她在他们身上汲取了更多的面对生活的勇气，她才二十二岁，她未来要走的路还很长，她还要看很多的风景，也许还会经历突如其来的祸难，她要给自己一些勇气。

也许她的能力有限，但她仍愿意用她自己那小小的力量去帮助任何一个需要帮助的人，哪怕只是一个微笑，一句问候，一个拥抱，她都愿意全身心地奉献她的爱与感恩，她是一个“受”者，也同时愿意做一个“施”者！她会一直坚持下去，感恩回报社会。

勤工俭学，全面发展

贫穷没有成为她懦弱的借口，面对贫穷和苦难，她没有绝望。而是勇敢地与惨淡的命运抗衡。在大学她选择了勤工助学，获得了学院办公室助理一岗，她非常珍惜这一岗位，不仅获得了一定的经济来源，更是获得了很好的锻炼平台。在暑假期间，她努力寻找实习的机会，当问她实习辛不辛苦的时候，她总是笑着说，我不怕辛苦，重要的是能让自己学到更多的知识，全面发展。她大一获得助学金，之后连续两次获得国家励志奖学金。

生活给她的味道是苦涩的，但她品尝出自己的劳动果实所带来的甘甜。她要用她的坚强铸成她的象牙塔，就像珍珠经历河蚌的困囚绽放出迷人的色彩，她要给她自己的生活和弟弟妹妹的生活添上独特的色彩。

经历磨难，她变得自强，纵使未来会有再多的挫折，她也不再畏惧，以笑面对未来的风风雨雨，她想就这样走下去，好好前进，这样，在遥远的天堂的爸爸妈妈也会为她微笑！

后记：戴小蝶曾经的经历让很多知情的人流泪，而她历经磨难之后的坚强更令人赞赏，无法躲避人生之中的不幸，那就选择在不幸中自强。听着小蝶平静地讲述着她的过去，看着如今阳光开朗的她，显露着同龄人所不具有的刚强，她不愧是大家学习的榜样。

求学圆梦勇担当，知行合一攀高峰

——记广东技术师范学院学生刘仕钊

题记：『横眉冷对千夫指，俯首甘为孺子牛』，唯有奉献能体现价值；『宝剑锋从磨砺出，梅花香自苦寒来』，唯有修炼能提升境界；『纸上得来终觉浅，绝知此事要躬行』，唯有实践能加深认识。核心价值观的养成也非一日之功，需要不断地奉献、修炼和实践。

刘仕钊，男，广东技术师范学院管理学院2011级学生，曾任班级体委、院党务工作小组组员、校学生会干事、副秘书长、校学生会主席等职，曾获省“挑战杯”课外学术科技作品竞赛特等奖、省“挑战杯•创青春”创业大赛金奖、校“三好学生”、院“优秀共产党员”等荣誉和奖励。其所在学院团总支曾获得“全国五四红旗团总支”“广东省五四红旗团总支标兵”等荣誉称号。

信念坚定，素质过硬，甘为同学服务的孺子牛

出生于海陆丰革命老区的刘仕钊，在高中时期就加入了中国共产党，是同龄人中最早一批入党的“佼佼者”，然而这并非只是幸运之神的眷顾，而是源于他在各方面严格要求自己，积极向党组织靠拢，提早学习党的先进理论和思想，脚踏实地，甘于奉献。高中时期，他曾担任三年的学生会干部和全校升旗仪式的主持人；创立了学生社团——“溯源历史探究社”，并带领社员们学习历史、研究历史；在学习紧张的高三，还抽出时间参与了广州亚运会帆船比赛的志愿服务工作，成为了一名光荣的亚运会志愿者。

上了大学，他毅然选择从零开始，继续奉献自己的青春和能量，从处理班级事务开始，一直到成为省学联的干部，不断接触各项学生工作，为党团组织、为学生会付出了不少时间和汗水。

大一时，他是校学生会公关实践部干事。他拓宽渠道，积极地为学生会的各类活动争取赞助；还加入院党务工作小组，帮助党支部整理党员档案，更新党务信息。大二时，他担任班级体育委员，积极组织班里同学参加拔河比赛、班级篮球赛、运动会等体育运动；同时还是校学生会副秘书长，每天处理着烦琐的办公室事务。大三时，他通过竞选成为了校学生会主席，带领着整个学生会为同学们服务。在此期间，他还曾被选拔为省学联的干部，在紧张的学习之余，不畏路途艰辛，坚持到省学联驻会工作，经常加班加点，为省学联的工作奉献自己点滴的力量。

作为校学生会主席，他承受了一般同学所没有体会过的压力，也展示了一名学生领袖应有的风采。“有为才有位，有位是为了更好地作为。”他是这样说的，也是这样做的。在担任主席期间，他带头改进工作作风，竭诚为同学服务。他带领学生会在校园里设立“校学生会，我想对你说……”的对话板，拉近学生会与同学的距离，让每位同学都有机会与学生会对话，了解同学的需求，同时对同学们的建议和需求认真研究，热心回馈；他带领学生会积极营造浓厚的学习氛围，努力办好“学者视野——周末讲座”这一品牌活动，仅2013年就在4个校区共举办讲座72场，吸引了16000人次

参加，拓宽了同学们的知识面，满足了同学们的求知欲望，广受欢迎；他带领学生会积极响应团省委、省学联“三走”活动号召，通过倡议书、启动仪式、阳光长跑、宣传运动小常识等方式，与各校级组织、各二级学院联动，形成合力，开展各类“新媒体＋时尚＋运动”的体育运动，以新活动、新方式吸引广大同学真正走下网络、走出宿舍、走向操场，其活动新闻得到了省学联官方微信的报道……他是个有明确目标的学生带头人，时刻保持沉稳、冷静的头脑。在他的带领下，其所在的广东技术师范学院学生会在2013—2014年度被评为“广东省优秀学生会”，其个人获“广东省优秀学生干部”称号。

15年的学生干部经历，15年的辛勤付出，也使他获得了不少肯定。“广师之星之十佳优秀学生干部”五四评优“优秀学生（团）干部”、管理学院“优秀共产党员”“汕尾市‘优秀共青团员’”“汕尾市‘三好学生’”“汕尾市‘优秀学生干部’”“陆丰市‘优秀学生干部’”等荣誉，成了他成长道路上一个个坚实的脚印。

学海无涯，厚积薄发，勇于攀登学业高峰

刘仕钊认为学生的主业是学习，无论是做工作还是做学问，都不能放松对自己学习的要求，要不断地充电，潜心专研。

在工作中，他注重理论的学习。他是校级“青马班”骨干学员，同时还是广东省第十二期“青马工程”大学生骨干培训班的“优秀学员”，曾在大学生“青马”领袖论坛上被推举为代表作“如何打造卓越的组织文化”的主题发言。平时，他主动研习马列主义、毛泽东思想、邓小平理论等经典著作，对于当下时政和习近平总书记的系列讲话他也是主动学、带头学、深入学，努力用思想的武器武装自己，自觉践行社会主义核心价值观。

在专业学习上，他也毫不放松，专业基础扎实，学习成绩和综合测评均位于年级前列，曾获校“三好学生”。2012—2013年，他参与了曾建权教授主持的广东省人力资源与社会保障厅研究项目“人才竞争力评价体系研究”，从事人力资源调查数据整理和统计工作，凭借扎实的专业知识帮助该课题顺利结题。

怀揣三年扎实的专业知识学习基础和团队合作的和谐默契，他积极参加各类商业学术比赛，大大小小的奖项彰显着他在学术科技竞赛中挥斥方遒、运筹帷幄的天赋异禀，以下仅仅选取部分代表性奖项：

2014年“挑战杯·创青春”广东大学生创业大赛之创业计划赛金奖；2014年全国高校商业精英挑战赛会计与商业案例管理竞赛三等奖；广东省第十二届“挑战杯”大

学生课外学术科技作品竞赛特等奖，全国三等奖。

他在省级“大挑”（“挑战杯”课外学术科技作品竞赛）和“小挑”（“挑战杯•创青春”大学生创业大赛）中均斩获桂冠，是十分罕见的“双料冠军”。2014年5月，他的团队参加由中国国际商会商业行业商会和中国商业会计学会共同主办的2014年全国高校精英挑战赛会计与商业管理案例竞赛，经过两轮商业计划书评审，成功晋级决赛，获得了前往北京比赛的机会，将与中国科学技术大学、同济大学等30多所高校同台竞技。然而，这个时间段他正在紧张备考其专业最重要证书——人力资源管理师（三级），在最关键的时刻，他毅然选择了兼顾，没有放弃。“不逼自己一把，永远不知道自己的潜力有多大。”他对参赛指导老师说道。

“既然选择了远方，便只能风雨兼程。”当许多人的大学时光是在被窝里，在电脑前，在发呆的窗前匆匆溜走时，他却在宿舍、课室、图书馆、学生会办公室的四点一线的生活里找到了充实的快乐。他坦言，那是他大学里最艰难的一段时间。他有一个多月的时间没有午休，常常是刚在办公室开完会便转战图书馆备考，晚上还要加班熬夜改作品。经过为期一个月的缜密准备，商业策划书已经相对专业和完善，决赛的前一周其团队又进行了紧张的集训，即使在前往北京的火车上，他们也争分夺秒，反复演练，经过顽强的拼搏，最终取得了国赛三等奖的好成绩。同时，考场上也传来喜讯，他顺利通过了专业能力测试，取得了人力资源管理师（三级）的资格证书。

坐思起行，关注社会，在躬行中捕获真知

“实践出真知”，除了专业学习和学生工作，他还积极参与社会实践。

2009年，他无意中发现了家乡当地相传于宋朝具有几百年历史的“陆丰皮影戏”在社会主义市场经济下面临的尴尬生存现状。于是，他利用暑假时间，对皮影戏进行了社会调查，通过采访专家、与皮影老艺人座谈、实地走访等方式，研究探讨民间艺术非物质文化遗产的保护问题；同时呼吁更多人共同来关注和思考，最后完成的论文《陆丰市皮影戏生存现状调查报告——论非物质文化遗产保护问题》被推荐参加第24届广东省青少年科技创新大赛并获得二等奖。

2012年，广州市政府提出“打响垃圾分类回收之战”。为响应广州新型城市化发展战略，支持和助力广州市垃圾分类攻坚战，他与同校其他专业的同学组成了“广州市垃圾分类回收”调查小组，进行了系统的社会调查，形成了调查报告《破解垃圾围城——广州市垃圾分类回收现状调查分析》，为广州市垃圾分类建言献策。后来凭着这份报告，他的团队获得了广东省第十二届“挑战杯”大学生课外学术科技作品竞赛

特等奖并成功晋级国赛，获得国赛三等奖。

2013年暑假，他带领一支23人的志愿者服务队，赴陆丰市进行“三下乡”社会实践活动。在当地经济落后、教育资源匮乏的艰苦条件下，他们攻坚克难，进行了为期一周的支教活动，开展了丰富有趣的课堂，得到当地学生的欢迎。支教之余还探访了当地孤寡老人和残疾儿童，帮助他们整理房屋，完成家务活和农活，送去了人间的温暖。实践期间，他还带领队员探寻革命印迹，重温红色岁月。其事迹得到了陆丰电视台、汕尾电视台、《汕尾日报》等当地媒体的关注和报道。由于实践成果突出，其团队被评为校级优秀团队，其本人也被授予校级“三下乡”先进个人称号。

带领大学生暑期“三下乡”社会实践服务队赴农村关爱“空巢老人”和“留守儿童”

友善待人，热爱生活，传递青春正能量

作为学生会主席，在工作上，他和大家一起努力，工作之余，他更希望自己能成为师弟师妹们的“大哥哥”，主动关心师弟师妹们的生活和学习，与他们一起分享自己的感悟和经历。他是同学们眼中具有正能量的人，他喜欢散播正能量，给人以信心和鼓励。

同时，他拥有多种爱好和特长，他喜欢主持，大一时是管理学院迎新晚会的主持人；他热爱书法，能写一手宽博厚重的“颜体”楷书，曾获校“三笔字”大赛毛笔组二等奖；他喜欢运动，曾在院运会的多个项目获奖，是院篮球队的一员，曾与队友们一起团结拼搏获得了校际篮球赛第六名。他也许就是跑道上一抹快速掠过的身影、篮球场上一个漂亮的“穿针”，或者羽毛球馆里一记摄人的扣击，他就是这样真实而熟

悉地存活在我们身边。爱好广泛、阳光随和的他，总能和同学们打成一片。

尽管获奖无数，可他却时时不忘对老师和同学的信任抱着感恩之心。他常说："大学参加了许多比赛，也担任了学生干部，但是这些机会都是老师和同学们给予我的。"而事实也证明，他们的选择没有错，他也没有辜负大家的期望，一次次的拼搏与努力，他与大家一起捧回了一个个亮丽的奖杯。

后记："冰冻三尺，非一日之寒。"优秀学子的培养和核心价值观的养成也绝非一日之功。只有坚持由易到难、由近及远，一步一个脚印，努力把核心价值观的要求变为日常的行为准则，让优秀成为习惯，才能谱写一曲曲青春的赞歌。

学习、工作、社工一样都不能少

——记惠州学院学生曾智群

题记：『以微笑面对生活，以热情拥抱世界。』无论遇到什么事都要以一颗热情的心去面对，特别是对待自己身边的人。是的，人生不可能一帆风顺，我们都应该怀着热情感恩之心，学会领悟，就算生活给了我们不少的苦痛折磨，而我们却依旧还是觉得幸福更多。

惠州学院是广东省省属公办综合性本科大学，位于全国文明城市、广东省历史文化名城——惠州市。惠州市是珠江三角洲核心城市之一，南临南海大亚湾，毗邻广州、东莞、深圳、香港。学院秉承“阆苑储英、人竞向学”的校训，融入惠州，服务广东，辐射全国，树立品牌，致力于培养具有国际视野、创新能力的高素质应用型人才，努力把学院办成一所办学特色鲜明、高水平的地方应用型本科院校。惠州学院坐落于东江之畔，以其独特的韵味哺育着一代又一代的青年学子。她就是这万千学子中的一员，一个力争做到学习、工作、社工一样都不能少的学生，一个热衷于社区公益及社区矫正的学生。她，就是来自政治法律系2011级法学专业的学生曾智群。

热情服务　勇当责任

告别中学时代，大学集结了来自五湖四海的同学。这个集体，既没有固定的课室，也没有固定的同桌，上课一同学习，下课便又各自离去。在班级中，曾智群同学先后担任过班长和团支书职务，如何搞好班级团结、宿舍和谐自然就成为她的重点任务。在团结班级上，她和班委们一起积极组织同学参加各项文、体、竞赛活动，组织班级聚会，如系班级篮球赛、金秋系列活动、系心理话剧表演等等。新生宿舍问题历来都比较敏感，她会时刻关注班级的宿舍问题，同学们也都会及时向她反映宿舍问题，通过收集宿舍集体聚会照片来促使各宿舍内部融合。她还有一个习惯，就是会把班里的大小事记录起来，所以，作为大一班长的她在学期期末都会进行小结和班务公开，而这些总结都见证了全班同学一起走过的点滴，记载了整个班委一年来所做的工作。

在部门工作中，她先后担任过政治法律系团委会公关部委员、惠州学院法律促进会法律兴趣小组组长、惠州学院法律促进会副会长和惠州学院廉洁文化协会副会长等职务，参与策划了政法系第22届金秋晚会、模拟法庭竞赛、首届推理大赛等院系部门活动。她认为，在部门工作中，除了收获了难能可贵的朋友之情外，尤其重要的是学会了以一颗热情的心去面对所有的人和事，特别是对自己身边的人，这也成为她为人处事须践行的准则。作为政治法律系辅导员助理，除了得到了一个提升自己的平台，她还帮助系领导老师完成一些日常工作。不管是哪个老师，只要需要帮忙、她能帮得上的，都很热心去做，因为在她看来，这是老师对她的信任。

坚定自信　勿忘初衷

每个人都可能会有迷失自己的时候，这也要求我们要不时回首来时初衷。她曾经埋怨过，学生活动、工作那么多，有多少人能够工作做得好、学习成绩又好？但是，一想起自己对大学生活的规划，想想为什么不会合理安排好自己的时间？而这些都是自己的问题，也就无需埋怨了。其实，忙只是对迷失了自我的一种借口，而她也不是一个甘于人后的人。经此以后，每次上课她都会坐到前排，督促自己认真学习，成绩也就越来越好，在后来的评先评优中获得国家励志奖学金、“学习优秀生”“三好学生”等荣誉。

在课外学习生活中，她还积极参加了政法论坛辩论赛、模拟法庭竞赛等，组织了惠州学院2013年暑期社会实践《珠三角地区社会工作者参与社区矫正情况的调研——以惠州市为例》的调研项目活动，利用暑期实习剩余时间到惠州司法局、一些社工机构等进行实地调研，该项目也取得了惠州学院团体三等奖、系二等奖的成绩。她还参加了《惠州学院大学生宿舍关系问题的调研》社会实践调研活动，取得了系三等奖的成绩。这些活动提高了她的语言表达能力和理论知识运用能力。她认为，在搞好学生活动的同时，不落下自己的学习成绩，才能真正配得上“优秀学生干部”这一称号。

注重细节　把握机会

在大一的暑假期间，曾智群及其同学四人到博罗法院实习。炎炎夏日，她们一起自费住在大约十多平多米、没有风扇的民宿一个月。在工作期间，她经常会做好预习等待第二天师父的随时“考问”。所以，她第一次跟着师父到看守所宣判和宣读起诉书的时候，就顺利完成老师突然“袭击”的任务；而老师对她的表现显然还是挺满意的，在去提审、宣判时都会把她带上。在实习期间，由于粗心导致法律文书的重写，她明白了工作不是简单地去实践，而是需要谨慎的心思去践行。在此期间，她还制作整个庭审程序的法律文书、到庭审现场学做笔录、观看法官们讨论的一些疑难案件等等。刚好那时也是“三打两建”开始不久，案件特别多，为了珍惜这次机会，她们也经常中午不回宿舍休息。因此，她除了学到了很多实践知识外，还得到法院领导的认可，每年假期来临之际，都希望她能介绍一些优秀的师弟师妹过去实习。她自己也在接下来的学习中，遇到不懂的问题可以随时请教这些有经验的法律工作者。而后，在大二的暑期，她到惠城区检察院实习，收获也很多。她认为实习不是以自己是否清闲来彰显自己的聪明，聪明的学生在实践中，应该要认真对待琐碎的事情，多做事，不怕苦，努力把握和创造机会。她说，其实无论什么情况，都不可以忽视琐碎的工作，能否认真地对待，这将是领导对你工作的考验。如果你觉得你和别人相比没有什么优势，那么就要花多点时间去准备，而她认为这就是使自己不断进步的前提。

社区矫正　尽己所能

2013年5月，她首次接触社会工作服务这一项工作，第一次接触社工这一群体，第一次见识到社区矫正这一在刑法书本上的概念真正在惠州这座城市施行。在指导老师的带领下，她参加了香港督导、深圳督导等对专业社工的培训，同时也被社工那一种坚定的理念所折服。在空闲之余，她和她的团队们也去参与一些社工志愿活动。每每看到受助者的变化，看到他们重拾对待生活的热情、对她们报以真诚的微笑，甚至也一起加入到志愿者服务的行列，她就非常感动。她敬佩社工们的“尽自己所能”，也在和他们的接触中不断强大自己的内心。也正因为参与这些活动，她真正意识到自己的幸运，就更应该要积极地面对生活，不怨天尤人。她说，她未来的工作或许不一定会选择社工，但她一定会尽自己所能，在忙碌之余更多地去参加公益活动。她也希望更多充满正能量的大学生能在空闲时参加这些公益活动，既能帮助到更多的人，也能对自己的身心修养起到一定的提升作用。

心怀感恩　积极奋斗

感恩父母，勇于担当。来自农村的她，家里不富裕，很小就开始帮忙干活，或许就是这样造就了她独立、责任心强的性格。近年来，她爷爷身体一直不好，家里的重大变故，姐妹俩高额的教育费用，更给她的家庭带来很大的经济压力。她说，虽然现在没有办法让自己的爸爸妈妈不那么辛苦地工作，但是她会尽可能去帮家里减轻负担。大三开始，姐妹俩都申请了国家助学贷款。她说很庆幸自己是个独立自强的人，因为特别是大二后期到大三，由于家庭的变故，有时候一个星期就回家数次处理事情，一个学期没有怎么睡过午觉，疲惫和无力充斥内心，但她都没有选择放弃。她说心疼父亲不再高大魁梧的身躯，心疼父母愈发苍老憔悴的容颜。而每一次爸爸的一句“最喜欢你回家了”，就让她又对生活充满了激情。

感恩老师。她说，在大学里很感谢系辅导员老师，感谢他们对自己的信任和栽培，让她成为辅导员助理，从而又得到一个提升自己的平台；感谢他们在自己遇到困难时，给予的鼓励、支持与信心，让她更加充满勇气去面对困难，让她在每一次困难中不断地蜕变和成长。她也感谢所有的科任老师，谢谢他们在传授自己课本知识之余，给她讲述了很多为人处事的道理；鼓励她要走出去、多实践、多见识，让她在把握两次的实习机会中收获颇多；感谢当她在学习上、生活中遇到不懂专业问题时给予她的悉心解答，让她能更好地用自己的专业知识帮助身边的人；感谢老师让她在校园中体会到良师益友这个含义。她特别感谢她的民法老师，不仅是关心她家里情况的老师，还是她想要关注社会、关注民生，把自己变得更强，让自己有能力去做更加有意义的事情的启蒙老师，在学习上、在实践活动项目上给她很多的指导、鼓励和建议。

感恩同学、朋友。她说很感谢在自己遇到困难的时候，有一群小伙伴一直在她的身边，给她关心和感动，让她满怀动力继续前进。感谢有缘相识、相知，太多的感恩之情难以表尽。而接下来，她也将和她的小伙伴们一起努力、前行。

后记：“以核心价值观之火，点亮青春之我、青春之校园。”习近平总书记在北京大学五四讲话时强调，青年是标志时代的最灵敏的晴雨表，时代的责任赋予青年，时代的光荣属于青年。作为当代青年的大学生，都应自觉地成为社会主义核心价值观的践行者，于细微处见精神，于实处用力，从知行合一上下功夫。

在这个美丽的校园，关于身边的美的故事、美的事迹有很多，如感恩孝道、追求梦想、奉献社会等，故事的主人——曾智群，或许非凡，或许普通，然而，他们的共性都是善。大学之道，在明明德，在亲民，在止于至善。核心价值观，其实就是一种德，一种对个人成长、对社会和谐、对国家发展的正能量。我们也庆幸生活在这样一个充满正能量的校园，阆苑美人，自强不息。爱国、敬业、诚信、友善，以核心价值观之火，点亮青春之我、青春之校园。

随梦启航，搏击长空

——记广东外语艺术职业学院学生周泽芹

题记：『不负大学，不负青春』是她送给自己的座右铭。也正是怀着这个平实却倔强的梦想，她在大学里毅然选择了他人所未能的挑战，在专业学习中提升能力，在社会实践中磨砺意志，在党团工作中升华思想，在学生活动中绽放光芒。她，就是广东外语艺术职业学院学生周泽芹。

周泽芹，女，广东外语艺术职业学院外语系英语教育专业2010级学生，中共预备党员。她是外艺学子的好榜样，是老师们的好帮手。她注重专业学习与课外实践，曾获学院奖学金及“三好学生”荣誉称号，被聘任为广州市少年宫英语助教；她热衷志愿公益服务，连续三年参加支教，被评为广东省“三下乡”社会实践“先进个人”；她致力于党团工作，担任系分团委副书记、学生党支部组织委员，被授予2013—2014年度广东省“百佳团支部书记”称号，并带领团队荣获“五四红旗分团委”“基层党建创新项目”等荣誉；她多才多艺，在辩论赛、公文写作大赛、话剧表演、校友访谈等校内外文化活动中崭露头角。

刻苦钻研，不断提高专业技能

在广东外语艺术职业学院学习生活了四年多，周泽芹在专业学习上从未懈怠。她总是牢记学习是学生的天职，坚持刻苦钻研专业知识。课堂40分钟是她最投入的时光：在综合英语课上仔细做好笔记；在教学法课堂上与老师同学自由交流教学方法、分析教学案例……为了让自己成为一名思维敏捷、活泼大方的“小老师”，她利用课余时间参加辩论赛，多次代表艺术团话剧队登台演出，这些磨炼帮助她全方位提高自身的教学技能。

作为一名师范生，她一直要求自己把教学法知识付诸小学课堂的实践。自2011年3月被广州市少年宫外语部聘任为志愿者助教以来，她组织开展少儿英语沙龙活动达30次，观摩外教课堂并协助教学34次，参与举办市级少儿英语比赛2场，接待外教4人次……周泽芹不只是把教学工作当作是实践的任务，而是全身心投入到“教师”这一神圣的职业中去，其成绩得到校内外师生同事的一致肯定。

严于律己，提高思想政治觉悟

2010年新生入校，周泽芹便抱着向光荣的党组织靠拢的愿望，在第一时间递交了入党申请书。看着那一纸写满真诚心声的申请书，看着内心剖白的一字一句，她深感自己仍需努力，希望在向党组织靠拢的过程中，塑造一个更为成熟、优秀的自己。她抱着这份信念，学习刻苦认真，工作踏实肯干，团结同学共同进步。通过党课学习、阅书读报、观看红色电影、参加党小组比赛等一系列党建文化节课程化的学习，周泽芹不断提高自己的理论水平和政治觉悟。与此同时，她积极组织党支部同学的学习活动，热衷于跟各位党员同志们交流学习心得，虚心向优秀党员学习，正确认识自我，不断改善自我。

作为连任两届的外语系学生党支部组织委员，周泽芹在认真学习习近平总书记关于“中国梦”的详细阐述之后，紧紧围绕这一伟大的时代声音，策划举办了“青年共话复兴路，青春共铸中国梦”第二届党建文化节；在党的十八届三中全会精神学习月期间，组织支部党员学习全会精神，为全系同学召开了23场主题班会；在党的群众路线教育实践活动期间，组建了“随梦启航”服务队，前往江西省赣南革命老区开展志愿服务工作，深入基层、联系群众，开展教育活动。对于参与党团工作两年来的蜕变，在优异成绩面前，周泽芹谦虚地说：“我很庆幸自己能紧密联系党组织，这些经历坚定了我的信念，提高了我的觉悟，党组织赋予我满满的正能量。”

践行使命，热衷志愿公益服务

践行青春使命，关爱弱势群体，这不仅是大学生的社会责任，更是学生党员应尽的义务。进入大学以来，周泽芹每个暑期都坚持参加志愿服务工作，曾前赴揭阳市惠来县进行为期一个月的支教，参加广州市盲人学校与美国国务院联合举办的“视障学生英语夏令营”活动，组织“赣南情•中国梦”下乡教育活动等。她对志愿服务工作一如既往的热情，感动了身边的老师和同学。她开展的服务工作所取得的显著成效，也得到了社会的强烈反响。2013年10月，在广东省大中专学生志愿者“三下乡”社会实践活动评比中，周泽芹光荣地被授予省级“先进个人”称号。

2013年暑期，周泽芹组织并带领“随梦启航”服务队前往江西省赣州市赣县韩坊平安希望小学开展为期半个月的服务活动，通过校园募捐义卖、“梦想课堂”支教活动、“梦想舞台”文艺汇演、“我的中国梦”调研活动、“梦想使者”圆梦行动，帮助山区孩子们寻梦、圆梦。在圆梦行动中，她第一次发现蛋糕对于山区孩子来说是一种奢侈品、“拥有一条裙子”是当地女学生可望而不可即的愿望、一张普通的全家福寄托着留守老人对家庭平安团聚的期望……通过基层实践，她认识到幸福生活的来之不易，更认识到弱势群体正渴求社会的关注与支持。她用行动跟山区的孩子们郑重承诺：“圆梦路上，我们始终同行！”

同年，该团队入选团中央“圆梦中国，公益我先行”微公益大赛全国1000强项目，被授予广东省大中专学生暑期科技文化卫生“三下乡”社会实践“优秀团队”称号；在服务期间曾得到《江西日报》、赣县电视台、广东省教育厅的报道。此外，中国少年儿童文化艺术基金会微爱公益中心、共青团广东省委、共青团江西省委先后20次为该项目开启网络宣传平台，携手社会爱心人士为山区儿童助力圆梦。

在回校后的分享会中，周泽芹是这样告诉同学们的："我们微薄的力量并不能真正改变他们的困境，但是只要我们尽力帮助一个孩子，在困境中彷徨的心就少了一个！"她的大学生活，因为志愿服务而充实、完整。下乡，不仅仅是她的兴趣，更是她从事教育事业的一部分。如今，忙于升学的她依然没有忘记这份事业——联系实践基地、招募志愿者、培训新队员……校园生活给了她正能量，而她则全力把这股正能量传递给有需要的人。

开拓创新，努力做好学生工作

服务，是周泽芹生活的主旋律。除了假期下乡服务，平日里，她在校园各类平台中服务老师和同学们。四年来，她先后担任了班级团支部书记、年级团支委书记、系分团委副书记、系刊《外语人》主编、音普社学习部部长、学院学生工作信息员、系学生党支部组织委员等7个不同职位。她谦虚、踏实，用心对待每一份本职工作。任职期间，她带领的团队荣获学院"优秀团支部""五四红旗分团委""基层党建创新项目"等荣誉。今年5月，她还被授予广东省"百佳团支部书记"荣誉称号。

在班级中，她担任团支部书记，紧紧围绕学院团委的工作中心，夯实基础团务，创新团内活动。为加强班级同学之间的沟通，她策划召开每周一次的班会，围绕时事热点，结合班级实际情况制定主题。她在班会形式上创新，做到多样化、多元化，包括学习生活分享会、微型辩论会、团体心理训练、电影鉴赏等形式。班会课，既是德育工作的一部分，更是同学们必修课程之一，而形式多样的班会课不仅拓宽了同学的视野，更是增强了班级的凝聚力。同时，该支部积极响应院团委的号召，开展丰富多彩的主题活动。自2010年9月支部成立以来，共开展长期帮扶活动1项、团日活动15项、党建活动5项、班级集体户外活动7项，承办院级大型活动2场。其中，走进广州市天河区兴华街道家庭综合服务中心"快乐环保你我行"社区服务活动，获雷锋月活动"一等奖"及"最佳创意奖"；在"我的中国梦"主题班会中获"二等奖"；在"创先争优"之"党员进班级"活动中获"优秀团支部"称号；寿星大厦义演及定期探访关爱活动获"激情亚运，奉献你我他"团日活动"三等奖"，该活动也深受广州市寿星大厦老人们的欢迎，并收到其党工委寄来的《感谢信》。周泽芹所在班级的团支部作为学院"优秀团支部"之一，还于2013年4月成功承办2013年广东省高职院校英语口语比赛（非专业组）学院选拔赛；于2013年11月承办校友导师系列讲座之张洁专场。团支部的成绩凝聚了周泽芹的心血，支部的进步也见证了她的成长！

作为学院学生工作信息员，周泽芹努力做同学们的"知心姐姐"，做生活中的

“有心人”。她曾参加与学院院长的茶话会，代表外语系同学们诚恳询问学业、就业方面的建议；曾通过邮件和电话，向学院领导反映了同学们提出的日常生活问题，并在学院领导的关心下迅速解决同学们的困难。

四年来，她与同学们互助友爱、同心同德，工作中踏实肯干、开拓创新，身在其位善谋其职，深受老师们、同学们的赞赏。

后记：自2010年9月入学以来，周泽芹勤学善思、严于律己、助人为乐、勇于担当。出身平凡的她自强不息、坚定自信，立志在广外艺这寸土地上留下非凡的足迹。她的表现和成绩一直不负于广外艺校训——“学贯中西，德艺双馨”，不负于党的宗旨——“为人民服务”，不负于一名“中国梦”的追梦人，更不负于一名当代大学生。“不负大学，不负青春”，未来她将继续随梦启航、与梦同行！她将奋力争先，在“中国梦”的伟大召唤下践行党的各项工作方针，努力学习社会主义核心价值观，争取成为家庭和学校引以为豪的好学生、好党员。

一个跑赢时间的女孩

——记广东水利电力职业技术学院学生曾菲榧

题记：看时间就是浪费时间。跑赢时间的办法就是不浪费哪怕一秒钟看时间。

曾菲榧，女，20岁，来自广东水利电力职业技术学院市政工程系11届环境地质班；2012年至2013年被聘为市政工程系2012级环境地质（1）班助理班主任，同时担任系艺术团水鼓队队长，班级学习委员；学业上曾获2011年至2012年国家励志奖学金、2012年至2013年国家奖学金；每年均获有学院学业奖学金、素质奖学金、三好学生、优秀班干部等荣誉；2012年获市政工程系“十大服务之星”；2012年12月，在学院第七届健美啦啦操比赛中获一等奖等。

积极向上（学习篇）

对于学习，她一开始没有一个很好的学习方法，但是一直保持积极向上的态度。

她是班里面的学习委员。刚开始的时候，她的学习成绩并不是很好，高中与大学学习环境的巨大落差让她找不到方向，在第一学期期末考试，排名甚至连班里面的前三名都排不上。她深受打击，彷徨过，无助过，甚至一再怀疑自己。她思考着大学的生活，摸索着大学该如何学习。她给自己立过一个目标，要拿一次班级的第一名，也就因为这个目标，她没有给自己喘息的机会，她一直努力着。值得欣慰的是，她的努力虽然经历了荆棘但最终还是得到了回报，她从班级里的第六名，一直到第四名，第二名，最后获得了第一名。

她每一节课都听得十分认真，常常看别人写的作业，琢磨为什么别人能得A+而自己只能得A。她很喜欢偏工科的科目，喜欢别人讨厌的计算题，虽然很难，但是她总觉得数字比文字可爱得多。学《概预算》的时候，众所周知，这是一门不难但很令人头疼的科目，因为它很烦琐。在课堂上一大片同学趴下睡觉时，她坚持了下来。她对于这个科目接触较浅，于是她就每学一节课都会做一道大题然后给老师修改，改了又错，错了又改，她并不觉得很头疼，每天还很开心地按着计算器算着。所有人都笑她太认真了，在大学就要好好玩玩，这种偏难的科目随便应付就好，她每次都是笑笑，心中的执念却是更加肯定了。某个成功的企业家曾经说过，做别人不愿意做的事情，取别人不可能取得的成功！每一次同学都笑问她是哪一个企业家说的，她都会笑着说：“是谁这并不重要啊！说不定那人就是我。”

考试的时候，老师出了五道题，其中一道是附加题，那道附加题是上课的时候没怎么讲的，可做可不做。当每个人都做好四道题交的时候，她还在跟附加题较真，她总觉得空着一道题是对自己不负责。考试成绩出来之后，挂科的一大片，而当大家用着不可置信的眼神望着她90多分的成绩时，她只是很平静地笑笑，因为她比任何人都清楚这个成绩她究竟付出了多少。她有她的目标，这个目标从她第一个学期末受到打击后就已经定下了，为了这个目标，她努力着、追求着、拼搏着。

跟她要好的朋友都知道，她喜欢说一句话就是“看时间就是浪费时间”。去学校路上会说，深夜做作业的时候会说，争分夺秒的考试会说。她不舍得浪费时间看时间，总会到终点，只要你加快脚步；要做的事情是一定要做完的，这跟时间没有关系；只要把握速度，就会对自己考试有个谱，时间只是辅助作用。她觉得如果想跑赢时间，那就要无视时间，不要浪费时间在时间上。

愿意付出（文娱篇）

她是艺术团的一员，虽然她并没有很优秀的舞技，但是她会尽最大的努力做到完美，因为她真的很热爱艺术团这个大家庭。

大一那一年的“五四”晚会，是市政系的第一届“五四”晚会，也是全艺术团最忙的时候，但是由于艺术团是刚刚成立不久的，成员并不是很多，她一个人就得参与三个节目，其中有一个是双人舞，并不那么专业的她一遍又一遍地练着每一个动作；除此之外，还要代表系里面参加学校周年庆的海选节目，跳的是水鼓舞，一个从没听过的舞蹈，一个从零开始的舞蹈，因为这个舞蹈，系里面成立了水鼓队，而她也是其中的一员。那个时候的她，什么都不是，只因为自己爱艺术团，认为自己是艺术团的一份子，所以愿意付出所有的汗水和泪水。周末是最忙的时候，她每天都要很早起床排练各个节目，中午也没有休息。那个时候她压力很大，生怕出一点差错，几乎每天晚上都会失眠，怕自己不能给系里面一个交代，怕自己丢人。庆幸的是，五四晚会取得圆满成功，系水鼓队的表演在层层海选中成功登上学校60周年校庆的舞台，并获得学校的认可；同年受邀参加了广交会的开幕式表演，跟邓紫棋、周慧敏等明星同台演出。

在艺术团里，没有停下来的脚步。大二，在所有人都觉得松口气的时候，她还要负责教水鼓舞，选拔人才。同时她被老师选上带领师弟师妹一同参加院健美啦啦操比赛，她不是队长，她是师姐，但是她总有操不完的心。让人记忆最深的是，在大家休息的时候，她自己一个人在本子里画着队形，想着动作。在市政系2012年拿到院健美操冠军的时候，她激动得哭了，她觉得自己所有的努力都是值得的，很庆幸自己在一个这么努力的团队里面，很感谢大家有如此出色的表现。那一刻的喜悦是无法表达的。终于市政系能拿到第一了，这份荣誉是系里的，也是她的。

她对艺术团有很深的感情，在艺术团里面留下了太多的喜与悲，很多人问她为什么要那么努力，她也想不明白，在艺术团训练的时候留下很多瘀青，痛并且快乐着，这是刻骨铭心的爱。

认真负责（工作篇）

2012年，她被聘为12级环境地质班的助理班主任，这是一份殊荣，也是一份责任。助理班主任没有想象中那么舒服，助班不是一个老师，不是一个领导，更像一个“打杂”的，因为要负责新生的所有大事小事和让人意想不到的急事。

新生开学的那段时间是最忙的一段时间，她每天都要完善各种新生的资料，几乎每天熬夜，晚上睡觉提心吊胆的，生怕自己带的班级出什么差错。只要有时间她都会去新生宿舍转转，了解他们的最新情况，跟他们聊聊天。

在选班干部的时候，助班是最头疼的，因为班干部在大学里面是很重要的，也有很多同学想成为班干部。很可惜的是，班干部当选的只能有几位。事后很多人觉得不公平，她也要努力开导，她只能尽力地为大局着想。

她最愧疚的一件事就是评选助学金的时候，她疏忽了一个女同学。评选助学金是首先由同学们提交申请材料，然后再由两位助班评选出最后提交给系里审核。她跟她的搭档在看了他们的材料之后，挑选了十多个同学，并没有把那位女同学纳入其中，因为她写的申请书并没有表达清楚她自己真实情况。事后才知道她的家庭很困难。这件事让她学会了深入地调查了解事情的工作方法。虽然最后事情解决了，但是她还是愧疚了很久。她也学会了做事情更仔细、更严谨。

除了忙助班应该做的事情之外，还要承受很多自己给自己的心理压力，因为大多数助班跟2012级的同学年龄相仿，如何让大家信服永远都是一个难题，她很想也很努力地想让大家相信自己，但是很多时候都并没有想象中那么顺利。她觉得自己并不是一个优秀的助班，但是她对待每一件事情是绝对的用心，因为她是助班，她要对自己负责，对班里面的同学负责。

后记：她是一个同时胜任多个职位的同学，但是她从来没有落下任何一件事。她甘于奉献自己，一直很努力地与时间赛跑，因为她要争分夺秒地完成自己的目标。她一直努力地培养自己，一直不放弃心中的梦想。她是市政系的一员，一直以“我是市政人”的标准来做任何事，谨记诚信友善，从来不会辜负大家对她的期望，为成就别人而成就自己。

感恩生活，乐于奉献

——记广州铁路职业技术学院学生王蓉

题记：知识改变命运。我们没法改变出身，但能改变未来。

王蓉，女，1993年8月24日出生，中共预备党员，广铁学院信息工程系网络2012级（1）班的副班长兼学习委员。在校期间，她曾先后获得学院“春运标兵”、学院“优秀学生一等奖学金”、信息工程系“党校优秀学员”等荣誉。最近，她被信息工程系推荐参加2013年度学院“三好学生标兵”的评选，更获得2013—2014学年广州市“三好学生”荣誉称号。这一连串的荣誉背后凝聚着她不少的努力和付出。

勤于学习，乐于付出，做同学的好榜样

“知识改变命运”是促进她不断学习进步的信念。入学之初，她就树立了明确的学习目标，端正了严谨认真的学习态度，每天都是宿舍最早起床的，也是全班最早到教室的。她上课专心，遇到不懂的问题就会虚心请教，变被动为主动。除了认真完成作业巩固所学知识，她还会去旁听别班的专业课，争取在有限的时间内学得更多。

针对班级同学抱怨专业课难度大的问题，她提出了一个大胆的建议：在班上成立学习互助小组。作为发起人，她理所应当成为小组成员之一。根据工作安排，她在固定的时间去各宿舍帮助大家解决学习上的疑问。为了更好地帮助同学解决问题，她经常在下课后到讲台的电脑上拷贝老师的课件，在宿舍认真看学习光碟，到图书馆查阅各类书籍、资料。“腹有诗书气自华。”正是这种认真的学习态度，培养了她乐观积极的生活态度和坚持不懈的意志。有付出就有收获，她的成绩一直在班级名列前茅。她以自己的实际行动帮助大家解决学习难题，得到老师与同学的一致认可。

善于思考，敢于承担，是老师的好助手

担任副班和学委的她，有着明确的目标与努力的方向。她把班级利益放在首位，在思想上时刻与老师保持一致。刚任学生干部时，她有点瞻前顾后，遇到问题怕处理不当而得罪同学。后在班主任老师精心的教导下，她明白了在工作当中要善于思考，好的方法才是解决问题的捷径。她每天尽职尽责做好工作，还和同学建立了良好的关系。她坚信，只要大家情同手足就没有什么解决不了的问题。当同学出现旷课、迟到或者早退现象时，她除了做好登记外，私底下还会去了解他们的情况，尽量说服他们按时上课。学习上，她也本着服务同学的精神，主动收集同学对老师上课的适应情况和意见，然后整理汇总反馈给任课老师，让老师轻松教学，让同学学有所益。工作上，她顾全大局，公私分明，有极高的敏锐性，不因取悦同学而改变方向。记得有一回上专业课，班上有位同学纠结于任课老师的提问，中途离开了课堂，当时她

毫不思索就把那个走出课室的同学拖回了教室。她以自己的行为影响着身边的每一位同学，也和同学结下了深厚的情谊，大家都很信任她。每次评优评先时，她都得到大家的一致认可。由于她处理问题灵活主动，有大局观念，班主任老师对她很放心，称她为“好助手”。

关心父母，独立自主，是父母的好孩子

她的家庭环境并不好，爸爸失业，妈妈与哥哥的工资都不高，爷爷奶奶也已年迈，家庭负担十分重。为了分担家庭负担，在校的空闲时间，她在图书馆做兼职，到外面做家教；寒暑假，到酒楼当服务员，在大街上发传单，在工厂做过假期工。但她从来没有喊过苦，喊过累。她时常说父母养育她已经很不容易了，能替父母分担压力是作为子女应尽的义务。

在家的日子，她会陪着母亲拉拉家常，给父亲打洗脚水，给奶奶梳头，给爷爷捶背，给大家做早餐。只要有机会，她都会做家务，尽量多分担家里的事情，让家里人觉得有她这个女儿真好，邻居们都夸她是一个好孩子。“树欲静而风不止，子欲养而亲不待”，她用行动证明了她对家里人的爱。

全面发展，勇于追求，是学校的好学生

刚入学时，班主任袁也涵老师就跟学生强调：新时代的大学生，要始终以提高综合素质为目标，以自我的全面发展为努力方向，才能适应社会发展的需求。在老师的影响下，她把握了很多挑战自我的机会。如班干竞选、系青协干事的竞选、学院记者大赛、学院手工艺品大赛、学院简历制作大赛、学院征文比赛等等。印象最深刻的要数校运会了。在袁老师的鼓励下，她报名参加了女子3000米长跑。她每天坚持在操场上跑10圈，风雨不改，班上的同学都十分佩服她的坚持。经过一个多月的训练，最终她如愿以偿地获得了冠军，信息系的颜书记对她的表现也赞叹不已。这个运动会的经历培养了她坚忍不拔的性格，锻炼了她各方面的能力，也让她明白了坚持是迈向成功的关键。

懂得感恩，充满爱心，是社会的好公民

节假日外出期间，坐车时遇到老人她会主动让座；看到路边的残疾人，她会主

动捐款；在校园里，看到有同学乱扔垃圾或随地吐痰时，她会制止；不管何时何地，只要发现没有关紧的水龙头她都会主动拧紧。她还经常参加系青协组织的义务支教活动，帮山区的小朋友辅导功课，参加敬老院的志愿服务工作，帮孤寡老人打扫卫生等等。她平常会利用QQ群传播慈善捐助和志愿活动等公益消息，尽心尽力帮助社会弱势群体，以自己的爱心感恩社会回报社会，以自己的实际行动尽一个公民该尽的责任。

她是个谦虚好学喜爱交友并懂得感恩的女孩。她总爱对身边的朋友说她是个幸运儿，有幸成为袁也涵老师的学生，得到系部辅导员王伊琴老师的认可，有机会聆听颜忠益书记的教诲，是他们培养了她。正是这种感恩的心态，培养了她乐观积极、努力进取的生活态度。

后记：她是个平凡而不平庸的女孩。她乐观积极、拼搏上进，是班上同学学习的榜样。她的优秀个人事迹会继续鼓励学校的学生。

用奉献之心谱写青春的赞歌

——记广州科技贸易职业学院学生黄晓君

题记：『要成功，就应让自己拥有自立、自信和爱的品质！』自立是一种成长的表现，拥有自立担当的思想是成功的基础；自信是一种对自己肯定的表现，自信是成功的一大步；爱是一种奉献的表现，奉献精神是衡量一个人的品德尺度。让这三种表现来谱写青春的赞歌！

她，广东广州人，是一位个子不太高大但却有着强大的内心承受力的90后女孩。自2012年入读广州科技贸易职业学院管理学院地铁专业后，她一直以“低调做事，低调做人”的思想做人做事。她是同学们眼中的“工作狂人”和“学习狂人”，三年来，她一直忙于学校各种课余活动和组织，但不会因工作而忘记学习，学习上始终名列前茅。她对每项工作都认真负责，竭尽全力做到最好，同时也是老师心中的“得力小助手”。因为是班长的原因，老师有什么重大事情第一时间想到的是她，相信她的能力能解决棘手的问题。她更是同学们公认的“心理医生”，每次同学有什么心理问题，都会找她倾诉，她总是用幽默的方式安慰同学。身边好多同学都觉得时时刻刻像有一台马力强劲的发动机在你追我赶中前进，这些都是她的人格魅力。

自立担当，用双手掌控人生

她虽然家境优越，是父母的心肝宝贝，但她并没有因为家境优越、生活环境好而安于现状。她相信父母给予的是现在的安稳，而不是未来的幸福。在校期间，她担任过班长、班主任助理、学生会干事等职务，她常说：“思想可以改变命运，不要在该拼搏的时代而放弃锻炼的机会，不允许自己老大徒伤悲。”进入大学后，为了减轻父母的负担，同时自己也能累积社会经验，她会利用部分课余时间做家教、礼仪小姐、派传单等等。她会利用部分兼职赚回来的钱，给父母买衣服或者买补品，尽自己的一份力来孝敬父母。两年来，尽管她平时用于兼职打工或课余活动的时间比其他同学要多很多，但这丝毫没有影响她的学习热情和学业成绩。她深切地感受到周围同学都是那么地优秀，她感受到了一种压力，并把它转化为成长的动力。课堂上，她总是坐在教室最前排，勤学善思，不懂就问，常主动与老师、同学交流学习心得，求解疑难问题；课余时间，她还会组织同学们参加团体活动，带动全班凝聚力，带领班级多次获奖。虽然身体很疲惫，但是她很充实。两年来，她每学年都获得学校奖学金，曾多次获院“优秀班干部”称号。

自信坚毅，用梦想守望未来

她清楚地认识到，要成为一名对社会有用的人，必须加强锻炼，全面发展。她怀揣着对美好生活的憧憬，在紧张的学习之余，积极培养兴趣爱好，始终以朝气蓬勃、昂扬向上的精神风貌对待成长中的困难和烦恼。她是一位热爱运动的学生，课余时间，她总是约上几个同学打羽毛球或者游泳，锻炼好身体才能有体魄完成自己的梦想。面对困难，她总是迎难而上，总是不断挑战自己、超越自己，常常完成一些别人完成不了的任务。进入大学以后，她一直以进入地铁公司为目标，常常上网了解地铁公司的相关资讯，她坚信只要尽最大能力锻炼好自己的社会能力，努力入订单班，离入地铁公司的目标又近一大步。她总是对身边的人说："有信心才能有成功的机会！"她时时刻刻想着如何帮助同学，同学们常常遇到困难、不明白的地方，她都能虚心讲解，总是帮同学们解除各种"疑难杂症"。她那乐观自信的生活态度，感染着身边的每位同学，同学们喜欢她那甜美的笑容，她也总是用笑容去面对各种困难。

自觉有为，用真诚奉献社会

她明白她的成长离不开学校老师、社会对她的栽培。在2014年春运前夕，学校组织了一场春运志愿者报名活动，她毫不犹豫地报名，认为"做春运的志愿者，能够帮助社会，让乘客温馨出行，安全到家，应该为春运出一份力！"她曾说过"虽然我一个人的力量是微薄的，但是只要能为身边的人做一些力所能及的事，能为别人贡献自己的一份力量，都能给我自己和别人带来快乐。"在当春运志愿者期间，她总是热情洋溢地为旅客提供引导服务。即使脸上已有铁路职工春运期间常见的疲惫，但她总是用微笑消除身体的疲倦。她是学校春运活动的小组负责人，同学们遇到什么事情，总是第一时间找她，但她从不向老师抱怨自己的工作。由于春运工作量较大，同学们都会有所抱怨，虽然自己每天都拖着疲惫的身躯下班，但是面对同学们的抱怨，她总是积极安抚同学，让同学们以更好的心态去面对困难。由于春运，每天会有不同程度让人感动的故事发生。她还记得一对年轻的夫妻，由于常年在外打工，他们年幼的孩子在家乡给家里的老人照顾，一年才与孩子相见一两次。这次春运，他们的父母带着孩子从老家过来看望他们，就在他们抱着孩子相聚的那一刻，他们的眼泪夺眶而出。那感人的一幕，被她看到了，她顿时明白，与家人每天住在同一屋檐下，是多么的幸福，也让她明白亲情是世界上最珍贵的礼物。这使她更加坚定自己当初当志愿者的选择是正确的，可能自己一点点的力量就能为春运回家的乘客带来一丝的温暖。她还记得一对情侣在站厅内难离难舍的一幕，由于男生要回家过年，女生留在广州过年，他们明白这次的分开是一个月之后才能相聚。他们拥抱着对方，久久不舍得分开，知道列车差不多停止检票时，那个男生才很不忍心地推开女生，没有回头望女友一下，边走边抹眼泪，女生也顿时抱头痛哭。顿时，她觉得，春运使人相聚也使人分离，也让她更加明白做好春运志愿者不是一件容易的事，面对形形色色的乘客，要用不同的方法去对待，做好志愿者工作是自己的本分，要体现志愿者"不添麻烦，无私奉献"的精神。在平时生活里，她也积极参加义教活动，积极帮助有需要的人群，用自己微薄的力量去帮助别人。

后记：自立担当、自信坚毅、真诚奉献，这就是她。她践行着正确的社会主义核心价值观，树立正确的人生价值观，始终怀着无私奉献、自立自强、自信坚毅的心态，她是我们90后的学习榜样。我们承载着国家的希望，建设祖国，为国家作贡献，我们责无旁贷。学习是我们当代大学生的首要任务，我们应向她学习，做到读书、锻炼社会能力两不误。我们应树立正确的社会主义荣誉观，无私奉献的精神是永远不会过时的，90后的我们，应该以蓬勃的朝气，像她一样以自信的姿态去面对生活的各种困难，用奉献之心谱写青春的赞歌！

志愿奉献描绘多彩人生

——记揭阳职业技术学院学生吴婕

题记：人生的意义到底是什么？怎样活着才算有意义？这是每个人都要思考的问题，吴婕对此思考的结果是：『为社会做贡献，实现自我的人生价值。』她用自己的实际行动践行着社会主义核心价值观，为青年学生树立了一个良好的榜样。

吴婕，女，汉族，中共预备党员，广东汕头人，现就读于揭阳职业技术学院信息工程系，任信息工程系团总支学生会副书记、现代教育技术2012级（1）班的团支书。作为一个品学兼优的学生干部，吴婕的身影更多地活跃于各种志愿活动中。今天，就让我们走近这个志愿达人，了解她的学习与生活。

勤奋学习，成绩优秀

作为一名学生干部，吴婕显得非常突出。很多学生干部会因为社团工作与学习时间相冲突而搞得焦头烂额，但是吴婕却没有这样的问题，她非常好地处理了社团工作与专业学习之间的关系，在学业上和工作上显得游刃有余。学习上，吴婕同学勤奋刻苦，每天坚持晨读，热爱钻研，注重与同学们交流学习心得。虽然大学活动缤纷多彩，但她始终把学习放在首位，依然保持高中时学习的热情和刻苦的精神。每个学习阶段，她都制定了明确而具体的目标，一方面跟着老师把理论知识学踏实；另一方面自己制定计划，根据自己的强弱科有针对性地加强练习。正是有了这点点滴滴的积累，虽然考试前系部的各项工作较多，她依然取得了2012—2013学年班级第二名的好成绩，并顺利通过等级考试，获得英语专业A、B级证书、省计算机二级证书、普通话考试三级甲等证书、教育学、心理学考试合格证等；在校期间曾获院二等奖学金、国家励志奖学金；现正准备跨专业参加行政管理专插本升学考试。她一直秉着努力学习的认真态度，实现自己在大学最后一个重要的奋斗目标，朝着梦想前进。

在个人思想修养方面，吴婕同学也不落后。她积极参与共青团的各项活动，在进入大学之初，就向党组织递交了入党申请书，并时刻以一名优秀共产党员的标准严格要求自己；在2012年11月完成了党校培训，光荣地成为了揭阳职业技术学院2012级第一批入党积极分子。坚持四项基本原则，拥护党的领导，遵守校纪校规，道德品质优良，在党组织的关心教育和个人的积极上进中，她在思想上的进取、行动上的积极得到了老师、同学的认可，获得了院级“优秀团员”称号，并于2014年5月获得广东省“优秀团员”光荣称号。

积极进取，服务同学

吴婕的学习成绩非常优秀，但如果你认为她只会读书，那你就错了，她可不是一个只会读书的书呆子，她是社团中的活跃分子。吴婕认为，现代大学生可不能“读死书”和“死读书”，认真学习专业知识之余还要多参加社会锻炼，学以致用，因此，她选择了参加学校的学生组织。学生组织是以学生为主体的具有一定权威性的组织，它既是学校与学生沟通的良好平台，同时也是学生发展自我能力与优势的摇篮。从班级、系部到学院，各级学生组织都充分地为学生提供锻炼的机会。在学生会，吴婕抓住一切机会锻炼自己的能力，积极参与学校的各项活动，参与学生会的工作，是一个非常活跃的学生干部。积极向上的生活态度和乐于助人的优秀品德，使吴婕得到了同学们的肯定和拥护。

在寝室，作为学生干部的吴婕带头做好宿舍的卫生工作，带领舍友们杜绝一切不良的生活作风和习惯；生活上，她主动关心室友，帮助室友解决问题，与室友分担生活中的困难，共同学习，共同进步，构建和谐的舍友关系；对待同学热情友好，善于和同学沟通，在生活中建立了良好的人际关系，获得了大家的尊重和支持。2012年9月，吴婕同学作为新生参加了班级学生干部公开竞选，最终以绝对优势当选为班级团支书。在任期间，她始终以“从我做起，服务同学”为宗旨，热情地为广大同学服务，用她独特的工作方式和方法深刻影响着周围的同学，在今年三月份的学雷锋活动月中，她组织本班开展“发扬螺丝钉精神”的主题班会和学雷锋打扫校园环境卫生活动。为提高同学专业能力方面，她组织了PPT设计大赛、图形图像设计大赛、辩论赛等活动，这一系列活动得到老师和同学的一致好评，为班级赢得了荣誉。

2013年7月，通过系学生会主席团的竞选，她担任了揭阳职业技术学院信息工程系团总支副书记。在这期间，她以“奉献爱心，从小事做起，践行社会主义核心价值观”的精神，组织并策划了多次志愿者活动，比如“坚守‘七条底线’传播正能量”等宣传活动，带领团总支学生会全体人员一起打扫教学楼卫生等。在得知学校一名同学得重病需要帮助时，她不仅主动捐款献爱心，而且还组织了一次爱心捐赠活动，用爱心感染他人，用爱心树立榜样，体现了大学生追求真善美、坚持积极向上、永不言弃的良好精神风貌。

5月4日，习近平总书记在北京大学召开座谈会并发表重要讲话。作为团总支学生会副书记的吴婕，深刻领会习近平总书记五四重要讲话的丰富内涵和精神实质。为切实把学习贯彻活动与加强青年学生思想教育工作紧密结合起来，激励引导广大青年学生牢记总书记嘱托，在中国特色社会主义伟大实践中同心共筑中国梦，她带领团委会的同学组织团学干部和预备党员、积极分子召开系统学习贯彻习近平总书记五四重要讲话精神座谈会。会上，大家以“勤学、修德、明辨、笃实”为主题畅所欲言，取得很大成功，在同学中掀起了学习的高潮。

志愿服务，奉献社会

“勇于担当社会责任，志愿奉献社会”是吴婕同学的人生信念，也是她的行为指导。虽然目前她还是一名在校大学生，但是，她还是抓住一切机会践行自己的信念。在学校里，吴婕同学始终加强自身的思想道德水平建设，通过参加各类志愿服务等活动，努力实现自身的价值，自觉践行社会主义核心价值观。2014年5月，吴婕同学获得了广东省“优秀共青团员”荣誉称号。

在一次思想汇报材料中，吴婕同学这样写到：“在社会实践中，树立起社会主义核心价值观，明确社会主义核心价值观的内容和精神实质。”“作为一名现代的大学生，作为一名想为社会作出贡献的青少年，除了要严格要求自己，也要积极融入多层次的社会，感受各阶段的群众的生活。”“并非一定是有成就或有什么大事业的人才能对社会作贡献，我们普通人也能为社会作贡献。”吴婕不仅是这样写的，她还是这样做的。

2013年暑假，吴婕参加了暑期社会实践活动，到咖啡餐厅实习当一名普通服务员。她认真勤奋的工作态度得到了同事们的高度肯定，因为她深知不管从事哪份工作，都必须以一份热心去接纳它，并且认真学习如何做好它。2014年暑假，她组织几个同学一起去汕头市一个偏僻的小渔村进行扶贫支教活动。在长达一周的实践活动中，他们亲身体验海山镇的农民与小学生们的日常生活，下海参与了捕鱼，到小学支教助教，慰问了当地几家贫困家庭，并献上他们的一点心意。通过扶贫助教，她体会到了奉献社会的快乐和意义，所以回到家乡她自愿加入社区志愿队。学习空闲之余，她经常到社区培训中心辅导社区孩子的学习，陪他们玩游戏；周末的时候和志愿者们一起去社区草坪捡垃圾；组织大家志愿献血；宣传环保意识安全意识等。吴婕不断地在奉献社会中收获着快乐，她一直把一个志愿者比喻做一把泥土，他们存在的意义不是被淹没，而是与无数把泥土聚集在一起，成就一座山峰、一条山脉、一片群峰。这样的山峰，可以改变风的走向，可以决定水的流速。

后记：“并非一定是有成就或有什么大事业的人才能对社会作贡献，我们普通人也能为社会作贡献。”说得多好！承担社会责任、关爱社会、奉献社会不只是名人伟人大企业家的事，也是我们每一个普通人的事！生活中有许多需要我们尽职尽责的事，只要我们从小事做起，从心做起，就能汇聚成强大的力量，就能改变风的方向，决定水的流速。吴婕同学以她的行动，以她的志愿服务，为践行社会主义核心价值观做了一个非常好的注脚。

以服务收获幸福

——记广州美术学院学生黎志钦

题记：『我一直都记得我们最初的目的是什么，我们的目的是要为同学做一些事情。』这是黎志钦同学在学生会的换届大会上说过的一句话。这里的最初目的指的是学生会工作的最初目的。他说，这也是他工作的最主要的动力之一。

黎志钦，男，汉族，1995年2月出生，是广州美术学院2012级美术教育专业平面工作室的学生，现任美术教育学院团总支学生会主席。该生思想上进，积极向党组织靠拢，努力学习党的有关理论知识，关心国家大事，于2013年参加我校第27期入党积极分子培训班，获准结业。该生学习刻苦努力，目标明确，成绩优秀，工作积极，团结同学，集体观念强，乐于助人。今年是他进入广州美术学院学习的第二年，也是他进入教育学院团总支学生会工作的第二年。在这两年的工作中，他一直坚持“服务同学、锻炼自我、联系师长、实践社会”的宗旨，积极组织开展校园服务活动和社会服务活动，下文便是一些他在学生会工作中开展的服务活动的记录。

搭建爱的桥梁，把大学寄回家

2013年10月9日，广州美术学院大一新生经过为期两个星期的军训，开始逐渐适应大学的生活节奏，黎志钦同学也迎来这一学期学生会的第一个服务同学的活动——“把大学寄回家”。“把大学寄回家”是他所在的外联部每年一度为新生开展的服务活动。活动的主要对象是美术教育学院的新生，其中不少是第一次离开家门出外求学的同学。新同学想必有很多新的感受想对家里说，其家长们应该也希望能了解自己子女的在校情况。把大学寄回家正是要帮新同学把他们的第一份“实体”（以明信片的形式）的感受寄回家里。

他和学生会的同学们为了筹备这次活动，在大一新生军训期间，便去到了军训的场地，帮还穿着“军服”的新同学们拍了班级的集体照，然后将这些照片制作成明信片。为了使活动的氛围更加浓厚，他们还在课余时间把活动当天要用的明信片收集箱用旧的纸皮箱做成了真人大小的卡通邮差形象；待到了活动当天，将明信片派给同学们，等待同学们把明信片写好后再把明信片回收进收集箱里，然后工作的同学会把它们送进邮筒中，把它们送上“回家”的路。

他希望借着这一次活动，在能让学院的新同学的家长们了解子女的在校情况之外，也能让同学和家长们感受美院这个大集体的和谐和友爱，以及丰富美院的课余生活，为美院的课余生活营造一个积极的氛围。

服务社会，艺术为民

2014年3月23日，黎志钦和学生会的同学们来到了位于天河区的棠下小区，他们在这里以“春暖棠下，艺术花开”为主题开展了艺术为民的社会服务活动。此次活动主要面对的对象是社区里的小朋友。旨在响应雷锋月里学习雷锋，传播正能量的号召，向群众推广艺术成果，宣传普及艺术知识，以多种艺术方式服务广大群众，提高居民的艺术鉴赏能力，活跃社区居民的文化生活。此外，为民活动为学生提供了学以致用服务社会、提高社会实践能力以及实现自身价值的机会，也有助于培育同学们的服务意识和贡献意识。

外联部是他在学生会工作中所属的部门，组织社会服务活动是这个部门很重要的一部分工作。而他深深地清楚这一点，并且不断地寻找机会组织同学们走出校门，走进群众的身边开展活动。这次已经是他在学生会工作中第二次带着同学们走进社区、第四次参与到社会服务的活动策划与实行。

他为了这次活动筹划了两个多月的时间，为了能够准备出可以让社区里的小朋友喜欢的小活动，他和他的同学们多次进行研究讨论，决定在活动现场布置“彩绘石头”“树叶书签制作”“彩绘纸杯和纸碟”“书法艺术”“人物风景速写”以及“蒙眼作画游戏”六个活动摊位。精心筹备后，当天活动顺利进行，效果也令人满意：现场气氛活跃，小朋友们参与活动的热情很高，很多小朋友都把自己亲手创作的“小作品”带回家了。对他而言，居民们脸上开心的笑容便是他工作的最大动力。

参加学生会工作第二年，已经是一名部长的他经常叮嘱他的干事要积极寻找机会来开展这样的社会服务活动，他觉得这是一件很重要且很有意义的事情——回报社会应该是学生的一份义务。

友爱互助，爱心募捐

2014年3月7日，2012级展示设计专业的罗凤仙同学患上癌症的消息在学校里传开了，凤仙的两位好友也找到了学生会，希望学生会能想办法为她提供一些帮助。得知消息的他很快便联合了学生会其他的同学做出了决定——为她组织一次募捐活动。他们立即投入筹备工作，在没有任何活动经费的情况下，就在活动的前夜，活动中要用到的六个募捐箱被他和同学们连夜利用废旧材料制作出来。经过了3天的紧张筹备，在周末后的第一天，3月10日的中午至傍晚的时间里在校园里开展了摆摊募捐的活动。活动当天，他原本只安排几名学生会的同学来看守募捐的摊位，但是到后来，来看守摊位帮忙募捐的同学已经挤满了摊位的帐篷，其中有学生会的同事，也有热心的同学。当天美院同学的捐款热情一直很高，一整天都不断地有同学前来捐款。在当天现场摆摊募捐环节结束后，又把其中的5个小信箱分别安放在了5栋宿舍楼的楼下继续募捐。经过3天的募捐，一共募到3万多元的善款。虽然，这3万对于凤仙所要用到高昂的医疗费用来说还远远不够，但是，他还是希望这份来自无数同学的心意能给凤仙同学带去一点温暖。

凤仙同学生前一直有想开办自己个人画展的愿望。接着，就在募捐活动结束后的第二天，3月12日，外界慈善机构为凤仙举办的募捐画展在客村的珠影广场开展。得知消息后，他又与其他同学组成现场画作义卖小组，前往珠影广场为募捐活动提供了义卖的支援：为现场的路人画肖像，其中获得的费用全数捐给了凤仙同学。

实际上，虽然他与凤仙是同年级同学院的同学，但是因为凤仙同学在2012年入学之初就检查出患上了癌症，早早便离开了学校，所以他与凤仙只有几面之缘。虽然只有几面之缘，但是在同窗之情的驱使下，他依然把这件事情当成是自己的义务来做，并且不断地让身边的同学加入爱心行列。可令人遗憾的是，最后凤仙还是在两个月后离开了人世，但是，相信在凤仙生命最后的这一段日子里，一定能感受到他和同学们这一份陌生而又温暖的爱。

在自身努力和老师、同学的支持和信任下，黎志钦同学将担任教育学院团总支学生会主席的职务，目前他已经在积极准备下一个服务活动。在别人眼中，他总是对这些服务活动充满热情、乐在其中，却不知道是什么让他保持着他的工作热情。在团总支学生会换届讲话中他说过：“名次和赞美都不是我们的目的，评判我们的工作好坏与否的最终标准应该是我们所做的能否给大家带来一些好的东西。”看来，他的工作动力如果只是来自自身，恐怕不能支持他持之以恒，他的动力更多应该来自他人。对于他来说，他人能得到便利与快乐，其实就是对他的工作最大的肯定。“把大学寄回家”“艺术为民”和爱心募捐等活动其实只是他的服务工作的其中一部分，在这些之外还有很多的服务活动。相信他将一直铭记他的工作初衷，获取源源不断的工作动力，继续坚持积极开展服务活动。

后记：其实在生活中，正能量和负能量是并存的，很多时候我们要做的不过是不要去放大那些负能量，并且用自身的实践去为生活、为社会创造出自己的那份正能量。黎志钦同学正在用他的努力，通过组织参与一次次的服务活动来传达友善的态度，传播文明的气息，营造和谐的氛围，努力践行社会主义核心价值观，向社会传递着正能量。同时，他自己也能从这些来自他人萌生的幸福感中寻找到自我的价值、获得精神上的充实与满足。

砥砺奋进的日子会有光芒

——记广东机电职业技术学院学生戴颖瑜

题记：『砥砺奋进的日子会有光芒。』在她身上，一路诠释着什么是『自强』。『自强』亦作『自彊』，意为『自己努力图强』。《周易》曰：『天行健，君子以自强不息。』马克思也说过：『生活就像海洋，只有意志坚强的人才能到达彼岸。』

她是一名广州人。她的父亲没文化和本钱，以做私人司机短工为生，日夜奔波；而母亲因过度劳累，患上高血压病、脑出血、垂体占位性病变、脑动脉硬化等，一度因生命危险入院做手术，后来出现颈椎病、腰椎退行性变，加之一直带有极高危的脑垂体瘤与高血压病3级，再次住院。广州市劳动能力鉴定委员会也鉴定其为“五级伤（病）”“大部分丧失劳动能力”。她奶奶和外婆也都因年迈而常患疾病多次入院治疗，需要支付高额医疗费用。她也因先天性眼病，从小需要每年更换特制镜片。广州的高生活水平让她家庭负担变得沉重。

因此，在这所学校里，她严格要求自己，励志做一匹千里马，成为一名德、智、体、美、劳，全面发展的好学生。她努力抓住学校给予她的每一次机会，奋斗着……

“德”，让生命变得温暖

经过一年的审核、笔试、面试、培训、实战，2010年11月12日，她作为第16届亚运会志愿者为羊城提供服务，她的生命也从那天开始变得温暖。

那时的她是一名高中生，面对重点中学繁忙的学业，她也坚持了下来。那份志愿服务证书如烙印般刻印在她的生命中，从此，她行走在自己的志愿服务之路上。虽然她母亲有重病，但三年来的寒暑假她都不放弃志愿服务，从黄石街家庭综合服务中心举行的“元宵庆贺齐共聚，黄石关怀暖众心”，到由广州青年志愿者协会开展的“2013年广府庙会”，再到由中国残联指导的“海上儿童”世界儿童融合艺术大展系列活动的志愿服务，她都在用自己的身心为社会贡献自己的价值。她相信，有一种温暖让每个人的生命都交织在一起。于是那一年，她不顾父母的反对，毅然参与献血活动。她也参加广州血液中心举办的暑期开放活动，参加学校的公益活动，参与校园的美好建设。在学校的“党的群众路线教育实践活动学生代表座谈会”上，她作为一名经济与管理学院的学生代表提出自己的建议……而今年，她和她的团队策划着开展“三下乡”活动，以帮助更多有需要的人。

只因，生命影响生命，这也是她一直坚持志愿服务的理念。

而作为一名新时期的大学生，她努力提高自己的思想政治水平，参观爱国主义教育基地，每次走过广州大元帅府、辛亥革命纪念馆……她在伤痛中为自己是中国人而感到自豪。她关注国家大事，积极学习党的先进理论，在大学第一年就顺利拿到党课结业证书，这也是她作为一名共青团员最值得骄傲的事情之一。如今，她已是一名光荣的中共预备党员。

“智”，让生命变得厚重

从越努力，越幸运，到越幸运，越努力。刻苦学习是她一直不敢忘记的，所以即使课外活动丰富，她也不耽误学习：打饭时看单词卡片，步行去课室时听英语……从校内的知识技能活动（如“广东精神”演讲比赛）到校外的素质活动（如由广州市团市委主办的“压力管理与心理健康”专题报告会），她都积极参与其中。而在专业课程的学习上，她名列前茅，顺利通过全国大学生英语四级考试，综合测评是班级第1名。她的生命因知识变得睿智，因睿智变得有厚度。

“体”，让生命变得坚韧

军训时获得的“优秀标兵”鼓励了她在校运会拼搏。为了能取得优异的成绩，她在校运会不惜受伤训练。她说，生活有很多困难，但不应该有一种困难成为她放弃的理由。于是，两场比赛她都拿到了名次。大学两年，校运会的领奖台总有她的身影！

从长跑到打羽毛球，再到游泳，在每个竞技场地她都尽情挥洒自己青春的汗水，历练自己的意志。所以她也实现了自己作为一名广州人一直以来的愿望——横渡珠江。她努力通过体质筛选，在假期里五点钟起床跑步，然后练习两小时的蛙泳、自由泳、仰泳、蝶泳、翻转，接着成功通过2000米游泳测试，拿到横渡珠江演练的资格，最终和社会各界人士一起看着广州塔，体验广州的珠江水质，顺利完成由广州市体育局等承办的“同饮珠江水，保护母亲河”2013年广州横渡珠江活动。她说，感觉真好！

她知道，在家的墙壁上她可能永远不会挂上一面奥运会的金牌。她说，自己一辈子至少挂上一枚自己拼搏和努力的那枚人生金牌！如今，她做到了！

“美”，让生命变得缤纷

琴，是那指尖上的青春。她随曾是钢琴老师的母亲练习钢琴，陶冶情操。

棋，是那头脑的睿智。她向父亲学习象棋和围棋，体会从容。

书，是那修心的良药。她除了看书读报，也坚持练字，修心养性。

画，是那梦想的源头。她一直喜欢绘画，作品曾在国外、国内、省级、市级、区级、街级和校内获奖，曾有一作品被送往日本参展并获铜奖，这成为她一直向往绘画设计的动力。

她也爱陶艺、剪纸、摄影……参加“才艺大赛”“五四晚会”“手工艺大赛”“摄影大赛”“多媒体广告大赛”……她变得更愿意去创造美。

“劳”，让生命变得活力

在校外，为了帮补家用，利用长假期到外兼职打工是她生活的一部分。在香格里拉大酒店做服务员帮工的日子里，她学会了在很多书本上学不到的技能——生存的技能，这并不是金钱能换来的。它让她明白怎样在社会中学会生存，而不是在大学过着“最好的职业”的重要性。

在五星级酒店工作的第一天，她被选为一号台看台。后来，从看台到收拾餐具，从“摆家私”到折餐巾，从搬桌凳到运餐布，她也负责了部分男生的工作。那时，汗水一点一点地划过她的脸庞，衣服也湿透了。最后，她经历住了体力和耐力的考验，而且始终无怨无悔，因为她觉得，无论工资如何，既然客人支付了五星级酒店的价格，她作为服务的一员，就应该提供五星级的服务。所以她一直给了自己最高的要求，力求做到更好，给客人一种贴心的家的感觉。而在之后的兼职工作中，她都带着吃苦的精神，因为她说不能缺失了年轻的奋斗。

在校内，她被选为宿舍长、军训负责人、副班长、部门部委，最后到院组织部部长、团总支书记助理，她已数不清在夜里默默努力奋斗的日子了。

她说，成熟不是看你的年龄有多大，而是看你的肩膀能挑起多重的责任。长大也不只是一双高跟鞋的分量，还应该是那破茧而出的勇气和飞跃沧海的决心，而生活由时间来争取，因勤奋而充实。这或许就是她认为的生命的活力了吧。

后记：党的十八大提出：倡导富强、民主、文明、和谐，倡导自由、平等、公正、法治，倡导爱国、敬业、诚信、友善，积极培育社会主义核心价值观。

她一直要求自己怀抱梦想，任何时候都要真诚、勇敢、坚韧不拔地生活。她说，错过本科学校的她不代表就是生活的弱者，她依然有能力重新站起来，只是换了一种生活方式。因此，当生活的哨声响起，她选择责任与担当，从而为成长积蓄力量，哪怕偶尔不自信、不勇敢、不愿向前。她希望，只为追逐的梦想更近一些，更多人能够分享阳光，她自己能坚守心中的完美。成功与否并不重要，因为这不仅仅是为了自己。我们总会在逆境中汇聚起再一次的能量，这个民族只会越挫越强，这个世界永远欣赏每一个敢于再来一次的人！

她希望通过三年时间成为一名合格的毕业生，修身自立，那时，她相信定会收获一份岁月的沉淀和自信的坦然。

她坚信，那些砥砺奋进的日子终会让梦想照进现实。

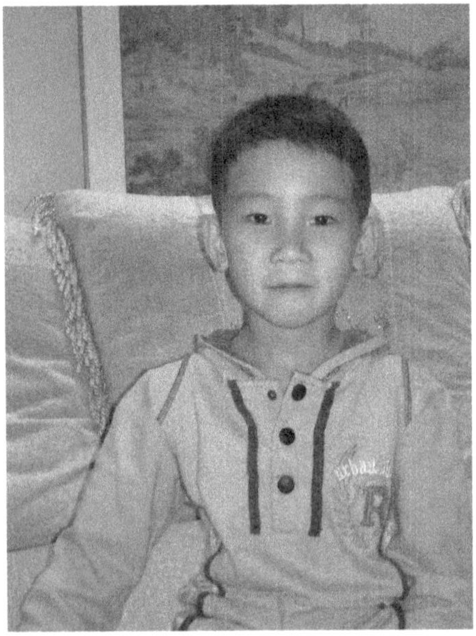

小小肩膀撑起艳阳天

——记佛山市南海区桂城街道中心小学学生伍颖睿

题记：『我就是你的拐杖，你放心地靠在我的肩膀上吧！』这是伍颖睿同学对残疾同学小文讲过的一句话。个子小小的他坚持四年如一日地搀扶自己的同班同学。

在桂城中心小学二楼，无论是课间十分钟，还是放学的时候，我们总能看到两个身影，一高一矮，一个一只手搭在另一个身上，仿佛那就是他的拐杖，身影缓缓地移动。也许你从身边快速走过不曾留意，但这样一幅画面每天都会出现在你的视野里，就会让你不得不多留意一下，这时你不得不对这个小男孩肃然起敬，他天天都在当那个行动不方便的同学的拐杖啊！

他是南海桂城中心小学四（3）班的伍颖睿同学，今年11岁，个头只有1.3米，而且比较瘦弱。就是这样一位体力单薄的小男孩，从小学一年级开始，一直坚持搀扶、照顾班上腿脚有残疾、行动不便的同学小文。小文年龄大伍颖睿两岁，个头足足高出小伍一个头，体重也至少比小伍重20斤。可想而知，这样的身高、体重悬殊，对于每天搀扶小文的小伍来说，意味着需要付出很大的体力，上下楼梯，下雨泥泞，肯定很不容易。这种扶助、照顾，不是几天、几星期，而是整整坚持了四年多，并且还将继续坚持下去。

“我就是你的拐杖，你放心地靠在我的肩膀上吧！”这是伍颖睿同学对残疾同学小文讲过的一句话。

伍颖睿同学在家是老大，从小听话懂事，富有爱心，懂得关心人。三四岁的时候，他就跟在爷爷后面参加村里的志愿活动。稍大一点，照顾弟弟妹妹，帮父母干些力所能及的家务活，成了他的自觉行为。上学后，老师经常教育同学们要团结友爱、互相帮助，老师也给他们讲雷锋的故事。伍颖睿就想，以后遇到有困难的人，我要去帮帮他。

小学一年级开学第一天，伍颖睿发现班上同学里面有一位沉默寡言、神情落寞的残疾同学，这位叫小文的同学走路非常艰难，需要扶着墙壁和楼梯栏杆才能够勉强移动，下课十分钟上厕所都成为大难题。富有同情心的伍颖睿就主动和小文同学接触、聊天，尽量让小文开心一些。为了减少上厕所的次数，小文只能够少喝水，小伍了解到这个情况后对小文说：“不喝水怎么行，以后我扶你上厕所吧？”自尊心很强的小文只是沉默不语，他虽然感激小伍同学的好心，但还是谢绝了小伍的搀扶。

有一个下雨天，放学之后，小文开始缓慢而艰难、一步三晃地走出校园，默默关注着小文的伍颖睿悄悄跟在小文后面。在一段泥泞的路上，小文摔倒了，干净的校服上沾满了泥巴。小伍赶紧跑过去，费劲地扶起了小文，诚恳地对小文说：“以后，你在学校里行走的时候，我当你的拐杖吧！”小文感动得说不出话来。小文因小时候一场大病落下残疾，走起路来一摇一晃，很容易跌倒，加上家庭原因，小文的内心世界一直是灰色的。自从遇到了好同学小伍，经常一起聊天，小文的脸上才渐渐有了些笑容。现在，小伍真诚的帮助让小文十分感动，他感觉小伍同学就像自己的亲弟弟一样。小文两眼含着泪花说：“你每天扶我走路，不怕累吗？万一我摔跤了，会把你带倒的。”小伍说：“我不怕，我会小心的，就算摔跤了，我也不怕痛！”小文这次没有推辞，而是顺从地靠在了小伍的肩膀上，两人一步三滑地走到可以避雨的地方，等待小文的父亲下班后来接。

从这以后，小伍同学开始了照顾、扶助残疾同学小文的艰难旅程。这种照顾、扶助，从一年级到三年级，坚持了三年整。在南海桂城中心小学校园里，在上学、放学、课间的时候，老师、同学们总能看见一位矮小单薄的同学费力地支撑着、搀扶着一个高个子同学，缓慢、艰难地行走着，走向教室上课，走向卫生间解手，走向门卫室，陪小文等父母。其实，与其说两人是在行走，还不如说那是一种缓慢的移动过程，在这样的移动中，个头小的小伍真的就是高个子小文的一根拐杖。在小文身体发生晃动、倾斜的时候，小文的体重的一大半，就会压在小伍的身上；走路稍微远一点，小伍会累得气喘吁吁；夏天的时候，搀扶几十米，小伍就会大汗淋漓。遇到雨天，小伍一手打着伞，另一只手扶住小文的腰，路滑难行，稍不注意就有可能两人同时摔倒；上下楼梯，小伍所承受的小文体重的压力也很大，如不小心，从楼梯上摔倒，后果不堪设想。小伍心想，宁可我摔倒，也不能让小文摔倒！经过长时间的照顾、搀扶，小伍慢慢开始适应，并总结经验，摸索出了搀扶小文行走最协调最安全的方式。比如，下楼的时候，小伍会先下一级台阶，然后转身面向小文，搀扶着小文，小心而缓慢地一级一级地走下来。

2013年6月，伍颖睿获得了“南海好人”荣誉称号。在南海桂城举办的第四届“关爱桂城”授勋典礼系列活动上，伍颖睿获得了一枚丹桂勋章，授奖词是这样写的：伍颖睿用稚嫩的身躯播种、耕耘同窗情谊，用三年且还会继续的搀扶行动传递校园关爱精神……10岁小男孩伍颖睿三年相扶相助同学小文的故事，让台下数千名观众感动落泪，受助同学小文也带着奶奶来到现场给伍颖睿加油鼓劲。伍颖睿获奖后腼腆地说：“小文是我的朋友，也是我的兄弟，我要继续好好照顾、帮助他！”

伍颖睿虽然年纪、个子都小，但他有一颗爱心，他有顽强的毅力，小小的他也能够发挥出很大的能量。他的事迹告诉许许多多的学生，什么是责任，什么是快乐！他的事迹，也让家长和教育工作者们认识到，善与爱是人生中最宝贵的种子，这种子必须在孩子很小的时候就开始播种。

后记：伍颖睿同学坚持照顾、搀扶同学小文整整四年，在如今独生子女多，孩子比较自私、冷漠的背景下，伍颖睿同学的这份坚持、这份友谊、这份爱心，让同学、家长和老师们十分感动。小文的家长当面向小伍表示感谢，小伍的家长也为孩子的行为感到欣慰自豪，班主任、校长、教育局很重视伍颖睿这个好学生榜样的树立，在班级和全校甚至全区大力号召学习伍颖睿，倡导友爱和互助。在学校组织的大会上，平时性格外向的伍颖睿有些腼腆地说：“老师常教导我们，别人有困难，就要伸手帮助，小文走路不方便，我帮一下他是应该的！”

科技改变命运，创新成就未来

——记茂名市第十六中学北校区学生崔泽林

题记：有人说：『上帝只掌握我们的一半命运，而另一半的命运则掌握在自己的手中。』上帝是伟大而充满智慧的，他们懂得，只有敢于挑战，敢于奋斗敢于向命运宣战的人才可以向梦想的彼岸靠近，才能拥有胜利果实的甘甜。

2013年12月7日，由中国科协和共青团中央联合主办的全国青年科普创新实验大赛决赛圆满落幕，代表茂名参赛的市十六中“联合团”队勇夺亚军。当喜讯从万里之外的北京传回时，学校沸腾了，上级领导部门的祝贺电话响个不停。2013年12月10日，市里专门在十六中北校区举办了一个隆重的颁奖仪式，崔爽副市长给获奖的师生颁奖。载誉归来的莫斯亮老师和崔泽林、阮欣家、黄健同学在雷鸣般的掌声中接过荣誉证书。他们的目光是那么坚毅，他们的神情是那么淡定……

遇挫折不气馁

队长崔泽林，现任校科技创新协会会长，中等身材，精力充沛，兴趣广泛，原是学校广播站骨干，因经常采访科技创新活动而萌生转行念头，放弃学生会副主席一职，加入科技创新协会。

他自小动手能力就很强，高一在学校的广播站任职期间，主要负责调控和维修广播室里的机器设备。高一分科时，父母不同意他读理科，因而他选择了文科。其实他很喜欢物理，尤其喜欢科技制作。虽然父母也反对他参加科技创新比赛，认为这是浪费时间的事情。但是他却选择走自己的路，一条改变人生的科技创新之路。他觉得参加科技创新比赛能学到很多知识，结识很多朋友，开阔自己的眼界。于是毅然辞去广播站的工作，竞选当上学校的科技创新协会会长，专心开始进行科技制作的事情。在2012年9月，他组织了一次相当成功的科技活动，其主题是“DIY焊接简单电路——电工知识进校园”。其效果非常好，深受老师和同学的好评。

刚入高中时，崔泽林就知道学校有优良的科技创新传统，并敬仰前学校科技创新协会会长——他曾经连续三年参加省的科技创新大赛，并且都获得优秀的成绩。崔泽林也很想和他一样创造一片属于自己的天地。一天，他在给自家的大鱼缸换水的时候，弄得满地都是水，而且又换不干净，非常麻烦，于是他就想，如何解决这个问题呢?做一个多功能迷你电动水泵！嗯，他说干就干，首先考虑解决实际问题的需要，然后构思解决方法和设计水泵原理图，再根据画出的电路图选择购买材料，最后按照原理图进行制作迷你水泵，通过了几十次的多种环境下的抽水实验，进行了优化改进。多功能迷你水泵终于做出来了！迷你小水泵体积小，外出携带方便，在家可以用交流电，外出可用锂电池，电池耐用且寿命长。可用于航模油泵，给鱼缸换水，浇花等，实现了一机多用。迷你水泵的功率为12v，使之运行更加环保节能。目前市场上的水泵都存在缺陷，一般只有一种功能且体积大不方便，更不能使用锂电。

在一次物理课上，老师说马达自转会产生电流，于是他就想能不能用马达的电流来充电，目的是在外出的紧急情况下可以给予紧急充电？于是他设计出手摇充电机的原理图，并选择购买材料，按照电路图进行制作。这个作品通过一个大马达加上一个齿轮组带动小马达，小马达产生电流通过一个电解电容使电流稳定，再通过一个电阻和一个二极管防止电流倒退。一个多动能手摇发电机问世了。于是他就迫不及待拿着自己做的两个简单的作品“手摇应急发电机”和“多功能迷你水泵”找到莫斯亮老师，直接跟他说希望能参加科技创新比赛。然而这两件作品最后都没有入围科技创新大赛，只是获得市级的三等奖。有一段时间他非常灰心丧气，经历第一次尝试和失败后，他很快就振作起来准备下一次的比赛。因为他认为一切伟大的背后都有一个微不足道的开始！

奋发图强

第一次尝试和失败后，他更加振作了。然而一则不幸的事故却又触动他发明的念头。去年茂名市某校一个小学生在捉金鱼时，由于鱼缸漏电不幸死亡。这一惨剧引起了茂名市所有师生的关注。此时，崔泽林心想如果能够发明一个安全的鱼缸，这样的事故或许就不会发生了。苦苦思索了一个月后，终于有了初步想法：利用线圈，组装一个简单的无线输电系统应用在鱼缸中，不需要伸入电线，即可完成鱼缸抽水尧过滤尧灯光等功能。他把想法告诉了莫斯亮老师，并得到了老师的支持和赞许。在莫老师的指导下，开始了“无线感应鱼缸”的设计与制作。他先想到的是“变压器”的原理，所以就利用变压器来研究和设计无线水泵。首先制作两组线圈传输电流，并供给直流水泵。线圈在输电过程中必须要是交流电，所以要在一个线圈上装上直流变交流的电路板，而另一个线圈装上交流变直流的电路板。经过他三个月的辛勤制作，无线感应鱼缸系统完成了。

在2013年春天，他终于如愿参加全省青少年科技创新比赛。比赛的地点是深圳第二外国语学校，所有的选手都要在自己的展位前等待专家的提问评审。可以说答辩的成功与否决定了这次比赛的结果。一想到面对的是资深的专家，他开始有些紧张。不过当专家们真正走过来的时候，取而代之的是一种自信，由于之前的准备很充足，他从容镇定。尽力详实地将他的创新成果和原理介绍给各位专家。看到评委们投来赞许、认同的目光，他知道自己的努力没有白费。他很幸运地获得了一等奖。在他捧着手中的奖牌的那一刻，除了兴奋激动以外便是感慨万千。但他知道这奖牌的背后都是自己的辛勤付出，用自己汗水去换来的。在此之前，他曾失败过，但他并没有放弃。而是一直坚持着，不断地去创新，去突破，最终获得今天的成功。而且他还憧憬着有一天自己的作品能够推向市场，进入寻常百姓家。

成功并未让他停止脚步

在一次偶然的机会当中，进入高三的崔泽林参加了全国青少科普创新大赛。比赛规则是制作一个结构模型，撑起最大的重量为胜。为了这次比赛，崔泽林特地组成一个团队，起名为“联合团”。指导老师是莫斯亮，队员有崔泽林、黄健、阮欣家。从此，他们便被502胶水紧紧地粘在了一起，成为一个密不可分的联合团。他们制作的模型高20厘米，宽10厘米，由20根几毫米宽的桐木条粘接而成，重量只有17.84克。广州赛区复赛中该模型承重达245公斤，也就是说，这个小巧玲珑的结构，可以承受他们师生四人的总体重！他们就是凭着这个复赛全国第一的好成绩顺理成章地进入了北京总决赛。

“台上一分钟，台下十年功。”模型在比赛场上托举起的重量是他们平时一次又一次的失败叠加而成的。之前小崔和高二级的一位女同学参加了广东省科技创新实践能力挑战赛，由于准备不充分，他们面对三张A4纸和一支普通胶水手足无措，竟然没办法在规定时间内按要求制作出承重模型。但失败并不能将他击垮，很快小崔便重新组队，并组织更多的力量投身到全国青年科普创新实验大赛的前期准备工作中去。工作室的设备简陋，便自己想办法解决。体育生训练用的杠铃，同学废弃的实心球，甚至图书馆的旧报刊都成了他们理想的实验器材。每天放学之后，他总是不由自主地跑向工作室。更为残忍的是，他常常要主动充当“自残者”的角色，花好几天时间精心制作的模型，仅仅用几秒钟亲手将它们压扁、撞烂。

决赛前夕，组委会临时改变比赛规则，增加一个“侧撞”项目。承重能力极佳的模型能否经得起横向冲击的考验呢？联合团当机立断，决定重新改良模型。当他们在“三边型”和“四边型”之间难以抉择的时候，老师的一句话点醒了他：“任何正确的结论都要通过大量的试验才能得出。”于是他没日没夜地加班加点，在模拟实验中不放过任何一个细节。再苦再累，权当游戏，因为他的心里时刻都牢记着吴校长的殷切期待：“我看好你们，只要相信自己，定能成功！”

全国青年科普创新实验大赛历时近三个月，来自全国各地的几百所学校的2700支参赛队经过了初赛、复赛两轮激烈竞争，剩下100多支精英队伍参加在北京中国科技馆进行的决赛。决赛精彩纷呈，学生们创意层出不穷，作品新颖独特。最终，来自茂名市十六中的“联合团”队凭借着“宁死不屈”的作品，赢得了高中组探索大奖。

在高三期间，崔泽林还获得广东省青少年科技创新能力挑战赛三等奖，全国青少科学DV三等奖，茂名市优秀团员等等。

得了奖并不意味着就达到了目标而可以停滞不前。在人生旅途中，获奖只是一种助推器。所以，我们应正确看待这种荣誉。不能因为一时取得好的成绩而骄傲，也不能因为成绩一时不理想而气馁。学习就如逆水行舟，不进则退。只有不断地努力，不骄不躁，认真对待学习，不轻言放弃，看淡得失。以一颗平常心，踏实勤奋。才能取得更优异的成绩，才能创造更美好的未来。

后记：海明威说过："一个人并不是生来要给打败的，你尽可以消灭他，可就是打不败他。"崔泽林成员身上都有着这样一股不服输的"倔"劲。第一次和小崔他们近距离接触是在排球场上，作为一个刚入门的新手，他可以先自罚五十个俯卧撑再来与你决战。这种明知山有虎，偏向虎山行，屡败屡战，愈挫愈勇的劲头着实能让任何对手都感到害怕。"联合团"的作品一路过关斩将，正是这种"宁死不屈"精神的真实体现。

腊梅有信报春晓，君子无意传家风

——记深圳市龙岗区龙城初级中学学生梅子君

题记：我愿做一株君子梅！乃父为其取名梅子君，为梅乃四君子之首也。既传君子之风，诚信守礼，厚德载物；且播腊梅芬芳，报春人间。

深圳市龙岗区龙城初级中学，是一所省级重点中学，广东省德育示范学校，一直坚持“以人为本，为学生的人格和学力发展奠基，为学生的终身发展奠基”的办学理念，以“做高素养的现代中国人，为明天的成功做准备”为培养目标，促进学生全面发展。梅子君就是这样一位出色的阳光学子。初二年级的她，有着1米65的个头、甜甜的笑容。今年六一，梅子君主持了学校的“青春奠基仪式”，正式告别天真烂漫的童年，步入花季雨季的少年。点点滴滴感人事迹、近百项个人荣誉，见证了梅子君非同一般的成长历程。

君子道：诚实守信梅高洁

梅子君出生在一个书香之家，父亲是一位从教近30年的教育工作者。父亲从小将她“女儿当作男儿养”，传习家风，成君子道。

诚信，是君子之首义。为了培养淑女气质、君子品格，父亲创作了《真善美三字经》《新编弟子规》《新编女儿经》作为家训，嘱其日日临摹诵读：“诚为本，信立人，诈与妄，奚可为。见未真，勿轻言，闻无据，勿轻信。事非宜，勿轻诺，既有诺，必践行。”

做一个诚实守礼的孩子，从小学到初中，梅子君一直是这样要求自己，也一直这样进行宣传。在家中，她和爸妈还共同制定《良好习惯30条》，如不欺骗父母、不抄袭作业、答应别人就要兑现，无人监督时也要遵守；在学校，她先后担任少先队大队长、班长、学生会干部，一直以“诚信”作为班级和少先队管理的基本原则；她主持的《说到做到》诚信主题班会，获得年级师生一致好评；她主演的小品剧《诚信车站》，在2013年龙岗区少儿艺术展演活动中获得观众喝彩。她利用国旗下讲话、广播电视台，倡导同学养成良好的学习习惯、纪律意识、诚信品质，协助教师开展学生自主管理；为此，她先后获得“优秀班干”“年级管理领袖生”“校园文明卫士”等10余项荣誉称号；2014年2月，再次荣获2013年度深圳市“诚信守礼”美德少年称号。

君子风：文明礼仪梅芬芳

文明，不仅仅是君子礼仪，更是内在的优雅素养。梅子君从小就注重学礼仪、倡文明。她每天大量阅读、关注时事，写作时评；学习之余，还报名参加了音乐、舞蹈、主持、游泳等兴趣班学习，加入了深圳学通社、义工联，使自己真正做到品学兼优、内外兼修，具备广博的见识和强烈的社会责任感。《南方教育时报》“寻找最美爸爸”栏目《四养“女儿经”》对她受到的“养气、养情、养识、养才”的家庭教育作了全面介绍。

2008—2012年的五年间，梅子君一直主持龙岗区电视台“青苹果乐园”栏目，面向全区中小学生，进行学习、活动、安全、法制、公益等知识宣传和文明倡导。在学校，梅子君被公认为形象气质俱佳，热情大方、宽容大度，颇具“君子之风”。她是小学和初中升旗仪式常任主持人、校园广播站主播，以甜美的形象主持过各种校园大型活动，多次获得学校“文明之星”“微笑之星”“礼仪之星”“智慧之星”等荣誉称号。

2010年，梅子君被推荐参加了广东省第二届雏鹰之星挑战赛，经过层层挑战与选拔，在全省2万余名少先队员中脱颖而出，一举摘下“南粤雏鹰文明之星”奖章，获得“十佳少先队员提名奖”“广东省优秀少先队员”“深圳市少先队员”等荣誉称号。

2012年，她再次幸运当选中国少年先锋队广东省第六次代表大会代表；经过竞选，又当选为广东省少先队红领巾议事会首届理事会外联部部长；同时作为大会执行主席，成功主持了少代会。在大会期间，梅子君提交了《在全省各社区设立少先队Y站》的提案，受到关注和重视；当天参加了“小喇叭”广东红领巾论坛，进一步发表了自己的观点。三年来，她一直作为理事会部长，认真履行自己的职责，展示了一个优秀少先队员应有的礼仪之风，为全省少先队员争得了荣誉。《深圳青少年报》以《我的少代会故事》为题，做了整版报道。

2013年“六一”，她被推荐担任市少工委举办的“红领巾相约中国梦•深圳梦——深圳市中小学生书画展”的礼仪解说员。她以热情大方的形象和独特的解说方式赢得市领导和在场嘉宾的高度赞赏，并受邀参加与市领导的现场座谈，受到市少工委书面嘉奖，深圳都市频道新闻栏目对此进行了报道。

君子品：公益奉献梅报春

“学雷锋，身边始，做义工，有空行。以为乐，能悦心，赠玫瑰，余香存。天有灾，人有难，情同感，伸手援。献爱心，勿记名，公益心，慈善行。”这是爸爸《新编弟子规》的句子，子君一直熟记于心。

她是个有爱心的孩子。每逢学校组织义捐，她都主动捐出零花钱，如汶川地震，她一下子捐出了300元压岁钱。最近学校有一位同学得了重病，她又捐出100元。她还多次到敬老院、孤儿院，送上温暖和爱心。

她从小学三年级就开始随爸妈一起做义工。在区图书馆帮助整理图书，一边还能学习；在交通路口举牌，送司机一个“绿色出行”的微笑；交通新规出台，她主动协助交通员分发新规宣传单。

2011年，第26届世界大学生夏季运动会即将到来，她积极参加迎大运系列活动，和爸爸一起创作了一首诗歌《2011，我和你》在《深圳侨报》上发表，并在龙岗区青少年语言类节目比赛中朗诵获奖；参加市、区“我为大运做贡献”主题演讲比赛，均获得一等奖。

为深入了解城市文明水平，呼吁更多的市民和学生自觉恪守公德，做文明市民，为大运营造良好的环境，她成为一名志愿者，身体力行，体验做个好公民。她加入了深圳市学通社，先后在莲花山、红树林等地考察生态，呼吁环保；同时作为龙岗区绿色大运使者，与原龙岗区张备区长一起，共同发出“绿色环保”倡议书；大运会期间，又被选拔为大运会小记者，在主持了龙岗区大运小记者驻U站启动仪式后，深入各U站、街道、大运会场，进行实地采访驻地武警、运动员、市民，提交了20余篇大运会通讯报道。

在深圳市第六届“七彩年华•深圳市未成年人道德活动季”公益活动期间，她积极开展道德与法制宣传，在天虹和万佳商场、龙潭公园、大运场馆前，巡回宣传演出。连日奔波一个暑期，皮肤晒黑了，人也累瘦了，但看到龙岗城市环境更加优美，市民素质快速提升，她不禁为自己的一份小小的贡献而欣慰。活动结束，她被评为龙岗区大运“金牌小记者”；广东卫视《社会纵横》栏目、龙岗电视台对她的小记者小义工等活动做了专题报道。

大运会结束后，各U站都实行分散责任管理。龙城初级中学大门口也有一个U站，子君成为学校红马甲队伍中的一员。每周她都要到这里轮值，自主管理，为师生家长提供服务，学校的公益行动越做越精彩，她也越做越精神。2013年是龙城初级中学的微公益年，学校“为爱筑梦”行动全面启动，涵盖了文化服务、关爱行动、环保行动、青少年辅导、文明劝导、便民服务等10多个领域。梅子君先后参加了多个项目，其中，在《当爱蔓延过夏季》的校园微电影中，她饰演一位留守儿童在爱的关怀下振作自强的动人故事，该片获得2013年度深圳校园奥斯卡微电影大赛金奖。在“深圳市中小学微公益在行动”评选活动中，她又代表学校宣讲学校的“i在龙城 义写春联”微公益行动项目，学校获得深圳市十佳微公益行动项目奖。

后记：家风传世，玉汝于成

我国自古就有曾子杀猪、孟母三迁、岳母刺字等优良家风佳话，以及“仁义礼智信”的古训，与今天“立德树人”“三个倡导”共同构建社会主义价值体系。梅子君同学正是这样一个深受优良家风浸染、校风熏陶而成长起来的阳光少年。诚实守信、文明守礼、富有公益爱心和社会责任感，既是君子古风梅花品格，又是未来公民核心素质，在她身上得到了较为完整的体现。梅子君的成长历程和优秀事迹，给今天我们的青少年思想道德教育以良好的启迪。

筑梦女孩

——记东莞市长安镇第一小学学生朴慧贞

题记：梦想是成功的开端，有梦想才会有通向成功的道路。梦想的实现不是一步之路，而是需要日积月累的长途跋涉。

她是一个热爱祖国、勤奋上进、有理想、敢拼搏的好学生；她是一个活泼开朗、乐于助人、有爱心、肯奉献的好同学；她是一个聪明能干、孝顺父母、爱劳动、能吃苦的好孩子。她深受老师和同学的信任和喜欢，也从不让父母操心，是一名公认的优秀学生。她就是东莞市长安镇第一小学学生——朴慧贞。朴慧贞是一个活泼可爱的朝鲜族女孩，2003年2月9日出生，现任东莞市长安镇第一小学少先队大队委员、五（4）班班长和中队长。她还是一个有梦想、有追求的女孩。在校园里，处处能见到她活跃的身影；在活动中，时时能看见她出色的表现；在家里，常常能见到她孝顺长辈的品行。

品学兼优、热爱祖国的好少年

朴慧贞是一个活泼开朗、文明礼貌、乐于助人的好孩子，也是一个勤奋上进、学习优秀的好学生。从一年级开始，大胆活泼的她就一直担任班长，正是这样的机会让她从一个懵懵懂懂的小女孩逐渐成长为一个有理想、有追求、有抱负的学生。身为学校少先队大队委员、班长和中队长的她，对自己要求非常严格，无论是在学习、活动还是行为上，她都以身作则，给同学们树立了一个良好的榜样。在少先队和班级工作上，她认真细心、踏实肯干，每次接到老师交代的任务，她都认认真真地对待，争取出色完成任务，完全不需要老师操心。正是因为表现出色，她多次被评为学校的“优秀大队干部”“优秀班干部”“好弟子”和“四好少年”。

学习上，慧贞是一个特别勤奋刻苦的孩子，她经常告诉自己“吃得苦中苦，方为人上人”。在学习上她从不知足，碰到不懂的知识她绝不放过，一定会打破砂锅问到底。正是这样的精神和敢于争优的品质，促使她不断地成长，越来越优秀。她酷爱英语，从小就参加英语兴趣班，还经常收看国际英语频道节目，提高自己的英语听力，规范自己的口语发音，她希望自己能像英美国家的人一样，说一口流利、地道的英语。“一分耕耘一分收获”，在自己的不懈努力下，她在英语学习方面有了很大的进步，取得了较好的成绩。

2012年，她参加全国小学生英语竞赛（NECPS），获低年级组全国二等奖；2013年，获全国小学生英语竞赛（NECPS）四年级组全国二等奖；2013年，她在东莞市第五届英语口语大赛长安镇选拔赛中以第一名的好成绩脱颖而出，并代表长安镇参加东莞市第五届英语口语大赛初赛，获小学组三等奖。荣誉来之不易，可她却不满足于现有的成绩，她希望自己能够在2014年东莞市第六届英语口语大赛中冲进决赛。

这个“英语小才女”不仅说得一口流利的英语，她在中文朗诵和演讲方面也有很好的天赋，在学校的各项活动、比赛中都能听到她清脆悦耳的声音。她多次代表学校参加镇级以上的各项活动和比赛。2014年4月，她参加长安镇“梦起校园”小学生演讲

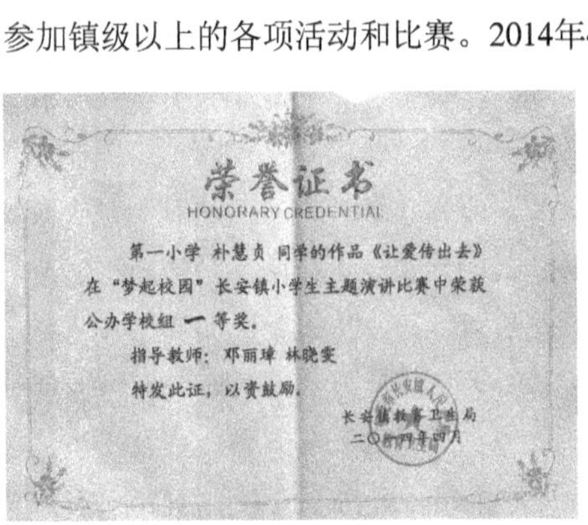

比赛，获得了第一名的好成绩，并代表镇参加2014年东莞市“梦起校园”青少年演讲比赛，以总分第二名的好成绩晋级9月初东莞电视台《宝贝豆丁》电视栏目演讲比赛。

2013年12月9日，航天英雄杨利伟携三名“神十”航天员聂海胜、张晓光、王亚平走进东莞长安，在长安镇第一小学与来自全镇的1800余名中小学生近距离分享各种太空趣事，共同回顾中国载人航天事业屡创高峰的征途，朴慧贞有幸担任了本次活动的主持人，与航天英雄面对面。本次活动经历让她对我国的载人航天事业有了更深入的了解，几位宇航员的英雄事迹也鼓舞着她，让她更加坚定了自己的信念和目标，要像航天英雄一样刻苦学习，长大后要报效祖国，成为对祖国有特殊贡献的人才。

乐于助人、志愿奉献的好少年

朴慧贞从小就把“助人为乐”当作生活中的一部分。她文明礼貌、关心同学，经常帮助有需要的同学：同学生病了，她会嘘寒问暖；同学学习上有困难，她也会主动帮忙、耐心讲解。她热衷于志愿者活动，希望用自己的力量帮助更多需要帮助的人，老师和父母也非常支持和鼓励她参加志愿者活动。去年11月，学校组织“手拉手、心连心、互学习、共成长”活动，她毫不犹豫地捐出了许多自己喜爱的书籍，在她的带领下，班里的其他同学也纷纷加入了捐书的行列。她幻想着山区的孩子们手捧着书籍，脸上绽放出灿烂的笑容，这时，她甜甜地笑了。2014年植树节，她和志愿者们来到长安白石山进行植树活动，为保护地球出一份力。似火的骄阳晒得她满脸汗水，而

她依然不肯停歇，顶着烈日，忍着炎热，手握着树苗，一棵棵地栽种。在学校里，她也积极参与少先队举行的植树绿园活动，希望通过自己的小手，为地球增加一抹绿色。4月24日，长安镇举办了回收旧衣服的活动，她把自己的衣服捐赠出来，并加入了志愿者的行列，协助维持现场秩序和接受捐赠衣物。只要一想到山区的孩子也能穿上干净漂亮的衣服，她就充满了力量。2014年，在东莞市“梦起校园”青少年演讲比赛中，她以《让爱传出去》为主题，讲述自己在志愿者活动中的点滴体会和感悟，情感真挚细腻，获得与会评委的好评。在这些活动中，她收获了不少，也成长了很多。相信在成长的路上，她会帮助越来越多的人，也会收获越来越多的快乐。

孝敬长辈、品德优良的好少年

朴慧贞是个懂事孝顺的孩子，学习和生活上从不让父母操心。她是个非常有孝心的孩子，她的外公外婆虽然居住在遥远的老家，但她却经常挂念着他们，一有空她就会主动打电话问候他们，嘘寒问暖。她从小就是个独立、能干的女孩子，自己的事情自己做，她的房间、书桌总是收拾得干干净净、整整齐齐。学习之余，她还主动帮助妈妈分担家务，洗碗、拖地、擦桌子……凡是自己能做的家务活，她都会主动和妈妈一起分担。当妈妈工作累了的时候，她会帮妈妈捶捶背、倒杯茶，妈妈总说她是个贴心的“小棉袄”。懂事、孝顺的她是父母与长辈们心中的好孩子。

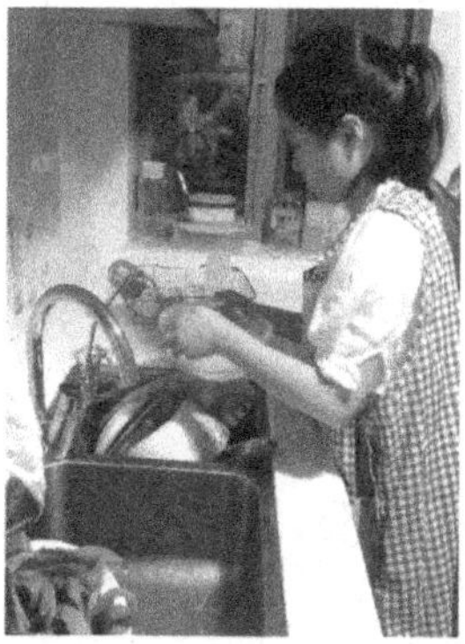
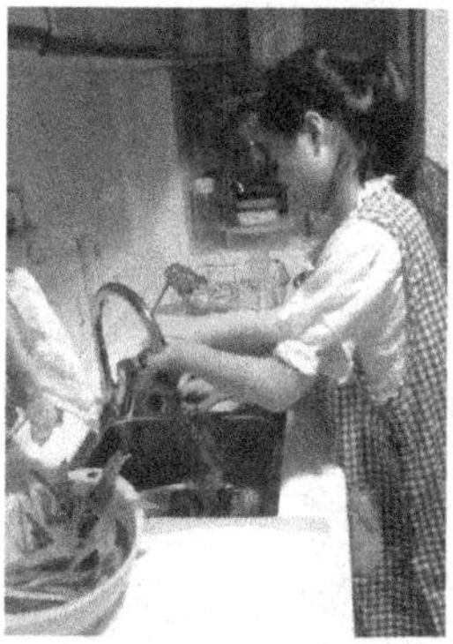

自强奋斗、理想远大的好少年

朴慧贞是一个有梦想、爱追梦的女孩。她说：“梦想是成功的开端，有梦想才会有通向成功的道路。”她从小就有一个梦想——成为一名优秀的人民教师。她深知，要成为一名教师，首先要有渊博的知识和一颗博爱的心。为了实现自己的梦想，她从小学习就非常努力、刻苦。课堂上她认真听讲，生怕漏听了一点知识。她知道要取得好成绩不仅要在课堂上认真听讲，更要在课后勤下功夫。别人记五个单词，她记二十个；别人背三首古诗，她背十首；别人做两道题，她做九道。她明白梦想的实现不是一步之路，而是需要日积月累的长途跋涉。学习之余，她还不忘多读课外书，丰富自己的学识，开阔自己的视野。她刻苦认真、她勤奋上进、她敢于追梦，相信对梦想如此执着的她，一定能成为一名人民教师，一定会为祖国培育出优秀人才，桃李满天下。

后记：有爱心、有理想、敢追求、敢拼搏的优秀品质一直陪伴着朴慧贞，帮助她一步一步地成长，取得一个又一个的荣誉。但荣誉只代表过去，将来还会更精彩。追梦的道路也许会充满各种挫折、各种挑战，而这些优秀的品质会一直伴着她前行，去寻觅梦想与成功的芬芳。

千磨万击还坚劲，化茧成蝶终有时

——记惠州商贸旅游高级职业学校学生刘思婷

题记：『现实是此岸，理想是彼岸，隔着湍急的河流，行动则是架在川流上的桥梁。』刘思婷正是用她的实际行动，架起了一座宏伟的桥梁。她不惧千磨万击，期待化茧成蝶。

惠州商贸旅游高级职业学校，这所被誉为全国职校“巨无霸”的学校，不断创新人才培养方案，创新课程设置、教学方法以及评价机制等，充分整合校内外各种资源，切实优化学生成长成才环境，逐步走出了一条特色鲜明的拔尖人才培养新路。2014年，频频传来我校学子在广东省各种技能竞赛折桂的佳讯。商务外语系刘思婷同学就是这些学子中的佼佼者。

刘思婷，2013年进入惠州商贸旅游高级职业技术学校，就读双语国际酒店专业，于2014年获得广东省首届酒店英语口语技能比赛职客房组第一名。刘思婷是一位品学兼优、勤奋刻苦、积极组织并参加学校各种活动的学生。尽管身世坎坷，她仍然热爱生活，富于理想，自强不息，积极乐观，尊师爱友，是新一代职业教育培养下勇于直面困难、不惧艰险、迅速成长的学子代表。

自强不息，逆风飞扬

刘思婷同学的成长过程充满辛酸和艰难。刘思婷说：“我是一个家境贫寒的女孩，但我想让我的母亲过上好的生活，想要让我的母亲的肩膀不再如此沉重……因此，我必须更加勤奋。”

小时候，她的父母感情一直不好。他们的婚姻仅因刘思婷的存在而得以维持。在刘思婷二年级时，他们终于离异。四年级跟着母亲改嫁，对方年龄大她母亲12岁，又有多个孩子，五年级时他们又离婚了。六年级，母亲和人同居。这次，没有婚姻，却多出了一个小弟弟。为了减轻母亲独力抚养两个未成年孩子的压力，刘思婷默默而坚定地选择了一条现实又符合自己的人生道路，就读惠州商贸旅游高级职业技术学校，也由此拉开了她化茧成蝶的帷幕，人生从此初现曙光。

2013年秋，经过紧张备赛后，刘思婷同学参加了一项惠州市赛，可不是所有的付出都有回报的，刘思婷同学在这场比赛中并没有获得她想要的结果。她也曾心情低落，但并没有一直消极下去，她很快就从失败中缓冲过来，并吸取了教训，一方面，通过自我调节让紧绷低落的情绪得到缓解，另一方面通过做一些简单的题目重拾自信。不久后，我们看到的是一个加倍努力、积极进取、坚韧不拔的她。很快，她又获得了参加惠州市首届酒店英语口语技能比赛的机会，从而为自己的青春添上了绚烂的一笔。

积极乐观，追求卓越

在很多人的眼中，中专生活也许就是上上课、打发日子而已，但对于刘思婷来说，在校的每一分钟、学校系部的每一次活动都是有意义的。

入学没多久，刘思婷就参加了商务外语系组织的“精英训练营选拔赛”，并在五十多名精英中脱颖而出，获得第一名。经过老师的各项训练，刘思婷同学有幸代表学校参加各项省、市的大赛。2014年春天，她跟着教练团队一同来到惠州学院参加惠州市首届酒店英语口语技能比赛。在这项比赛中，选手多是星级酒店的员工，而学生团队只有惠州学院、惠州经济职业学院以及惠州商贸旅游高级职业技术学校。一个中专生，面对职场精英和天之骄子的大学生，没有畏缩和怯场，侃侃而谈，气度从容大方，现场英汉互译一气呵成，英文回答问题恰如其分，让赛场的专家学者们赞叹不已，也让对手们霎时乱了方阵。一场紧张激烈的比赛过后，刘思婷同学不仅获得了酒店客房部的第一名，且击败了各个五星级酒店以及惠州学院、惠州经济学院的学生，荣获全场各个项目的总分第一名。

这样一次地方市赛磨炼的机会让她在接下来的广东省首届酒店英语口语技能大赛中显得更加从容。这次赛事是广东省旅游行业与院校共同组织的一场技能展示的盛会，其中121家酒店共派出255人、旅游院校82所共派出210人参赛。参赛五星级酒店81家，占全省五星级酒店的70. 4%；参赛高等院校63所，占全省旅游高等院校的82. 9%，在比赛中，刘思婷过五关，斩六将，顶住层层淘汰赛的巨大压力，获得广东省中职学校客房组第一名的骄人成绩，在同评委、同赛题赛场的情况下，她的总分就是在高校组也排名第二！

当然，除了学习、比赛，刘思婷同学也热衷于其他自我锻炼，平时经常担任学校晨会、各项活动主持工作。作为班上的文娱委员，即使是在紧张的备赛期间，她对班级的礼仪操的教学还是十分上心。刘思婷同学在历时两个多月的自我学习以及对同学们的教学之后，班级荣获礼仪操比赛二等奖，而她也荣获了“优秀小教员”称号。她是个特别喜欢歌舞的人，在“外文歌曲P. K赛”这项活动中，她不仅用幽默风趣的主持词让比赛现场更加精彩，同时也用自己的歌声打动了在场的老师和同学，从而获得了比赛的第三名。她还是学校爵士舞团的活跃成员。她的校园生活可谓多姿多彩，而她也十分享受这种生活！

此外，刘思婷同学一有机会就利用周末的空闲时间在酒店里勤工俭学，既可以贴补家用，又可以帮助自身提升。她走的是一条当今职业教育模式下追求实践、插上技能和学识的双翼，以坚实的信念拓展人生空间的道路。我们有理由相信，在这条路上，她可以走得更高更远……

富于理想，精益求精

社团是该校的一大特色。刘思婷同学加入了学校英语沙龙社团。英语沙龙群聚了来自不同专业但同样热爱着英语的同学们。刘思婷同学是社团中最活跃的成员之一，也亲自上讲台讲过课，她的第一堂课，就受到了全体师兄师姐们的由衷赞赏。由于她授课的方式幽默风趣、内容丰富新颖，后来师兄师姐总是让她上课，而同学们也是异常认真地听讲。在英语沙龙里，刘思婷同学充当过多次的校内、校外活动的组织者和主持人，更好地扩大了自己的交际圈，提升了综合素质。

理事长自荐会当晚，刘思婷同学面向着全体英语沙龙的成员，做了最长时间的、最真挚的理事长自荐。之后，考核时间长达一个多月，刘思婷没有丝毫怠慢地完成了每一项任务，最重要的“欢送会”“交接会”也是她一手操办。最终，刘思婷同学获得了指导老师、师兄师姐以及同学们的认可，成为了2013级英语沙龙的理事长，以英语沙龙的“主人”身份来培育、爱护着它。

慈鸦反哺，心虔志诚

人生中的第一桶金是很珍贵的，刘思婷同学用勤工俭学赚得的第一桶金，买了一双鞋子送给了她的母亲。母亲惊喜和道谢之余并没有多说什么，但是从母亲经常穿着上班、逛街来看，其内心的喜悦不言而喻。

母亲节来临之际，刘思婷同学一直在纠结要送什么给母亲。她没什么多余的积蓄去买昂贵的礼物，做贺卡又显得没新意……最后，刘思婷同学写了一封长长的信，在周日母亲即将来学校时交给了她。那里面都是刘思婷同学多年的、近期的心声、烦恼、快乐、理想、感激……刘思婷同学没有七彩的画笔和好看的纸来装饰这封信，但她有亲手做的信封和浓浓的心意。

刘思婷和母亲的关系一直很好，母女之间无话不谈。刘思婷同学说：“虽然现在妈妈很辛苦，但相信在不久的将来，我定会让她成为世界上最幸福的妈妈！”

后记：时间是个常数，但也是个变数。勤奋的人无穷多，懒惰的人无穷少。刘思婷同学相信天道酬勤，于是，她不断地努力！长风破浪会有时，直挂云帆济沧海，我们相信她终将迎来化茧成蝶的时刻。

愿所有的同龄人都能像我一样快乐、幸福！

——记华南碧桂园学校学生徐华泽

题记：『人的一生不可能事事都很顺利，总会有一些坎坎坷坷出现，但我们要勇敢地面对，懂得尊重别人、关心别人、宽容别人，能与人合作，能分担别人的困难，分享别人的快乐，尽我所能，让所有的同龄人都能像我一样快乐、幸福！』

徐华泽同学是华南碧桂园学校六年级（3）班学生。华南碧桂园学校创建于2001年9月，现有40个教学班，1381名学生，是番禺区德育示范化学校、番禺区安全文明学校、番禺区一级学校以及番禺区“义务教育规范化学校”，少先队大队曾荣获广州市“红旗大队”，连续十一年荣获番禺区“红旗大队”称号。

我校一直把培养适应未来社会的优秀公民作为学校德育教育的长远目标，先后培养出了以师海念和徐华泽两位“羊城小市长”为代表的一大批优秀学子。一直以来，华南碧桂园学校都始终坚持“为学生的终身学习和发展奠定坚实基础”的办学理念，将文明、诚信、勤奋、创新教育贯穿于学校教育的全过程。

在父母眼里，徐华泽是一个心地善良、懂得孝顺的好孩子；在老师眼里，是一个成绩优异、全面发展的好学生；在同学心中，是一个热心助人、工作负责的好伙伴。他是六（3）班的班长，又是少先队大队长，还是学校“红领巾”广播电视台的台长。几年来，他获得的各类奖状和证书塞满了一个厚厚的文件夹。其中比较突出的有：2011年11月被光荣地评为番禺区“雏鹰少年”和“优秀少先队干部”；2012年被光荣地评为广州市“优秀少先队员”；2012年6月—2013年1月期间，两次被广州市人民对外友好协会选为广州市国际友好交流小使者，参观访问广州的友好城市英国的伯明翰、布里斯托尔和新西兰的奥克兰市和基督城；2013年光荣地当选了广州市第十二届少理事会理事；在首届“番禺区小区长”竞选活

学校活动主持

在小使者出行仪式上宣读广州市市长给友好城市的邀请信

动中，以总分第一名的好成绩当选“番禺区小区长”；2013年进而成功当选广州市第九届“羊城小市长”；2013年，荣获广州市第二届“小道德模范”称号；2014年，荣获广东省“优秀少先队员”称号……这一串串的成绩，承载了他在践行社会主义核心价值观中的点点滴滴。

我愿做一只蜜蜂，在知识的花园里开心地采花、酿蜜

从一年级到六年级，华泽的各科成绩在班级乃至在全年级一直名列前茅。学习对他来说是一件轻松的事情，也是一种莫大的享受。他在日记中写道：“我愿做一只蜜蜂，在知识的花园里开心地采花、酿蜜！”

自入学以来，他先后担任学习委员、中队长、副大队长、大队长等工作。他总是把班集体的荣誉看得高于一切，日常生活中，为学校为班级服务仿佛使命般印在了他心中。从我做起，是他的格言；严格要求自己，起表率作用，全心全意为同学是他的信念，他经常为班上做些力所能及的事情，把自己融入了学校，融入了班级。他乐于助人，经常主动帮助学习上有困难的同学。他严格要求自己，在各方面起带头作用，协助老师认真做好班级管理工作。他在班里成立了“帮困小组”，成绩优秀的学生与学习困难同学建立“一帮一”对子，大家都以他为学习榜样，你追我赶，班级学习成绩提高很快。作为大队长，他创造性地开展工作，带领大队干部在同学中间开展了“回收废旧电池”“光盘行动”“小书虫跳蚤市场”等活动，是一名优秀的少先队干部。

徐华泽还是一个非常节俭和充满爱心的少年。在日常生活中，他是一个懂事的孩子，在家里关心长辈，经常帮助爸爸妈妈做一些力所能及的家务活，姥姥在家养病期间，华泽每天给姥姥按摩，晚上帮姥姥泡脚；对待邻里，他文明礼貌、与人为善，深得邻里喜爱。平日父母给的零用钱，他除买一些必备的文具，其余的都积攒起来，在

参加电视论坛，谈我心中的儿童公园

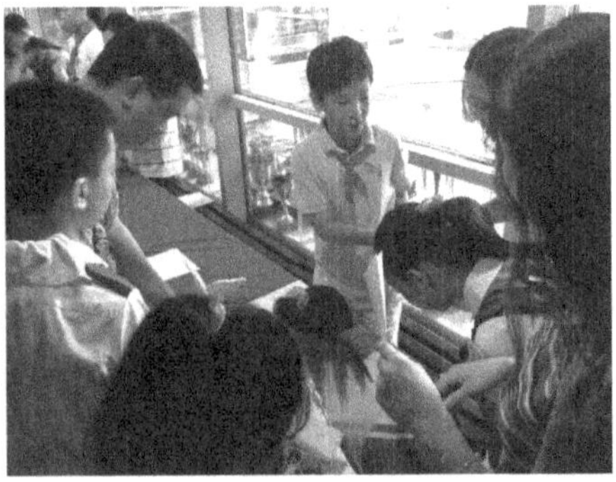

少理事工作

妈妈过生日时买生日礼物庆祝。当从不乱花钱的他得知汶川地震的消息，却拿出了自己一年的零花钱捐给地震灾区的小朋友。特别值得一提的是在学校组织的为云南香格里拉贫困山区孩子献爱心的活动中，徐华泽同学共捐出衣物42件，零花钱500多元。在他的带动下，同学们纷纷伸出援助之手。几年来师生共捐款32007.2元、衣物2478件、书刊1887本、学习用品2109件、玩具463件。这项活动使同学们的心灵受到了一次爱的洗礼，他们体会到了关爱他人的快乐，更加懂得了要珍惜今天的幸福生活。

此外，华泽对书法、象棋、体育也有浓厚的兴趣。闲暇无事的时候，他喜欢练习书法，2010年代表学校参加地区象棋比赛，获得个人第一名；还代表学校参加番禺区乒乓球比赛，获得团体第二名。优异的成绩、广泛的兴趣，在华泽身上得到了和谐的统一，他用爱心和友善践行着社会主义核心价值观。

丰富多彩的活动为我插上翅膀，让我在理想的天空自由翱翔

华泽拥有这么多的才艺才能，得益于长期积极参加丰富多彩的活动。作为中队长，他在班级成功开展了“文明礼貌伴我行”“诚信在我心中”“孝心献父母”等主题系列教育活动，深受同学们的喜爱。华泽时时处处以身作则，是老师的得力助手。

作为全体少先队员推选出来以最高票数当选的少先队大队长，华泽更是无愧于大家的信任。任职以来，他在辅导员的指导下精心策划、组织了一系列极有意义的活动，如欢乐周末、才艺展示、歌咏比赛、清明节祭扫烈士墓、植树节到社区栽花种树、到南村镇敬老院慰问演出等等。

作为学校“红领巾”广播电视台的台长，华泽独当一面，颇有大将风范。采访、编辑、录像、制作、播音，每一项技术他都能熟练掌握。并且他还像师傅带徒弟一样，培养出了一批出色的小记者、小播音员。为了丰富节目内容，华泽和大家一起出谋划策，开辟了很多栏目，如“新闻快递”“校园通报”“服务热线”“学生风采展示”等等，让每一个同学在电视镜头前展示自己的亮点，体验成功的快乐。

此外，他还积极参加省、市、区、镇组织的一系列活动。有人问华泽，为什么这么能干？他谦逊地一笑，说：“我应该感谢学校呢，是学校开展的丰富多彩的活动为我插上了翅膀，让我能够在理想的天空自由翱翔！”

当选小市长、少理事，是荣誉，更是一份责任

徐华泽同学爱好广泛，全面发展，几年来，各种荣誉纷纷而至：2013年经过激

徐华泽同学成功当选第九届“羊城小市长”

番禺小区长竞选——施政演说

烈角逐，成功当选为广州市第九届羊城小市长、番禺区首届“小区长”；同年又被选为广州市少理事会理事、组织部副部长。在此期间，他被评选为广州市“优秀少先队员”“少先队理事会2013年度先进个人”，所在组织部当选为先进集体；2013年，荣获广州市第二届“小道德模范”称号；2014年，荣获广东省“优秀少先队员”称号。

在荣誉面前，徐华泽同学没有骄傲，他积极参加各项活动并一步一个脚印地印证自己这份荣誉与责任。正如徐华泽同学所说：“当选小市长、少理事，是荣誉，更是一份责任！”他没有停止在众多的光环下，而是更努力地发挥自己的能力，尽自己一份责任。

2013年5月，他参加了穗港澳三地“我的中国梦”少年论坛活动；2013年6月参加由中国残疾人联合会指导，广东省精神文明建设委员会办公室、共青团广东省委员会、广东省残疾人联合会、共青团广州市委员会、广州市残疾人联合会等单位联合主办的海上儿童“当我遇见你”世界儿童融合艺术展•广州站系列活动，与特殊孩子彼此相遇，成为朋友；2013年被选为广州市国际友好交流小使者，接受英国专家的培训，出访德、法国，在出行仪式上宣读广州市长的邀请信，并亲自将邀请信交给广州友好城市法兰克福市市长；随电视台出游韩国，拍摄文化片，宣传韩国优秀文化并担任主持；2013年9月，作为羊城小市长代表参加小主人论坛活动，和专家同学共同探讨“学生减负”问题；2013年10月，作为羊城小市长代表，参加“凝心聚力共筑儿童公园”电视论坛，畅谈我心中的儿童公园；在担任首届番禺小区长期间，到番禺区福利院与孩子们共度周末，参加番禺首届“娃娃庙会”，并为娃娃庙会拉杆启动，随后又跟随广州市少理事会参加少先队队干领导力训练营，并来到了从化市城郊镇希贤小学开展“手拉手•关爱留守儿童”爱心支教活动；2013年11月，作为广州市优秀儿童代表，参加首届“世界广府人恳亲大会”，并将家乡泥土作为特别礼物，赠送给来自五大洲的华侨代表，以表代代相传广府人，永世不忘故乡人；2013年12月参加在广州市少年宫少先队工作部、广州市少先队队刊《都市人•成长》杂志的支持下，由广州市少年宫成长空间媒介素养班队员们联合广州市少先队理事会、广州市少年宫亲子志愿服务队、广州市红领巾成长小记者开展“红蜡笔计划——公益行动”，通过义卖队刊的方式进行爱心筹款，为乡村小伙伴们送去一份精神食粮，并担任本次活动的主持。

2014年3月，徐华泽参加番禺区文明办、番禺区教育局、星海少年宫、湖南雷锋纪念馆联合主办的“学雷锋月”系列活动，并在启动仪式上宣读向雷锋叔叔学习倡议书。他还担任了“嬉游探世界”电视栏目主持，并担任团市委主办的儿童真人秀“嬉游探世界”节目主持、南方少儿台“小桂英语”栏目小主播；参加番禺区南村教育指导中心与增城东方小学“手拉手”联谊活动，并给学校爱心捐书和文具；作为优秀学生当选为广州市少先队队刊、“家庭”孩子刊封面人物、精英形象代言人……他用自己的实际行动，谱写着优秀学子自强和责任，并逐渐成为社会主义核心价值观的践行者。

后记：有人说，现在的孩子普遍具有娇骄二气，凡事以自我为中心。而在华泽身上，我们看到了另一种可贵的品质，那就是懂得乐于奉献、给人关爱、自强与责任。他经常挂在嘴边的一句话是：“愿所有的同龄人都能像我一样快乐、幸福！”

一路走来，徐华泽同学不断充实自己，迈上一个又一个新台阶。他是素质教育春风吹拂下茁壮成长的小苗，他那善良真诚的心灵、他那助人为乐的精神、他那勤俭好学的品质，无不诠释了社会主义核心价值观。

跳跃于音符间的钢琴小王子

——记中山特殊教育学校学生林炽宏

题记： 上帝为你关闭了一扇门，同时也会为你打开一扇窗！

林炽宏，男，1998年3月11日出生，家住广东省中山市东区小獒溪村后塘巷上街，就读于广东省中山市特殊教育学校智力一部八年（3）班，自闭症儿童。

广东省中山市特殊教育学校是一所中山市教育局直属学校，担负着为中山市残疾青少年儿童提供教育服务的重任。学校原名中山市红十字会石岐启智学校，1989年由中山市教育局和中山市红十字会利用市第二届慈善万人行的善款联合创办，2003年迁至现址，并更名为中山市特殊教育学校。学校占地50亩，建筑面积约2万平方米。学校现有32个教学班，381名学生，106名在编教师。学校设有多功能感官室、感觉统合训练室、个别训练室、体育康复室、体育馆、游泳池、大型游乐场等功能场室，配备感觉统合训练用具、运动治疗器械、蒙台索利教具、奥尔夫音乐乐器等一批康复训练设施，建立网上教师信息管理库、多媒体辅助教学资源库、电子图书馆、SOT语言认知训练康复系统，通过信息技术手段完善残疾学生的康复训练工作，开辟残疾学生劳动基地，为残疾学生的教育、康复提供良好的条件。

“钢琴王子”曾让“现代肖邦”惊讶

林炽宏同学是自闭症儿童。自闭症是一个医学名词，又称孤独症，被归类为一种由于神经系统失调导致的发育障碍，其病征包括不正常的社交能力、沟通能力、兴趣和行为模式，是一种广泛性发展障碍，以严重的、广泛的社会相互影响和沟通技能的损害以及刻板的行为、兴趣和活动为特征的精神疾病。大部分自闭的人在生活自理方面有缺陷，但有一部分人对数字、图片有先天的敏感，在这些方面他们是天才。炽宏同学是一个具有音乐天赋的自闭症儿童，从小酷爱钢琴，对乐谱有超强的记忆力和领悟力。据其母亲介绍，小时候的林炽宏跟其他的自闭症孩子一样，活在自己的世界里，从来不主动与人交流；但是，看到钢琴弹奏的电视节目或者听到钢琴曲时，就会表现得特别兴奋。2010年9月，一次偶然的机会，他接触到了钢琴，并用两个手指弹出了一首简单的曲子，这个瞬间被在场的老师发现后就将其推荐给了专业的钢琴老师。从此，他便敲开了音乐之门。“在钢琴弹奏方面，他很有天赋，正常孩子用一年学会的东西，他只需半年就可以学会。”对于这个没有任何基础的特殊学生，钢琴老师倾尽全力，最终将他扶上音乐之路。在老师的谆谆教诲下，勤奋刻苦的他三年前正式学琴，几个月后便能完整弹奏贝多芬《月光奏鸣曲》第一乐章，他的手型、识谱、指法及演奏技法也取得了很明显的进步，鲜花与掌声也纷至沓来，在学校文艺汇演及各项活动、比赛中成为备受瞩目的希望之星。2010年12月，他参加广东省心智障碍“星辉满人间”才艺比赛荣获三等奖，2011年3月又在粤港心智障碍儿童才艺比赛总决赛中荣获个人乐器组少儿组冠军。学琴仅三年，他就多次在相关比赛中获奖：2011年7月他弹奏《小狗圆舞曲》在省教育厅、省文化厅、省广播电影电视局、省残联联合举办的第六届全省特教学校学生艺术汇演中荣获器乐类优秀等奖；2011年12月28日荣获“罗浮宫杯·2011郎朗百名琴童选拔赛”中山赛区少年A组三等奖；2012年7月19日参加“绿色暑假·缤纷文化”中山市第五届青少年钢琴比赛，荣获E组优秀奖；2013年7月28日荣获2013年“中山英才 走向世界”才艺邀请赛器乐组三等奖；2013年10月在第六届施坦威全国青少年钢琴比赛暨第77届施坦威国际青少年钢琴比赛中国区比赛中山地区预选赛业余C组一等奖；2013年11月荣获第三届中山市宋庆龄奖学金；2014年4月弹奏的《小狗圆舞曲》《离别》也在2014年中山市残疾人文艺汇演中荣获乐器类一等奖的好成绩；2014年4月24日参加中山市残疾人艺术汇演和比赛，荣获了钢琴独奏一等奖；本学期6月14日参加第七届上海国际青少年钢琴比赛，经过初赛晋级复赛；6月21日复赛中炽宏也成功晋级决赛，代表中山赴上海参加第七届国际青少年钢琴比赛。在即将来临的8月1日，炽宏也将应邀参加文化艺术中心少儿爱乐乐团暑期夏令营的文艺演出，表演钢琴协奏曲圣桑《动物狂欢节组曲》中的四个乐章。去年9月24日，美国的著名钢琴家、被誉为“现代肖邦”的凯文·科恩来到特殊学校为孩子们演奏。听完林炽宏弹奏的肖邦名曲《离别》后，凯文感到十分惊讶。他说这是一首难度较大的曲子，但林炽宏却能将其演绎得淋漓尽致，这让他感到很意外。记得在2013年中山市宋庆龄奖学金现场评审的才艺展示的环节中，炽宏同学面对中山各校拔尖的学子竞争，他在有着钢琴特长却没钢琴提供的情况下，依然获得评审专家们的肯定与赞赏。“我感谢爸爸妈妈，感谢老师，是他们让我有了梦想。我希望成为一名钢琴演奏家，像姐姐一样上大学……”15岁的孩子林炽宏去年11月29日参加第三届中山市宋庆龄奖学金评选演讲时说。若不是主持人介绍他来自特殊教育学校，大家断不会将其与“特殊”两字联系起来。因为无论是关于梦想的演讲，还是现场表演的钢琴独奏，都让人觉得这是一个很有才华的正常孩子，而这些成果也都跟他的刻苦坚持联系在一起。自从随师学琴后，他都严格遵循老师教导，坚持每天练琴，琴艺一天比一天进步。他说：“我相信，有志者事竟成，只要我肯下苦功夫，总有一天，我一定能达到理想的彼岸。”他始终坚信自己的梦想，时刻朝着他的梦想前进，不断发挥特长，不断超越自我，实现自己的音乐梦想。炽宏是一个有梦想、有志气的好少年，也是一个懂得感恩的好孩子。荣获去年市师生独唱独奏比赛初中组一等奖的他，希望通过自己的努力带动并帮助有钢琴梦想的同学。

炽宏同学不仅在音乐上有一定的特长，在美术、计算机方面也有显著的成绩。2010年12月在中国学前教育网举办的“2010年全国儿童美术大赛”中，其作品《祥云》荣获三等奖；2012年7月油画棒《游泳的鱼儿》参加中山市第五届少儿艺术花会比赛荣获三等奖；2012年6月创作的《预备……》在“第十三届全国中小学电脑制作活动”中山赛区作品征集活动中荣获小学电脑绘画类一等奖。

一个品学兼优的好苗子

超凡的音乐天赋使得炽宏在学校文艺汇演及各项活动、比赛中成为备受瞩目的希望之星。品学兼优的他也多次被学校评为“每周之星”“三好学生”“优秀学生”“生活自理之星”。在学校，他遵守学校的文明礼仪常规，养成了谦和礼让、礼貌待人的文明好习惯，并在日常每件小事中严格践行，塑造文明形象，争做校园礼仪之星，以良好的行为习惯、优秀的道德素养赢得了学校老师和同学们的赞誉。他有勇于负责的精神，积极、主动地帮助有困难的小同学，力争成为老师的好助手、同学们的好服务员。每周一学校的升旗仪式上，炽宏都精神饱满，肃然而敬，随着旋律高唱国歌。不管在任何场合，炽宏都以一名优秀少先队员的标准严格要求自己。2011年5月，共青团中山市委员会、少先队中山市工作委员会、中山市教育局授予其2010—2011年度“中山市优秀少先队员”荣誉称号。

作为一个文明礼仪的小使者，炽宏不断完善自我。良好的文明礼仪，提高了他的亲和力，促使他身心健康向上；出色的钢琴特长，增强了他的自信心，促使他不断超越梦想。在学校、社区、家里，他的一声问候、一个微笑，都给周围人带来春天般的温暖。丑小鸭梦想长大后变成白天鹅；毛毛虫梦想长大后变成美丽的蝴蝶；鸟儿梦想长大后要飞向蓝天……宏宏也梦想长大后成为一名出色的钢琴演奏家，像歌里唱到的“有梦想谁都了不起，有勇气就会有奇迹……”

后记：让我们一起祝福这个心怀音乐梦想的自闭症儿童，愿他健康、幸福、快乐。祝愿林炽宏同学能够怀揣梦想，在大家的热心关怀下继续展翅翱翔，在梦想的蓝天里飞得更高、更远！

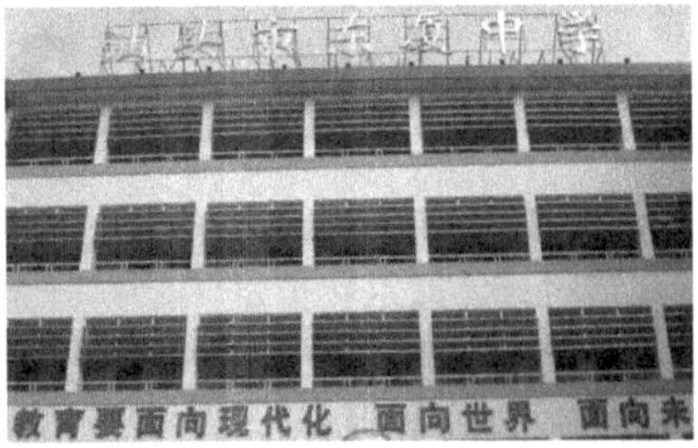

长风破浪会有时，直挂云帆济沧海

——记东厦中学学生许垂康

题记： 破釜沉舟，在高考中杀出一条大路！这是许垂康在自己的书桌前写下的一句话，势必要在高考中开辟出自己的一片天。

许垂康就读于汕头市东厦中学，是一名普通的高三级学生，和其他千千万万的高考学子相同，他也是每天过着学校、家里两点一线式的生活，在每天早上六点起床后匆忙地洗脸刷牙，胡乱吃完早饭就急忙踩着自行车去学校，生怕迟到错过老师讲的每一个知识点，每天风雨无阻。然而这些努力奋斗都来自于他初中班主任的一番话。

在小学升初中时，由于顽皮爱玩耍，性格叛逆，又没有心思读书，许垂康的升中考成绩并不理想。然而幸运的是，他因电脑派位来到了东厦中学。初中，正是青少年叛逆的时期，许垂康还是像小学那般无心恋学，每天上学迟到，上课睡觉，作业也不交，无论父母如何劝说，他都不以为意。有一次，许垂康因为多次没有按时缴交作业而被科任老师请了家长，父母在了解情况之后，耐心劝导他，可许垂康却不明白父母的一片苦心，甚至顶撞父母。这样的情况，让父母看在眼里，急在心里。之后无奈的父母找到了他初中的班主任——林蓓诺，希望她能给许垂康一些引导和帮助。在一天放学之后，林老师将许垂康叫到了自己的办公室，许垂康以为老师一定是要为自己早上的迟到要狠狠地批评自己。然而，林老师却没有批评他，而是拿出了一张纸。疑惑的许垂康接过纸一看，原来那是父母写给他的一封信，上面写满了父母从出生以来对他满满的期待与看到他如此厌学的无奈愁苦。看完后，林老师对他说了这样一番话：“垂康，你是一个非常有天赋的孩子，你爸爸妈妈在你身上寄托了他许许多多的期望，你是家里的长子，你应该懂得理解父母的苦心，也应当明白自己肩上的重担。你现在已经不该是一个懵懵懂懂，未谙世事的孩子，你应该成熟起来，应该学会承担起家里的责任，减轻父母的负担，而不是像现在这样再让他们为你担心。你应该好好把握这三年的初中时间，将自己原来的缺点完全改掉。你要记住，你不仅仅是你自己，你还是父母、家庭的未来！你要对得起你父母为了你的学习所做的努力，要记得你的父亲为了你的入学走了多少路，要记得母亲为了每天让你准时上课而早起操劳，为你准备早饭。学习的路途固然难走，人生来也固然会有惰性，然而父母、家庭的爱就是你前进路上永不枯竭的动力。你应该带着父母的爱，老师的鼓励一路向前，披荆斩棘。”听了老师的话，许垂康觉得心头不是滋味，觉得手上那薄薄的一张纸似有千斤重。回到家，许垂康看到父亲头上那斑白的银丝、眼角的皱纹，看到母亲粗糙的双手，期盼的眼神，许垂康的眼眶忽然湿了，他想：“是啊，父母为了我的学业付出了无悔的青春，我又有什么理由，一次次辜负他们，让他们失望呢？”此时此刻的许垂康似乎在一夜之间成熟了，他决心要好好学习，不仅仅是为了自己，也是为了对得起父母一辈子为他付出的辛劳，更为了自己肩上那份沉甸甸的责任。那一年，14岁的许垂康第一次读懂了“责任”二字的含义，也第一次尝到了拼搏的乐趣。在那之后，他每天五点半准时起床学习，也没有再迟到过。每天沉浸在学海中的他，如海绵一般，拼命地吸收着有用的知识。渐渐地，之前落下的成绩慢慢补了上来。那一年，他的成绩有了明显的进步，从全级几百名升到了全级二十二名。中考成绩出来后，懂得感恩，勇于回报的他以优异的成绩留在了母校——东厦中学。

在许垂康的努力下，他在初中三年内曾获得“优秀学生”“优秀团员”称号，更是东厦中学的“优秀毕业生”。

升上高中后，许垂康一开始有一些跟不上高一的生活，虽然自己已经很努力，天天沉浸在题海之中，可学习成绩依然不理想。当一张张挂满红叉的试卷纷至沓来，许垂康也曾气馁、懊恼过，甚至想要放弃过。但好在父母的关心，老师的鼓励总能给他重拾信心的勇气。数学老师启示他，高中的学习科目多、内容多、难度大，如果你还按初中的学习方法来走，肯定是走不通的，一定要找到适合自己的学习方法。听了老师的话，许垂康决心摒弃题海战术，摒弃死记硬背，在学习中摸索，在摸索中前行。经过不懈的努力，他找到了独属于自己的学习方法，其中一个就是“善于利用边角时间”。在等公交车时背背单词，在洗碗的时候背背古诗，在洗澡的时候顺便思考一道数学题……在帮父母完成家务的同时完成学习任务，在别人还没做完作业的时候，许垂康早就在总结当日的学习内容，做系统的复习了。众所周知，一个好的学习方法能够事半功倍。许垂康找到了适合自己的学习方法，也让自己的成绩也渐渐进入正轨。高二的时候，在班主任肖辉老师的帮助下，许垂康的成绩突飞猛进，曾在全国化学竞赛中获得广东省三等奖的佳绩。不仅老师帮助他，父母鼓励他，学校领导也对许垂康非常关心，给他各方面的支持。这让许垂康感受到自己应该加倍努力，用实际行动回报那些关爱自己的人们。终于，高三的许垂康在市的一模二模中都取得了不错的成绩，最终在高考中以优异的成绩考上了华南理工大学，夺得了东厦中学的状元。

在老师眼中，许垂康是一个乐观向上的好学生。校园里，每天都能看到他真诚、可爱的笑脸。课堂上，老师们总能看到他专注听讲的神情，听到他迅速而准确的回答。课后，许垂康总是出现在办公室里，为一个不懂的知识点，一道不明白的题目虚心请教老师。办公室里，老师们对他的评价很高，说他善于开动脑筋，勇于探索，富有进取心，又虚心向学，是一个不可多得的好学生。

在同学眼中，许垂康的成绩总是排在前几名，但是他却不骄傲，而是热心地成为班里同学的“小老师”。由于学习成绩优异，性格又温和耐心，同学们在学习上有什么问题，总是喜欢找他解决，而许垂康又总是不厌其烦地回答每一个同学的每一个问题。他可能不是每天来得最早的人，但他总是最晚离开的人，每天放学后，他总是留在班里学习，为同学们讲题。在他的带动下，每天放学后留下来学习的同学越来越多，甚至最后自发形成了班里的学习小组，给班里营造了浓厚的学习气氛。他的理科成绩特别好，所以他经常给前后左右的同学讲解理科题目。有些同学理综成绩太差，他还给同学出题目，帮同学批改到深夜，并详细讲解，直到同学完全明白清楚。对待班级事务，他也绝不推脱，帮老师解决好交代的每一件事情，是老师的贴心小助手。他担任小组长和电脑管理员的职务，虽然职务不高，但他总是兢兢业业地完成自己分内的工作，从不懈怠，受到老师、同学的一致好评。

许垂康不仅是学校里的好学生、同学的好帮手，还是家里的好孩子。每天放学回家，他总是会主动帮父母做家务，辅导弟弟的学习任务。在父母工作忙时，他承担起家里所有的事情，让父母安心、减压。他还经常与父母交流自己的学习状况，向父母请教生活的道理。父母都说，许垂康越来越懂事，是一个让人省心、放心的孩子。

许垂康爱好运动，喜欢锻炼身体，他时常以“身体是革命的本钱”这句话激励自己，让自己总是保持在一个良好的身体状态，让自己总是以最好的状态迎接接下来的挑战。许垂康善于控制与支配自己的情绪，保持乐观开朗，振奋豁达的心境，与人相处时能给人带来欢乐的笑声，令人精神舒畅。他目标明确，行为自觉，勇敢果断，遇事不慌乱，能带领伙伴一起走出困境。

后记：许垂康同学德才兼备，在校能帮助老师完成任务，帮同学提高成绩，是一个有思想有道德的学生，有很强的道德荣辱观，能自觉地、高标准地践行“社会主义核心价值体系”。他追求知识、热爱科学的内容，能够很好的掌握科学知识，能在团结互助、诚实守信、艰苦奋斗等方面做出表率，树立良好的人生观、价值观。

成就他人，幸福自己

——记『佛山市美德少年』陈村职校学生许志辉

题记：『成就了他人，幸福了自己。』这是许志辉同学经常说的一句话。作为陈村职校学生会主席，他担任过义工部部长和生活委员，工作积极，勤奋好学，为人坦诚，是学校开展义工工作的带头人。作为学生会主席，他组织学生会部门有序开展工作，配合学校德育处、团委做好学生德育管理工作方面费尽心思。自入校以来，他就从学习、生活和工作等各方面严格要求自己，经过这一年多来的学习工作，个人综合素质得到了全面的提高，并得到了同学和老师的好评，曾获得2013学年陈村镇优秀团员、优秀学生会干部。

严于律己求自治

他能时刻铭记自己是一名光荣的共青团员，严格要求自己，遵守学校各项规章制度，为人正直，诚实守信，责任心强，积极进取，争当优秀团员。他始终坚持正确的人生观和价值观，坚持中国共产党的领导，政治立场坚定，自觉服从党的要求，在思想上与中国共产党保持一致，积极上进，热爱祖国；始终以党的思想严格要求自己，并不断向党组织靠近，为争取早日加入中国共产党而努力。

学无止境求上先进

其本人一直注重高效率的学习方法。在校期间，他学习刻苦，成绩名列前茅，多次被评为学习之星，现在也正在为升上大学而努力备考；在勤奋学习的过程中，不断探索适合自己的学习套路，对专业课的学习一直坚持以广泛学习、综合学习的模式。所谓“学海无涯”，他经常说：“我想知识无止境，所以我更追求学无止境来不断提高自己的文化知识和思维结构。”

乐于奉献求自幸福

其在现担任学生会主席一职时，组织学生会各个部门有序开展工作，定期召开学生会的会议，每天检查和监督学生会各个部门的工作，配合学校德育处做好学生管理方面的工作。义工服务方面，一份义工与美好、心怀与目标、爱心与传递，都深深地打动着他。他曾担任学生会义工部部长，为学校组织多次义工，范围覆盖到陈村镇、顺德区，在义工领导方面有着突出表现。作为学生会义工部部长，就需要通过义工的这种形式来帮助需要帮助的人。在雅安地震发生之时，他在学校陈村镇范围内组织了一次义卖，把学生们的一些捐献品送到了灾区，为灾区人民贡献一份力量；同时这次义卖的组织也得到了学校的好评，让同学们的义工服务得到了学校的好评，也让同学们的义工能力得到了提升。在2013年1月，学校组织了一次书法比赛，他在这次活动中带领了10多位义工人员在比赛中协助工作人员把比赛现场纪律和现场人员的调配做好，可以说这次义工是付出得多，也收获得多，让他的义工证明里又添上一笔。2013年3月，他在学生会义工部和社区之间共同合作组织了一次家庭长计划公益，为社区的单亲家庭提供了一次成长计划服务，为一些家庭开展一系列活动，帮助了许许多多的家庭，让他们了解到家庭中孩子们的成长方向。当然，他也参加了学校的许多义工活动。例如，成为2013年11月份的学生献血活动和12月份的校运会义工；参与2013年2月份的学校寒假作业展和4月份的科技艺术节开幕式、学校达人秀以及8月份的新生军训工作和12月份的成人宣誓仪式、2013年2月10日的开学典礼，负责义工指挥和领导义工的一些工作。

同时，他在陈村镇政府的组织下参加了很多户外义工活动，如探访老人院、社区探访、镇美城活动和粤剧表演等一些关爱社区老人的义工活动；也有一些节日义工活动，如端午节的“万水千山粽是情”包粽子活动、6月1日的儿童节活动，陪伴着小朋友们度过一个快乐的儿童节；3月12日的植树节活动，当天他带领着义工进行了义工植树，同时也提高了义工们对于植树绿化的知识点，让他们认识到植树绿化的作用。还有就是在2013年3月24日、5月11日和2014年2月15日组织了一系列的招聘会，为广大社会人员提供众多就业机会。

“我爱义工，我爱做义工”，这是他践行社会主义价值观的真实表现。他相信通过义工，去义务服务一些需要帮助的弱势群体，可以为改善社会服务，促进社会进步作一点贡献。因为义工不仅仅是义务劳动，更是有意义的劳动，你会发现所做的事情对别人有利，而且对自己也很有价值。

和谐友善求自乐

许志辉一直以严谨踏实的生活方式要求自己，崇尚勤俭节约，不奢侈浪费。与同学之间的关系亲密无间，相处融洽。在日常生活中，他经常关心同学的生活及学习，处理事情始终坚持集体原则，能很好地站在同学的立场考虑问题，并合理地解决日常生活中的小瑕疵；此外，还能够合理地安排生活时间，不浪费时间，坚持有规律的日常生活方式，闲暇的时候，看书看报、看杂志，不断充实自己的文化生活；在课余时间，也进行一些文体活动。平时在学校，他也常和同学一起出去打球以增加体育方面的能力；还学习了关于礼仪和着装方面的知识，认为懂得这些是对别人的一种尊重，在今后的生活中可以充分体现一个人的基本素质，所以在这方面也培养自己，使自己达到对学生“德、智、体、美、劳”全面发展的要求。

另外，他说“一个人的价值取向一定要顺应社会的发展要求”。因此，在平时，他经常会有意识地浏览各种网站信息。在个人成长的路上，他对自己的要求是：不但要敢于创新，而且要在马克思主义思想、毛泽东思想、邓小平理论和三个代表重要思想上反思自己的言行举止；作为团员，必须具有积极的心态，乐观的精神和敢于向困难挑战的精神，而且骄不躁、败不馁，团结友爱，关心他人，具有团队精神和集体荣誉感。“勿以恶小而为之，勿以善小而不为！”良好的道德习惯不是一朝一夕，而是长期的养成过程。从自己做起，管好自己，只有这样才不会违背作为新一代优秀共青团员的精神。

许志辉同学在一年级担任学生会义工部长一职后，秉承学校创办的“志愿一百，千人义工团”服务宗旨，致力“服务社会、服务他人、服务学校”，积极组织开展义工服务，无论是晚上还是周末都不辞劳苦，范围从学校覆盖到陈村镇、顺德区。

在青海玉树地震发生之时，他在陈村镇组织了一次义卖活动；在学校，组织学生书法比赛义工服务；在社区，合作组织了家庭长远计划的公益项目。在每年的学生献血活动、校运会、科技文化艺术节活动、新生军训、成人宣誓仪式、开学典礼中都有他义工服务的身影。许志辉同学十分热心社会的公益服务工作，如探访老人院、社区探访、镇美城活动、镇群众娱乐系列活动、关爱社区老人活动、端午节的“万水千山粽是情”包粽子活动、儿童节活动、植树节活动等，他都是积极的义工参与者，仅两年时间义工服务时间合计已超过500个小时，他的义工工时已经达到“五星级义工”称号。

听力残缺，但梦想不残缺

——记阳江市特殊教育学校学生刘再清

题记：『因为听力残疾，我活在无声的世界里，但我没有放弃追求自己梦想的权利，我渴望成为一个对社会有用，自食其力的人。』

刘再清，女，共青团员，阳江市特殊教育学校高一年级学生。1995年7月出生在阳江市阳西县英南村，家中三个孩子她排行老二，哥哥和弟弟都是听力残疾人士，父母均在家务农。2007年9月阳江市特殊教育学校开办，她成为学校第一批学生中的一员。阳江市特殊教育学校是一所由阳江市教育局主管，为全市残疾适龄儿童提供免费义务教育和高中阶段教育的公办特殊教育学校。学校围绕“播爱扬诚、内涵发展、育残成才”的办学理念，建立了集康复训练、文化教育、职业培训于一体的办学模式，以让学生全面发展，融入主流社会，成为社会的建设者为办学宗旨，以创办师资精良、设施先进、环境优美、质量过硬的一流特殊教育学校为办学目标。

下面介绍刘再清的主要事迹。

全面发展，屡获佳绩

自入校以来，她学习踏实认真，成绩拔尖，长期担任班级干部，还是学校团委学生会的值日生。她兴趣广泛，肯下功夫钻研、训练，在艺体美方面也取得了不少成绩。

2008年12月她的手工作品在第四届“华夏杯”全国青少年书画艺术大赛中，荣获小学组银奖，并被评为五段。

2009年6月她参演的舞蹈《开门红》在第七届全省残疾人艺术汇演中荣获舞蹈类优秀奖。

2009年7月她在广东省残疾人乒乓球、羽毛球、硬地滚球锦标赛中获乒乓球听力女子单打第三名，乒乓球女子听力组团体第一名，乒乓球女子听力双打第一名。

2009年8月她在阳江市第四届残疾人运动会上获羽毛球青少年女子听力组第二名，乒乓球青少年女子听力组第二名。

2010年5月她的绘画作品在2010世博“嘉吉中国社区儿童绘画比赛”阳江赛区中荣获二等奖。

2014年她获得阳江市2012-2013学年度“三好学生”。

在我校的评优评先中，2010年1月她获得综合素质优秀奖，2011年7月她被评为优秀卫生检查干部，2012年1月她被评为优秀纪律检查干部，2012年7月她被评为综合素质优秀生，2013年1月她被评为优秀学生干部，2013年7月她被评为综合素质优秀生。

自强不息，拼搏上进

先天的听力残疾，家庭贫困，并没有让她活在无尽的悲痛里，相反每天她的脸上都挂着灿烂的笑容，她很珍惜学校生活，努力学习各种技能，希望能早日自食其力，帮父母挑起家庭重担，回报父母的养育之恩。

2008年下半年学校将她作为女子乒乓球、羽毛球种子选手开始培养，不论严寒酷暑，她都坚持星期二、三、四下午每次两个小时的训练。周末别的同学都躲在宿舍看电视或者休息，她却和队友们坚持训练，因为听不到声音，每次老师示范动作时她总是聚精会神认真看，用心记，然后反复练习、推敲，直到自己游刃有余。2009年暑假，距离省里的比赛不到一个月的时间，为了集训，她和队友们一起留在了学校。偌大的校园，少了平日的喧闹，只留下他们几个人孤独训练的背影。其他队友因为训练辛苦、思念亲人，出现倦怠时，她总是以灿烂的笑容鼓励着队友们。她劝导队友们，父母和老师培养他们不容易，她们因为听力残疾已经比别人少了很多的优势，这次有机会参加比赛更是要刻苦训练，取得好成绩，向大家证明，他们虽然有残缺但一样可以活得很精彩。在近一年的艰苦训练中，她不但没有因为训练耽搁学习，考试时仍然次次都领先。功夫不负有心人，在2009年广东省残疾人运动会中她获得了羽毛球、乒乓球的双料冠军。不仅为我校增光添彩，也向社会证明了自己的价值。

2009年上半年在备战广东省残运会的同时，作为校舞蹈队的一员，每周有两个晚上她还得参加舞蹈队的训练。舞蹈方面她的条件并不是最好的，但她没有因此气馁，反而训练时更刻苦。每次老师播放音乐时她都静静地将脸贴在地板上感受地板震动，努力记住整个舞曲的节奏变换。老师新教的舞蹈动作，她不是最先学会的，但她一定是练习最认真的，有时课间，她都会向领舞的同学请教，利用课间的几分钟练习或纠正自己的动作。一个小小的肩膀，却承受了那么多的任务和压力，每次问她累不累时，她总是说有一点点累，但她可以坚持。乐观、坚强、拼搏上进是她身上最美的光彩。

善待差生，乐于助人

作为班干，她认真负责，工作细致入微，不仅是班级同学的表率，更是老师们的得力助手。成绩优异的她，在同学中也是有口皆碑的“好老师”，无论谁学习中遇到困难，向她请教，她总是细致耐心地帮同学们解答。也因为在她的带动下，班中形成了相互帮助学习的良好的学风。平时的学习生活中，同学之间闹点小矛盾，或者谁遇到了什么麻烦，都愿意跟她说，她也会及时地和老师沟通，积极地帮同学们解决问题。

心存感恩，回报社会

她的哥哥、弟弟都是听力残疾的孩子，她的成长伴随了家人更多的辛酸与泪水，也倾注了很多社会爱心人士的关爱。面对家长和社会的这份恩情，她没有一味安于享受，总是尽自己的力量回报家人和社会。

学校团员活动，到福利院慰问孤寡老人和儿童，她总是第一个报名参加。每次活动结束她都感慨万千，她告诉老师，虽然她听不到，但是比起其他类型的残疾孩子，她幸运多了。其他类型的残疾孩子生活更艰难，以后她一定要多多帮助他们。学校成立了志愿服务队，她毫不犹豫就参加了，每次的志愿活动她都积极响应。她说平时都是她在接受别人的帮助，她也要尽自己的力量去帮助需要帮助的人，将爱心人士对她的爱传递出去，以此来回报社会。今年的父亲节，她画了一幅全家福送给爸爸做礼物。在祝福语里她这样写到，“爸爸，今天是您的节日，我没有钱给您买礼物，只能画一幅画送您。感谢您养育我们成长，您辛苦了，我会快快长大回报您，我永远都爱您！”她就是这样一个心怀感恩，时刻谨记回报社会、家人、老师、社会爱心人士，让人感动的好孩子。

后记：上帝给她关上了一扇门，她却用自强不息为自己打开了一扇窗。她热爱家人、老师、同学，热爱自己的祖国，更热爱美好的生活。她没有因为听力障碍自暴自弃、自怨自艾，她用乐观、积极的心态，为自己创造幸福的生活，去追求自己的梦想，也为周围同学带来了更多的正能量。她品学兼优，却没有因为自己取得的成绩而骄傲自满，她一直踏实勤奋，努力用自己的汗水换回更美好的人生。总之，她在思想、学习、体育等方面出类拔萃，卓尔不凡，是同学学习的好榜样，是学生中的标兵，是新时代的优秀学生。

在无声世界里奏响五彩乐章

——记深圳元平特殊教育学校学生何晓纯

题记：『不要因为糟糕或挫折的事而改变自己。』这是她经常对自己说的话。生活不允许她哭泣，她要做一个自强自立的人，她用自己的信念与努力在无声的世界里奏响五彩的乐章。青春路上没有驿站，面对鲜花和掌声，她依然迈着前行的步伐……

何晓纯，女，深圳元平特殊教育学校D9班学生，一个用微笑面对生活的女孩。她性格开朗，充满活力，可以在校园的各个活动舞台看到她忙碌的身影。小纯出生于揭阳一个农村家庭，有一个先天性耳聋的姐姐，她出生时听力正常，她的出生无疑给家里带来了希望。她无忧无虑地度过了幼儿园生活。可是在一次普通的发烧打针之后，别人跟她说话的时候，她突然发现自己听不清楚了。后来一检查，结果是她的听力降到了七十多分贝，她从一个正常的孩子变成了人们眼中的“聋哑人”。

依靠自己，励志自强

为了能给她们姐妹俩一个更好的学习环境，父母把她们送到了深圳的舅舅家里，而自己还要留在老家照顾更小的两个孩子。可以来到深圳上学的生活是美好的，但对她来说生活的挑战却是刚刚开始。年幼的她离开了熟悉的爸爸妈妈，来到元平特殊教育学校开始了住宿的生涯。刚刚失去听力不久，突然进入这个完全陌生的环境里，她感到不适应。想念爸爸妈妈的时候，她只能躲在宿舍里偷偷地抹眼泪。周末回到舅舅家，舅舅舅妈还要工作，她和姐姐俨然成了家里的“小大人”。7岁，当别的孩子还依偎在妈妈的怀里撒娇时，她和姐姐在远离妈妈的异乡上学，小小的她学会了洗碗、洗衣服……带了她们几年的生活老师廖老师说：“小纯是我看着长大的。小丫头刚来学校的时候，就是一个懂事、乖巧的孩子，很坚强，老师交代给她的事情总是认认真真完成，心地善良，还经常关心帮助其他同学。”

五年级的时候，父母终于举家来到了深圳。但是要养这么多孩子，父母唯有辛辛苦苦地工作，周末也要在超市上班。小纯和姐姐不仅要照顾自己，洗衣做饭打扫卫生，这些家务全部落在她们的肩上，此外，她们还需要照顾弟弟们的衣食起居。

刻苦学习，业精于勤

自从入学以来，她在元平已经度过了九年的求学历程。在此过程中，她一直坚持一个信念：在困境中求学，在艰辛中自强！这个信念让她在过去的九年时间里克服困难、积极进取，成为了一名品学兼优的学生。

手语是聋人的母语，它的使用简明扼要、直截了当，但是手语也有一定的局限性。为了让学生更容易接受信息，手语使用中没有过多的修饰词、虚词、抽象词。比如表示“不一样”“不同”“差异”“差别”这些词时，手语表达大多一样的。为了理解这些词，写一个比较通顺的句子，对小纯这样的孩子来说是一件相当困难的事情。其中，最难的是英语科目了。对使用手语的聋生来说，普通话已经是第二语言了，英语是第三语言。在课堂上，小纯同时需要面对英语、普通话和手语这三种语言，学习英语的困难与艰辛可想而知。

面对困难，小纯似乎天生有一股不服输的韧劲，她坚信自己能克服听力缺陷带来的困难。每天上课她总是认真听讲，课间积极与老师交流，她得到了几乎所有任课教师的好评。对于学习，她越来越有信心，因为她深深地知道：学海无涯苦作舟。每次测验，她的成绩一直名列前茅，在每学年度的三好学生评比中都榜上有名。面对众多的荣誉，她仍旧谦虚好学，并没有因此停止奋斗的脚步，风雨无阻地坚持晨读。早晨六点左右，当其他同学还在睡梦中，她就起床了，在宿舍里安静地阅读课文、记单词……

迎风追梦，拼搏奋进

小纯不仅学习优异，而且兴趣广泛、多才多艺。繁忙的学习之外，她还要参加各种文艺的训练，画画、舞蹈、体育、航模等。记得小学三年级的那年，为了参加健美操比赛，她每天早上6点半去操场跑步然后练习压腿，等快八点她又匆匆去教室上课。没有时间去食堂，早餐都是同学帮她打好带到教室里去。训练一直到比赛结束，最后健美操比赛获得了第一名的成绩。像这样的活动她经历了许多，她每次都踊跃参与，从容地迎接学习和训练，她的脸上那份悄悄绽放的淡定在不经意间闪耀着平凡的张扬。

路在我们自己脚下，我们可以做自己人生的领路人！这几年来，她收获了许多荣誉。2009年6月，她在第九届“星星河”全国少年儿童美术书法摄影大赛获得优秀奖；2011年7月，她参演的节目《我听见了花开》获第六届全省特殊教育学校学生艺术汇演舞蹈类二等奖；2011年11月在第26届世界大学生夏季运动会“UU五色花”活动中，被评为“优秀学生”；2013年，获得深圳市中小学航空航天模型竞赛暨“飞向北京”全国青少年航空竞赛第二名；获得“我爱祖国海疆”全国青少年航海建筑模型深圳第一名；深圳市第四届残疾人运动会女子组包揽200米、800米两个第一名。

心存阳光，热心助人

小纯不仅在学习和才艺中表现优异，她的阳光心态和乐于助人，又使她和同学之间建立了深厚的友谊。她从来都不是一个孤独的强者，她真诚对待身边每一个人，关心每一个朋友，热心帮助每一个需要帮助的人，因为她知道“予人玫瑰，手留余香”。隔壁班有名女生是从普通学校插班到元平来的，她写了一篇《我的好朋友——何晓纯》的作文，在作文里她是这样写的：

我刚来学校时，七年级的何晓纯愿意和我做朋友，当天晓纯发现我总是披着头发，不愿意和同学交往很胆小，她把我拉去宿舍照镜子，照了之后，她对我说：“你的头发长了，夏天的天气很热，你可以把头发扎成马尾。”我因为自己的耳朵有缺陷，从来都是披着头发把耳朵遮住，不愿意让大家看到，担心别人嘲笑我。我拒绝了晓纯的要求，后来晓纯一直问我什么原因，最后我告诉她。她得知这些原因后对我说：“你要大方啊，同学们其实是很关心你的，是你自己想多了，大家都愿意和活泼大方的同学一起交往。”我听完后心里开朗多了，我试着扎起马尾。宿舍的同学看到我的马尾辫惊讶地说：“哇！你扎头发真漂亮极了。”

第二天早晨，我扎了辫子在宿舍外面，还是有些担心同学们会用奇怪的眼神看我。晓纯来到我的宿舍带我去餐厅吃早饭。她说：“你不要害怕，要相信自己，加油！女同学们会支持你。”我和晓纯一起去吃饭，我低着头走路，一点勇气都没有。她说：“走吧，你大方一点，别人看习惯就好了。”

…………

“你一定要大方，不管别人说什么，做最棒的自己。”小纯的话一直记在我的心里。从那以后，我觉得自己变了，变得开朗大方了，愿意主动和同学交朋友。我庆幸自己有这样一个好朋友，愿我俩的友谊天长地久！

正是她这种乐观、积极、热心的性格，感染着周围许多同学。当问起另一位女生为什么喜欢小纯时，她是这样回复的：“她告诉我很多道理，让我终于明白了许多事理，也让我感动，感谢她在我最需要帮助的时候，关心我，陪伴我，教我很多道理，对我好，陪我一起快乐。”还有一位学生在作文中写道：“她心地善良，在我心中永远是最美的天使，因为她有一颗美好的心灵，是一个非常孝顺、懂事、开朗活泼的好女孩。”

后记：失去听力是不幸的，而坚强是有幸的。自身的缺陷教会了她自强，学习让她找到自身的价值，面对困难她更加乐观。她相信世上无难事，每个人的命运掌握在自己手中，凭着自己顽强的毅力、拼搏的精神、执着的信念，一定能实现自己的理想和追求。

对于未来，小纯的愿望是当一名设计师，“因为看到别人设计的有些东西非常漂亮”。现在她马上就要迈入高中了，她希望通过自己的努力，争取考上聋生们梦想的艺术殿堂——长春大学特殊教育学院。只要心中有阳光，在无声的国度也能奏响五彩的乐章。相信在以后的日子，她会更加勤奋，一定能够通过自己的不懈努力打造出自己的一片天地来。

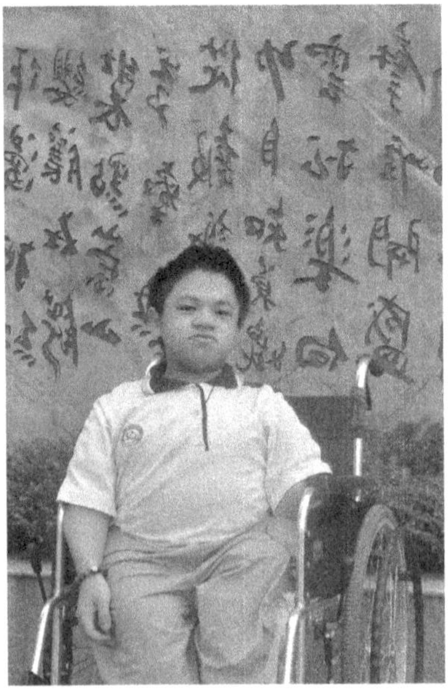

自立自强的『瓷娃娃』

——记西樵高级中学学生陆瑞坚

题记：曾经的我流过无数的泪，如今的我已经学会了自立自强，用微笑面对生活中的困难和挫折。陆瑞坚同学怀着『活着就要做个对家庭对社会有益的人』的信念，以张海迪为榜样，勇敢地面对残疾的身体，用坚强和乐观谱写自己的人生篇章。他以自己的言行，回答了亿万青年非常关心的人生观和价值观问题。

故事的主人公名叫陆瑞坚，今年19岁，家住南海区丹灶镇，是佛山市南海区西樵高级中学高二理科实验班的学生。他多次获得学习成绩进步奖和优秀奖，被评为学校“三好”学生和进步学生。他积极参加学校和市区举行的各类竞赛，获学校体艺节节徽设计二等奖、插花比赛一等奖、学校英语单词竞赛二等奖、全国“新世纪杯”作文比赛三等奖。2014年6月，他被评为“佛山市美德少年”。

西樵高级中学坐落在西樵镇中心地带，东临北江，南依南粤名山西樵山。西樵高中已有80多年办学历史，是一所区直高中。学校现有69个教学班，3400多名学生，是南海区内规模最大的高中。西樵高中始终坚持“以人为本，德育为先”的原则，贯彻“从严管理，爱在其中”的管理思想，以为每个学生创造适合的教育为己任，着力打造适合各类学生成长的平台，精心创造适合学生个性发展的教育。学校被评为“广东省德育示范学校”。

他要坚强地活下去

哲人说，苦难是上帝赐予人的财富。上帝把这笔财富赐予了陆瑞坚同学。他一出世就得了先天性疾病——瓷娃娃病。这种病是一种罕见的先天性疾病，患病的概率只有一万五千分之一，而且死亡率高达94%。这种病就像那特别的名字一样，使他像个瓷娃娃，一碰即碎。这听起来觉得很可怕吧？是的。据接生医生讲，这孩子即使不死，能够站起来的希望也等于零。当时他的妈妈和奶奶听了，最先反应是这孩子一辈子完了，紧接着昏厥过去。但做父母的决不会眼睁睁地看着自己的孩子一生一世就这样子活着。为了给陆瑞坚同学治病，母亲干脆放下工作，抱着他四处求医。佛山、广州、上海……大小医院跑过几十家。正规医院不行，就找民间草药郎中，几乎访遍了周边10个省市。转眼几年过去了，花费了大量的钱财，耗尽了家人的精力，结果仍无济于事。慢慢懂事的陆瑞坚同学，从家人的眼神中读出了自己的不幸，读出了父母和奶奶的痛苦，读出了家人对自己的疼爱。他暗暗下定决心，无论怎样，自己也要在亲情中坚强乐观地活下去。曾有医生断言他活不过十岁，但是他今年已经十九岁了。这难道不是一个坚强的奇迹吗？

他要勇敢战胜疼痛

陆瑞坚同学说，从小就有不少人为他流过泪，有不少人为他叹惜过，但也有许多人为他而感动过。

五岁时，就发生了一件让他这一生都无法忘记的事。这事让他现在想起来还觉得心有余悸，这也是他懂事以来最可怕的一次回忆。那次他的四肢全都骨折了，时刻面临着生命危险。他很害怕，也觉得揪心地痛。但他忍着不哭，他说他不是不想哭，而是不敢哭，因为他一哭就会全身抽搐，一抽搐就会使他原本已经疼痛的身躯雪上加霜，就可能导致生命面临危险。那次即使用了镇痛药也不能减缓一丝痛楚。他的心里一直在喊着痛，真的很痛，但他不能哭，一哭他就有可能晕死过去。他喷涌出来的眼泪只能够在心里面流淌，就连医生护士都不忍心看着他这么痛苦地受着病魔的折磨。他坚强地从死亡线上撑过来了，即使后来留下了一大堆后遗症，但那又怎样呢？他勇敢地战胜了疼痛，他又一次活过来了。他把这一次次在医院战胜疼痛的顽强精神带到了学校，凭着自强自立的精神，在学习上遇到困难和挫折也不会回避。他勇敢地挑战自己，挑战他人，在每次的段测考试中都取得优异的成绩。

他要勇敢战胜孤独

上帝赐予陆瑞坚同学的这笔财富不仅仅是身体那撕心裂肺的疼痛，更可怕的是精神上那无穷无尽的折磨。他经历了同龄健康孩子没有经历过的痛苦，所以他更加珍惜生命，热爱生活。他说，他想有更多的时间和更好的身体了解这个世界，感受这片天空，他还想脚踏这片土地，所以在他十岁时选择去了一个陌生的城市——广州，治病调养。奶奶当时年纪已大，身体又不好，爸爸妈妈要拼命工作挣钱养生病的他和读书的哥哥，所以他一个人留在广州。在那，他身边没有一个亲人，围绕着他的都是陌生的面孔，他开始学会了独立。想起刚开始去到广州的时候，他每天都会想起小时候爸爸妈妈如何疼爱他，怕他自卑，怕他受伤，爸爸妈妈甚至连哥哥的那份爱也给了他，哥哥也明白他这个弟弟比他更需要这份爱。哥哥每次出去玩都会带上他，不嫌他是个累赘。他们兄弟俩在家烤地瓜、偷家里的鸡蛋和玩躲猫猫的场景时常萦绕在他脑海。如果别人不想和他玩，那么哥哥就会带着他一起离开。如果说爸爸妈妈在身体上给了他呵护，那么哥哥就给了他一个美好快乐的童年。好在他很快就适应了那家医院的生活。他那间医院与其他医院不同，是一家私立医院，当时住院的病人就他一个人，在那有十几位医生，没有护士，因为医生就是护士，但他们都不以医生相称，而以兄弟姐妹相称。他把医生们当成是自己的家人，在那生活就像和家人在一起一样其乐融融。他跟他们一起住一个公寓，一起在同一张桌子吃饭，一起看电视，一起下棋……他们完全不把他当病人看待，而是把他当成他们家的一份子，他也把医生们当成亲人来看待，所以那三年的广州之行他是孤独的，但他又是独立和快乐的。

他要展示自己的价值

他一直在想，虽然每个人的生活道路不同，但人人都有机会在人生舞台上展示自己，实现自己的价值。健康虽然失去了，但他依然可以创造丰富多彩的生活。他不喜欢被别人安排好一切，他喜欢去开创一条属于自己的荆棘道路，就像广告上说的“哪怕遍体鳞伤，也要活得漂亮！”他希望靠自己的力量站起来，不需要别人搀扶，不需要任何工具，靠自己的力量，做一个自强自立的他，与众不同的他。

小时候，他望着哥哥上学读书，觉得特别有趣。他一个人在家的时候，他找来纸笔，学着写写画画，见什么画什么，还挺像那么回事。有一天，他就向妈妈提出他也要上学。爸爸妈妈好不容易哀求到有一间学校肯收他，但他的身体状况不好，又转到了广州私立医院疗养治病。在那儿，有一位退休的数学老师时常来看他，他于是向这位数学老师请教。从那时开始，他就喜欢上了数学，而且数学越学越好，也坚定了他学数学的信心。今年6月份他还参加了全国数学联赛。在广州的那三年，他还虚心向多位老师请教，向他们学习英语、唱歌、写文章……

他说，他不向命运屈服，即使再大的困难和挫折他也不会回避。他不喜欢退缩，而且他不需要别人的同情，因为他认为只有懦弱的人才需要退缩，弱者才需要同情，他从不认为他自己是个弱者。2012年，他就读于南海区西樵高级中学高一级的普通班。为了证明自己的实力，他勤奋刻苦学习，在高一下学期分班的时候，他进入了理科实验班。他积极参加学校和市区举行的各类竞赛和活动，获学校体艺节节徽设计二等奖、插花比赛一等奖、学校英语单词竞赛二等奖、全国“新世纪杯”作文比赛三等奖。他多次获得学习成绩进步奖和优秀奖，被评为学校“三好”学生和进步学生。如今的他，勇敢地站在人生舞台上用自己的努力和顽强展示自己丰富多彩的生活，实现自己的价值。2014年6月，他被评为“佛山市美德少年”。

后记：在残酷的命运面前，陆瑞坚同学没有沮丧和沉沦，他以顽强的毅力和乐观的精神与疾病做斗争，经受了严峻的考验，对人生充满了信心。我们坚信他的进步不只这些，以后还会有更大的进步。其实，作为一个残疾人，陆瑞坚同学能够如此坚强和乐观，是非常了不起的；我们作为健全人，在困难面前是没有资格伤心，没有资格抱怨的。我们应该以陆瑞坚同学为榜样，勇敢地面对生活，用坚强和乐观谱写自己的人生篇章。

暴风雨中高傲飞翔的海燕

——记中山市南头初级中学学生简慧燕

题记：不大的眼睛乌黑发亮，光芒中透露出倔强与坚强；短短的头发梳得整整齐齐，看起来清清爽爽、干脆利落；个子虽然不高，但是走起路来总是很轻快，腰板挺得笔直；这样一个朝气阳光的女孩儿，谁也不会想到她正无声无息地承受着命运带给她的重担，让人难以想象！那是怎样的磨炼，经历了怎样的痛苦挣扎，才让那小小的双手、瘦弱的肩膀、单薄的身体撑起了一个家？

简慧燕，14岁，中山市南头镇初级中学初二级学生。父亲身患重病，长期住院治疗，仅靠母亲种点小菜挣钱维持家庭开支。父母情况不好，还有个5岁多的小弟弟需要照顾。因此，家庭的重担过早地由简慧燕承担起来。

还在小学的时候，每天放学后的学校门口，别的孩子都有爸爸妈妈、爷爷奶奶来接。而她，幼小身影的小慧燕，独自一人背上书包走向归家的小路。因为她知道：不会有人来接她，自己还要赶紧回家帮忙做事、照顾弟弟。从小到大，她已经习惯了这种孤独的行走，没有陪伴，没有太多的宠爱，她明白这就是她的道路，她必须坚强、勇敢地走下去，坚持自己的事情自己做。

在生活上，她做到自主自立，小小年纪已有了很强的适应环境和独立生活的能力。在她这个年纪，大多数同学还在父母的宠爱中衣来伸手、饭来张口；而小慧燕明白自己家庭情况特殊，看着母亲为了照顾这个家心力交瘁，懂事的她想到的是不让母亲为自己多操一份心和自己如何更多地为母亲着想，替她分忧，替她分担生活上的压力。每天一回到家里，她就马上帮着做家务，做饭、炒菜、洗碗、扫地、拖地、洗衣服等，家里的活，样样拿得起、放得下。除此之外，她还帮着照顾年幼的小弟，陪他玩耍，悉心地看护。慧燕很爱她的小弟弟，姐弟俩总玩在一起，感情特别深厚。有时候特别宠爱着他，给他喂饭，带着他去大小便，给弟弟洗脸、换衣服这些事情都是由她完成。别的小女孩还总是被爸爸妈妈宠爱着，而她没有得到太多的宠爱，却把她的宠爱给了弟弟，家里有好吃的好喝的总是先想着弟弟。有时候弟弟年纪小乱发脾气，跟她生气，她也从无怨言，处处忍让。因为慧燕知道，自己是家里的大姐，自己要照顾弟弟，保护好弟弟！到了周末，别人可以外出游玩，她却是留在家里做事，看护弟弟。有时候，母亲在地里干活，她也能帮上忙，锄草、松土、浇菜。

已经不记得小手被切伤几次，手腕被烫伤几次，也不记得笨拙地拿起那个沉重的锄头滑过几次手，给菜浇水时洒水灌漏了多少水，只记得每回母亲和弟弟露出甜美的微笑，便是她最幸福的事情。邻里左右提到这个小女孩，总是不住地夸赞。

那双稚嫩的手掌早已被生活磨砺出坚韧，那个弱小的身躯早已被年岁锻炼出坚强。

“家贫志坚”，这句话放在慧燕身上再合适不过。因为特殊的境遇让她有点“与众不同”，生活的磨炼让她比别的学生更加成熟和坚强。她清楚地知道，知识改变命运。她学习刻苦勤奋，善思好问，身上总有一股不服输的韧劲，学习成绩在班级年级一直名列前茅。课堂上，她总是认真听讲，那个最积极举手发言的准是她；课堂外对于老师布置的任务，她总是及时完成，因为老师的教导“当天的事当天完成”她牢记心中；不懂就问是她养成的良好学习习惯。有一回，大课间活动回来，大家都累了，许多人都在休息，喝水的喝水，说话的说话，只有她马上从书桌里拿出英语书在背单词，尽管身边很吵闹，她却如处无人之境专心致志地背她的书。还有一次，快放学的时候，别人都在收拾书包准备回家，她却忙着埋头写作业，还说："能做多少，就做多少，不要浪费时间。"她总是抓紧一切可以利用的时间多学多做，往往回家之时，她已经将五科作业利用课间时间完成了大半。因为她知道，回家的时间都要给弟弟和妈妈，只有抓紧在学校的时间把功课学好。更重要的是，她明白知识才能改变命运！

学习上，简慧燕勤奋努力，是老师的小助手，更是同学们的好榜样。作为历史科代表，她带领同学在早读课上自学复习，然后她来提问，同学们回答，开创她所在班级独有的学生自主互助学习的新模式。她的同桌学习不太好，慧燕就主动承担起帮助辅导的工作，对家里人的耐心和爱心，让她对同学也是如此。渐渐地，她成了同学们争相学习的榜样，大家都爱和她玩，有不会的、不懂的都爱问她，而她每次都耐心解答。

简慧燕同学的身上洋溢着青春朝气，洋溢着自信、自立、自强。她给同学们树立了一个精神榜样，可以说学校每一位认识她、知道她身世的学生无不为其所感动，被她身上那种勇于进取、顽强拼搏、敢于战胜困难的精神震撼着、激励着。

她多次被评选为学校"三好学生"，获得"学习成绩优良奖"。2013年她还被评为学校"三好标兵"，荣获市、镇"美德少年"称号；2014年被推荐参加市6月份"身边好人"评选，同期被中山市推荐参加省"美德少年"评比。

后记：慧燕同学，默默承受着命运带给她的一切困难和艰辛，一路走来，变得勇敢、变得坚强。她就像暴风雨中高傲飞翔的海燕，在向命运顽强地抗争，在知识的殿堂里执着地行走。祝愿她在理想的世界里越飞越远，越飞越高！

学习改变命运，技能成就未来

——记佛山市华材职业技术学校学生邝锦豪

题记：当一个人对成功的渴望跟你对呼吸的欲望一样强烈时，你就一定会成功。

邝锦豪同学是佛山华材职业技术学校2011级电子与信息技术专业的学生。自入学以来，他如饥似渴地学习专业技能知识，对自身技能水平提升的渴望如同呼吸的欲望一般。三年来，他先后5次参加了两个项目的国家级、省级、市级技能竞赛，获得了国家级二等奖、省级一等奖的好成绩；考取了4项专业技能等级证书；由于综合表现优秀被评为佛山市优秀学生，并被保送进顺德职业技术学院深造。

学习改变命运，坚定职业成才路

从小对计算机编程痴迷的他对自己人生的规划是读高中到大学学习编程技术。中考成绩不理想让他不能在心仪的高中里学习，父母愿意交择校费让他实现上普通高中的心愿，但他从各种渠道了解职业教育后，毅然决定选择职业学校。他放弃了上普通高中的机会，带着失落和彷徨的心情来到了华材职业技术学校。在新生的学前教育活动中听到了师兄介绍华材职校的学习情况后，让他对自己的现状看得更清楚了：成才的道路不只是参加高考，还有很多路可以到达成功的彼岸。他渐渐变得积极起来，课堂上他认真听讲，不懂就问。课余时间，他抓住一切机会到实训室苦练专业技能。华材偌大的实训中心，每天基本上都是他最后离开。在中职的第一场考试里，他尝试到了名列前茅的滋味，更对他的学习状态带来了激励的作用；同时在一年级学校的体艺节获得了专业知识一等奖，而随后的学习让他获得了更多的自信。在第二学期，他成功考取了“全国计算机一级证书”和“全国英语一级证书”。

技能成就未来，延伸职业成才路

随着时间的推移，课堂的学习对他的吸引力慢慢减少了，他更多地将目光聚焦在实训室里。当班主任向班里的同学宣传专业技能竞赛情况时，他重新审视自己，不想让自己只满足在平时的成绩，他觉得自己可以在更大的舞台上展现自我。他做了一个决定：参加单片机竞赛集训。在没有任何专业基础的情况下，学习单片机编程的难度可想而知。从开始的每一个简单指令都要查书，到从一堆杂乱无章的符号看到了规律和秩序，经历了无比艰难的过程，逻辑思维能力得到了很大提高，单片机编程也变得有趣和美妙了。他学会利用程序流程图分析任务，用已学的算法去解决复杂的问题，但随着深入地学习，编程难度的不断加大，一同参加训练人数一天一天减少，最后只剩下两个人，他就是其中的一位。他已不满足老师教他的知识，他自己更是自学C语言、汇编语言、JAVA语言等。难明的符号、复杂的指令被他看作是美妙的音符，计算机的世界让他的视野更为开阔，多次与外校竞赛交流的经历，令他的思想发生了巨大的变化。他明白学习不只是停留在理论知识上，更应该把所学到的理论变成实际。

当他参加了佛山市比赛后，他清楚地看到自身的不足，感觉到还有很大的差距，学习变得更加认真刻苦。实训楼的训练室变成他大展身手的战场，为了能把结果调试出来，他更是废寝忘食，太晚就留在训练室睡觉。功夫不负有心人，他的努力终于获得了回报。在二年级他代表广东省参加了全国职业院校技能大赛组织的“单片机控制装置安装与调试项目”的竞赛，荣获国家二等奖，打破了该项目国家级比赛一直由中职三年级学生获奖垄断的局面，也让他获得保送直升到广东省重点高职院校顺德职业技术学院的资格。

细节决定成败，拓宽职业成长路

充实而又忙碌的两年匆匆而过，中职三年级的生活开始了。他没有沉浸在荣誉当中，毕竟这已经是过去式了，三年级要用更多的时间来规划自己的未来。经过竞赛，他发现现在所掌握的技能只是沧海一粟，自己的专业基础并不扎实，在很多方面还有欠缺。要想在一个专业方向得到长久的发展，不但要有牢固的专业基础，还需要有较高的社会实践等综合素质。为此，他重新规划了高三的学习生活。一方面，他强烈要求加入电子产品装配与调试项目的竞赛训练，经过短短大半年的学习，他从一知半解到技术精通，在众多的竞赛“种子”选手中脱颖而出，代表佛山市参加全省电子产品装配与调试项目获三等奖，也创造了华材职校一人参加两个技能竞赛项目并获得省级以上奖项的先例。同时他以优异的成绩考取了维修电工中级证、电子CAD中级证。在实习期间，由于他在单片机编出色的专业技能，有工厂请他为设备编写单片机控制程序。

为了提高自己的能力和综合素质，他主动加入机电部学生分会，担任秘书部部长一职。他始终保持积极的工作热情、强烈的责任心和为同学们服务的坚定信念，认真工作，出色地完成老师要他负责的工作，同时积极协调学生会其他部门，完成校内各种活动。在高强度竞赛训练的同时，他很好地协调了学生会工作与学习的关系，做到学习工作两不误。从一个稚嫩的孩子变成一个成熟独立的学生干部，邝锦豪付出了很多，也收获很多。

扎实的专业基础、优异的专业技能竞赛成绩、出色的学生干部工作，使他在毕业之际荣获华材职业技术学校“优秀毕业生”的光荣称号。

后记：作为一名学生，有优异的成绩，还将所学理论与实际相联系，就能立足于社会。社会是一个大森林，要遇强则强，要不断地挑战自己，不断为自己设定目标，不断地达成自己的目标，才能乘风破浪。相信他在不久的将来终能开创一片天地。

小小肩膀撑起一个家

——记珠海市金海岸海华小学学生苏晓莹

题记：生活总是给予我们无数苦难，而这些苦难正是我们一步步走向成功的垫脚石！

苏晓莹是珠海市金海岸海华小学的六年级（2）班的一名学生。她性格开朗、活泼可爱、孝敬长辈、学习认真、成绩优秀，是个积极上进的好孩子。

今年13岁的苏晓莹此前遭遇诸多不幸。2009年，她的父亲患白血病去世，留下了30多万元的债务。为了还债，70多岁的奶奶现仍在广州打工，而母亲在父亲去世不久后也外出打工，很少与家人联系。2013年年初，爷爷意外摔倒骨折，行动不便。面对如此命运，她并没有怨天尤人，反而比他人更多了一分坚毅、乐观、懂事。

生活上，她用自己幼小的肩膀撑起这个命运坎坷的家。在爷爷摔倒骨折的那段日子里，苏晓莹便毅然决然地担负起一家的大小事务。那段时间里，每天清晨6点不到，她就早早起床了，先要帮腿脚不便的爷爷洗刷、清理大小便，然后开始煮全家人的早餐，再把弟弟妹妹叫醒，前前后后得忙碌两个多小时，才能带着弟弟妹妹上学。每天放学后，还不能先写作业，更没空玩，得先管一家人的吃喝。等吃完饭收拾好，接着就要给爷爷喂药，帮爷爷擦身、洗脚、洗衣服，忙到晚上8点多就开始做作业并辅导弟妹功课。晚上10点，一切都安顿好了，才能上床休息。爷爷在她的悉心照顾下，终于慢慢康复了，现在能下床自理了，那段最难熬的日子也终于过去了，而苏晓莹还是会力所能及地主动承担家里的家务，尽己所能地为爷爷、弟弟妹妹做一些事情。

学校里，她是老师的得力助手，是同学们的好朋友。从二年级开始，她一直担任班里劳动委员的职务，把班级荣誉看得高于一切，大胆管理、主动工作，积极参加学校组织的各项活动，是学校鼓号队成员，表现认真、出色。她还积极发起同学们参加学校“志愿者”活动，担任志愿者组长这一职务。这支队伍由“环保小卫士”“文明礼仪小卫士”“纪律小卫士”组成，她和妹妹分别是“环保小卫士”“文明礼仪小卫士”，协助学校进行卫生、文明礼仪管理。虽然她的日程安排都是满满的，但是她乐此不疲，并一直保持了比较优秀的成绩，她还表示：服务他人使自己更快乐，过得更有意义。

后记：苏晓莹的事迹也因为大家的关心而备受关注，政府、社会对她们的支持和帮助也越来越多。通过评比，她先后获得了“珠海市美德少年”“珠海市孝老爱亲道德模范”“2013年度下半年广东好人”“珠海市十佳好女儿”“全国百名美德少年”等荣誉称号。然而，在这些光环下，更加夺目的是一位孝顺、坚韧、乐观、懂事的小女孩身上所传承与弘扬的中华优良传统美德：尊老爱幼、不离不弃、患难与共。

自强自立的楷模

——记梅州市梅江区城北镇中心小学学生王雪花

题记：『一直以来，别人说我穷，看不起我，但我不能看不起自己，我要好好学习，用自己的实际行动改变同学的看法。』这是我作为她的班主任第一次与她聊天时她对我说的话。是的，在这小学阶段的六年时间里，王雪花同学都是这样做的，她确实用自己的自强自立证明了自己。

自立、自强、自信、阳光、勤奋、好学，这就是她，一个扎着马尾辫，圆圆的脸蛋上总带着灿烂笑容的女孩。她就是我校六年（2）班的学生——自尊自爱、自立自强的王雪花同学。她今年13岁，是班里的卫生委员。她入学以来一直积极要求上进，积极参加各项活动，成绩和能力突出，自一年级以来，每学期都荣获学校“三好学生”或“优秀学生”的称号。老师说她是一个全面发展、品学兼优的孩子；爸爸说她是一个自强自立、意志坚强的孩子；邻居说她是懂事乖巧、讨人喜欢的孩子；同学说她是一个勤奋好学、活泼开朗的孩子。

苦难童年，造就自立好女孩

王雪花同学是个不幸又是幸运的人，不幸是因为她从小就不知自己的亲生父母是谁，幸运是她遇到了一对有爱心的捡垃圾的夫妇，他们捡起了她并养育了她。但这对来自广西的以捡垃圾为生的夫妇家里已经有了两个大男孩，房子是租的，一家四口挤在又破又旧的房子里，生活已经很困难了，现在又多了一张嘴，更显拮据。因此，她从小就懂得生活的艰辛，从学会走路时就与父母一起捡垃圾，稍大一些，居住在附近的居民就可以看到她独自捡垃圾的身影。是的，她想为父母减轻生活的负担，做自己力所能及的事。她的懂事与她的年龄极不相符，是生活造就了这样一个自立的好女孩。从小学三年级起，她承担了一切家务，放学回家后，挑水做饭洗衣服，样样能干。曾经有一次，由于外公重病，父母不得不回老家一趟，为了不影响学习，她一个人留了下来，父母留下50元给她作生活费。那时才读三年级，自己一个人在破烂的房子里生火做饭，弄得满脸是灰，边哭边做饭，最终也吃上了自己煮的饭。晚上自己一个人在家看到蟑螂、老鼠，吓得不敢睡觉，那时真是欲哭无泪。经过那一次后，她变得更坚强了。由于父母没有固定收入，因此，她在课余及假日里不能像那些同学那样悠闲，除了认真完成作业外，她还要为生计着想，为父母减轻一些负担。现在，她的哥哥又生了两个女孩，而哥哥嫂子又在外地打工，父母早出晚归在外做工，那么照顾两个小孩的任务又落在她身上，但她并没有落下一门功课。学习、生活、成长的路是艰辛而漫长的，但她懂得不经历风雨，怎么见彩虹。

社会关爱，成就阳光好少年

到了读书的年龄，她的户口在外地，而且当时要交的学费都交不出来，怎么办呢？到开学的时候，她父母带着她找到校长，说明情况，富有同情心的校长答应了下来，把她带到朱老师的班上，朱老师也愉快地接到她的班上，并帮她垫交了学费。不久，梅州市团委组织开展了扶贫济困的捐助活动，联系了一些单位对贫困生进行一帮一的活动。学校领导马上想到了她，因此她从一年级起便得到每学期100元的资助，这样多少减轻了她父母的负担。王雪花同学知道，她能顺利地进入学校读书，是遇到了好校长、好老师，小小年纪的她懂得“知恩图报”，每天主动帮老师做一些力所能及的事，比如：主动擦黑板、主动打扫卫生、主动帮助老师管理班级的事，对学习后进的同学耐心地辅导，自觉地做起了“小老师”。 她知道自己唯一能报答父母的只有优异的成绩，她暗下决心：一定要好好学习，不能辜负了爸爸妈妈，也不能辜负那可爱又可敬的老师。时间过得可真快，转眼间，她已经是一名六年级的学生了。然而此时的她爱上了文学书籍，喜欢在文学的海洋里遨游。在书的海洋里，她汲取了丰富的精神营养，她变得更懂事了，更自强了。

积极进取，争当文明小天使

王雪花同学学习非常刻苦，学习成绩总是名列全校前茅，认真的学习态度博得了全校老师的好评。她努力学习每一门课程，尤其是语文成绩更加突出，在“习作比赛”中多次获奖，并于去年在镇级“朗读兴趣小组”活动中荣获一等奖。她还喜欢画画，在去年梅江区开展的“感恩母爱•雀巢杯”亲情贺卡创意比赛获二等奖。看着一张张奖状、一本本奖本，她激动地说：“这是给我最好的回报，同时也是我给爸爸妈妈最好的报答。”妈妈提到王雪花时更是笑得合不拢嘴：“这孩子从小就爱学习，又懂事，知道为我分担活儿，有时她学习到十一二点，我看了也心疼，问她为什么这么用功，她只笑了笑说：‘老师那么辛苦地教育我们，要是不用功怎么对得起老师呢？又怎么对得起爸爸妈妈呢？’好在这孩子知道发奋，成绩优异。”在成绩面前，她从不骄傲，她说这算不了什么。王雪花同学的身上洋溢着自信、自立、自强，给同学们树立一个精神榜样，让大家从她身上学到坚韧不拔努力向上、自强自立的美德。

在周末，她常常做作业到十点，常常为了解决一个难题而想几个小时，可是她不气馁，不解决了不睡觉。当把一道难题做出来之后，她又露出了那自信的微笑，她说：“学习是有苦有乐的，刻苦学习之后得到的就是甘露。我想：刻苦学习的生涯就像一杯苦丁茶，苦后就是甘甜，在我眼里最大的幸福就是攻克一道道难题。”那一刻，在她眼里闪烁着喜悦、激情、自信。

课堂上，她总是认真听讲，那个最积极举手发言的准是她；课堂外，对于老师布置的任务，她总是及时完成，因为老师的教导“当天的事当天完成”她牢记心中；不懂就问是她养成的良好学习习惯。她还时常帮助学习上有困难的同学，同学们都特别喜欢她。她的理想是要做一名光荣的人民教师，她想帮助更多像自己一样的贫困家庭的孩子。

乐于助人，拥有一颗感恩心

王雪花非常善良、乐于助人。她是班里的卫生委员，每天要检查卫生责任区的打扫情况，因此每天都是她最早到校、最晚回家。她总是把班集体的荣誉看得高于一切，日常生活中，为学校为班级服务仿佛使命般印在了她心中。王雪花同学认真负责，凡是老师交给的任务，她总是一丝不苟地完成，在各方面起带头作用，处处维护学校荣誉，树立自身形象。班级卫生大扫除，她总是抢着擦玻璃、拖地，从不偷懒，“严格要求自己”是王雪花同学的信念。她的确是老师最得力的助手、同学们信任的伙伴。如果遇到某个同学生病了或是有急事了，只要跟她一说，她准保代替同学打扫卫生，平时的重活、累活她总是留给自己。有好几次，班上的同学不舒服，呕了一桌一地的脏物，她总是第一个站起来替同学清理干净。她的邻居老奶奶不小心摔了一跤，不能拎水，而老奶奶的子女又不在她身边，于是每天放学她就去给老奶奶拎水。王雪花同学关爱他人，心系灾区。汶川大地震，当她看到灾区人民众志成城抵抗灾难时，那一幅幅感人肺腑的画面使她流下了热泪，她不好开口向妈妈要钱捐款，于是决定靠自己拾废瓶换的钱来捐款。一元一元地积攒了三十多元钱，或许在别人眼里不算什么，但这三十多元钱凝聚着她那对灾区的浓浓深情，凝聚着一个小学生美好的心灵。

后记： 雏鹰展翅，自强自立，就是这样一个对未来充满希望的外地女孩，正一步步地朝梦想走去。她用她的坚强，感染着她身边的每一个人，相信她的坚强与努力会为她迎来美丽的彩虹！

锐意进取，全面发展

——记广州市执信中学学生印锐

题记：『既然与「锐」字有缘，那就不能辜负了这个字。』锐，既是她的名字，也是她的座右铭——不是『锋利』，而是寓意『勇往直前』『锐意进取』。

印锐，女，共青团员，广州市执信中学高二（1）班学生，曾任广州市执信学生会第34届主席。

广州市执信中学是孙中山先生于1921年为纪念近代民主革命家朱执信先生而亲手创办的纪念性、示范性学校，李大钊、廖仲恺、何香凝、蔡元培、孙科等都曾担任校董，1994年被评为首批“广东省一级学校”，2006年被评为首批广东省国家级示范性普通高中。广州市执信中学现有两个校区：执信南路校区和一〇九中校区，现有专任教师262人，教辅人员38人，工勤人员6人，合计教职工306人。学校占地面积76169.41m^2、建筑面积76601m^2，现有高中52个教学班，初中18个教学班规模，学生人数共3515人。学校先后获得“全国现代教育技术实验学校”“全国创建绿色学校先进单位”“全国艺术教育先进单位”“第一届全国中小学外语教研工作示范学校”“广东省新课程实验样本学校”“广东省首批中小学校长培训实践基地”“广东省文明单位”“广东省先进集体”等多项荣誉称号，是广州基础教育的示范窗口学校、广东省教育战线的一面旗帜，在国内外也享有较高的声誉。

人生在勤，不索何获

从小到大，她从不轻易放过任何学习锻炼的机会。从幼儿园第一次在大家面前表演讲故事，到站在荷兰海牙莱顿大学的讲台上慷慨陈词；从第一次在小学班干部选举会上举起的手，到从学长学姐手中接下执信学生会的火种；从第一次在小学班会上讲解ppt，到上海哈佛中心报告厅里阐述对于中国未来教育的理想……“人生在勤，不索何获。”她不断拼搏，不断汲取，也不断成长。

为了能拥有理想的学习环境，学习上，印锐从未懈怠。在校期间，她每学期均被授予“校级三好学生”的称号，也曾获得2007—2008学年广州市“优秀三好学生”、2009—2010学年度广州市“优秀少先队员”、2012—2013学年度广州市“优秀学生干部”等荣誉。在2012年的广州市中考中，她以753分的总分考入广州市执信中学，获得二等奖学金。上了高中后，她未曾停止对知识的追求，高一时参加了化学竞赛班与社团活动；同时，为了扩大国际视野、提升领袖才能和气质，增强社会活动能力，2013年暑假她参加了哈佛大学中美学生领袖峰会。在九天的学习中，她结识了来自全国各地以及世界一流学府的同学们，也听取了社会精英带来的经验分享，获益匪浅。同时，她选择参与“Honor Track（荣誉通道）”，所选修的学科也均获得了A以上的优异成绩，更有一门A+，成为当届荣誉毕业生。

2013年末至2014年初，她作为队长，与两名广州队员、一名南京队员、一名上海队员、一名迪拜队员一起参加了哈佛大学主办的中国大智汇活动。他们研究的是极具时代性的课题——以MOOC（大型网络公开课程）优化中国高中、大学教育衔接。为了更好地进行探究，他们常常要在每天写完作业以后加班至凌晨两三点，广泛阅读各方面材料，通过上门拜访和邮件等形式与各领域专家取得联系，以求得更精确的数据分析。他们的研究成为当届最具代表性选题之一，并用新颖而实用的构思、纯粹而火热的信念获得组委会、评委老师的一致认可。

长风破浪，开拓进取

“长风破浪会有时，直挂云帆济沧海。”在迎难而上、开拓进取的精神激励下，从小学直到高二，印锐一直担任班长一职。许多和她一起奋斗的同学们或因班务繁杂、或因学业退步而退任，她是为数不多坚守岗位的人。因为她知道，挫折与犯错是在所难免的，每一次痛苦都是蜕变，都是成长。

高一时，身为班长的她组织同学们积极备战艺术节。为了将最美好的一面呈现出来，她观看了大量的视频，听了大量的伴奏，终于选定了背景音乐，之后用了3周的时间先后设计出了三套舞蹈动作，把动作录制成视频，并把站位一一画在笔记本上，一遍又一遍地修改。在接下来的两个月的时间里，大家在不断的磨合中共同修改、编排节目。最终，班级获得了校级二等奖的好成绩，而她也因此获评为“事必躬亲，缔造艺术节传奇”的2013年度广州市执信中学十大感动执信人物。

在做班长的那些年里，印锐逐渐懂得与人为善，懂得心怀感恩；逐渐改正她的缺点，慢慢走向成熟与稳重；也逐渐学会处理班务，做一些简单的策划。正是这些宝贵的经验，让她在小学四年级获聘为学校最年轻的副大队长，在六年级竞选成为学校的大队长，在初中担任自律环保委员会会长。

2012年，她加入了广州市执信学生会，成为了一名文娱部干事。期间，她积极配合工作，参与并策划了2012年执信跳蚤市场、2013年Gold Voice歌唱大赛。她的能力与热情获得了学长学姐们的认可和同学们的信赖，由此当选为广州市执信学生会第34届主席。

在出任学生会主席这一重任期间，她深知责任重大。这一年来，她怀揣着“服务学生、服务学校、服务社会”的理念，秉承着学生会一贯的优良传统——“为学生服务，引青春思潮”，与团队一起积极改进并举办意义深远、丰富有趣的活动，成功地启动了“校长接待日”大型服务活动，为学生与学校间的沟通构建更通畅的渠道、更广阔的平台。同时，一年的工作也使她在性格、思维与能力上获得新的成长，让她变得更平和，更懂得感恩这个社会，感恩身边的人。

志不求易，事不避难

“志当存高远。”她有一个远大的理想，希望为中国的外交事业献上自己的力量，通过自己的努力回馈社会、回报祖国。但是，追梦路注定不易。

通过思考，她决定在高中的时候尽可能多地接触时政类的活动，并努力提高自己的英语水平。

模拟联合国是她迈出的第一步。2013年，她参加了第4届哈佛大学模拟联合国中国分会。作为利比亚的国家代表，她需要在“联合国发展计划署”展开针对结核、艾滋等疾病在非洲的防控为议题的讨论，全程需用英文答辩、起草文件、磋商。在开会的五天里，她每天睡眠不足4小时。虽然她还不能流利地表达自己的观点，但或许是因为冲劲和执着，委员会授予她荣誉提名奖，使她成为当届为数不多获此荣誉的中国学生。

有了第一步的激励，次年一月，她迈出了梦想路上的第二步——第二届国际模拟法庭大赛。2014年1月，她与同学飞赴荷兰海牙，成为国际上参与模拟法庭大赛的首批中国队员。作为团队中第一位出场的律师，她需要介绍团队与团队立场，并听取对方律师的发言相应地做出反驳，提出质疑。这趟赛程并不顺利，因为是第一次参加这类比赛，所以基本是在毫无准备的情况下进行的。同时，因为队员人数少，所以她需要每场都参与其中，比其他国家参赛队员多出了一倍的赛时。用着她并不熟识的英语，面对每场4位资深法官，承受着两倍的负荷量——从最开始的几近崩溃，慢慢调整心态，不断根据对方律师的陈词来修改自己的陈词，到后期重拾信心——自始至终支撑着她的是一个简单而强大的力量：“我是中国人，至少不能为我的国家抹黑。”她坚持了下来，在后期比赛过程中展现出极强的逻辑性和较高的专业水平，获得了法官们的赞赏与好评。

回国后，这次难忘经历更加坚定了她要努力学习、为国争光的信心。高二下学期，她自学了Advanced Placement大学预修课心理学和化学，参加了美国大学理事会举办的SAT（学术能力评估测试）考试，希望通过深入了解不同的教育体制来锻炼自己。

进无止境，全面发展

因为锐意进取，因为珍惜每一次的机会，印锐不仅在学习、工作方面有所发展，更拥有广泛的爱好，在古筝、书法、绘画、国际象棋、唱歌、语言艺术、轮滑、舞蹈等方面有所涉猎，并多次在省市级大赛中获奖。

十岁时，她的书法和古筝都已经考过了十级。迄今为止，她所获得的各类奖状证书约150多项。包括：2003年中菲国际儿童书画展二等奖；2004年第四届“华辰”杯全国中小学生书画、摄影作品大赛“水粉画”一等奖；2006年“连元杯”第七届江苏省国际象棋公开赛儿童女子乙组第四名；2006年日本大阪日中文化交流会中，荣获第二十一届日本中国国际书画金奖；2009年广州市第五届学校艺术节表演类比赛中，《战台风》荣获器乐民乐小学组一等奖；2009年广州市中小学生国际象棋锦标赛小学甲组女子第四名；2008年广州市第四届体育节青少年轮滑赛女子甲组速滑第二名；2008年第十三届全国中小学生绘画、书法作品比赛中，书法类一等奖、绘画类二等奖等。

同时，热爱艺术的她积极将中国文艺精粹传播到更远的地方去。2008年，她参加了联合国教科文组织的CISV夏令营。在西班牙的马德里营地里，她现场挥毫，将书法作品赠予国外的同龄人；2013年的哈佛中美学生领袖峰会上，她与另一位同学在闭幕式上共同展示了中国民俗歌舞的魅力；2014年在荷兰海牙，她为外国友人表演了《美丽家园》等民歌，并赠予他们精心准备的硬笔书法，赢得外国友人对中华文化的由衷赞美。

后记：作为一名学生干部，印锐同学在道德实践、学业成绩、社会实践等多方面表现优异，综合素质全面发展。她善良正直、乐于奉献，一直以来坚持参与学校、班级事务，服务广大学生，积极参加社会志愿服务，奉献社会。在学业和社会实践活动方面，她始终保持积极进取的态度，愿意下苦功夫，扎扎实实做事，深得老师和同学的信任。她的身上展现出了自强奋斗、崇德向善、服务他人、奉献社会的精神，反映了当代青年学生的理想追求和价值取向，为我校学生学习践行社会主义核心价值观树起了榜样，确立了标杆。

阳光女孩——邓尧

——记广州市越秀区中星小学学生邓尧

题记：『阳光快乐，做最好的自己！』这是广州市越秀区中星小学学生邓尧常挂在嘴边的一句话，这是她对自己的要求与定位，也是她努力前进的方向。

邓尧同学今年十一岁，现在是广州市越秀区中星小学五年（1）班的班长，并担任学校大队长和电视台台长。她学习认真，工作能力强，健康阳光，在校是好学生、好队干，在家是好孩子、好姐姐。

对待学习以阳光般的热情

邓尧同学性格开朗、热情大方、积极上进，是老师的小助手，也是同学们的好朋友。她具有良好的学习习惯：爱看书、善动脑、敢发言，是一名品学兼优的好学生；她还是一个有着执着精神、顽强毅力，知道为什么而学习、怎样去学习的优秀少年。从一年级到现在，她的学习成绩在年级一直名列前茅，每学年都被评为“校三好学生”和“优秀学生干部”。

关爱他人予阳光般的温暖

邓尧同学是一个乐于助人、富有爱心的好学生。在学校，她对待同学真诚热情，对于困难同学，她总是乐于伸出热情援助的小手，助人为乐，真诚奉献。有同学上课忘了带学习用具，她总是豪爽地拿出自己心爱的文具借给他们；同学有不会的问题，她总是热情耐心地帮其解决；她处理事情公平公正，和同学们的关系十分融洽。她在班里开办了一个“心灵小诊所”，作为大家的“知心朋友”的她专门为同学们分析和解决一些困惑和烦恼。在校外，慰问帮助腊铺小学贫困和智障儿童、慰问帮助智障老年人等等活动都能多次见到她的身影。在老师们的帮助和同学们的共同努力下，她所在的五（1）中队还荣获了“2013年广州市优秀中队”的称号。她有一颗天真的童心，小小心灵装满了追求真善美的理念。

邓尧同学是一个敬老爱幼、热爱家庭的好孩子。她生活在一个大家庭中，有爷爷奶奶、爸爸妈妈，还有一个十一个月大的小弟弟。她非常爱自己的家庭，每次放暑假的时候，爷爷奶奶都会坐火车回到湖北老家，爷爷有颈椎病，她会经常打电话叮嘱爷爷，让他不要打太长时间麻将，那样对身体不好；每次还会叮嘱奶奶看电视不要太晚了，要早点睡觉。平时在家爸爸妈妈忙的时候，她还会主动帮忙照顾自己的弟弟。今年六月底，她还出国一个月参加CISV国际夏令营，她在作为中国代表队参加活动而感到自豪的同时，又担心爸爸妈妈工作忙照顾不好弟弟，更担心一个月后回来，年幼的弟弟不认识她了该怎么办。

邓尧同学是一个热心参加公益活动和社会实践的好少年。她希望通过各种活动提升自己的能力，更多地了解社会，更好地为他人服务。近几年来，她积极参加了越秀区主办的垃圾分类宣传活动、白云湖环境监测活动、“爱我珠江亲水节”放生鱼苗活动，还多次组织和参加了义卖活动和慰问贫困儿童、孤寡老人的活动。这些活动让小邓尧得到了一次又一次的历练，让她更加自信、茁壮地成长。

迎接挑战树阳光般的自信

邓尧同学是一个热情开朗、阳光自信的小女孩。学校举办的各种文化艺术节、辩论赛、主题讲演、运动会、征文比赛等活动，她都会积极参加。在三年级学校竞选大队委的时候，她在老师们的帮助和同学们的支持下，大方自信地表现自己、展示自我，通过了一系列的竞选环节，在辩论赛中获“最佳辩手”称号，在优秀主持人评选中被评为“金牌主持人”，最终成功竞选上大队委。从五年级上学期以来，她开始担任学校大队长和电视台台长，是学校各种大型活动和竞赛的主要主持人，在校外还主持过黄花岗街青少年社区教育活动启动仪式、“童声童气”第三届少儿歌唱大赛等活动。

邓尧同学是一个敢于挑战、勇于担当、不怕困难的好少年。在学习上，遇到难题她不会解答正确了就了事，而是会认真地分析细节，努力把问题分析和理解透，正是这种认真严谨的学习态度，让她能够在学校里一直名列前茅。在校外，她还参加了一些竞赛班的培训，其中有一个是五年级开学时才参加的英语竞赛班，班上共18个学生，因为很多同学都是低年级就开始参加竞赛班的学习，而她才刚刚开始，所以她的第一次考试成绩只拿了第九名，这对她来说是个不小的打击。但她并没有气馁，而是主动分析自己和别人的差距在哪里，针对自己的弱项积极地进行补习。付出汗水就会有收获，第二次考试她考了第五名，第三次考了第三名，第四次也就是前不久的期末考试她再进一步，考了第二名，而且与第一名成绩的差距也由最开始的18分缩小到了3分。

另外，从三年级当上大队委以来，邓尧同学对待工作的态度积极认真，不怕困难，尽心尽力地做好每个细节是她的风格和优点，正因为如此，学校的老师们都会很放心地将工作交给她去完成。另外，在市、区举办的一些竞赛活动中，邓尧同学都会乐观参与，迎难而上。在2013年上四年级的时候，她参加了“羊城小市长”竞选活动的学校内的海选，面对高年级实力强大的哥哥姐姐，她在舞台上大方地展示自己，一路上过关斩将，成功地通过了学校的海选并进入了越秀区的比赛，这时许多同学对她说，这种比赛一般都会是五六年级的学生最终被选上，让她不用那么用心去参与，但是邓尧同学说只要参加了，任何一个环节她都会尽最大的努力去面对。带着这种拼搏的精神，她成功地闯过了越秀区的半决赛，但在强手如林的区决赛中，她落选了，但她并不失望，因为努力过了就没有遗憾，下一次她还会怀着更加饱满的热情来迎接挑战。

邓尧同学还是个热情开朗、多才多艺的好孩子。她的特长有小提琴、主持、演讲、舞蹈、游泳、羽毛球等等，其中游泳项目已经擅长蛙泳、自由泳、蝶泳、仰泳四种泳姿，舞蹈和演讲还曾多次在市、区教育局举办的舞蹈、讲演等比赛中获奖。

读千卷书，行万里路。邓尧同学最大的爱好是阅读和旅行。平时周末，广州市图书馆是她最喜欢去的地方，在图书馆里待上的一整天是她最为享受和惬意的时光。另外，小小年纪的她已走遍了国内近二十个城市，2013年暑假还被选为国际友好交流小使者奔赴德国法国的14个城市，并向广州市友好城市法兰克福市的市长递交了陈建华市长的亲笔信。今年6月底她还代表中国学生远赴挪威，参加联合国教科文组织旗下的CISV夏令营活动。

这就是邓尧，一个阳光自信追求上进的女孩。

后记：用爱做平凡事，从点滴做起，从自己做起，尽自己最大的努力，做最好的自己，这就是阳光女孩——邓尧用实际行动诠释的自己。她坚信，“涓流成海、积土成山”，她的每一分努力一定能为他人、为学校、为社会送去一份暖暖的、灿烂的阳光！

我志愿，我成长

——记华南师范大学附属中学学生冯熙

题记：『志愿服务是无偿的。如果说是为了赚取学分而志愿的话，那它就失去了意义。要说志愿服务我们能得到的唯一报酬，便是一份宝贵的经历。』这是冯熙同学对于志愿服务的理解，也是两年来冯熙作为学校志愿者服务队队长的工作信条。志愿服务本来就以自身意志为愿，不为回报而付出，使自己在奉献中成长。

冯熙同学是华师附中莘莘学子中平凡而又特殊的一位。之所以说他平凡，是因为他和其他华师附中的学生一样，治学严谨、敏而好学、热爱生活、知书达理。他成绩优异但也不会偏科。而说他特殊，是因为他曾经是学校青年志愿者服务队的队长。他在校内外积极参与组织策划多次大型志愿服务，如广州新图书馆志愿服务活动、学校艺术节幕后志愿服务等，自己也参与其中。华师附中自10年前成立青年志愿者服务队后，校园中就有一股很浓的志愿服务气息，而冯熙延续了这股气息，并让它变得更沁人心脾。校园内各类大型活动志愿服务报名人数都颇多，同学们的志愿服务热情高涨。

冯熙同学作为一名优秀的学生干部，在工作、学习方面都有良好的表现，在学校也担任了不少职务，工作受到老师与同学们的好评。冯熙同学曾获得华南师大附中“优秀共青团员”称号和广州市“优秀学生干部”称号。对冯熙同学来说，他之所以能获得如此多的荣誉，很大程度上是因为志愿服务的工作给予他的成长。他说，在青年志愿者服务队工作的日子，对他日后的学习工作有很大帮助。可以说，他在奉献志愿的途中，逐步成长。

初识——腔热血为人先

华附的青年志愿者服务队是属于校团委管理下的一支学生工作队伍。而事实上，在冯熙同学刚加入校团委组织部时，他并没有选择加入青协（青年志愿者服务队）。“当初我对青协并不是很了解，甚至可以说是不知道这支队伍的存在，所以，我并没有选择加入。我与青协没有‘一见钟情’，而是‘日久生情’。当我感受到青协上一届成员工作的冲劲，我真真正正觉得我愿意去投身志愿组织工作时，才转加入的。所以，这份感情很真挚。”

因为并不是很熟悉，而只是带着一种热情，冯熙同学刚进入青协时从零开始，一步一步跟着老成员学习如何策划、宣传、组织安排和记录。很多事情，冯熙同学在自己力所能及范围内都抢着去做，敢为人先，只为能有更多机会锻炼自己。冯熙同学说，他永远都不会忘记曾看见老一辈的青协成员多少个下午下课时间放弃自己的自由时间埋头策划组织活动，不会忘记曾看见志愿者们在艺术节晚会上默默付出、汗流浃背的背影，上届队长拿着对讲机满舞台狂奔的身影，不会忘记老一届成员在期末紧张复习之余有序、仔细地输入同学们的志愿时数。每当冯熙同学看见这些场景一次，他就会对自己说，志愿服务不是一件轻松的事，但只要有热情、有耐心，就能把它做好。于是，冯熙同学便怀着满腔工作热情投入志愿服务。终于，在加入青协的第二年的4月，冯熙同学在没有上一届前辈的指导下，与高一团总支通力合作，成功招募并组织进行了高一级英语节晚会的志愿服务活动，此活动的后勤工作受到高一级英语科老师的好评。冯熙同学也用他的努力与热情赢得了老师和前辈的信任，逐渐独当一面，更加深入了解志愿服务，逐渐成长起来。

忙碌——为谁辛苦为谁甜

正如冯熙同学所说，志愿服务的工作内容可能鲜为人知，可能没有掌声与喝彩，艰辛却异常苦辣。自高二上学期，因为老一辈青协成员投入高三备考，他的工作量渐渐加大，接手的任务以及志愿服务逐渐增多。就在这时，校团委正准备和广州新图书馆联系，在广州新图书馆组织志愿活动。这时，老师找到了学校青协，把联系筹备的工作交给了冯熙与他的同事。这是一个比较正式的活动，若途中有些许处理不好，可能会有损学校的形象，所以冯熙同学心里颇为紧张。“开启一个新的大型的定期志愿工作，就等于有大量的工作要做。虽然青协高一的人都非常能干，但说到底主力军还是我们高二。”冯熙说。

当时，冯熙得到的任务是去联系广图工作人员了解他们的志愿需求，并询问报名志愿服务的细则。为了熟悉志愿的工作环境，冯熙同学不下三次利用周末时间前往新广图了解情况。在得知报名细则后，冯熙同学主动承担起帮同学们登记信息报名，排出工作顺序，向志愿者核对班次，并在前两次志愿活动时带领志愿者前往服务地点。“那时候真的很忙。因为我在高一下学期的学习成绩出现波动，高二上学期还在调整阶段，学习也要抓紧，工作也不能放。当时的每个周末都是在书与电脑前学习与打资料，平常放学也总要去团委办公室继续工作。有时候会很累，觉得没有人支持、鼓励我。但这就是志愿服务，鼓励你的只有那些与你并肩作战的人，而他们同样有累的时候，需要支持鼓励，所以我们青协的人不能奢望这些，只有默默付出。”冯熙感慨道。虽然工作很多，但冯熙还是和他的同事一起将广图志愿活动办成了长期的活动，并延续至今日，此活动依然在现在的高一级有极大反响。

挑战——不破楼兰终不还

说起成长，冯熙说他最不能忘记的是工作中的那些挑战，如大胆地与其他学校，甚至社会上的成年人组建的志愿服务组织沟通交流心得，联合举行活动，还有就是组织大型活动的志愿服务后勤工作。

在冯熙高一暑假时组织的“大手牵小手”迎接新生活动便是对冯熙以及他们同事的一个巨大考验。这个活动的筹备开始于学期末，而且为了不影响学习，其筹备时间被压缩得非常少，这要求冯熙以及他的同事拥有极高的工作效率。当同学们都还沉浸在考完试的喜悦当中时，冯熙和他的战友已经投身工作，开始设置岗位，排列班次和准备志愿证等。这一次的工作量不仅大，而且要求细致高效。冯熙同学以及青协成员无怨地奉献出时间和精力，只为办好后勤，将华附最温暖的问候献给新生。从那时候起，冯熙同学工作变得更加认真、迅速。当真切地看见新生以及家长脸上灿烂的笑容时，冯熙非常满足，在以后的工作学习中也变得更坚毅，因为他曾经挑战，便有了冲破挑战的勇气。冯熙成长为一名能担当起责任的优秀学生干部。

成熟——守得云开见月明

春晚（艺术节晚会）是华附一年一度的盛典，也是许多学生渴望展现自我的最佳舞台，更是一年中志愿服务队最不能松懈的时候。这时候，高二的冯熙已经在曾经的奉献与历练中成长、成熟。纵使在彩排时出现了重大失误（丢失了道具），但在冯熙的极力补救下，使得其对整个彩排来说影响不大。及时知错能改，而不是沉湎于错误的苦痛，这就是成熟。冯熙在组织、排练以及现场当晚表现出的镇定和热情，感染了他身边的志愿者。当晚，一切井然有序。志愿者们用他们的热情与细致，为当晚晚会的成功作出了不可缺少的贡献。晚会结束后，冯熙作为主要负责人接受学校刊物采访时说道：

“彩排的时候一直在想春晚时会出现什么问题，拼命地在想自己到底有没有漏哪一些点。在准备的时候自己曾出错导致整个彩排非常不顺利，非常自责与紧张。虽然我们是幕后，可是感觉和要上台一样紧张，也要做很多准备。整个春晚相对于彩排时间非常短，没多想什么，该做什么就一步步做。结束后我们的志愿者很开心，又有面包又可以合影。但我就安静地待在旁边总结工作，没有特别轻松。这一次的成功不能说明什么，但这一次的错误可以说明很多问题，对以后的工作也很有帮助。”

守得云开见月明。当挑战与困难过后，热情不减，但多了份沉稳与坚毅。冯熙为学校的志愿服务作出了自己力所能及的贡献，志愿服务也带给冯熙成长，教会他工作生活的道理。在志愿服务中收获了经历，有时不在乎志愿学分，在乎的是过程，在乎是否让我们懂得些许。虽然累、忙，却享受其中。

后记：冯熙同学作为学校、年级以及班级里的干部，经常以身作则，严格遵守校规校纪，并起带头作用，工作中也积极肯干、细致认真。他在学习、工作以及生活中表现出来的无私奉献、自强不息、友善待人、永不言败的精神正体现了我国社会主义核心价值观中敬业友善的理念精神。冯熙同学在工作奉献时不讲回报，踏实干好自己的工作，与工作同事友好相处，通力合作，为学校建设作出自己应作的贡献。华附的教学目标是培养现代的高素质人才，而冯熙同学用他的工作与学习向我们阐明，他正向成为高素质现代人努力进发，并有自己正确的态度，感染、带领更多的同学共同努力。

自信、阳光、坚强的国旗男孩

——记广州市天河区华景小学学生何宇轩

题记： 虽然我看不见，但我不比别人差。

何宇轩是华景小学六年级学生。他尊敬老师、团结同学，热爱学校、热爱学习，关心集体，积极参加学校各项活动。虽然从一出生就未看见过这个世界，但在学校上学时，他从没有因为看不见而放低对自己的要求。他常说：“虽然我看不见，但我不比别人差。”对于一个看不见的孩子，学习生字是一件多么艰难的事。健全孩子花十几分钟就可以掌握的生字，宇轩要花一个多小时，他摸着特制的偏旁部首的模型，感受字的结构，六年来从未间断过。尽管付出比常人多几倍的时间和精力，但他自信、坚强、乐观，学习成绩一直名列前茅，“勤奋”“顽强”是同学们对宇轩的一致印象。生活在友爱环境中的宇轩，感受到大家对他的爱，即使眼前是一片黑暗，但他的心中却充满光明。宇轩自成为少先队员以后，就很盼望能为少先队员服务。他是学校红领巾广播站播音员，为了出色地为队员们播音，他每天准时“看”新闻联播，了解国内外大事，随时记录整理有意义的新闻。虽然看不见稿，但他凭着超强记忆力，主持的“宇轩说新闻”栏目成为同学们喜爱的招牌节目。在学校的播音工作让宇轩感到自己和别人一样能为队员服务。在学校，无论是学习还是生活，宇轩总要求自己做到最好，以至有些同学都不相信他是一位盲童。宇轩从小就喜欢音乐，3岁学弹钢琴，多次获得国内外钢琴比赛大奖，并荣获“德国戈特里安—斯坦威青少年艺术家”称号。

2010年12月12日，广州亚残运会开幕式上，他手捧国旗入场，亲吻国旗并两次为观众演奏“爱”的心声钢琴曲，被大家称为“国旗男孩”。活泼可爱的他是人见人爱的“广州市首届小道德模范”“广东省十大感动亚运人物”“天河区美德少年”“广东省十佳少先队员”“全国优秀少先队员”。中共中央政治局委员汪洋在上海世博会广东周观看宇轩钢琴表演后鼓励他：“继续弹下去，为广东争光！”亚残奥理事会主席拿督•阿布扎林得知宇轩故事后专门接见他。

2013年6月17日，宇轩和其他5名少先队员站在人民大会堂的主席台上代表全国少先队员在共青团十七大开幕式上献词。宇轩的梦想是长大后当一名优秀的钢琴家，把光明和爱传递给世界。宇轩爱国旗、爱钢琴、爱生活，虽然看不见这个世界，但他相信：有梦想、有机会、有奋斗，一切美好的东西都能创造出来。因为有目标的人走得远，有梦想的人飞得高！宇轩事迹曾先后被中央电视台一套、二套、十二套、央视新闻频道、央视体育频道、凤凰卫视、《光明日报》、《北京日报》、《香港文汇报》、《中国青年报》、《广州日报》、《羊城晚报》、《新快报》、广东电视台、南方电视台等多家媒体报道。

序

p r e f a c e

◎景李虎

党的十八大明确指出，要全面贯彻党的教育方针，把立德树人作为教育的根本任务，培养德、智、体、美全面发展的社会主义建设者和接班人。这一重要论断深刻揭示了学生思想道德素质培养在学生教育中的基础性地位及德育工作对于学校教育的重要意义，为我们进一步做好学校德育工作增添了动力、指明了方向，我们必须全面学习领会、深入贯彻落实。

在贯彻党的十八大精神、落实立德树人要求的过程中，广东紧紧围绕培育和践行社会主义核心价值观，着眼课堂教学、校园文化、社会实践、学校管理“四育人”平台建设，着力推进课堂育人，创新高校思想政治理论课和中小学德育课教学，探索建立高校党委书记、校长上第一堂思想政治理论课制度，把学科育人纳入学科教师日常培养培训及教育教学考核；着力推进文化育人，举办学校校训、校徽、校歌展示活动，引导师生对学校文化蕴含的传统文化和时代精神进行挖掘、阐发，持之以恒分类开展高校、中小学、中职学校主题教育活动，促使活动教育化、系列化、品牌化；着力推进实践育人，加强大学生社会实践活动的正确引导，让大学生通过实践增强对中国特色社会主义的政治认同、情感认同和实践认同，加强中小学生综合实践基地建设，破解中小学生社会实践安全难题；着力推进管理育人，全面深化德育管理队伍培养，精心打造“三项赛事”（高校思想政治理论课青年教师教学基本功比赛、辅导员职业能力比赛、中小学班主任专业能力比赛）、“三种培养”（高校思想政治理论课名教师骨干教师培养、名辅导员培养、中小学名班主任培养）、“三类工作室”（高校思想政治理论课名师工作室、名辅导员工作室、中小学名班主任工作室），形成优秀德育教师从发掘选拔到培养成长到辐射带动的完整链条。凡此种种，不胜枚举。

总结广东近几年学校德育工作的成功实践，有一条基本经验——重视学校德育工作的“四性”建设，即科学性、创新性、实践性、实效性建设，其中，科学是基础，创新是动力，实践是关键，实效是根本。可以说，新形势下广东学校德育工作取得的每一点进步、每一分收获，都得益于对“四性”的深刻理解和自觉运用，得益于在对“四性”一贯坚持中的丰富发展。

一是突出科学性。德育工作的对象是活泼的学生个体，其工作成效如何不仅影响学生当前成长，更关乎学生长远发展，来不得半点任性和马虎，必须认真遵循学生身心成长规律和德育自身工作规律。把握科学性，广东依托高校成立了中小学德育研究与指导中心、中职学校德育研究与指导中心、中小学心理健康教育指导中心等专业机构，建立起行政推动与专家指导相结合的工作推进机制，使得省级德育工作宏观管理具备了坚实的学术支持、学理支撑和科学奠基。

二是突出创新性。当今时代，经济社会深刻转型，思想文化多元多样多变，互联网、手机等新兴媒体迅猛发展，“新”和“变”已然成为学生所处环境的重要特征。做好德育工作，我们比以往任何时候都更加需要创新，“老办法”可以不灵，但绝不能够不会“新办法”。把握创新性，广东设立了省级学校德育创新项目和高校思想政治教育工作创新项目，积极鼓励和支持各地各学校进行德育理念创新、手段创新和基层工作创新，促使德育创新蔚然成风、德育创新成果竞相迸发。

三是突出实践性。常言道，实践出真知，没有经过实践的道德认知难免苍白无力，难以支撑起学生终身认同和践行的道德法则和价值准则。德育的入耳、入脑可以通过课堂教学实现，但要入心、要真正刻入学生心灵，唯有通过实践、通过学生亲身经历、亲身体验和自我感悟、自我理解才能达成。把握实践性，广东在推进“创强争先建高地”教育中心工作的过程中，明确将实践育人、青少年校外活动场所建设等写入创建教育强市、强县（市、区）、强镇及推进教育现代化先进市、先进县（市、区）指标体系，并对推进教育现代化先进市的中小学生综合实践基地建设指标、推进教育现代化先进县（市、区）的青少年宫建设指标实行“一票否决”。

四是突出实效性。加强德育工作的科学性、创新性、实践性建设，根本目的就在于增强德育工作的实效性，让德育在学生中更好地落地、生根、开花、结果，让德育真正润进学生心田。也就是说，德育要见实效，工作的科学性、创新性、实践性必须落地，落实到德育工作的各个实施层面。把握实效性，广东对学校德育科研工作进行大胆改革，树立实践导向，把重心下移到德育实践操作层面，通过整合零散的理论研究力量，集中优势团队进行少数重大理论问题研究，大力释放实践研究空间，大幅度提升了德育实践研究项目的立项比例，引导各地各学校多出德育方法载体、渠道途径等实施层面的成果，减少那些缺少新意、反复注解、难以推广运用的理论“研究”成果。

一分部署，九分落实。广东各地各学校在推进“四育人”、加强德育“四性”建设的过程中，坚持务实进取、主动作为、积极探索，创造了一大批优秀德育理论和实践成果。为加强各地各学校间的学习交流，发挥先进典型的示范引领作用，广东省教育厅于2014年在全省范围内组织开展了“百系列”学校德育优秀成果展示活动。活动面向各级教育行政部门和各级各类学校，分为“教书育人”“践行社会主义核心价值观”“以德立校”“科研引领”“聚焦课堂”“实践育人”六个系列，经层层推荐、严格遴选，集中展示了“百名优秀德育教师”“百名优秀学子”“百个优秀德育案例”“百篇优秀德育论文”“百个优质中小学德育课、高校思想政治理论课课例”以及“百项优秀校外教育成果”。这套“百系列”丛书所呈现的就是展示活动中的部分优秀成果。通过这些成果，我们对基层一线的德育工作也有了更深的认识。

第一，基层一线德育经验之丰富多样，令人欣喜。这些优秀成果从实施途径来看，涵盖了课堂教学、校园文化、社会实践、学校管理等各种育人渠道；从实施内容来看，包括了理想信念教育、中国精神教育、道德品行教育、法治知识教育、职业生涯教育、心理健康教育等各类教育内容；从实施主体来看，大到一个区域、一所高校，小至一所中（小）学、一个院系、一个班级。难能可贵的是，这些成果来自基层一线，符合基层实际并经基层实践检验，操作性、实用性、可学性都很强，普遍具有较高的推广应用价值。

第二，基层一线德育方法之不断改进，令人振奋。从这次展示活动来看，基层一线对德育方法的科学性越来越重视，再也不是囫囵一堆、不管先后、不分轻重地一拥而上、使劲灌输，而是注重针对学生身心特点和思想实际，采用适合的德育方法。例如，更加关注学生的个性化需要，更加重视与实践的结合，更加突出学生的主体性，更加发挥手机、网络等新媒体作用等等，呈现出多样化、精细化、特色化的良好态势。

第三，基层一线德育教师之奉献精神，令人感动。随着时代发展和社会进步，无论是教育部门和学校，抑或是家长和社会，都对教师的期盼越来越多、要求越来越高。即使这样，基层仍然有大批德育干部和教师承受住重重压力，刻苦钻研、辛勤耕耘，全身心投入到德育工作中，并取得骄人的业绩。尤为可贵的是，这些优秀德育干部和教师不仅有爱心，更有智慧、有思想；不仅敬业爱岗、辛勤付出，更能将科学的思想和理念贯彻到工作实践中。他们可以说是治教、教书和育人“全面发展”的优秀教师，希望大家把他们立为标杆、树为榜样，见贤思齐、不断进步。

大学生思想政治教育和未成年人思想道德建设任重道远，必须持续用力、久久为功。殷切期望德育战线全体同人抖擞精神，在巩固好“百系列”展示活动成果的基础上，继续保持改革创新的锐气、昂扬向上的朝气和争创一流的勇气，继续开阔视野、开动脑筋、开拓思路，争创广东学校德育工作新优势，为我省教育“创强争先建高地”不断做出新贡献！

是为序。

（本序作者系中共广东省委教育工委书记、广东省教育厅厅长）

目录

contents

自强奋斗、勇于进取

——记潮州市枫溪小学学生蔡佳杭

题记：『天行健，君子以自强不息。』蔡佳杭同学把这句励志语记在心里，永远永远！

蔡佳杭，女，潮州市枫溪小学六年级二班的一名学生。她担任学校少先队大队长、六（2）班的班长。六年来，老师的精心培养和良好的学习环境，使她不断成长进步。2012—2013学年度被评为学校“十佳少先队员”；多次被评为“枫溪区优秀少先队员”；2014年4月，学校推荐她参与评选“潮州市美德少年”。她在区、市、省各类的经典朗诵比赛、征文比赛、硬笔书法比赛、手抄报比赛、青少年机器人竞赛、“星河杯”潮汕青少年书画比赛、作文现场赛、“学礼立身”演讲比赛表现突出并屡次获得优异的成绩。她自强奋斗、勇于进取，成为同学中的佼佼者。

勤奋学习，积极向上

蔡佳杭同学勤奋学习、积极向上，身上总有一股不服输的韧劲。她长期坚持落实课前预习、上课专心听讲、认真完成作业三个环节，各门功课均取得优异的成绩。她奉行“读万卷书，行万里路”。虽然学习生活很紧张，可是她仍然在平时和寒暑假里抽出时间来阅读大量课外书籍，从这些书籍中汲取营养，积累了丰富的写作素材。另外，她还随同父母游览祖国的大好河山，祖国美丽的山水和悠久的历史文化使她增长了见识。她在作文方面独领风骚。去年，老师挑选她参加潮州市中小学生作文现场比赛，她积极准备。在赛前的那段日子里，她每晚都练习写1篇作文。每次写作，她都认真构思、选材。写完作文，她一遍又一遍地修改，再苦再累，她都坚持了下来。好几次，她忙到晚上11点多才睡觉。功夫不负有心人，这次比赛，她荣获潮州市2013年中小学生作文现场比赛小学组一等奖。

她相信：一个人的成功主要不在其有多高的天赋，而在其是否具有坚定的意志、坚强的决心和明确的目标。只要脚踏实地，百折不挠，一步一个脚印地向着崇高的理想迈进，总会有所收获，有所成就。

爱好广泛，全面发展

蔡佳杭同学爱好广泛，多才多艺，力争全面发展。学校的活动丰富多彩，而她就是其中的积极分子，多次参加学校组织的唱歌、讲故事、课本剧表演等比赛；说得一口流利的普通话，是学校红领巾广播站的小主持人；由于平时注意锻炼身体，她在学校运动会上一直是班上的主力队员；从三年级开始，她就一直认真参加学校组织的机器人培训，很快便成为一名优秀学员；她爱好美术、书法，课外经常参加培训班的学习，进步很快。

连年来，她屡获佳绩：参加2009年枫溪区小学生中华经典朗诵比赛，荣获一等奖；参加枫溪区中小学生“我把幸福告诉您”手抄报比赛，荣获小学组一等奖；手抄报作品《红色的记忆》荣获2011年度潮州市“红色的记忆——纪念建党90周年”征文比赛小学低年级组二等奖；参加枫溪区首届小学生硬笔书法比赛，荣获高年级组一等奖；参加2012年潮州市青少年科技创新大赛少年儿童科学幻想绘画比赛，荣获三等奖；参加第八届“星河杯”潮汕青少年书画比赛潮州赛区选拔赛，荣获小学高年级组二等奖；参加第十三届广东省青少年机器人竞赛足球比赛小学组二等奖；2014年先后参加枫溪区、潮州市“学礼立身”演讲比赛，均荣获一等奖。

踏实肯干，工作出色

作为学生干部的蔡佳杭同学，热爱集体，乐于助人。看到有同学不守纪律了，就及时给同学指出来；看到班里缺少抹布、垃圾袋，她就主动买来；当有同学在学习上遇到疑难问题时，她总是耐心地帮助他们讲解；遇到有同学生病，她会打电话问候。就这样，她以自己的真诚，赢得了老师和同学们的称赞。一班之长的她，还能积极为班级管理出谋划策，协助老师做好各项班务工作。班上的黑板报，都是她带领同学们进行设计、出版的。在班主任老师的指导下，她组织了多次中队活动，如安全知识竞赛、诚信教育等有意义的活动，不仅活跃和丰富了班级的文化生活，而且提高了同学们的思想认识。在学校艺术节文艺汇演中，她和同学们表演的歌伴舞《金孔雀轻轻跳》获得老师们的好评。在她的协助下，老师的班级工作开展得更加顺利，班级形成了良好的风气，她所在班级多次荣获“文明班”的称号。

她担任学校少先队大队委大队长一职，对于学校大队部布置的各项任务，她能认真负责，出色完成任务。她能带领校性值日生开展值日工作，认真做好学生每日常规的评比工作。在工作中，她也遇过不顺心的事。那是今年5月的一天，由于她接到放学后排练节目的任务，因此，她把登记“班级每日常规评比成绩”的任务转交给了副大队长。她排练完节目后，马上去检查值日工作情况。这时，她才发现副大队长回家了，校性值日生也回家了，而“班级每日常规评比成绩”还没有登记。天色已晚了，该怎么办呢？蔡佳杭同学独自在学校操场上统计全校各班的“每日常规评比成绩”，再登记在公布栏。她整整花了一个多钟头的时间才完成这项工作！她严谨的工作态度、对工作认真负责的精神，值得我们称赞。

富有爱心、志存高远

蔡佳杭同学热爱祖国、热爱人民，从小树立了做祖国栋梁的远大志向。她是个富有爱心的孩子，从小就乐于做好事，喜欢参加各项公益活动。当她得知学校有同学因生病急需筹钱做手术时，她主动捐款；四川汶川大地震期间，她带头拿出自己的零花钱，积极为灾区的同学捐款；在公共汽车上主动给老人让座……这些都让她感受到奉献的快乐。今年4月，她参加潮州市民生志愿者协会“爱心跳蚤市场”义卖活动。当天天气比较炎热，她在义卖现场努力叫卖，不断向顾客推销产品。豆大的汗珠从额头流了下来，爸爸妈妈让她休息一下，她说：“我得努力把商品卖完，才可以捐出更多的义卖款，帮助需要帮助的人。”短短的时间里，在坚持不放弃的毅力支撑下，她很快完成义卖任务，并捐出所有义卖款。爱心伴着她慢慢成长。

后记：蔡佳杭同学在一次次的锻炼中，不断充实自己。她以顽强的毅力、自强不息的奋斗精神，取得了一次又一次的优异成绩。她戒骄戒躁，珍惜荣誉，再接再厉，努力使自己成为一名自强的新时代优秀学子。

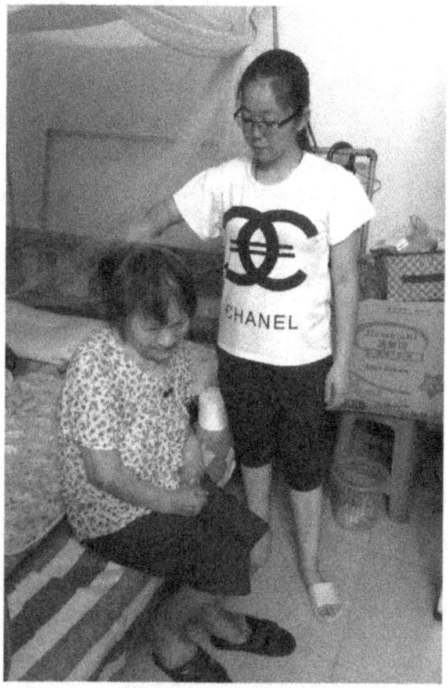

背着养母上学的孝女

——记台山市培英职业技术学校学生陈凤英

题记：相对于别人，我是不幸的；相对于命运，我是万幸的。没有了养母的怜爱之心，就没有了今天的我；没有政府和好心人士的关心帮助，就没有今天幸福的我、风华正茂的我。

陈凤英说："相对于别人，我是不幸的；相对于命运，我是万幸的。不管苦与累，幸运的我感谢背后还有一群特别照顾关心我的好心人。从小学到初中，老师不仅关心我的学习，还经常开导我，教我做人的道理。我生病了，同学们省下平时的零用钱捐款让我治疗。我曾工作过的老板都像亲人般地关爱我。政府的领导经常嘘寒问暖，大力支持鼓励帮助我。我的健康成长，还离不开社会上的好心人士，他们慷慨解囊出钱出力，一如既往地资助我。我的世界因为我爸爸妈妈而不孤单，我的前途因为有政府和好心人士的关心支持而更美丽。不管以后的路怎样走，我愿意为你们，为这个美好的社会尽一份绵薄之力。"

台山市培英职业技术学校学生陈凤英，带着瘫痪的母亲上学，她的孝女事迹感动全校师生，也激励了更多年轻人自强不息、懂得感恩、承担责任、学会奉献。她遵纪守法，爱国爱校；她尊师爱友，乐于助人；她勤奋好学，成绩优异；她懂得感恩，带母上学。她展示了我市中学生的崭新精神风貌，是我市中小学生的优秀代表和先进典型，是广大中小学生学习的榜样。

母女情缘——因为有爱而生存

一个难忘的日子，1991年7月13日下午，一个包着破烂衣服的女婴被遗弃在阳江车站。她只有一只猫的大小，额头发烫，正在发高烧，脐带还没脱落，一双小手紧攥着，不断地发出撕心裂肺的哭声。她饿了，全身都湿了，如果她已经懂事的话，她应该是在哀求爸爸妈妈："不要把我一个人丢在这个陌生的街头，我要爸爸妈妈。"

可怜女婴的阵阵哭声，引来了不少路人围观，但没人想收留她，因为她才出生四天。刚好一位阿姨在等车，她买来牛奶、奶瓶和抱被，穿过围观的人群，把女婴的湿衣服换了，喂她牛奶，女婴不哭了。看着这个粉扑扑的女婴，阿姨微笑中露出了为难的神色。阿姨四十多岁，丈夫中风了，家庭非常困难。她不敢马上收养女婴，她考虑了很久，围观的人群渐渐散开了，女婴又哭起来了。看着这个可怜无助的小女婴，阿姨含着泪抱起女婴，她毅然决定收养了这孩子。这个幸运的孩子就是陈凤英。

来到这个家，虽然贫困，但很温馨。爸爸妈妈当陈凤英是宝贝，都很疼爱她。他们熬饥寒也要让孩子温饱。爸爸中风后，右手右脚都活动不方便。他扛下了在家带孩子、做家务和种两亩地的活，妈妈就到镇上当保姆照顾老人家。这样，两口子带着养女艰辛劳苦地过了六年。到了孩子该上学的时候了，昂贵的学费让这个一家三口顾不上温饱的父母面露难色。他们竭尽全力也无法让女儿上学，因为没有办理过收养手续，孩子一直没有户口，也没办法申请到政府的补助。看着村里同龄孩子都上学了，她坐在树头下望着小伙伴背着新书包高兴地上学放学，坐在门口做作业。她很羡慕，但却不敢叫父母送她上学。因为她知道她家跟别人家不一样。后来，爸爸从他侄子那里借来一年级的书，让陈凤英在家读书写字。

勇挑重担——因为有责而担当

穷人的孩子早当家。每天跟着爸爸，陈凤英七八岁就学会了做饭、扫地、洗衣服等家务活。爸爸出去干农活，她就在家做家务。九岁那年，凤英在堂嫂那里学会了绣花、做电子管之类的手工活。她到镇上的工厂拿些手工活的货回家做，这样每个月可以赚一百块钱左右帮补一下家用。做了一年多，听说水库脚下开了间牙签厂，陈凤英便去求老板在那里打工，每天要骑自行车两个小时往返。乖巧的陈凤英，嘴甜手灵巧，厂里的叔叔阿姨很喜欢她。

一天下班后，陈凤英用自行车推着牙签厂的废料（用来当柴火）回家，由于天黑路滑，人车翻倒在路边的水沟，老板怕她出事，不再雇用她。虽然牙签厂的工资不高，但却能减轻爸妈很多负担，没办法了，她只能像以前那样在家绣花了。十二岁那年，凤英到收破烂的老板娘家当保姆。帮她带四岁的女儿和料理家里的大小家务活。老板娘一家人对她很好，像家人一样疼她，第二年还送她上学读书。河西村委会的干部马书记知道她的情况后，马上向学校、政府提出申请，她终于顺利入学读小学一年级。那年，陈凤英十三岁了。

由于长期的辛苦操劳加上营养不足，就在这年7月份，爸爸又一次病倒了，而且再也站不起来了，年末爸爸病故。即使爸爸无法承担家中的经济重担，但他始终是这个家的顶梁柱，他的离去让她们母女俩很痛心，而且外公外婆也在同一年相继去世了。妈妈无法接受这个残酷的事实，每天都哭，不久，妈妈也病倒了，常常说骨头酸痛。陈凤英很伤心，很担心妈妈也要离开她了，却不敢在妈妈面前哭。她明白要勇敢站起来扛起这个家的重担，要照顾好妈妈！家里没钱，她只能买些药油帮妈妈搽，有时妈妈确实痛得忍不住了，就带她去医院打止痛针，买止痛药给她吃，可惜疼痛没有减轻，妈妈的病越来越严重了，要用拐杖来走路，也没办法劳动了。过了不久，老板娘的女儿要上幼儿园了，陈凤英只能另外又找了一份在小食店打杂的兼职。小食店需要每天早上五点上班，晚上九点多才能下班。每个周末、节假日、寒暑假，不管刮风下雨、严寒酷暑，她都是两点一线，独自骑着自行车穿梭在那条黑暗幽静的小路上，早出晚归。家，是她克服害怕的灵丹妙药。每天晚上回到家，刚进门口就听到妈妈疼痛的呻吟声。通常，她都是进房看一下妈妈就得立即拿柴草开火为妈妈做晚饭。她们母女俩住的一居室，由于年久失修，雷雨天，家里没有几处不漏雨的，炉灶前也不例外，滴滴答答……2008年，在市、镇相关部门的帮助支持下，在热心人士的帮助下，陈凤英可以入户了，不仅可以申请到政府救济补助，还可以申请到政府的危房救助金。市、镇妇联拨单亲母亲安居房救助金，年底建好了两房一厅，她们终于住上新房子了。

带母上学——因为有恩而不弃

即使家庭多灾多难，陈凤英要上学，又要照顾妈妈，赚钱养家，却影响不了她的学习，一直以来，她的成绩在全校名列前茅。2009年，陈凤英考上了台山市新宁中学，这是市的重点初中。当时有几位好心人提议出钱供她到台城读书，但她还是决定留在镇上读初中，因为妈妈已经卧床不起无法自理，她不能为前途而丢下妈妈不管。平时一边做家务一边和妈妈聊天，她的乐观开朗感染了周围的人。在她功课多、特别忙的时候，村里的人都到她家帮她照顾妈妈，民政助理多次资助她。时间匆匆，转眼间三年过去了，2012年中考，陈凤英免试推荐到台山侨中。如果要继续读书的话，就意味着要带妈妈来到离乡下100多公里的城里读书，简直是天方夜谭，当她决定放弃继续升学的机会时，镇政府妇联主席找她谈心，乡亲听到陈凤英孝女故事，也深受感动，决定资助陈凤英完成高中学业。由于要照顾妈妈，她只能放弃读侨中，最终选择到台山培英职业技术学校读会计。陈凤英的事迹感动了学校的校长和老师，承诺免费为她提供读书机会。

到培英学校读书，必须要带上妈妈到城里，必须要租房子。陈凤英将心中的忧虑告诉镇妇联和身边的亲人。由于她妈妈是个瘫痪的人，且出不了高价钱，找房子的事一直到上学前两天才能解决好。陈凤英开开心心带着妈妈上学。每天照顾妈妈—上学—做功课，日子过得忙碌而充实。但好景不长，房东要她们搬走，任凭陈凤英怎样哀求，房东都不同意她们住下去。接着，又搬了两次房子，房东都是因她妈妈的情况而赶她们走。陈凤英又陷入了困境。经过热心人士的指引，陈凤英母女搬到台城镇的一个原社区的办公室改成的出租房，终于可以安定下来了。后来，陈凤英为节省租金，征得社区的领导同意，她负责打扫所居住的那幢四层楼房的卫生，她住的房子租金则免去了。每天，陈凤英既要上学，照顾妈妈，打扫四层楼的卫生，目前还要到麦当劳兼职。这个美丽聪明坚强的女孩乐观地生活着。

为梦起航——因为有志而自强

陈凤英深深懂得“穷不读，穷根不断；富不读，富不长久”的道理，就算再困难再苦她也要坚持用心读书。所以她学习很刻苦，积极想办法继续她的学业。她上小学时，克服了种种困难，考上了新宁中学；她上初中时，边工边读，获得了免试保送到台山市华侨中学就读的资格。现在在台山市培英职业技术学校这里就读，她一样地勤奋，一样执着地追求着自己的梦想：学技能、考大学、做会计师，更好地回报社会。她积极报考各种技能证书，她已考取了英语一级合格证书，现在正为考取会计上岗证而努力……

她说：“不经历风雨怎么见彩虹？”在培英就读的这两年时间里，她有欢乐，有辛酸，有成功，也有失败。然而成功时，她没有冲昏头脑；失败时，她也没有失去心中那求学的激情，这一切都是源于她的梦。

她说：“爱使我对生活充满了希望，梦想则给了我源源不断的动力。因为梦想我潇洒走过昨天；因为梦想我坚定不移走到今天；也因为梦想我将永不放弃走向明天！”

后记：陈凤英，一个“90后”女孩，在13岁的时候，就用自己稚嫩的肩膀扛起了家庭重担，面对困难、挫折，自立自强、不畏困难，将实现自身价值和孝顺父母、努力学习统一起来，展示了我市中学生的崭新精神风貌，是我市中小学生的优秀代表和先进典型，是广大中小学生学习的榜样。学习她富有爱心，自觉践行社会主义核心价值观优秀美德；学习她自立自强、不畏困难和克服困难的坚强意志；学习她懂得感恩、承担责任、孝老爱亲的高尚品质；学习她乐观向上、积极进取的人生态度和高尚的思想品德。让我们一起大力弘扬她孝道孝行的正能量！

她是懂得『舍』的好学生

——记广东黄埔卫生职业技术学校学生陈思婷

题记：好好扮演自己的角色，做自己该做的事。

陈思婷，从入学就得到了老师、师姐们的赏识，从班长一直做到大班长，从团委文艺部干事做到了团委副书记，同时还是礼仪队舞蹈队的队长；在校期间成绩优秀，做事认真。

孝敬父母

在新生入学教育的时间里，校园内每天都在播放感恩歌曲，班会课上播放着视频。妈妈，是多么神圣的一个人啊！妈妈把陈思婷养育成这么大，真的很不容易。每次犯了错误，妈妈总是跟在陈思婷的身后收拾残局；赚钱养家，供三个孩子上学。而孩子呢，有亲手做过一餐饭给自己的父母吃吗？他们累的时候大家知道吗？知道了会跑到他们身后帮他们捶捶背吗？没有，陈思婷之前从未有过这些事。但进入黄埔卫校后，陈思婷懂得了怎样去孝顺父母，怎样感恩父母；知道了多陪陪父母，父母就会很高兴了。在各种教育视频里，陈思婷知道了父母的艰辛，老师问："你们有给你们的爸爸妈妈洗过脚吗？你们知道自己爸妈的生日吗？知道爸爸妈妈最想看到你们什么吗？"顿时，全班100多人全都低着头，心里很难受，眼眶都红红的，有的同学已经眼泪哗啦啦地流下来了。回到家后，陈思婷每天都很早起床，扫地、洗茶杯、弄好早餐；每次吃完饭，陈思婷总留在饭桌那，与爸妈聊聊天，爸妈吃完了就收拾桌子、洗碗，爸爸妈妈看到陈思婷如此积极，不再像之前睡到十一二点了，也不再像之前那样吃完饭抹抹嘴巴就去看电视了。陈思婷从一个不懂事的孩子变成了如今落落大方的学生。

诚实守信

在进入黄埔卫校的第一个学期里，她受到了老师们、师姐们的认可与赏识，不论是在家里还是在学校，她都能做到诚信。在学校，老师安排她做的事情，她都要扎扎实实做好；同学们问她作业，她都会一一解答，讲到他们都明白为止。记得上次在彩排的时候，陈思婷忙得焦头烂额，又急着要去彩排，刚好同学又来找她有事，问她一些关于学习上的问题，陈思婷告诉同学说："我彩排完再回来找你，不好意思哦！"陈思婷说完就走了，直到晚上10点多才回来，回到宿舍坐在凳子上，想着休息一下就去洗澡睡觉。刚坐下凳子的时候，陈思婷突然想起还有事情没做，然后就走着去另外一个宿舍找那个同学，陈思婷问那个同学："今天你来找我什么事了，我忘了，就记得你来找过我，有事问我，说吧！"陈思婷表现得一点都不累，其实在她自己的心里已经是很想去休息的了，但为了兑现答应人家的事，她一定得坚持先干完，自己的事情放在最后再做。同学说："我有一道练习题，一直都很困惑，不知道怎么理解，刚好书不在这，要不你先去休息，明天再帮我解答吧，好吗？""好的！"有的时候，在学校没时间帮他们解答，她承诺回家再帮他们，回到家的第一件事就是打电话与他们讨论解答。在家里，她从不会对爸爸妈妈撒谎，即便考试不理想，她也要依据事实告诉爸妈，爸妈经常说她是一个诚实守信的孩子。

奉献利他

陈思婷一直在班级表现优秀，虽然她只是副班长，但同学们很喜欢和陈思婷相处，她也总是热心帮助同学，帮助老师处理班上同学间的矛盾。

陈思婷所在的班有一百多人，分成两个班级，由于班主任是同一个，因此有了大班长一职。小谢同学是隔壁班的，也是这个班的大班长，但从不为大局，常因自己的小事在班上大做文章，同学们都不服小谢，就去老师面前投诉小谢，推荐陈思婷当大班长。当陈思婷从一个副班长成为了一个大班长时，她没有骄傲，一直协助老师管理好这个大家庭。在一次重新分配的过程中，班上就出现了很大问题，个个都想和自己玩得好的同学住在同一个宿舍，包括陈思婷也是这样想的，但是陈思婷并没有这样做。当时自己班的床位不够，多出的一个人要去隔壁班的宿舍里面住，没有人愿意，然而陈思婷跟班主任提出说："让我去隔壁班的宿舍吧！"班主任说："我本意就是想安排你去隔壁班宿舍的，为什么呢？这样有利于你的工作，白天与本班的同学坐一起上课，晚上与隔壁班的同学共处，两个班的所有情况你都能够第一时间了解到，可以及时处理。"陈思婷放弃了与好朋友一起住宿的机会，却得到了更多同学的支持。

与人为善

上课铃响了，教室里的喧闹声还是那么的强烈，无法安静，过了几分钟，她受不了了，站起来说："请大家安静，不要再讲话了。"班里顿时安静了下来，个个埋着头在看书了，翠平突然冒出一句话："大班就了不起啦，我的班长都还没管我，你就来管我了，你以为你是谁啊！"陈思婷走到翠平的面前说："你现在在上课时间讲话，打扰其他同学自习了，你觉得你这样的行为是对的吗？如果你实在待不住的话，那你可以现在去老师办公室跟老师聊天，我不阻止你！既然班主任授权给我管理这个大家庭，那我就应该按照班主任的要求好好地督促你们学习，也不允许你打扰到其他同学，明白吗？"翠平无话可说，只好坐下拿起书复习。

晚上回到宿舍，翠平被一道难题难住了，左思右想，又不好直接来问陈思婷，问了其他同学也不懂。只见陈思婷走到翠平的面前，翠平用很惊讶的眼神看着她，陈思婷慢慢地跟她分析这道题，一遍不懂再讲一遍，直到翠平明白了。顿时，翠平和陈思婷都很开心，两个人对视着，笑呵呵的。

陈思婷就是这样，对事不对人，只要她认为是对的事情，就会毫不犹豫地去帮助每一个人。

陈思婷有双黑溜溜的大眼睛，人长得好看，又高，不单单形象好，还会跳舞，常常利用休息时间去排练节目。学校组织的文艺活动她无不参加，她不单单只参加一个节目，一场活动下来她都是承担着三个节目的中心人物。她的舞姿虽说不是最好、最美的，但是她领悟性很高，学动作都比别人付出了多一倍的努力去学，做到自己认为最满意的，从不觉得自己会逊过其他人。她与师姐之间的合作也非常融洽。在一次集训中，师姐很快把老师教的动作掌握了，可是她还是不会，她跑去向师姐请教，让师姐教她动作。那个动作比较别扭，对着镜子看师姐教她，两个人就无端端地大笑起来。其实，没有人能够真正懂她们当时在笑什么，一种无言的默契一拍即合。陈思婷发挥她的长处为学校谋利，也得到了与师姐们的友谊。

勤奋学习

期末考了，陈思婷每天晚上只睡几个小时，早上很早起来到课室里面复习，中午吃完饭就去教室里复习，累了就在桌子上趴着眯会儿；上课时都认认真真听课，从不开小差；放学了就去洗澡吃饭；晚修时，如果有工作，陈思婷就去忙了，等她忙完时已是晚修放学时分了；陈思婷独自一人去教室里看书，复习考试的资料，到晚上12点才回宿舍睡觉。她的一天就是如此的忙碌。

记得陈思婷在排练的时候，中午晚上都要排练，晚上一般都训练到很晚，换做其他人，回到宿舍就洗洗睡觉了，但陈思婷不是。她回到宿舍，洗完澡以后在床上坐着继续看书，直到她累了。陈思婷每次都会利用休息时间来看看书，这样才能把基础打好，不落后于同学，她的成绩在班上也是名列前茅的。

心存感恩

班主任常常对大家讲：要感恩帮助过你的人，要感恩伤害过你的人，要感恩身边的一切；要学会奉献，要甘于吃亏、利益他人，要毫不利己、专门利人。

陈思婷每一天都过着忙碌，充实的生活，从未抱怨过任何什么，反而觉得很高兴。例如每天中午午休的时候，学校临时组织召开班干部会议，陈思婷每次都是急急忙忙地排完队，大口大口地吃饭，吃完饭就到点开会了。会议主要讲的是关于同学们为准备考护士资格证的集中培训，如何在短短的两个星期里安排好时间复习和考试以及作息等日常安排。由于护士资格考试是一场很重要的考试，特把班委们召集在一起开个中午会议，会议时间有限，陈思婷需要在这短短的60分钟里解决所有班委们的疑问，解答他们的困惑。会后陈思婷回到了教室，等待着同学们过来教室。人齐了，陈思婷把开会的重点和注意事项详细地告诉其他同学。在这里，陈思婷把自己的午休时间奉献给了班级，舍了自己的时间，得到了同学们的肯定。

陈思婷告诉我们：人活在世上也就是一舍一得的过程，不必太复杂，适时地放弃，就能走向完美的生活。陈思婷告诉我们：要懂得用舍去帮助别人，这样自然就会得到回报。

后记：舍，看起来是给人，实际上是给自己。舍和得的关系，就如因和果。

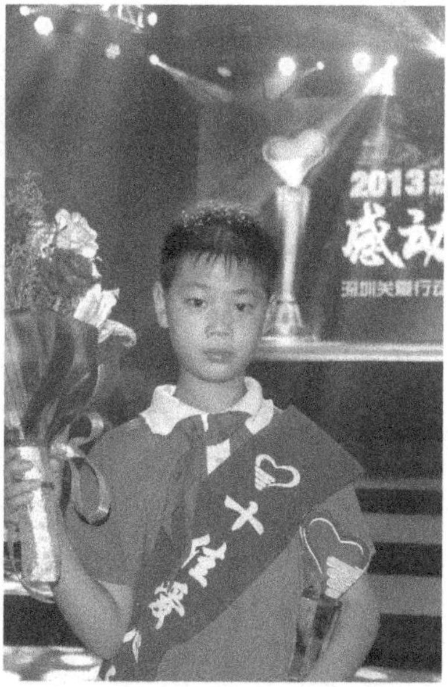

少年美德如金子般闪亮

——记深圳市葵涌第二小学同学陈勇

题记：如果可能，我会一直陪伴着他……

深圳市葵涌第二小学创建于1943年，办学历史悠久。2003年9月迁至新址办学，占地2.32万平方米，现有29个教学班，学生1370多名，教师85位，其中外籍教师2名。近几年，学校取得了优质、高效、跨越式的发展，现已成为现代化、规范化的区域性示范学校，为全国中小学心理健康教育示范校、广东省红领巾示范校、广东省中小学德育科研课题实验学校、广东省体育特色学校、深圳市中小学素质教育德育、科技特色学校创建单位等。涌现了全国优秀少先队员、中国少年科学院小院士和广东省“十佳”少先队员、全国“百佳小记者”、广东省“阅读之星”、深圳市“十佳”爱心人物等一大批优秀学生。

在深圳市大鹏新区葵涌第二小学有这样一个男孩，他叫陈勇。在家庭的熏陶下，他从小就富有爱心，助人为乐成了他生活中不可或缺的一部分。

陈勇出生在一个外来工家庭。父母学历低，只能在工厂流水线上赚取微薄的收入。生活的艰辛造就了这个瘦弱的农家子弟善良、富有爱心的品格。

上学第一天，他在上学的校车上认识了同班的李运成同学。李运成身患癫痫病和先天性白内障，严重的视力障碍，智力低下。更严重的是，这种间歇性癫痫病，时而会全身抽搐，倒地不起。他的父母忙于生计，没有足够的时间来接送他上学、放学，看到李运成瘦弱的身子艰难地向车上上挪动着，陈勇不由得停下了脚步，心中油然生出一种强烈的冲动——我一定要帮助他！

在一个课间，陈勇在打水回来的路上，远远地看见李运成摔倒在地上。只见他浑身抽搐，口吐白沫，样子非常吓人。陈勇像箭一样跑去报告校医和老师。校医轻轻地扶起李运成的头，通过掐人中穴的方法救醒他。看到病痛缠身的样子，陈勇心生怜意，把一杯热水捧到他的手边。就是这个小小的行为，温暖了李运成这个命运多舛少年的心。随后，校医教会他简单的救助方法。

每天一大早，陈勇早早地来到李运成的家，默默地带着他一起上学，把关怀和温暖及时送到，并和他结成了帮扶对子，鼓励他顽强地面对生活。五年来，陈勇每天和他一起上学、放学，为他倒水，送他上厕所。陈勇俨然成了李运成兼职的“保镖”，李运成需要去哪里，陈勇就把他带到哪里。

陈勇在李运成同学身上付出了大量的心血，并得到了自己父母的大力支持。陈勇的爱心感动着身边的每一个人，他也成了全校师生学习的榜样。受他的影响，班里的其他同学也组织起来，理解、尊重、关心、帮助李运成同学。尤其是他癫痫病发作时，全班同学都会帮忙抢救，或去叫老师、校医。付出总有回报，陈勇无微不至的关怀，让李运成同学深深地体会到集体的温暖，他的心理逐渐恢复了常态，学会与人交往，学会自信，学习成绩也在不断进步中。

陈勇不单单对李运成同学如此热情相助，对别的同学也一样。只要谁有困难，陈勇同学就会及时出现在他们面前，给予他们力所能及的帮助。由于所在学校大多数同学都是从各地转来的农民工子弟，生活习惯和学习习惯各异，大家很难融入这个集体中来，需要同学协助老师做大量的工作。这时，助人为乐、心细如发的陈勇毛遂自荐请求担任语文课代表，每天帮助语文成绩不好的同学学习。时间一长，不仅班级学习成绩有了提高，而且大家都在互帮互助的氛围中感受到集体的温暖。

陈勇同学五年如一日，从没间断帮忙他人。他经常帮别的同学打好早餐。碰上大热天，早餐很烫，一连帮忙好几个同学拿好早餐要来回跑几趟，既费时又把自己热成了一个汗人。可是陈勇同学从不喊苦、喊累。还有不少同学，在生活中经常会丢失了学习用品，陈勇同学知道了，也会无私地拿出了自己的物品来帮助别的同学。要是碰上有同学生病了，陈勇同学立马前去嘘寒问暖，为生病的同学打开水，陪他们去校医室看病，并亲自为他们倒好开水吃药。

如今陈勇助人为乐的事迹早已传遍整个学校，也为此获得了社会各界的赞赏，先后获得了2012年“深圳市美德少年”、2013年“感动深圳十佳爱心人物”、2014年“深圳市道德模范（文明市民）”等荣誉称号。班主任在老师寄语中写下了对陈勇的评价——勤奋、踏实、聪明、正直，有着金子般纯真的心灵，助人为乐，把快乐和温暖带给身边的每一个人。

陈勇，你是好样的！真是一个助人为乐的好少年！

后记：“陈勇能当选感动深圳十佳爱心人物最大的原因在于他贵于坚持，五年如一日，风雨不改，平凡之中给予我们不一样的感动！”这是2013“感动深圳”组委会评委对陈勇的评价。是的，感动不一定要做出惊天动地的事情，平凡、奉献、坚持才是大善之举！

德才兼备的美德少年

——记中山市沙溪理工学校学生郭永权

题记：『我的座右铭是：人生的价值，并不是用时间，而是用深度去衡量的。这是托尔斯泰的名言，我一直以此要求自己，在生活的每一天做一件有意义的事情。』郭永权说。人生的价值，并不是要功成名就，也不是要轰轰烈烈，而应该像雷锋一样，用小小的钉子精神激励他人，贵在坚持。

中山市沙溪理工学校以“让学生学会做人，学好技能，为学生拥有幸福而有意义的一生打下良好基础”的办学理念，艰苦创校，于2013年9月高分通过首批“国家中等职业教育改革发展示范学校”的评估验收。学校以当地产业经济为依托，紧密结合实际，不断改革，积极探索，多层次、多规格培养人才，形成了鲜明的“专业对接产业链”的“中职沙溪模式”，即“专业拓展对接产业链、实训中心对接产业链、专业教学对接产业链”，快步向中职教育高位发展。在学校快速发展专业之际，提出了“教育对接价值链”的育人准则，注重学生社会主义核心价值观的培养，倡导以德育人、以文化人。在这样的教育氛围下，学校培养出了许许多多的优秀学生，其中最有代表性的是郭永权。

郭永权是中山市沙溪理工学校计算机部2011届网络（1）班的学生。每天，在他的身上，都上演着一场同窗友爱、力行修身的感人故事：他一直坚持搀扶黄骏皓上课、下课、散步……从没间断过。其帮助黄骏皓的事迹感染了整个校园的老师和学生，并得到了中山市教育界和各媒体的关注。2012年3月26日，中山商报教育版报道了郭永权的事迹，将他形象地比喻为同学的拐杖。2012年7月，中山市沙溪镇电视台采访了郭永权，使他的事迹广泛宣传，将他作为正面教育的模范。2013年，他先后被评为校、镇和市的“美德少年”。他的事迹，简要概括如下四点：

照顾生活，无微不至

2011年9月新生入学，2011网（1）班迎来了两个特殊的学生，其中一个是阮德超，小脑萎缩引起肢体残疾；另一个是黄骏皓，天生左小腿二级残疾。黄骏皓的情况比较严重，他的整个身体几乎靠一只脚的力量支撑，刚到学校时，一个楼梯都上不来、下不了。而该校是正常的普通学校，并没有特别的滑梯或通道。他远从中山民众来求学，在这里读书，如果没有同学的帮助，根本不可能继续下去。父母忧心忡忡，班主任也很为难。

开学当晚，班主任来到宿舍，准备安排学生轮流照顾。刚说明情况，腼腆的郭永权就主动跟老师说他愿意独自照顾黄骏皓，并表示这样可以避免换班时出现的失误或缺勤。他在说这句话时，脸上憨厚友善，语气坚定自信。就一句话，深深感动了班主任和宿舍同学，给人留下深刻印象。

此后，郭永权用行动来实现自己的诺言。每天起床后，郭永权第一件事就是去食堂给黄骏皓买早餐，然后再扶着他到教室上课。别人上完课后可以去操场打球锻炼，但是郭永权不可以，他要先把黄骏皓送回宿舍，打理好一切之后才去做自己的事情。

即使是在晚上，只要黄骏皓饿了，郭永权就毫不嫌麻烦地去买宵夜。

有一次，黄骏皓感冒，有点咳嗽和低烧。郭永权心里很着急，不时为他端热开水喝，叮嘱他按时吃药；就连晚上睡觉，都要起来好几次，摸摸他的额头探温。而郭永权自己生病时，他从不会轻易请假回家，因为他还在担心黄骏皓没有他照顾，上下课等行动会很不方便。“我照顾黄骏皓这么久，他什么时候、哪些地方需要帮忙我最清楚了，如果换个人来照顾他，他会很不习惯。”郭永权笑着说。

2011年9月至2013年7月，郭永权在校整整照顾了黄骏皓的生活起居两年，没有断过一天，事无巨细，全力照顾，使得黄骏皓获得了宝贵的学习机会。

帮助学习，共同进步

黄骏皓的特殊情况，不仅在于脚行动不便，而且手不能像正常人一样灵活张开，只能半握着。这些外在原因导致他的学习一直很差，记笔记跟不上，实践课动手特别慢、效果差。自小学起到现在，日积月累，基础也不牢固。而中山市职业教育要求学生三证毕业，即要获得英语、全国计算机等级一级和PS专业证书，这对于黄骏皓来说，任务特别繁重和艰巨。

郭永权是黄骏皓的同桌，他看在眼里，急在心里。经过一段时间的观察和思考，他制定了帮助黄骏皓学习的特殊方案。首先，理论课上，他认真记笔记，并将学习心得记下，而黄骏皓课堂只需要认真听课。晚修时，黄骏皓再补抄笔记，并观看郭永权记的学习心得。郭永权还主动问黄骏皓学习情况，及时解决黄骏皓的疑问。其次，上机课上，郭永权的作品一直很优秀，完成速度也快，在他完成后，他主动教黄骏皓落下的操作题，并指导他方法。高二上学期开了设计基础的课程，作业要求用水彩，调颜色是关键，做作业经常要洗颜料板和笔。以黄骏皓的情况，是不可能完成如此繁复的事情的。郭永权便耐心地帮助他，进进出出洗笔和颜料板，帮助黄骏皓完成作业。

照顾黄骏皓生活和帮助他学习，并没有影响郭永权的学习成绩。在校两年内，他的学习成绩稳居第一二名，各科均衡发展。而黄骏皓在他的帮助下，也顺利地考取了三个证书。

精神向导，相互勉励

除了行动上的帮助，郭永权还经常鼓励黄骏皓不要自卑，要勇敢地面对一切，好好学习，自强不息。

刚刚进入学校时，同学之间都比较陌生，黄骏皓担心同学们会因为他身体残疾而看不起他，对大家心存顾虑；再加上以前同学和社会人给他的有色眼光，落下的自卑心理，使他越发不适应。“他经常坐着一动不动，只盯着地板，沉默不语。”郭永权说，舍友在一起轻松聊天的时候，他也不够活跃。为了消除黄骏皓的自卑感，郭永权经常给他讲些笑话，逗他开心，与其他同学聊天时，也会把他拉进来一起聊，特意制造些话题让他说。“笑是一种对生活乐观的表现。我跟他开玩笑，是想让他多笑一笑，尽量消除他的自卑感，让他能更开朗。”郭永权说，经过一个多学期的相处，黄骏皓自信明显增强，人也开朗许多，有时大家聊天他也会发表自己的意见。

当问及郭永权坚持做好事的力量时，他回答说：“因为自己的心。看到他每天吃力且坚强地生活着，我就觉得自己应该尽自己的爱心来帮助他，正是这样的爱心让我有足够的力量坚持下去。”影响是潜移默化的，在他爱的带动下，他们所在的宿舍和班级一片团结。其中，每个月，他们宿舍都被评为“文明宿舍”，而班级里也涌现出一个个乐于助人的好学生，黄骏皓和阮德超在班级不再受到歧视，而是得到关爱。在这样的环境下，两位学生越发开朗，从父母的访谈回馈中得知，两位学生回到家，笑容更多了，走出家门，不再自卑，而是更自信了。

实习就业，不离不弃

郭永权长期坚持日复一日帮助黄骏皓，体现了一名中职学生良好的道德品质，体现了一名当代中学生的基本素养和正确的核心价值观。毛主席说，一个人做一件好事并不难，难的是一辈子做好事。郭永权正是这样一位能够坚持做好事的“活雷锋”。高三的实习期间，黄骏皓不再生活在学校，他在父母的安排下开了个士多店。离开不代表放手，郭永权对黄骏皓的帮助照顾依然在，不离不弃。

黄骏皓的士多店刚开张，经营遇到很多问题，例如货物入库、记账和电脑销售系统等。郭永权不辞辛苦地教黄骏皓，告诉他入库方法，教他记账算法，并亲自到他店铺教他用电脑销售系统。一点一滴的关爱与问候，都感动着黄骏皓，黄骏皓感激地说：“我一直都是心怀感动和感恩的。我觉得他就像我的亲生兄弟，甚至还要好。”在郭永权和父母的支持帮助下，黄骏皓的店铺步入正轨，销量越来越好。他的稳定就业，也让郭永权安心下来。他说：“黄骏皓和阮德超的就业，时刻牵动我的心。我希望他们两个能妥善安排自己的未来，让他们有个幸福的人生。”

后记：大力践行社会主义核心价值观，需要凝聚正能量、传递正能量。什么是正能量？英国人怀斯曼在《正能量》一书中这样解释：所谓正能量，是指“一切予人向上和希望、促使人不断追求、让生活变得圆满幸福的动力和感情。”通俗的理解正能量就是“正气”，就是一种积极向上的精神。践行社会主义核心价值观的过程实际上就是凝聚正能量、传递正能量的过程。郭永权在生活中坚持日行一善，既在学校照顾帮助黄骏皓的学习生活，又在工作中帮助同事和社区居民，他的行为正是传递正能量的过程。这些都是践行社会主义核心价值观的榜样。一个国家只有凝聚正能量才能富强、民主、文明、和谐；一个社会只有凝聚正能量才能自由、平等、公正、法治；一个学校只有凝聚正能量才能稳定、发展、积极、向上；一个人只有凝聚正能量才能变得自信、积极、乐观、向上。我们应该学习郭永权，践行社会主义核心价值观，做传递正能量的使者，成为德才兼备的社会主义接班人，让我们的社会充满着正能量。

天行健，君子以自强不息

——记汕头市新溪第一中学学生谢萌

题记：『我是属向日葵的，向日葵永远心向阳光！』这是她说过的一句话。说这话的时候，她浅浅地笑着，脸上仿佛落满了阳光，明媚而不张扬，灿若一株向日葵。

她叫谢萌，是一个刚刚初中毕业的普通毕业生。然而你所不知道的是，她从小患了“进行性肌肉营养不良症”，疾病侵蚀着她，剥夺了她行走的权利，从三岁开始，她从未站起来过。可就是这样一个女孩，却有着积极乐观，开朗爱笑的个性，笑起来充满阳光。她生活在一个四口之家，有着爱她的父母和一个同病相怜的哥哥，一家人的生活虽艰难却也其乐融融。她初中就读于汕头市新溪第一中学。这是汕头市龙湖区一所农村完全中学，创办于1995年。学校以“善待”为教育理念，以“明德至善、求真唯实”为学校的校训，把坚信“每个孩子都是一座金矿”“为每一个孩子健康成长奠基”作为学校每个教师的共同价值追求。该校建筑美观，布局合理，环境优雅，各项配套设施齐全，2011年底被评为汕头市一级学校，是全国校本培训示范单位、广东省心理健康教育示范学校、汕头市德育示范学校、科技特色学校和汕头市足球传统学校。

心若向阳，永远阳光

泰戈尔说过：“世界以痛吻我，我要回报以歌。”面对不幸，她投以阳光的微笑。倘若人生是一种修行，那么疾病则是对其意志与心态的考验，悲观的人只会一味沉沦，乐观的人则会不断奋起，她属于后者。在她的记忆中，她从未体会过行走的感觉。她渴望行走，想象那是一种多么轻灵自由的感觉，步履轻松，身轻如燕……可那只容得她想象！命运付诸她的只是一双无法行走的双腿，它们只是僵硬、弯曲地附着在她的身上，与她的血肉相连，让她无从摆脱。即便如此，她不曾抱怨过，欣然接受命运的残酷，依旧微笑。生活于她也是艰难的，她遭遇过别人的冷眼，那冷漠诡异的眼神像一根无形的刺，深深插在她的心上，尖锐而疼痛。她感觉自己变得很低很低，低到尘埃里。她伤心过、萎靡过，渐渐地，她习惯了那种眼神，学会了用坚强将自己武装，用微笑将自己防护。她相信“生活有多痛苦，我就有多坚强”。

她从小免疫力低，身体瘦弱，容易生病，一病少则数天，多则几个星期。最重的一次生病是小学六年级小升初毕业考试前，由感冒引发肺炎，高烧不退。一天一天地打着点滴，依然强咳不止，痰里混着血丝。她只能虚弱无力地躺在床上，呼吸急促，胸口疼痛，一呼一吸牵扯着后背，使后背也跟着疼。疼痛折磨着她，使她夜不能寐。四周又黑又静，她只能听到自己呼吸时喉咙里发出的一种混浊的声音，疼痛似乎也来得更加剧烈，她辗转反侧。没有人知道她此时的无助，她感觉自己的生命正一点一点凋零，她感到了死的绝望！然而这顽强的生命，是如此艰难而倔强地存在着。她每天打针吃药，过了足足一个月，终于熬了过来。那时的她，已经勇敢到可以眉头都不皱一下地看着输液的针管插进她的手背，她的手背满是扎针后留下的黑色印记，她说这都不算什么……她说过她是属向日葵的，只要熬过漫长的黑暗，阳光再次普照大地，她的生命又可以如花般绽放。

青葱岁月，终不负她

知识如一盏明灯，照亮了她孤寂的心灵；知识开拓了她的视野，填补了她内心的空虚。她渴求知识，并以学习为乐。她在漫漫学海中尽情遨游，在收获的同时也付出了比别人更多的艰辛。她瘦小的手握起笔来还算有力，写的字也算工整。只是她字写得慢，写作业要花更多的时间，她就充分利用时间，下课写、中午写、下午放学写。她身体差，母亲不让她熬夜，但作业多的时候，她还是要写到11点多。深夜，昏黄的灯光下，她一个人埋头苦写，笔耕不辍。她最怕考试时间不够，时间紧时她就拼命地写，写得右手瘫软无力，字迹潦草。上学的时候，她在轮椅上一坐就是一天。一节课40分钟僵硬不变的坐姿常常让她的双腿感到麻痹疼痛，她就在下课的时候倾过身子趴在轮椅扶手上闭目养神，实则是想解放她的双腿。就这样，一天一天周而复始，虽然辛苦，但是能学习，她心里总是快乐的。

她的学习成绩优异，名列前茅，小学时总是保持班级前三名，中学保持全级前十名。她今年的中考成绩总分698分，三个数字简约分明，却是她三年辛苦耕耘的结果。她也是一名品学兼优的学生，小学曾被授予龙湖区“阳光少年”荣誉称号；初中曾被评为区、市的“三好学生”。还有一件令她引以为傲的事情，那就是她擅长写作，曾在学校和镇、区的作文比赛中多次获奖，如2010—2011年度镇中小学生征文比赛小学组二等奖；2011年“4·23”世界读书日龙湖区征文比赛（初级组）二等奖；龙湖区“幸福起航——2012·4·23世界读书日”征文比赛初中组一等奖；新溪镇“我与学校同成长”创强征文比赛初中组一等奖；龙湖区“我的中国梦”征文比赛一等奖等。时间见证了她的努力，青葱岁月也终究没有辜负她的努力。

幸运学子，常怀感恩

倘若知识是照亮她心灵的那盏明灯，那么母亲则是载她驶向光明彼岸的航船。在她八岁的时候，母亲不管他人的闲言碎语毅然决然把她送去学校读书，蹬一辆小小的三轮车载她去读小学，骑一辆电动三轮车送她去读初中，整整九年，风雨无阻。这其间的辛酸和艰苦只有母亲一个人默默承担、苦苦背负。她深知母亲不仅给了她生命，还给了她一双飞翔的翅膀，让她看世界。正如美国前总统林肯所说："我之所有，我之所能，都归功于我天使般的母亲。"她深知是母亲给了她一切，母亲就是她的天使！

在学校，有她最亲爱的老师和同学，是他们给了她莫大的关爱和帮助。是老师把她的教室安排在楼下方便她出入；是老师扛着轮椅上的她到四楼上音乐课；是老师扛她上高高的升旗台让她亲自去领奖，感受那份荣誉；是同学每天为她拿书包交作业；是同学每次推她出教室去操场开会；是同学总是帮她捡笔捡试卷，是同学常常陪她玩带给她快乐……他们总是被她的笑容感染，钦佩于她的乐观坚强，然而正是他们给了她勇气和力量，让她可以如此爽朗恣意地笑。她知道她是幸运的，她深深地感恩着这一切，一点一滴，都铭记于心。

青春不止，奋斗不止

她是一个要强的女孩，从未向命运低头。疾病侵蚀的只是她的肉体，却摧残不了坚强的生命，她仍对生活充满信心，对未来充满希望。此时的她年方十七，正值花季，青春在肆意泛滥。她心中怀揣着成为一名优秀作家的梦想走在青春的路上。路还很长，会有荆棘满地，坎坷遍野，但她不会放弃。她正在用努力与汗水一点一点实现她的梦想，让梦想更接近现实。她立志要成为一个有用的人，将来自食其力，回报父母、回报社会。为此，她从未停止奋斗。

青春是一场远行，要走向不知名的远方，追寻梦想的彼岸。青春是一场放逐，要脱离世俗的禁锢，寻找心灵的自由。茫茫人海中，她在以她的方式行走，未曾停止过脚步，因为她坚守——青春不止，奋斗不止……

后记：她，身残志坚，积极乐观，自信勇敢，遇挫折而奋起，虽不易而不屈，人人亦当如此。古人如是曰："天行健，君子以自强不息。"

奇迹是努力的另一个名字

——记珠海市实验中学高中部学生梁玮渝

题记：『奇迹是努力的另一个名字』是她的座右铭；精力充沛、热情洋溢是她的标签。生活中，她品格纯正、真诚睿智；学习中，她勤勉上进、志向高远。她坚信奇迹是努力的另一个名字，以满腔热情与干劲活跃在校园内外举办的活动中；她用阳光般的魅力感染他人，用阳光般的关怀温暖他人。她的世界永远一片晴朗，乐观的心态足以战胜困难，踏上梦想之巅！

热爱祖国，思想上进

作为一名合格的高中生，她时刻以热爱祖国为荣。她坚信，热爱祖国，要从小事做起，她，就是一位爱国者。每周一的升旗仪式对她而言不仅是对祖国的尊重，更是一次爱国情感的升华。无论太阳有多刺眼，她的双眼和她的心，依然向着冉冉升起的五星红旗。她认为，唱国歌、敬队礼、佩戴团徽是光荣的，且为那些升旗时开小差的人感到羞愧。在她眼里，升旗仪式不仅仅是一个仪式，还是爱国者抒发爱国情怀的场合，它能振奋人心，寄托着人民对祖国同时也是祖国对人民的希望。

她积极参加党课培训，用心写好党课报告。记得高一上学期时，她报名参加了学校举行的党课培训，光荣地成为了学校的“入党积极分子”。当她看到参加党课培训人员名单上有自己的名字时，心中异常激动，感觉自己的名字正在发光。当天下午，她就和小伙伴们早早地来到了培训会场，等待着领导们的到来。领导们一登场，全场鸦雀无声，在这严肃而又紧张的会场上，主讲人张六安校长开始了他的讲话，她感受到了党的伟大。

本学期的四月四日，是她第二次参加党课培训，主讲人张林副校长讲述了升旗背后的含义以及学习与生活中的诚信、友善、包容等优良品德和良好的学习习惯等，之后每个人都写了第一份党课报告。她在报告中发表了自己对升旗的感想及用自己的实际情况来强调了良好的品质与学习习惯的重要性，从她的报告中可以看出她对祖国的热爱和对学习、生活的顽强的拼搏精神。

她还和其他入党积极分子一起参加了拱北边检与学校联合举办的“同在党日下”的活动，一览入党的新面孔们无比崇高的形象，使她心中的那团火燃烧得越来越旺。在这封闭式的校园内，她每天都坚持看报纸，了解周围发生的事；并关注时事新闻，了解国际动态，为将来加入中国共产党积极做好准备。

心系集体，认真工作

该生在校期间积极配合老师参与学校和班级管理，小学曾担任过大队长和六年的班长，初中三年担任班长兼团支书。

身为新一届珠海市实验中学高中部校学生会主席，她大胆改革创新，创建我校首届模联社、汉文化社、航模社等社团，积极开展文学社、心语社、乐队表演、志愿者服务、保护校园环境等活动，如临近期末时开展的“环保换水”活动：每天放学后绕校园捡满一袋垃圾即可换取一瓶水。活动开展后反响非常大，记得第一天时人多到垃圾袋也不够用，学生会各成员也以身示范，充分调动了同学们对环保的热情；协助学校在养有鱼的思源湖一边的栏杆上装上一个鱼饲料箱，一元一包，诚信投币，此举动不仅让同学们献出自己的爱心，更让大家感受到诚信的力量。她和负责部门用心策划校园电视台、学生刊物、科技体育艺术节、广播站、十佳歌手、实验达人秀等工作，带领学生会在工作、学习和道德方面起模范带头作用。她还时常和老师、同学、生活老师、饭堂工作人员聊天，了解大家对学校建设和老师学生们的看法，思考反省，为学校出谋划策。如有同学反映饭堂工作人员在推车时轮子发出的声音很刺耳，于是她就想到可以用海绵包住轮子，效果很好；学校的一些供学习休息用的石桌实用又好看，建议多设几处户外学习的地方；学校可以贴各类生活、学习、文化的标语，营造良好的文化氛围等措施。

身为团支书，她认真协助班委会，引导非团员积极向团组织靠拢；组织并参加团队活动，以身示范，如策划军训、五四合唱等晚会等节目、排练舞蹈；在校运会期间志愿担任裁判等等。

身为宿舍长的她每天都会检查一遍宿舍卫生再离开，督促大家养成良好的生活习惯，她的宿舍，特别是她的床、柜子都布置得有条有理，几乎每周都能夺得“文明宿舍”称号。

勤奋好学，高效达人

她学习十分刻苦，成绩稳定。她注重课堂学习善于动脑、举一反三、善思好问，很讲究效率，认为休息充足才能高效学习，每天晚上准时熄灯就睡觉，早上六点起床背书。因为她睡上铺，学校六点二十分才响铃，所以生怕影响下铺同学休息，一起床就一动不动地坐起来看书，有时候脚都麻了也不动一下。每天下午一放学就冲到饭堂排队吃饭，吃完饭后跑回澡房排队洗澡，五分钟左右就能洗完，五点半左右就已经能坐在教室里学习了，全部时间加起来约四十分钟，每次都要彻底把今天学的知识回顾一遍才肯下笔写作业。她每天随身携带知识小手册，利用排队吃饭洗澡的空余时间背书，虽然很累，但是她认为这样的高中生活才最充实。

她的强项是英语，每天做完作业后仍坚持英语阅读、练习英语口语，英语对于她就像老朋友。数学虽比较弱，她却非常喜欢，坚持钻研数学题，不断寻找适合自己学习数学的方法，在发现中不断进步。她很敬佩蒋方舟女士曾经数学极差，但是经过不懈的努力最终高考考了131分，捷径就是做题做题再做题，她也认为这种持之以恒的精神是可佳的。她还常与老师同学交流生活小趣事、学习方法、有趣的知识等等，和舍友们谈天说地，宿舍的墙上贴满了地图和笔迹满满的便签。

全面发展、自强奋斗

她活泼开朗、兴趣广泛，在课余时间自学吉他、素描、电脑，擅长游泳、篮球和羽毛球。她平时喜欢读课外书和青年杂志，如《意林》《读者》等杂志，尤其喜欢文学、经济、教育类书籍，如《明朝的那些事儿》《平凡的世界》《牛棚杂忆》《撒哈拉沙漠》《货币战争》《哈佛两姐妹》等等。她喜欢了解世界各地的文化，听音乐、看时尚杂志、看电影、国际时装秀和生活纪录片，无论是法式经典浪漫爱情片、美国好莱坞动作大片，如《乱世佳人》《美国队长》等影片，还是《破产姐妹》《神探夏洛克》等欧美电视剧、引领国际潮流的时装秀、泰勒•斯威夫特等欧美歌手的音乐，都带给她不一样的文化感受。或许正因如此，为她能说出地道的英语打下了扎实的基础。

她喜欢积极参加各项活动，敢于在舞台上展示风采。从小到大，每次学校举办的各种表演上都有她的身影，如军训晚会、拱北中学“三月歌会”、才艺表演等等，她编排舞蹈、队形，一会儿唱歌，一会儿跳舞，一会儿演小品，带领班级夺得佳绩。

她曾在演讲、科技发明、绘画、电脑等比赛中获奖，如在校内，每年的“三好学生”“优秀班干”“学习标兵”；2002年珠海市绘画比赛少儿组一等奖；2005年珠海市北岭小学“十佳少年”；2008年北岭小学乒乓球比赛第四名、知识竞赛一等奖；2009年北岭小学篮球投篮比赛第一名、珠海市北岭小学女子篮球比赛第八名；2010年珠海市拱北中学科技体育艺术节木桥承重比赛一奖、2011年火箭发射测远比赛二等奖；2010年、2011年拱北中学校运会女子800米第二名、女子跳远第六名；2011年班级文化建设漫画类三等奖、PPT制作二等奖；2011年市三好学生；2012年市优秀班干；2012年拱北中学优秀鼓乐队队员、优秀团员；2013年拱北中学英语演讲比赛初三组三等奖；2014年珠海市实验中学高中部“美德少年”。在校外，荣获2011珠海航天书法绘画比赛三等奖；2011珠海BP环保征文比赛三等奖；2010、2011、2012年致远英语培训学校背诵比赛第五名、优秀奖、第三名；2014首届“福彩杯”学贯中西英语大赛三等奖、复赛网络人气投票以3998票夺得高中组第四名。

其中，近期由珠海市珠海电视台承办的2014首届“福彩杯”学贯中西英语大赛中，她英语演讲自信流利，从几千人的海选中脱颖而出，以高中组第四名的成绩进入复赛，在复赛看图说话的环节表现良好，荣获高中组高一第三名，并于暑假期间赴美国参加总决赛，体验二十天的美国生活，与当地学生进行终极PK，冲击最高奖金。此次比赛从二月份一直到现在，一路走来，她每天坚持背单词、看英语美文，不断积累知识，不分昼夜地练习英语口语。复赛结束后，她参加了由珠海电视台提供的各种培训，有幸听到电视台的英语主播杨老师、美国社区学院优秀教师兰珠老师等专家们精彩的授课，与美国ABC俱乐部的学生交流；参观了珠海电视台，还亲自当了一回英语小主播，和其他选手们一起录制了个人感言、青春洋溢的集体MV、个人的风采录等，都已经在珠海电视台新闻频道开播了，为生活增添了极大的乐趣，既开阔了眼界又增长了见识。

文明懂礼，乐于助人

父母的言传身教，使她从小就受到了良好的感染和熏陶，见到熟人礼貌地打招呼是最基本的礼貌。对老师，她发自内心的尊重与敬爱，校园内总能听到她亲切的“老师好！”对同学，她从来都是尽心帮助身边的每一个人。同学遇到不会的难题，她总能耐心辅导和讲解；相反，她也会虚心请教。初中时，班上有一个学习不好、经常迟到的学生，同学们大多不愿与他同桌。身为班长，她主动要求和他同桌，一直把同桌当作好朋友，经常和他聊天。刚开始，该同学甚至偷偷把豆浆倒入过她的水瓶里，她知道后，并没有生气，还耐心地开导他。后来，该同学学习有了进步，也不迟到了。平时，她也养成了批评与自我批评的优良作风，能真诚地指出同学的错误缺点，也能正确地对待同学的意见。前段时间，有一位和她同期竞选的学生会成员因在竞选部长时落选了而灰心丧气，对学生会的工作也有所抗拒。得知此位同学的情况后，她亲切地找他聊天，真诚地指出他的缺点，并耐心开导他，鼓励他继续努力，该同学便渐渐地放下了心中的石头，重新投入到工作中。她以一颗真诚的心，得到了大家的认可和拥护。

孝敬长辈、生活自立

她是个尊敬长辈、孝敬父母、独立自强的好孩子。从小，父母就让她学会独立，第一次自己过马路、自己睡觉、自己上学等能自己做的事让她感受到学会独立的自豪感。洗碗、打扫卫生、收拾房间是她周末的任务。她会做一手好饭菜、侍弄花草、帮爸爸洗车，既锻炼了独立能力，又培养了生活情趣。过年时，她帮家人写春联，贴上吉祥的“福”字。上了高中后，为了节约时间来学习，她不仅吃饭洗澡要快，就连衣服也要洗得又快又干净。而且，她更珍惜与家人相处的日子。周末，她经常陪家人散步、聊天，外公外婆经常会跟她讲以前的奋斗史：他们小时候每天起早贪黑，放学回来还要帮父母干活，砍柴、做饭、洗衣、照顾弟妹的活样样都要会，现在的小孩很有福气，除了上学什么都不用做，全部都是大人在干活。他们常说："不要生在福中不知福，要珍惜现在的每一分一秒，做什么事情都要全力以赴。只有小时候努力，长大才有好日子过……"虽然这些都是很普遍的道理，但对她而言却很珍贵，因为能从中学到很多人生的真谛。

生活中，她从不乱花一分钱。家里有一个小抽屉是专门放散钱的，以防不时之需，她却从来都没有在那里拿过一分钱。她有一个小本子是用来记流水账的，来来去去也只有那么几页。她一个月的零花钱很少，足够在学校吃早中晚餐，但她每次回家零用钱都有剩余。她就把它们存起来，每次过母亲节、父亲节时，她都会做一张小小的贺卡，或者买一些实用的东西送给长辈们。她也从不铺张浪费，在饭堂，她根据自己的饭量点菜，工作人员事先装好的饭如果太多的话，她会友好地跟他们讲自己吃不了这么多饭。她每次都把碗里的饭菜吃干净，饭后自觉把盘子送到收盘处；纸巾分层来用、及时关紧水龙头、一直使用环保袋。她的作文《绿色环保备忘录》里面讲了她节约用水、不用一次性餐具及塑料袋等实际生活，荣获2011珠海BP环保征文比赛三等奖。

富有爱心、热心公益

在社会上，她是个富有爱心、热心公益活动的好少年。例如：在雅安地震后，不仅把平时攒的零花钱全部汇到灾区，还带领全班同学发起倡议，争取身边的亲人朋友积极为灾区孩子损款捐物；参加校团委志愿者服务部组织的"板障山弯腰行动——不让一片垃圾落地"，和伙伴们顶着火辣辣的太阳，沿着板障山的楼梯，一级一级地捡起地上的垃圾，集满了一袋又一袋垃圾；今年6月，她有一个朋友是游子公益基金宁夏A组的成员之一，要到用水极为艰难、需要打井的宁夏马建乡中心小学，他们通过微信公众平台发起了"马建乡中心小学50米直井筹建项目"的众筹项目。她积极帮忙在微信、微博宣传，捐出善款，尽自己的一份微薄之力。

让她印象最深刻的是今年三月二十九号那天参与的2014年三月"与爱同行"珠海千人徒步绿色公益行。她当天上午八点钟要到2014首届"福彩杯"学贯中西英语大赛的赛点之一——珠海市斗门区第四中学参加复赛，复赛完之后就立刻和父母与队友们会合，穿上了统一的服装。活动规定，只要到终点——爱ME公园，签上名字，主办方就将代表大家向前山福利院捐出善款40元。她不惧风雨，坚持到终点，签上了名字，既锻炼了身体，又为公益事业献出了爱心。

努力着　奉献着　快乐着

——记河源市源城区下城小学学生钟宝仪

题记：花姿诱人，芳香阵阵。奉献之爱，生生不息。

有这样一个女孩，她秉性聪慧善良、学习勤奋不骄、乐于默默奉献。现在的她即将离开母校，去追寻新的梦想。她在小学生活中，六年如一日，以自己的实际行动一直为班级、为学校、为身边需要帮助的同学默默地奉献着。她就是河源市源城区下城小学六（1）班中队长——钟宝仪。

下城小学创办于1941年2月，本着“让每位学生都得到有效的安全保障，让每位学生都能接受优质教育，让每位学生的各种素质都获得和谐的发展”的优良办学理念，为国家和社会培养了数以万计的各类优秀人才。

勤奋是她畅游的资本，书海是她前进的动力

宝仪同学从小就是一个品学兼优、刻苦学习的好学生。她认真对待每一天。课堂上，勤于动脑，善于思考，发言踊跃，有独特的见解。她还有股钻劲儿，不向任何一道难题低头，勤学好问是她的好习惯，正是这种好习惯促使她不断前进，语数英等各科成绩好比芝麻开花节节高。她的付出与她的所得是划等号的，不论是学校、区里还是市里组织的各项竞赛，她都能取得优异的成绩，每次学校颁奖仪式上总会看到她活泼的身影和快乐的表情。

宝仪同学不但酷爱阅读，还爱好写作，其动力来自于兴趣。她从小就博览群书，犹如一棵茁壮成长的小树苗，贪婪地吸取知识的甘露。对她来说，阅读是一种乐趣、享受。无论是童话故事、历史故事、校园文学还是科幻、侦探小说……她都爱不释手。她自己把小书房里的书分门别类，管理得“井然有序”，并且有一套独特的“乞”书办法：每逢节日（如生日、六一节）都提前列好自己想要的书籍让爷爷奶奶、姑姑阿姨们当作节日礼物送给自己，或者上网淘一些打折扣的书籍。随着年龄的增长，她现在除了藏书，更多的就是到图书馆借书看，因为她觉得这样既省钱又环保。

为了让同学们一起分享阅读的收获，她利用学校“星星火炬”广播站的广播员职务，常常给同学们推荐一些有意义、值得阅读的好书，并把自己阅读后的体会与大家一起分享。作为中队长的她，经常组织班里的同学更新“图书角”的图书，交流读书收获，有时候还因为意见不同而进行辩论，从而加深对书本内容的认识。在她的带领下，班里的阅读氛围越来越浓厚，掀起了一阵又一阵的“读书风”。她一年级时就在“南粤雏鹰网”开通了自己的博客，并积极参加“南粤雏鹰争章”活动，被“南粤雏鹰网”评为“名博”，并授予她“博客之星”称号。通过“南粤雏鹰网”，她结交了很多同龄的朋友，博客创作使她的写作能力得到提高并取得一定成绩，她的习作经常在《少先队员》《古邑学堂》及《河源晚报》上发表，还被《河源日报》聘为“特约

小记者”。2011年，她被广东省教育厅“朝阳读书”活动评为“优秀学生”；2013年评为广东省“阅读之星”优秀学生。

奉献是她快乐的源泉，爱心是她坚持的理由

作为中队长，宝仪处处以身作则，尽职尽责，起少先队员模范带头作用，老师交给的任务她都能乐意接受，做到有始有终，是老师们交口称赞的好干部。在她心目中，班集体是她的另一个“家”，同学们是她特殊的“家人”，她喜欢这个“家”，也爱着家里的每一个“家人”。她经常组织班干部和成绩优异的同学，帮助在学习上有困难的同学。只要一有空，就会给差生讲题，帮助差生提高学习的兴趣，同学们有不明白的地方，也都喜欢问她，她总是很有耐心地讲解，直到对方完全明白，因为同学的释疑让她倍感快乐。在她的努力下，班里几名学困生成绩都有了明显好转，学习劲头也足了。下课后，同学们都休息玩耍，身为中队长的她却还在忙着收发、检查同学们的作业，她的身影在课室里总是最忙碌的那一个，她的笑容也是班里最靓丽的一道风景！

班里每月都要出一期黑板报，面对这份苦差事，同学们都是张飞穿针——大眼瞪小眼。而每一次宝仪都主动请缨，利用课余时间先上网找资料、图片，然后合理排版，接着组织同学安排各自的任务，画画的画画，写字的写字，涂色的涂色。功夫不负有心人，班里的每一期黑板报都能在年级里取得好名次。为了组织好每周的主题班会，宝仪在老师、家长的指导下利用周末学会了演示文稿的制作、声音图片的处理，还经常使用自己的零花钱购买文具，作为主题班会玩互动游戏的小奖品。看着同学们在主题班会里既学到知识又玩得不亦乐乎，宝仪觉得一切的努力都是值得的，笑得最开心的自然也是她。光阴似箭，岁月如梭！转眼间，六年的小学生涯就要结束，在即将离别母校的时刻，宝仪很想为同学们制作一份特殊的毕业礼物。在征得父母和老师的同意后，她决定做一本只属于她们班的《回忆录》，里面有各个年级曾经教过她们知识的老师、同学们快乐的生活照、曾留下无数美好回忆的校园一角、每一位同学的详细信息……那段时间，她所有的课余时间都用在了“礼物”制作上，里面珍藏着她对这个特殊“大家庭”的美好祝愿和深深的“爱”！今年最后一个“六一”节，看着同学们拿着这份特殊的礼物欢呼雀跃的情景，宝仪心里倍感轻松痛快——小学生涯这个句号圆满完成！

宝仪平时很喜欢利用一些废旧的东西制作一些手工制品，譬如家里的笔筒、养花的小盆都是她用饮料瓶子亲手制作的，用旧的挂历纸制成的书套，既环保又实用，她是大家公认的环保“小达人”。她还隔三岔五组织小区里的小朋友一起冲洗小区里

的公用楼梯，周围的邻居们没人不认识这个热心肠的小姑娘。学校每次发动扶贫救灾活动，她总是第一个带头捐资捐物；同学有困难，她也总能及时伸出友爱的援手。为了让家乡那些贫困山区的小朋友跟自己一样有更多的读书机会，每次回家乡过春节，她都会清理一部分书籍带回去，交给在当地小学教书的二伯父，让他转送给当地贫困山区的小孩。近几年的植树节，她都会跟着父母一起参加《河源日报》组织的读者林植树活动，种下成长树，为环保出份力。她的默默奉献得到了老师和同学们的认可，每学期都被学校评为“十佳少先队员”“三好学生”“学习标兵”“优秀中队干部”“优秀广播员”等。

磨砺是她成长的财富，成功是她努力的收获

别看宝仪是一个“书虫”，就以为她是一个书呆子，这你就大错特错了。她的理想是长大成为一名出色的画家，因为她觉得画画能给他人带来快乐。家里就是她画画的梦工场，她卧室的墙上已被她点缀得像童话世界，家人提供的自由空间，让她沉浸在多彩的想象中无比快乐。她曾获得第三届世界华人创意美术大赛“金奖”、广东省“我的牛奶我设计”风行学生奶包装设计比赛三等奖、河源市第八届青少年科技创新大赛科幻绘画作品三等奖、源城区建党90周年书画摄影大赛二等奖、源城区“红领巾心向党，幸福手拉手”现场绘画大赛三等奖……每一个爱美的女孩都喜欢跳舞唱歌，宝仪也不例外。学校每一次组织文艺汇演，都能看到她的身影，要么就是口齿伶俐的主持人，要么就是摇头晃脑的“歌手”、翩翩起舞的小精灵。她在学校的艺术节上多次被评为“优秀演员”，曾获得源城区“光明学校杯”中华经典诗文朗诵比赛一等奖、河源市第四届中小学生艺术展演荣获小学组一等奖、河源市“中英文杯”中华经典诗文朗诵比赛三等奖、广东省第四届中小学生艺术展演艺术表演类小学甲组二等奖……多才多艺的宝仪，多次被邀请到电台参加节目，还成为河源市客家古邑少儿合唱团的一员，经常代表河源市参加各类演出，并于2012年12月被河源日报社、客家古邑少儿合唱团评为“全能之星”。

宝仪同学洋溢着青春朝气，乐于助人，成绩优异，综合素质高。她的努力和付出，得到了大家的肯定：2010年度和2014年度都被省评为“优秀少先队员”。

后记：温暖是无处不在的，温暖着自己，也温暖着别人，正如：赠人玫瑰，手有余香。小主人公宝仪就是这样以自己的实际行动践行社会主义核心价值观，以行动作为语言，把奉献当作信念！

品学兼优　乐于奉献的好少年

——记云浮市邓发小学学生赖海健

题记：『帮助别人，快乐自己。』这是赖海健同学经常说的一句话，他以实际行动做到了。

他叫赖海健，男，12岁，是云浮市邓发小学六年级（2）班的学生，担任班长兼少先队中队长，是学校广播室的一名播音员。在老师的悉心关怀下，在家长的熏陶呵护下，他的德、智、体、美、劳全面均衡发展，是一名勤奋好学的“学习小标兵”，是一个兴趣广泛、乐于助人、爱护环境、尊敬长辈的好孩子。当你走近他，你会被他的勤奋好学、积极进取的精神所感染，也会被他取得的累累果实所折服……

勤奋学习的小标兵

别人都说赖海健聪明，其实正如爱迪生所说：“天才就是百分之一的灵感加百分之九十九的汗水。”他身上不但体现着蓬勃向上、孜孜不倦的求知精神，而且有股钻劲，敢于向难题挑战。课上，他认真听讲，积极思考，勇于发言，充分利用课堂时间将当天所学知识消化掌握；课后，他认真做好作业，自觉写读书笔记，并提前预习好次日要上的新功课。强烈的上进心和求知欲，使他每学期的成绩都名列前茅，各科成绩优异，每学期的期末考试总分均排在全级前几名。2010年，他代表学校参加第六届南方杯（亚太杯）国际数学邀请赛，获小学三年级组初赛一等奖、复赛二等奖、总决赛二等奖。

一分耕耘一分收获，这是赖海健在作文上取得好成绩的最好诠释。他从小就喜欢阅读课外书籍，小小年纪的他总是书不离手，天文地理、古今中外的书籍只要落到他手上他都能看得津津有味，遇到不懂的字句他就查字典或向父母和老师请教，博览群书的他犹如一棵茁壮成长的小树苗，贪婪地汲取知识的甘露。正所谓“熟读唐诗三百首，不会作诗也会吟”，大量的阅读成就了赖海健的作文水平，他的作文经常被老师当作范文朗读，《老师，我想对您说》《升旗仪式》等十多篇文章发表在《云浮日报》。2012年，《我爱我的家乡》作文参加第二届新课标全国（中小学生）作文大赛，获小学组国家级一等奖；2012年，参加云浮市云城区教育局举办的中小学“我的幸福追求”演讲比赛，获得了小学组三等奖；2012年，参加云浮市云城区教育局、澳美国际英语培训中心举办的第一届“澳美杯”少儿英语演讲大赛，进入总决赛并获第一名；2013年，被云浮市广播电视台电视中心聘为《星星相识》电视栏目小主持；2014年，参加云浮市云城区关心下一代工作委员会、云城区教育局“振兴中华，从我做起”演讲比赛获二等奖（小学组）。

兴趣广泛的小能手

学校里的赖海健各方面能力出众，课余生活也毫不逊色，他特别喜欢围棋、书法和体育运动。在他自己的不懈努力和专业老师的悉心指导下，他的棋艺和书法在同龄孩子中表现突出，在学校尤为优秀，他在参加各类竞赛中也取得不菲的成绩。

赖海健从小就对围棋有浓厚的兴趣，在老师的悉心指导和他不断的刻苦学习下，他迅速领会围棋的棋艺，在同龄孩子中表现优秀，小小年纪的他棋技已经达到了围棋业余三段的水平，并获得云浮市城区少儿围棋锦标赛小学E组第六名、肇庆市第六届“侨兴物业杯”青少年围棋公开赛男子丙组第十三名、肇庆市第七届“汇通杯”青少年围棋公开赛男子乙组第九名的成绩。

学书法是件苦差事，能坚持下来很不容易，但赖海健从二年级练习书法至今从未间断过，而且取得了较好的成绩。在学校宣传栏上，他的书法作品总是吸引着众多的目光，同学为之赞不绝口，老师对此赞许尤加，同时他也被学校评为“书法之星”。2011年，他的《千秋大业》书法作品参加广东省教育厅关心下一代工作委员会举办的“光辉的旗帜——广东省少年儿童美术书法摄影活动”，获一等奖并入选《光辉的旗帜——广东省少年儿童美术书法摄影活动优秀作品集》；2012年，《小手牵大手，创卫一起走》书法作品参加“庆六一　爱云浮　微创益”——云浮市青少年公益美名书法作品展，获优秀作品奖；2012年，《盛世中华》书法作品参加广东省学生体育艺术联合会、澳门城市大学公开学院举办的“庆祝澳门回归13周年——广东省中小学师生书法、绘画、摄影比赛”，获小学组一等奖；2013年，参加广东省教育厅、广东省语言工作委员会举办的广东省第五届规范汉字书写大赛软笔获三等奖（小学组）。

在课余时间，他积极参加各项体育活动，坚持体育锻炼，从而具有良好的身体素质，而且多次在运动竞赛中取得优秀成绩，被学校评为“大课间体育活动积极分子”。在2011年校运会上获四年级组男子200米第一名、400米第二名；在2012年校运会上获五年级组男子200米第四名、400米第三名。

乐于助人的好队员

“帮助别人，快乐自己”是赖海健的座右铭。他热爱班集体，热爱劳动，勤勤恳恳地为班级、为同学们服务，年纪不大的他却非常懂事，在人们眼里，他已经是个“小大人”了。他总是以身作则，用自己的行动影响周围的同学，是同学们学习的好榜样。

作为班长，他在班里处处起到了模范带头作用的楷模，充分发扬小主人翁的精神，对班务工作尽心尽责，协助老师管理好班级，在班里威信很高，是老师得力的小助手。有时为了完成学校、班级的任务，休息时间也全然不顾，有一次为了出好班级的黑板报，他与两位同学一直坚持到晚上七点才离校回家。他热情开朗，只要有他的地方就有笑声，同学们都很喜欢与他交往。只要有同学向他请教，不管多么忙，他都会停下来，耐心地为同学解疑答惑，直到同学弄懂为止。这些年来，他主动关心班上几个学习较差的同学，为他们解答疑难，一遍一遍地耐心讲解，仔细分析，直到他们弄懂为止，在他的帮助下，这几名差生各方面都有很大的进步，学习劲头也更足了。

他懂得关心别人、充满爱心，每次班级捐款，他都踊跃参加，慷慨解囊，把自己积攒下来的压岁钱和零花钱捐献给有需要的人，每次慈善捐款活动他总是争取做班里捐得最多的一个。震惊世界的“5. 12大地震”后，他自己更是献上自己所有积蓄，为灾区人民奉献自己一份力量。因为，他明白心里只要有爱，就一定是个快乐的人。2013年，被学校评为“学雷锋标兵”“‘捐赠爱心压岁钱、做雷锋式的好少年’活动爱心小天使”。

爱护环境的好公民

赖海健不但学习成绩优秀，工作认真，而且有较强的环保意识，自觉履行保护环境的义务，是一个爱护环境的好公民。他积极主动参与到保护生态环境的实践中去，把环保落实到自己的行动上，从自我做起，从身边的小事做起：不乱扔果皮纸屑；不乱丢废旧电池；经常上网查询或从书报杂志中阅览环保知识，多方搜集资料，办环保小报，宣传环保知识；积极参与组织学校、班里的各种环保活动。

2013年，云浮市正在开展“创建国家卫生城市，共建美丽幸福家园”活动，赖海健主动参与其中，争做“创卫小先锋”，积极为创建国家卫生城市增光添彩。在学校里，他积极参与开展“创建国家卫生城市，共建美丽幸福家园”校园实践活动，当好“环保监督员”，大胆制止和劝导有损校园卫生的不良行为，时刻以主人翁的姿态和高度的责任感，自觉维护良好的公共卫生秩序。他还利用周六、周日的时间，组织同学戴上红袖章担当“创国卫”志愿者，走上街头宣传“创建国家卫生城市，共建美丽幸福家园”活动，他们拿起清洁工具到难以治理的老街对杂物、生活垃圾、乱张贴的广告、字画及卫生死角进行了彻底地清洁。从沿街的墙体、门店、公交站到路边的电杆、垃圾箱，对任何一个有“牛皮癣”的细小部位，他们都不放过。街道居民在他们的热情带动下，也积极地参与其中，在大家的共同努力下，小区、道路、环境面貌焕然一新，得到了社区居民的普遍赞许。

尊敬长辈的好孩子

赖海健讲文明、懂礼貌，尊敬长辈，关心他人。他遵守校规校纪，自觉遵守小学生行为规范和社会公德，深得邻居、家长、老师和同学的好评。在家庭生活方面他能尊老爱幼，自己的事情自己做，尽量帮助父母做力所能及的家务，理解父母的辛劳。放学回家总能看到他帮妈妈扫地、做饭、洗碗、洗衣服。在物质方面，他从不对父母有过多的要求，更不会乱用钱，养成不乱花零花钱的习惯。懂事的他从来不挑吃穿、不攀比享受，只是和别人比自己学到的知识、比在学校的表现，他知道，自己努力学习，做力所能及的家务事，是对父母最好的报答。

“小荷才露尖尖角”，这只是赖海健同学践行社会主义核心价值观的点点滴滴。相信这个聪明勤奋的小男孩，凭借他的自信与自强，一定会在未来光芒绽放；凭借他“帮助别人，快乐自己”的信念，将会更好地践行社会主义核心价值观。

后记：赖海健同学正是凭着自己勤奋好学，乐于助人，尊重长辈，以良好的思想品质，优秀的学习成绩，全面发展的综合素质，成为同学中的佼佼者。

孝字当先，奉献是本

——记湛江一中培才学校学生陈一宁

题记：『做人，最重要的就是为他人着想。』

为他人着想，在这个十三岁女孩的心中，是为自己的父母着想，为身边的老人和长辈着想，为集体着想，为集体中的每一个人着想……她不仅学习成绩名列前茅，最重要的是她有一颗如此善良、如此真诚、充满正能量的心。一个懂得为他人着想的人，才是真正有力量的人。

在美丽的港城湛江，有这样一所学校，以先进的教学理念和优良的学风著称，受到广大学生和家长的喜爱——湛江一中培才学校。而在这所誉满港城的学校里，有一个全校有名，被誉为“牛班”的优秀班集体——这就是该校唯一获得“湛江市先进中队”称号的初一（6）班。陈一宁同学就是初一（6）班的班长，她性格外向，活泼开朗，积极向上，带领“小牛们”取得一项又一项骄人的成绩……学习上，她勤勉努力，好学善学，学科成绩特别优秀，同学们敬称她为“学霸”，老师让她兼任“辅导教员”；工作中，她细致认真，面面俱到，积极参与和组织集体活动，激发与带动、凝聚和团结班级及同学们，为学校和班级集体争取荣誉，深受学校、家长和同学们的一致好评，其本人也被评为区“优秀少先队员”和市“三好学生”。

孝敬为先

一宁同学还是一个出了名的爱家敬老的好孩子。因为就读于一所半封闭式的学校，一宁同学每周只能回家两天，陪伴父母的时间并不多，因此她分外珍惜与父母在一起的分分秒秒。每周五回家，她总是自觉地帮着妈妈做家务，温情愉快地和爸爸妈妈分享校园里的趣事乐事……她总说：“上了中学后才懂得，父母的怀抱是如此温暖”。因为妈妈身体不好，她很小便学会了关心照顾母亲，无论是做饭洗衣，还是买药煎药、端茶送水，都细心入微，甚至连医生对妈妈的医嘱也会记得一清二楚，回到学校后也会电话嘘寒问暖，叮嘱妈妈按时服药、保重身体，并不时提醒爸爸按时回去照顾好妈妈！亲戚朋友、邻里街坊都纷纷夸她：真是个孝顺懂事的好孩子啊！

都说百善孝为先，陈一宁同学也是这么认为的。她觉得做人一定要懂得感恩，不仅是对养育自己的父母，更要对身边的长辈、亲人。所以，她对家里的长辈也是关心备至，节假日回家，她总是拉着爷爷奶奶聊天说笑，是全家人的“开心果”。她不仅自己孝顺长辈，而且经常教育家里的弟弟妹妹们要尊老爱幼、孝老爱亲，在她的带头作用下，一大家子人和睦相处，堪称“模范家庭”。陈一宁家是五代同堂，外祖母已是百岁高龄，但外祖母几年前一场大病后一直瘫痪在床，每次探望外祖母时，她总是很主动地帮助奶奶为外祖母擦洗身体，清理老人病房卫生等；爸爸接外祖母来部队医院治疗的一段时间里，经常让一宁和奶奶一起去看望外祖母，每次她都会主动给外祖母按摩、讲笑话，服侍老人吃饭喝药等。祖母老了之后，越发像个孩子，常常说出一些让人忍俊不禁的话语来，而脾气也是越发不好，家里人都忙于工作，经常是她和奶奶陪着老人，帮忙照顾老人的生活起居，和老人一起聊天解闷，即使外祖母时常会神志不清地说一些幻想中的事情，她也陪着祖母说下去，直到老人不再感兴趣为止。祖母去世前的那段时间，正是快要开学的日子，很多东西都需要准备，可一宁还是抽出大部分时间陪着外祖母，用实际行动诠释“孝奉，是中华传承美德；孝顺，是人间真爱的体现。”“只要有一份孝心，就能给老人带去温情，给家庭带去温馨，给大家传递正能量……”外祖母去世那天，她特意请假，和亲人们一起在外祖母的灵前守夜。

同龄的孩子们大都不喜欢和老人待在一起，而她不是这么想的，她很淡然地说：“老年人身上有一种岁月沉淀的厚重感，读懂了才能厚积薄发……”街坊邻居的爷爷奶奶们，都认识这个笑起来眼睛眯成缝的小女孩，也喜欢和她一起下下棋，聊聊天，她也因此结识了不少“忘年交”，收获了一份同龄孩子没有的淡定和从容。

今年的6月13日，一宁所在的初一（6）中队组织了一次班级活动——探访福利院。这次活动的费用是六班同学通过校园义卖筹集来的，一宁正是这次活动的组织、策划和实施者。她带领全班同学一起步行到达福利院，将牛奶、饼干和文具等物品交到福利院的儿童和老人手上。在和老人们聊天时，她了解到福利院的老人有一部分是社会上一些“三无老人”（无固定居所，无固定经济收入，无子女陪伴），另有一些则是子女无法长期在身旁照顾，又不忍老人独自在家，所以才送到这里来的。听到这些，一向开朗外向的她禁不住掉下了泪水，从而更加坚定了自己一如既往地“敬老奉孝”想法和做法是正确的，她甚至想着去动员老人的儿女们要常回家看看、多陪伴父母，不让父母担心牵挂自己，不让父母感到孤独和寂寞。在福利院里，她落落大方，和老人聊天，和身体有缺陷的孩子们一起玩耍、游戏，毫无歧视和偏见，起到了一个班长的带头作用，让更多的同学伸出了手，也像她一样关心和帮助老人和孩子们。

她最爱说这样一句话：“孝，不只是一种美德，更是一种思考、一种文化、一种文明的延续。它可近可远，‘远’可参考古人‘卧冰求鲤’的感人场景；‘近’则是生活中一个个微小的细节。我认定‘孝’应是一种对生命的感恩，而无关乎于钱权利欲，只在于人心。”

奉献为本

陈一宁同学从入学一年级开始就一直当班干部，几年的“干部生涯”让她懂得不辜负老师和同学们对她期望的最好方法就是以最大的热忱和努力做好每一件事。上初中后，她更是忘我投入，做好老师和同学们托付的每一件事，为班级的建设，更为同学们创造良好的学习环境而不懈努力，竭尽所能。

初一第一学期，学校开始实行高效课堂改革，以学习小组的形式提高学生课堂积极性。面对小组长竞选，很多同学都不敢站上台时，陈一宁同学勇敢地迈出了第一步，站在讲台上侃侃而谈，得体大方，全面调动和激发了同学们的竞选积极性，并高票当选小组长。随后，她更是当选为初一（6）班的班长。她承诺说，要倾自己一身之力，助六班成为一个不可超越的传奇。任班长之后，她对于班级的管理更是面面俱到，既有女生独到的细致和认真，又有男孩的率性和气魄。她协调各个班委之间的工作，既要统领全局，又要跟踪细节，常常为了完成班级任务而牺牲个人时间，但她从不抱怨。她说，能为班级作贡献是一件好事，能为集体作贡献更是一件大好事。在她的带领下，同学们踊跃开展各科学习互动和帮教活动，大大提高了学习积极性和自觉性。学期考试，一宁同学考取年级总分第一名，六班取得了全年级平均分数第一名的优异成绩；在德育方面，她更是老师的最得力助手，严于律己，严格班级管理纪律，时时处处起到模范带头的好作用。

对于班上的后进生，她更是不余遗力地帮助他们。特别是小吴同学，基础差，好几门学科都跟不上，为此她特意把小吴安排到自己的学习小组里，利用课余时间辅导他的学习，耐心地讲解不懂的题目，和他一起归纳知识点、整理课堂笔记，做到了“一课一清”。课堂上，她时时注意小吴的听课情况，在他走神时提醒他，鼓励他积极举手发言，大胆说出自己的学习心得。渐渐地，小吴课堂积极性有了极大的提高，学科成绩也有明显的提升。考试前，她更是挤出自己的复习时间帮助他查漏补缺、梳理知识框架，尤其是教会他整理错题。进考场前，两人还互相打气，她自信乐观的精神很好地影响并改变了小吴，使他从一个“厌学”的后进生转变成为一名好学上进的好学生，让原本有点自闭的小吴在与人交往上有了很好的改善和提高。渐渐地，小吴同学开始关注班组集体荣誉了，并通过自己的努力竞选赢得班刊社的“营销部长”一职。原来那个“粗口成章、粗言滥语”的小吴同学，现在见到老师同学们都会主动问好，主动参与班级劳动，连“好人好事记录本”上也时常出现他的名字。面对孩子的巨大变化，小吴的家人多次向她道谢说：“你是小吴同学最敬佩的班长，现在他无论遇到什么样的难题都会不自觉地说‘我找陈一宁帮忙就一定会有办法的……’这真是太感谢一宁班长了！”而她总会淡定地笑着摆摆手说：“小吴同学做得比我好，他也经常助人为乐啊！同学之间互相帮助、共同进步是最好不过的了，何况我还是班长呢！”

融合湛江一中培才学校的创新教育模式，一宁同学也在不断创新组织“牛班”的同学们开展丰富多彩的课余活动，最为出彩的是他们班自行筹建了“班刊社”，通过公开竞选产生“首席执行官”和“总经理”，由“首席执行官”和“总经理”组建部门和聘任人员，再进行运作。她发动同学们积极参加的竞选，经过激烈的“过五关、斩六将”，她被老师和同学们一致推选为“首席执行官”。他们的班刊《牛时代》每半月发行一期，受到了全校师生和广大家长们的一致好评。家长开放日时，家长们不自觉地聚焦到了初一（6）班，个个带笑说：“这个班的小孩们可真的是牛气冲天，充满着正能量啊……”对于一个中学生来说，担任如此职务，是极具挑战性的，她依然做得非常好。她根据同学们的特长和个性安排职务，有条不紊地组织各部门开展工作，认真仔细地校对审稿、编辑排版、文化构想和封面设计、资金安排、营销策略等。她精心策划、严密部署，充分发挥了主观能动性，展现了她积极向上的工作态度。曾有同学问她：“这么忙你不累么？”她回答道：“担任任何一个职务，都让我有不一样的体验，不仅是对自己的锻炼，更是对集体的奉献，谈不上累。”确实，对于热爱奉献的她来说，这真的谈不上“累”。

从小她就学习书法，练得一手好字，常常获奖。她学以致用，每年春节前，她都用自己的压岁钱买纸为邻居们写春联，还回老家为乡亲们写。白天乡亲们干农活，大多是晚上“求字”，她是有求必应。因为“名气”越来越大，排队的乡亲太多，为了不让大家等待，她常常是饭都没吃好就继续“工作”了。在凛冽的寒风中冻红了双手，站麻了双脚，墨汁和红纸画花了脸，她还是笑呵呵地、不厌其烦地满足乡亲们的要求，连鸡舍、猪圈、牛栏都不漏下。看着乡亲们拿着春联满足离开的时候，她的脸上写满了幸福……

这就是陈一宁，一个真实的、充满朝气、充满正能量的优秀的中学生。

后记：践行社会主义核心价值观，需要凝聚正能量、传递正能量，而陈一宁同学正是一个充满正能量的学生。她以身作则，孝老爱亲，志愿奉献。作为学生，她刻苦学习，取得优异的学习成绩；作为班干部，她热爱集体，关心他人，是同学们的榜样；作为儿女，她孝顺父母，尊老爱幼。一个心中时时刻刻想着别人的人，一个时时刻刻为集体着想的人，一个内心充满力量的人，就应该像她这样！

向着梦想追逐

——记广州市荔湾区华侨小学学生宋昊天

题记：『If I can't I can.』这是宋昊天最爱说的一句话，他也是这样做的，用实际行动彰显优秀学子的模范作用。

宋昊天同学是广州荔湾华侨小学六年（4）班的学生，担任学校大队委多年。他多才多艺、阳光自信、品学兼优、乐于助人、热爱集体、积极争章，小小年纪就拥有良好的思想品质、优异的学习成绩、全面发展的综合素质，成为同学中的佼佼者。金色的光环，拥着众人的喝彩，他却从未骄傲自满，只是默默地把这闪闪耀眼作为刻在他前行的路上的标引，把努力作为他生活中的主旋律不断向前奋进。

热爱祖国，模范遵守队章

一个有思想的人，才是力量无边的人。思想是做人的根本，宋昊天牢记这一点，始终把思想修养放在第一位，从小就树立正确的人生观，积极主动学习社会主义道德荣辱观，时时刻刻以一名优秀少先队员的要求来要求自己。他热爱祖国，关心国家大事，经常看报读书，使自己思想时刻保持进步，有强烈的时代精神和社会责任感。他积极参加保护环境、为灾区小朋友捐款、到养老院看望孤寡老人、反邪教等社会公益活动和社会实践。他热爱集体，模范遵守学校和少先队各项纪律规章，养成遵守社会公德的好习惯，自觉遵守社会公共秩序，具有优秀的道德品质和健康的心理品质，为周围的同学树立了好榜样。

真诚待人，文明礼貌

宋昊天待人热情大方，讲文明、懂礼貌，这一方面来自于父母良好的家庭教育，更主要是来自于学校良好的思想品德教育。在日常生活中，他时刻注意自己的言行举止，深受老师、同学以及周围人的喜爱。在校内外见到老师或长辈，他都会主动上前去问好行礼；快上课了，他发现黑板还没擦，他会主动上去擦黑板，给老师讲课提供一方干净的板书田地；在公交车上、地铁里，只要见到年长或比他年幼的人，他都会主动让座，给这些需要帮助的人送去一份温暖；无论是在街上还是在校园里，他都不会乱扔垃圾，时刻谨记要为环保出一份力；同学在学习或生活中遇到了困难，他会伸出热情之手给予帮助。他是一个语言文明、行为文明、思想文明的好学生，真正无愧于“十佳少年”的荣誉称号。

志存高远，当学海标兵

“年将弱冠非童子，学不成名岂丈夫。”宋昊天一直以勤奋刻苦深深地影响着周围的同学。珍惜每一分每一秒，抓住点滴时间学习，是宋昊天给人留下的最深印象。在侨小这座知识的百花园中，他像一只贪婪的蜜蜂疯狂地吮吸着知识的琼浆。在教室中与同学细心探讨；在办公室向老师虚心求教。这种好学的态度使他的学习成绩一直名列前茅，多次在各项比赛中获奖。他相信，只要经过不懈的努力，不久的将来，定会大鹏展翅，在升中考时一飞冲天。小学的六年里，他一步步地朝着梦想在前进、努力，全面认识自己、提高自己，不断在学习中增长知识，在人生旅途中陶冶情操，在社会实践中磨炼意志！他以优异的成绩成为同学的好榜样，以高度的责任心成为老师的好帮手，得到了老师和同学们的交口称赞。他年年获得学校“三好学生”的称号，更曾经多次被市、区、上级领导部门评为“优秀少先队员”“三好学生”“十佳少年”“道德小模范”等光荣称号，参加各类比赛共获得九十多个奖项，其中全国、市、区的奖项就达到二十七项之多。在荣誉面前，宋昊天没有骄傲自满的情绪，而是将继续努力，争取更好的成绩。

诚信守信，认真履行承诺

作为小学生，宋昊天没有辜负学校和家长的教育，他做到了诚实守信。在学习上他守信，谨记答应过父母师长要认真学习，所以他认真上好每一堂课，做好每一项作业，从不因为取得了好名次而弄虚作假，他用优异的成绩履行自己对老师、对家长的承诺，多次在各学科的全国比赛和市区级比赛中获奖；对待工作他守诚信，近几个学期轮到昊天所在班值周时，都是刚好昊天要同时参加几个比赛或身体不适，但他从未耽误学校大队部和班级的值日工作，他用认真的工作态度履行了自己对学校对老师的承诺；在生活中他守诚信，在路上拾到钱财，他总是主动交公或找到失主还给失主，从不为钱财而起贪念，他用这种拾金不昧的精神履行了对社会公德的承诺。

遵纪守法，严于律己

华侨小学一直很重视对学生遵纪守法的教育，在这样良好的教育环境熏陶下，昊天无论是在学校还是在家里，都能严于律己，从不违反纪律，更不做违反法律的事，而且见到不良现象，他还会尽力制止。例如：出外活动他总是能做到认真遵守交通规则，不闯红灯；公共场所他总是能按秩序排队等候，从不插队；看到个别同学违反纪律，他总能及时制止并报告给老师。他遵纪守法，明荣知耻，以实际行动证明他的优秀。

做好领头雁，当好排头兵

作为班干部和学校大队委，他一直以“为老师分忧，为同学服务”为原则积极开展工作，在学生干部这个平台上，充分展示着自己的才华与能力。然而他深知，功有所不全，力有所不任，巴掌再大捂不住天，一个人的力量终归渺小。他拥有着很强的集体荣誉感，用良好的协调艺术和出色的组织能力；他敢于管理，而且善于管理，能够及时地发现种种问题，在具体的工作中无悔地付出。学校的各项活动中都有他忙碌的身影，哪里需要，哪里就有他淌下的辛勤的汗水。

身为一名学生干部，宋昊天从来没有盛气凌人的架势。对于同学们的意见，他总能虚心接受，及时改正，善于反省，敢于批评自我，承认不足；在与同学的相处中，他总能谦虚谨慎，丝毫没有半点骄傲；面对同学的误解，他总是一笑而过，他的大度、宽容，赢得了同学们的称赞。

奉行孝道，关爱他人

他在家是个孝顺父母、关心亲人、勤俭节约、热爱劳动的“小帮手”。他平时对待父母长辈总是彬彬有礼，对父母对师长的教诲总能谨记于心。他热爱劳动，自己的事情自己做，主动做家务，帮助父母减轻负担，常为亲人做些力所能及的事。他勤俭节约，不浪费水、电、粮食；不乱花钱，懂得节约光荣、浪费可耻的道理，更懂得孝敬父母首先就不能胡乱挥霍父母的劳动成果。父母生病的时候，他会主动帮父母买药，对父母嘘寒问暖。

后记：千里之行，始于足下。画工须画云中龙，为人须为人中雄，拼搏、奋斗，为无悔的人生不懈追求，书写辉煌人生。雄心壮志犹如茫茫黑夜的北斗星，宋昊天同学认为只要坚定自己的目标，勇于在中流击水中拼搏，在挑战自己、战胜自己的过程中磨炼自己，就能微笑着摘取成功路上带着荆棘的鲜花。今天他努力地向着未来奔跑，明天必将筑建出属于自己的绚烂舞台！

歌唱你，夜空中的萤火虫

——记惠州市博罗县罗阳第二中学学生林文容

题记：蒲公英的生命虽然散落在风中，轻轻的，但这样的生命在风中延续，留给大地一片生机。林文容的命运虽然是坎坷的，但这样的生命在爱中延续，留给人间一阵温暖……

在接受记者采访时，她说："生活挺好的，同学、老师都很友善，我要努力学习，将来好好回报社会。"她叫林文容，广东省博罗县罗阳第二中学初一（10）班学生。罗阳第二中学，是博罗县罗阳镇的一间非常普通的面上中学，学生约有1600人。学校名气虽然不大，但现任校长邱启浩校长却非常有智慧，罗阳第二中学在他的带领下，渐露头角，即将成为博罗名校。

生命在坚强中闪光

林文容生活在一个留守家庭，父母长年在深圳打工，由80多岁的奶奶照顾她们姐妹三人。七年当中，姐姐林文婷因蜡烛引燃大火烧成双脚残疾；小妹林文思在帮奶奶提开水时被严重烫伤；而她 6 岁时在家用柴火烧水时引起大火严重烧伤，脸跟胸连在一起，眼睛因拉扯而闭合不上，双手双脚畸形程度严重，被别人称为"鬼孩"。她 4 年没有出过家门一步，更没有上过一天学。

作为孩子，与同龄人相比，她从不与同学攀比……她始终保持一个乐观向上的心态，快乐面对生活和学习，生活上坚持做到"自己的事情自己做"。她从不惹父母生气，不跟父母提过分的要求，尽可能减轻父母的负担。从小学开始，她就会做饭、炒菜、洗碗、洗衣服等，从小懂得珍惜劳动成果，勤俭节约，从不挑吃挑穿，邻居常夸她是个懂事孝敬父母的好孩子。

生命在自强中闪光

经过几年的手术治疗后，她恢复良好，终于可以在校学习。

在学校，她学习勤奋努力、积极进取，从不在难题面前妥协。平时在课堂上她总是认真听讲、仔细思考，认真回答老师提出的问题；课后，抓紧时间写作业，回到家里的第一件事也是认真完成作业。如果作业没有完成就不玩，对学过的功课认真复习，争取学一课，巩固一课、掌握一课，为自己将来的进一步学习打下坚实的基础，学习成绩良好。

生命在奉献中发光

一、乐于助人

她的同桌忘记带本子了，她主动借给她本子用；她最好的朋友铅笔断了，她会把铅笔借给她用；新来的同学，她会借给她课外书看；美术课的时候，她还借彩笔给其他同学……乐于助人是她的特点。

记得在她上小学的时候，一天，下了很大的雨，她的好朋友王星宇没有带伞，她主动帮王星宇同学打伞。林文容个子比她矮一点，所以打伞的时候比较方便，为了她的安全，林文容让她站在自己和妈妈的中间，也好让雨不要淋到她，让别人不会碰到她。最后，她们都没有被雨淋，王星宇很高兴，她也很开心。

她特别喜欢帮助别人，她也得到过很多朋友的帮助。妈妈曾经对她说："帮助别人就是在帮助自己，就等于为自己铺了一条好路。"所以，她说她会继续做一个乐于助人的好孩子。

二、热爱班集体

春天的阳光是灿烂的，春天的花儿是鲜艳的，春天的校园是美丽的，春天里的小朋友是快乐的。告别了轻松愉快的寒假，同学们又迎来了新的一学期，新的学期有新的面貌、新的改变、新的进步。在开学的前一天。林文容主动来到教室里打扫卫生。在班长的带领下，她们班另外四位同学也认认真真地做卫生。有的在扫地，有的在抹窗户，还有的在擦黑板，她和几个同学把几十张桌椅摆得整整齐齐，不一会儿，教室里变得干干净净。开学的第一天，她们能够坐在明亮而又干净的教室里听老师讲课，这与她们的辛勤劳动是分不开的。

三、孝敬父母

每天，爸爸妈妈一进家门，她就会给他们拿拖鞋、拎包。吃饭的时候，她主动给他们夹菜；爸爸爱喝茶，每次她会在给他们沏茶时放上几个冰糖。看到爸爸美滋滋地品着她泡的茶，她的心里别提有多高兴了。

她还经常帮着做些力所能及的家务活，如：扫地、擦桌子、洗碗、拖地等。爸爸妈妈都直夸她是个孝顺、勤快的好孩子。记得三年级放寒假时，外婆来她们家。因为外婆有高血压、关节炎的疾病，所以她担当了给外婆量血压、贴膏药、按摩等任务。每天，她还要和外婆一起出去健身，一起买菜、做饭，一起扭秧歌。外婆在她们家住得特别开心，逢人便夸她懂事、孝顺，还特别勤快。

爸爸妈妈每天工作那么辛苦，她已经长大了，就更应该做一个知道体谅父母、尊敬父母、孝顺父母的好孩子。

四、乐观，积极向上

每个人都希望可以开开心心地生活，她命运坎坷、不完美，但她是个追求完美的人。但她知道人的一生不可能顺顺利利，一定会有挫折和不如意。每当她走在路上，路边的人都用一种异样的眼光望着她、议论着，但是她还是会以平常心去对待。忍，这个字看着简单，可是却很难做到，她应该什么时候忍呢？她想这应该随着她的成长而变化吧！就是因为这样她才更要积极进取、努力学习，让那些人看到不一样的自己。

老师说外在美不是真的美，有外表美不如有内在美。她相信老师的话，相信自己的感觉。有梦想就有未来！惆怅是没有用的，事情总是要面对的，只有真正解决了，才是自己要做的。加油吧，不要浪费生活、浪费时间，明天会更好，希望爱自己的人都能有这个乐观向上的态度！

曾有人说生命的价值不在于它的长短，而是在于它的意义，这也许就像五月花一般，压缩生命中所有的精华，在瞬间绚丽地绽放起来。林文容带着雷锋的影子，全身散发出雷锋般的气息，在她默默奉献的那一刻，已经在这个世界上散播着光辉。林文容不仅是雷锋的影子，也是这个时代的影子……

后记：得知林文容的故事后，在感动与眼泪背后，我们收获到的是内心中无法言喻的那份震撼与动容。她的善举符合了我们共同的价值标准，给人以力量，给人以鼓舞，符合了人们对“真善美”的追求和向往，也很好地践行了社会主义核心价值观，触动了所有人的心灵。生活中有太多太多的人在自己平凡的生命中感动着别人，也感动着中国。也许我们身为学生、老师或者父母，我们无力去做一些感天动地的事情，但如果我们每个人都能用心努力为别人做些什么，为集体做些什么，为家庭做些什么，那我们也会成为一个感动他人感动社会的人。用心去看世界，用心去爱世界，那也是很好地践行社会主义核心价值观的体现，这个社会也就会更加美好！

在逆境中茁壮成长的乡村美德少年

——记惠州市龙门县龙江中学学生刘嘉怡

题记：『我能行！』这是常挂在刘嘉怡同学嘴边的一句话。每天扎着马尾辫，笑容满脸的她，总是充满着自信。在大家看来，刘嘉怡同学永远是个快乐、阳光、上进的美德少年。可是有谁知道，刘嘉怡同学成长道路并不平坦，她是一个在逆境中茁壮成长的美德少年。

地处粤中地区的龙门县是个相对贫困的山区。在距离龙门小县城20多公里处的南面有个小镇，叫龙江镇，这里民风淳朴、尊师重教，该镇素有龙门县文化之乡之美誉，是广东省首批教育强镇。该镇的龙江中学创建于1956年，是龙门县历史最悠久的学校之一，是惠州市第一批市一级学校、广东省规范化学校、惠州初级中学教育教学先进单位、惠州市德育示范学校、惠州市文明学校。在这所环境优美、校风纯正的校园里，孕育了许多美德少年，刘嘉怡就是其中突出的一位美德少年。

刘嘉怡，女，15岁，龙门县龙江镇人，龙江镇龙江中学九年级（1）班班长、学校学生会干部。刘嘉怡同学出生在一个贫穷家庭，很小的时候她父母便离异，因此随残疾的父亲和年老体弱多病的祖父、祖母一起生活。祖父是个令人尊敬的退休小学教师，父亲是个身残志坚的硬汉子，平时依靠维修小家电维持生计，用自己的双手支撑家庭一片天。嘉怡同学虽然身在逆境，但祖父的良好熏陶和父亲的言传身教及老师的悉心栽培，在她幼小的心灵中种下一粒粒健康向上的种子，使她一天天茁壮成长为一名品学兼优的美德少年。

父亲心中的好女儿

穷人的孩子早当家。在家里，她是个尊敬长辈、孝敬父母、独立自强的好孩子。“她10岁的时候就会跟着爷爷下田干活了”，刘嘉怡的父亲刘辉说，“嘉怡从小就比别的孩子懂事，她关心长辈，经常帮助我做一些力所能及的家务活，陪爷爷奶奶聊天解闷。她在每天干完家务活后，才做作业，因此，每天晚上不到11点，她是无法睡觉休息的。即便是临近中考了，学习比较紧张，她依然坚持帮忙做家务。”当父亲说：“别帮了，别耽误学习！”时，她总是说：“我能行！”是的，嘉怡同学很懂事，知道父亲赚钱不易、年迈体弱的爷爷奶奶要种田种菜帮补生活，因此，她要做自己力所能及的事。她每天早上5时30分起床，打扫卫生、烧好开水、洗好衣服，做好早餐后才上学校读书；中午回到家后，她赶忙帮着做饭做菜，吃完中午饭后，做一会儿作业，休憩半个钟后就上学；下午回家后先帮着父亲做工（因父亲身体不便，有些细活、重活是不方便做的），然后做晚饭；吃完晚饭后，嘉怡同学便迅速做作业，做作业累了，又做做别的家务活，或给爷爷奶奶揉揉肩、说说话、解解闷，遇到爷爷奶奶生病时还照料着；如果还不到11点，就预习明天的功课。星期六日和节假日，嘉怡同学才会看看喜欢的电视节目，而平板电脑和游戏、QQ聊天、微信这些孩子们喜欢的东西根本与嘉怡同学沾不上边。大家说，嘉怡真行，很会科学用脑、科学安排时间，生活、学习很有规律；嘉怡真行，功课从不落下，一直在班上靠前。嘉怡家长告诉我们，如果不出意外，女儿是能考上县重点中学的。

老师身边的得力助手

在学校，嘉怡同学是位勤奋学习、心系集体、尊敬师长、团结同学的优秀团员和学生干部，是老师身边的得力助手。她总是把班集体的荣誉看得高于一切，日常生活中，为学校、为班级服务仿佛使命般印在了她心中。“从我做起，做得更好”是她的誓言；严格要求自己，起表率作用，全心全意为同学是她的信念。她经常为班上做些力所能及的事情，把自己融入到学校，融入到班级。她乐于助人，经常主动帮助学习上有困难的同学，不惜牺牲自己的休息时间，一遍一遍耐心地给他们讲解题目的思路，直到他们听懂为止。她认真负责，凡是学校、老师交给的任务，她总是一丝不苟地完成。作为班长，她严格要求自己，在各方面起带头作用，协助老师认真做好班级管理工作。她在班里成立了“帮困小组”，让成绩优秀的学生与学习困难同学建立“一帮一”结对关系，大家都以她为学习榜样，你追我赶，班级学习成绩提高很快。在学校劳动中，她总是抢着干最脏最重的活儿，从不偷懒，也不会拿出班委的架子只指挥别人干。她从不乱扔垃圾，因为她知道劳动的辛苦和环保意义，如果有同学不守纪律乱扔垃圾，她会及时给同学指出来，帮助他们改正错误，“勿以恶小而为之”早就植根于她心中。班主任叶老师说，身兼三职（学生会干部、班长、劳动委员）对很多冲刺中考的学生而言，是吃力不讨好的事。学习的压力让很多学生无暇顾及课外其他事情，刘嘉怡同学在学习之余不放弃社团活动和班务工作，老师担心她会因此耽误学习，对此她总是笑呵呵地对老师说一句“我能行”，然后又埋头于班级工作与学习之中。有一段时间，班主任叶远梅老师因病请假一个月，当时正值中考冲刺阶段，她很担心自己请假后班级管理会出现问

题，班风会受影响，班级成绩会下滑。她交代刘嘉怡同学多照看点，刘嘉怡同学说：“老师你放心吧！我能行！我会团结带领班干部带好班级的，您就安心养病吧！”结果，这个月，刘嘉怡同学不负重托，班级再次拿到文明班级流动红旗。事实上，在她的带领下，九年级（1）班在一个学年来多次被评为学校的文明班级。

热心友善的小公民

在社会中，嘉怡同学是位热心公益、友善待人的好少年。她的孝心不仅仅停留在对父母的爱和对父亲的报答方面，她还有大孝，那就是将爱奉献于社会。她从不乱花一分钱，可她每年在学雷锋活动中总是拿出自己一年的零花钱捐给有困难的五保户。不但如此，她还参加多个志愿者服务队，服务社区，开展环境保护行动，组织和参加为孤寡老人献爱心活动。在她的带领下，同学们积极投身于“学雷锋，做美德少年”活动中去。小学阶段时，当得知汶川大地震后，她不仅自己主动把平时积攒的零花钱全部汇到灾区，还带领全班同学发起倡议，争取身边的亲人、同学和朋友积极为灾区孩子捐款款捐物。对待邻里，她文明礼貌、与人为善，喜欢帮助邻居，深得邻里喜爱。她生活俭朴，平日父亲给的零用钱除买一些必备的文具，其余的都积攒起来，在长辈过生日时为他们买生日礼物。嘉怡同学还善待同学，如：在班级管理中，对同学要求比较严，有个别同学受到批评时，开始不理解，甚至有些怨气，但嘉怡同学从不计较，反而对他更关心，总是以友善之心待人，因此她深受同学们的喜爱。中考时，同宿舍的同学生病了，嘉怡同学忙前忙后照顾生病的同学，不顾休息和复习功课，老师和同学都担心会影响她中考，但她全然不顾，说“我能行，没事的”，尽心尽力照顾同学，老师和同学们都深受感动。“勿以善小而不为”是她做人的座右铭。

企业带着问题来带着结果回
龙门县龙江中学学生刘嘉怡热心公益
零花钱买文具外都用来助人
中国梦·少年梦

全面发展的好学生

刘嘉怡同学是个素质全面发展的学生。她学习勤奋，成绩一直较好；她爱好美术，是班级手抄报的主创人员，文字、绘画、布局样样拿手，把手抄报和黑板报办成了教室的一个亮点，在班容班貌评比和班级文化建设评比中，她带领班级多次获得学校一等奖；她爱好音乐，喜欢参加文体活动和比赛；她喜欢科技小创作，在青少年科技创新大赛中曾荣获过市二等奖，也多次获县的奖励。

一路走来，刘嘉怡同学不断成长。她是旭日阳光普照下茁壮成长的春苗，她那至情至性的孝义，她那善良真诚的心灵，她那助人为乐的精神，她那勤俭好学的品质，她那自强不息的意志，为龙江中学全体学生树立了好榜样，她不愧是龙江中学的美德少年。2014年6月10日，《惠州日报》A2版之《培育和践行社会主义核心价值观——中国梦·少年美》栏目刊登了龙江中学刘嘉怡同学的“最美少年”事迹。这一消息不胫而走，顿时，龙江中学校园里，师生们奔走相告：我校九年级（1）班刘嘉怡同学上《惠州日报》了。龙江村田头巷尾，认识刘嘉怡同学的村民们无不拍手称好。

后记：“爱国、敬业、诚信、友善”体现了社会主义国家公民的基本价值追求和道德准则要求，是立足公民层面概括出的社会主义核心价值观，集中体现了中华民族传统美德。刘嘉怡同学的感人事迹体现了热爱祖国、热爱集体、热爱学习、热爱劳动、孝老爱亲、志愿奉献、友善待人、自强奋斗、乐观进取的社会主义精神风尚，很好地阐释了社会主义核心价值观。她是当之无愧的美德少年。

德智双馨，全面发展

——记江门恩平市第一中学学生梁凡

题记：在一个全面发展的、活生生的、有血有肉的人身上，体现出力量、能力、热情和需要的完满与和谐。

梁凡，男，1997年2月出生，是恩平市第一中学高二（5）班学生，担任班长和年级学生会干部。恩平市第一中学坐落于秀丽的鳌峰山南麓，具有96周年的历史，占地面积120多亩，绿树成荫，环境幽雅，有“园林式”学校之美誉，是陶冶情操、求学、授业的理想之地，是首批“广东省一级学校”。2008年，恩平市第一中学通过了广东省国家级示范性普通高中的验收确认，梁凡同学就是这所近百年老校的优秀学子。他在学习上认真刻苦，各科成绩优秀；在实践中能够勤于动手，敢于大胆实践，勇于开拓创新；在班级工作中，能出色地完成老师交给的任务，并多次受到表彰。他能时刻注意自己的言行，在德、智、体、美、劳等方面都有突出表现，是同学们学习的好榜样。

品质优秀，操行领先

在家里，他关爱亲人，关注亲人的冷暖，与亲戚朋友们和睦相处，拥有一个感情浓厚的大家族。自懂事以来，在父母的教育下，他慢慢学会了分担家务活，经常帮助爸爸妈妈做一些力所能及的家务活，打扫卫生，洗菜做饭、洗衣服……他自己的事情自己做，从不依赖父母来照顾自己的生活。对待邻里，他文明礼貌、与人为善。在假日期间，他喜欢跟邻居聊聊天，增进感情，深得邻里喜爱。

在学校，他严格遵守学校的各项规章制度和中学生守则，尊敬老师，团结同学，热爱学校，是一名优秀的共青团员。几年来，他一直担任班长，工作认真负责，任劳任怨，身先士卒，敢于开展批评与自我批评，圆满完成老师交给的各项任务，是班主任的得力助手，在班内发挥了良好的模范带头作用，得到了老师和同学们的一致称赞和表扬，获得过江门市、恩平市“美德学生”，学校“三好学生”“优秀班长”等荣誉。此外，他还在本校高二级学生会担任学生干部，为学校的日常管理工作尽自己的最大努力，得到了学校领导的大力赞赏，并获得学校“优秀干部”称号。

在社会，他热爱祖国，热爱中国共产党，自觉遵守法律法规，遵守社会公德。四年前，他参加了义工组织，在节假日期间，他积极参加义工活动，尽自己的能力关爱弱小群体，把自己的爱心献给需要帮助的人，尊老爱幼，助人为乐。他还积极参加全校组织的为灾区、贫困儿童捐款捐物活动，并将自己积攒的零用钱捐出。他举止文明，从不做与文明相背离的事情，从不乱扔垃圾，保护环境，热爱自然。

勤奋刻苦，积极进取

在学习成绩方面，他凭借努力年年获得学校“优秀学子”“安益奖学金”等荣誉，学习成绩在年级名列前茅，还多次获得语文年级单科状元的好成绩。

作为一名高中生，他树立了明确的学习目标，并拥有严谨认真的学习态度。课前，做好预习，把被动听课变为主动听课；在课堂上，集中注意力边听边思考；课后，认真完成作业并坚持复习，及时掌握所学知识，养成良好的学习习惯；对于不懂的知识勇于向老师、同学请教，融入班级“一帮一”的学习氛围；在学习中乐于帮助别人，在帮助同学中得到了更多的知识要领。

除了课室，图书馆是他学习的一大宝地。在图书馆，他阅读了许多课本以外的读本，了解了很多，也懂得了很多。经常在图书馆学习，他的学习效率也大大提高了。

此外，他积极参加各种竞赛活动。他先后参加了英语、化学、生物等学科竞赛，并取得较好的成绩，每一次竞赛都让他长一智，在竞赛的过程中积累了更多的学习经验和科学知识。在学校的书法比赛、科技节比赛中，他也表现突出。

全面发展，多才多艺

梁凡同学不但在学习上取得了一定的成绩，而且爱好广泛，全面发展。两年来，在各科老师的精心培养下，他积极参与了班级及学校的各种活动，既提高了能力，又丰富了自己多彩的生活。

每天的体育锻炼对他来说是生活中必不可少的一部分，他踊跃参与学校举行的大大小小的体育活动。放学后的长跑，不仅能让他绷紧一天的精神得以放松，还增强了他的身体素质，更能促进他晚上的睡眠质量。在假日，他经常与父母去爬山，到大自然去享受大自然的美，呼吸新鲜空气，体育锻炼不仅可以提高身体素质，还可以发现潜伏在我们身边的美。

在进入高中生活的第二个月，他参加了学校主持人竞选。在竞选中，他脱颖而出，成为了一名新生主持人，使他的高中生活又多了一份色彩。这两年他参与了高中时期所有可以参与的晚会表演中的主持任务，积累了丰富的舞台经验，流利而准确的普通话、落落大方的仪态，每一次的主持工作都尽可能做到完美，赢得了老师、同学们的一致好评。高二这一年，擅长思考、语言能力丰富的他，还在校内和校外共开了两场个人脱口秀专场表演，每一场都吸引来数百位观众捧场，每一场都运用丰富的语言，既可以令人捧腹大笑又能引人深思，得到了观众们的支持，引起了不小的轰动。另外，他还有与生俱来的优美动人的好嗓音，曾获邀市里的电台参与录制相关节目，再次得到了大家的认可。最吸引人们眼球的是他参加的各类大赛中所获得的奖项，例如，他参加了校内举行的演讲比赛获得冠军；2013年10月，他代表恩平参加了江门市2013年环保诗歌朗诵比赛并获得第5名的好成绩，并代表江门市进入“珠中江”环保诗歌朗诵比赛的总决赛；2013年11月，在面对珠海、中山、江门三地36组精英同台竞技，他顶住压力，以出色的表现获得了第一名的好成绩，为江门市争了光；2014年5月，他代表学校参加了2014年恩平市“歌舞诗”团队大赛，与同学们通力合作，夺得了团体奖第一名，并担任了恩平市“歌舞诗”比赛的颁奖主持人；2014年7月12日，他代表恩平市参加了江门市2014年“弘扬社会主义核心价值观”演讲比赛获得第二名的好成绩。

锐意进取，勇于创新

作为班长，他不仅是班主任的得力助手，而且是大家的小当家。他总是积极、认真地完成老师分配的每一项工作，尽心尽力帮助班主任管理好班集体，遇到什么问题与其他班委共同商量，决定最佳方案；如果解决不了的，他就及时找老师解决，坚决不以一个人的思想左右大家，不搞个人主义，因为他相信集体的力量大无边。他不断总结如何搞好班级工作的方案，改进工作方法，得到了班主任老师和全体同学的一致认可，在班集体内形成遵守纪律、团结友爱的好风气，所在该班多次获得校班风评比优秀奖、文明班称号，这与梁凡同学的努力工作是分不开的。他积极献计献策，勇于创新，将班级的工作开展得红红火火。他向班主任提出组织开展“讲文明，改陋习”活动，使得班级处处洋溢着文明新风；在“新世纪我能行”才艺展示比赛、“我是谁？”认识自我心理健康教育主题班会、为“校园文化建设”“书香校园”提建议想点子讨论会等活动中，他都是重要的组织者和参与者。事前精心设计，全面准备，积极号召全班同学参与，每次活动都搞得轰轰烈烈，取得圆满成功。

作为学生会的一员，他并没有因为学习紧张为借口而不参与学生会工作；相反的，他更热衷于他的工作，他说参加学生会工作是他生活的一部分，是他放松心情的一部分。自初中以来，他一直参与团委的工作。高中这两年的学生会工作，给他增添了不一样的工作经验和乐趣。作为一名高二的学生，他更深刻明白了学习的重要性，明白了高考对人生的重要意义。在2014年高考前夕，他组织了一大帮同学来到高三教学楼“喊楼”，为即将参加高考的师兄师姐加油鼓劲。当时下着雨，但大家依然团结一心，他亲自带头喊口号，感动了一众师兄师姐以及各位老师。在饭堂的值日、晚自习的值日中，他懂得了如何以理说服人，如何以礼来降低自己的工作难度，在值日的过程中也认识了不少的同学，从他们口中了解到一些问题的存在与不足，并及时向老师汇报。

这就是他——梁凡，一个德、智、体、美、劳全面发展的优秀学子。

后记：近年来，随着社会主义核心价值体系建设的全面推进，梁凡同学对自己提出了更加严格的要求，在活动中不断完善自己、提高自己、升华自己，成为践行社会主义核心价值观的优秀学生代表。

做有社会责任感的人

——记广东广雅中学学生崔颖涛

题记：『做一个有社会责任感的人。』这是崔颖涛同学给自己提出的奋斗目标。她曾说：『为什么大家会推崇无私的奉献精神？因为这不仅是我们现代人心里对需要帮助的人的一种关爱，也是我们的一种希望，希望别人会在自己潦倒时伸出援手，希望无私奉献成为一种人人皆有的习惯。归根结底，这来源于我们的社会责任感。』一直以来，崔颖涛同学积极参加各种社会志愿服务活动，用自己的实际行动，坚定地朝着这个目标前进。

崔颖涛，共青团员，广东广雅中学高二级学生，担任学校青年志愿者协会秘书长、班级副班长、文娱委员等职务。广东广雅中学拥有深厚的文化底蕴，以“生命•实践•和谐”为教育理念，以“让优秀更优秀”为指导思想，致力于培养全面发展兼具特长的人才。学校大力打造多种平台，鼓励学生通过学习与参加社会实践，不断提升自我，立足学校、关注社会、放眼世界。崔颖涛同学热爱祖国，诚实守信，孝老爱亲，关心班集体，学习刻苦认真，深受老师的信任和同学们的爱戴。她热心公益事业，积极参加多项社会公益活动，并带领广雅青年志愿者协会组织开展形式多样的志愿服务活动，大力营造积极投身志愿服务的校园氛围。她组织的志愿服务活动深受学生欢迎，反响热烈，其本人荣获“广东省美德少年”“广州市优秀志愿者”“广州市教育局系统优秀共青团员”、学校“优秀学生干部”等荣誉称号。此外，她兴趣广泛，积极参加各项文体活动，曾代表学校参加广州市中小学经典美文诵读大赛一等奖，获得学校田径运动会女子跳高第一名，女子100米、200米短跑第三名。

身体力行，参与志愿服务社会实践

一直以来，崔颖涛同学都积极投身志愿服务活动，作为广州市花地社区服务中心义工、广州市西村社区服务中心义工，坚持参加多项社会志愿服务的活动项目，包括：给广州市荔湾区西村社区服务中心儿童伴读；探访广州市抗日老军人；到与广州市金丝带组织合作的癌症儿童医院探访；到广州市地铁公园前站志愿服务；到广州市中山纪念堂志愿驿站站岗；协助花地街社区服务中心展开儿童及青少年阅读普及活动；协助广雅青协电影放映队到社区放映电影；与广州市聋人学校合作组织展开互帮互助活动；与中山大学合作开展图书募捐活动等等。在社会这些活动中，崔颖涛同学既是活动的组织者，也是活动的参与者。

通过身体力行地参与到形式多样的社会志愿服务活动中，崔颖涛同学对志愿服务有了更深刻的体会与思考。她曾与同学们分享她到医院探访癌症儿童的经历：“当我接触到这些跟死神斗争着的孩子时，孩子们的头发因为化疗掉光了；因为要努力与病魔战斗稚气退去了；他们的手上插着针管，身后是吊瓶。看着这一切，我的心很难受，这么小的年纪怎么能承受这样的痛苦呢？然而让我惊讶的是，他们的眼里始终有着一抹坚定，面对病魔的折磨，他们选择勇敢去面对。顿时，我深刻体会到，生命是如此的脆弱又是如此的坚强。”

她了解到，社会中有许许多多人需要别人伸出援手，自己虽然力量不大，但是可以做力所能及的事情，哪怕只是小小的事情，也能给予有需要的人温暖与帮助。她体会到，幸福不是必然的，应该懂得感恩，懂得珍惜，更应该懂得关心和爱护身边的亲人和朋友。她感受到，帮助别人既获得幸福与快乐，也收获到被帮助人身上的坚强与乐观的品格。

开拓创新，建立志愿服务专项计划

在参与志愿服务活动的同时，崔颖涛同学也在不断地思考，创想新的志愿服务项目，并且建立志愿服务的专项计划。在2013年，她组织团队参加到“A-Action中国青少年公益创想行动”的计划中。

“A-Action中国青少年公益创想行动”是中国青少年发展基金会小天使行动基金于2009年起推出的一项支持青少年实践社会关怀的倡导与资助计划，通过广泛征集青少年公益创意，支持青少年公益实践，对青少年倡导志愿服务精神，培养其社会公益意识。崔颖涛同学在校团委的支持下，在校园组织了“A-Action中国青少年公益创想行动”志愿服务宣讲会，并组织了团队设计项目，参与到“A-Action”计划当中。她和她的团队设计的项目“「读立」——儿童阅读兴趣培养计划”最终脱颖而出，获得第四届（2012/2013年度）A-Action青少年公益创想行动大赛优秀项目奖（全国仅评选出10个项目），并获得了中国青少年发展基金会小天使行动基金的项目资助。

选择培养儿童阅读兴趣作为项目的设计点，是源自崔颖涛同学的志愿服务经历和她的思考。长期以来，崔颖涛同学坚持组织和参与社区儿童伴读以及儿童与青少年阅读普及的志愿服务活动。在这些活动中，她体会到培养儿童阅读兴趣的重要性。“阅读，是人成长中不可获缺的组成部分。坚持阅读，尤其是阅读经典，不仅能开拓视野、增长见识，还能洗涤心灵，让我们获得更多的智慧。而良好阅读习惯的养成，离不开阅读兴趣的培养。在我参与的社区儿童伴读等活动中，我感受到，如果能在儿童时期培养起阅读的兴趣，对他们的养成良好阅读习惯和成长是有很大帮助的。但是，并不是每个家庭都有条件能培养孩子的阅读兴趣或者为孩子提供良好的阅读环境，因此，我们想通过这个项目的实践，帮助一些孩子，让他们也能感受阅读的快乐。”正是有着身体力行的志愿服务实践，有着积极思考的创新开拓精神，崔颖涛同学和她的团队设计了培养儿童阅读兴趣的计划，并获得了组委会的认同，得以建立专项，为实现自己的志愿服务梦想迈进了一大步。

传递能量，辐射志愿服务奉献精神

积极投身志愿服务的活动中，不断开拓与创新，崔颖涛同学在志愿服务的道路上不断前行。然而她认为，志愿服务不仅仅是每个人个体的努力，而更应该是一种社会的习惯。因此，联合志同道合的人，把志愿服务的能量传递出去，感染更多的人参与到志愿服务中，成为崔颖涛同学又一个新的努力方向。

作为学校青年志愿者协会的秘书长，崔颖涛同学和青协团队做出了各种努力，扩大志愿服务在学校的影响力，帮助有志于公益事业的同学参与志愿服务活动。她说："广雅的学生都是很有爱心的，很多同学都对志愿服务感兴趣，却苦于没有适合的平台，而我们青协的职责就是为大家创造更多的志愿服务平台，为大家提供志愿服务的培训。这样不仅能满足乐于志愿服务的同学的需要，还能感染其他同学，让大家都参与到志愿服务中来，感受志愿服务的快乐，收获更多的成长。"在担任青协秘书长的这一年间，崔颖涛同学在学校的大力支持下，不断努力拓展志愿服务的渠道，并在校园里大力宣传志愿服务精神与活动，让志愿服务的氛围越来越浓厚，吸引了许许多多学生参与到了志愿服务的活动中。同时，崔颖涛同学注重志愿服务的培训工作，在校团委的协助下，多次邀请了志愿服务的导师到学校为学生开设各类志愿服务的培训讲座，邀请毕业的校友回校与学生进行志愿服务的交流。这些活动不仅提升了学生对志愿服务的兴趣，还让学生掌握了志愿服务的相关知识，提高了学生志愿服务的能力与质量，深受学生的欢迎。

在校园大力辐射志愿服务精神的同时，崔颖涛同学还与广州市执信中学、广东实验中学、广州市第二中学等联合建立四校青年志愿者协会联盟。通过校际的合作，加强联系与沟通，从而实现四校的资源共享，融合四校的力量，进一步开拓高中生志愿服务的方式与项目，有效地为社会奉献更多来自高中生的志愿服务能量。

后记：崔颖涛同学积极投身志愿服务，身体力行，不断开拓创新，并且把能量传递给更多的人。这份坚持与努力源自她对志愿服务的热爱，更源自她的社会责任感。正如她自己所说的，志愿服务是中学生自我锻炼和提升的一种有效途径，是对社会的一种担当，也是实现小到个人梦，大到中国梦的重要组成部分。崔颖涛同学在志愿服务的道路上坚定地稳步前进，这也正是青年学生践行社会主义核心价值观的具体体现。"希望我们共同努力，让每一天变成志愿服务日；让每一月变成志愿者月；让每一个人都成为具有社会责任感的人。"这是崔颖涛同学的愿望，为了实现它，崔颖涛同学正努力着，把志愿服务的能量传递给更多的人，让社会多一份温暖，多一份爱心，多一份美好。

孝老爱亲　自强不息

——记江门一职学校学生刘绍军

题记：『我就是山崖石缝间的一棵小草，只能向上生长，否则就会灭亡！』『苦难并不可怕，可怕的是没有志气。』孝老爱亲，扬中华传统美德；自强不息，让梦想展翅飞翔。这就是刘绍军同学的生命写照。

刘绍军，男，广东省南雄县人，共青团员，1997年7月19日出生，现就读于江门一职2012级电工电子（3）班；2012—2013学年度获江门一职“三好学生”；2013—2014学年度获江门一职“文明学生”称号。

初识刘绍军，便感受到他与同龄人相比而多出的成熟、稳重，让人印象深刻。乐于助人、关心集体，勤奋学习、成绩优秀，全面发展、才华出众，这是刘绍军留给每个师生的印象。在老师眼里，他是一名自尊自强和富有理想的少年；在同学眼里，他是个乐于助人、好学上进的好伙伴；在父母眼里，他是个尊老爱幼的孩子；在邻居口中，他是个诚实守信、热心公益的“小大人”。

尊敬长辈，孝顺父母

由于来自农村，自小懂事的他学会与父母分担农活，孝顺的他从不会让爸妈为他担心，学会独当一面，自主、自立、自强。他是一名留守儿童，父母在广东江门工作，姐姐在外地读大学，只有他与爷爷俩人在广东韶关南雄老家。在家里，他会帮助爷爷做一些家务活，到田间帮助爷爷做一些力所能及的劳动。爷爷做饭时，他总爱在一旁帮忙，淘米、择菜、打鸡蛋，都是他的拿手好活。劳动让他体会了父母的辛劳，劳动也让他增长了才干，并且增加了他的自信心。每一次放假，他便会离开老家来江门和爸爸妈妈团聚，看到爸爸妈妈为了他们姐弟俩没日没夜地干活，他发誓长大以后一定要好好孝顺父母。为了减轻家里的负担，初一暑假他已开始做兼职。领到工资，他全交给妈妈保管。俗话说“天有不测风云，人有旦兮祸福”，似乎不幸总会“眷顾”这原本困难的一家人。2013年11月，爸爸因为一场交通事故住院并检查出患有脑瘤晚期，妈妈只好辞去工作全职照看。姐姐在读大学，懂事的他为了能分担妈妈一些活，每天放学回家简单吃过饭后就去医院帮爸爸擦身，喂爸爸吃饭，并守通宵，第二天直接从医院赶去学校上课。他每天只能睡四五个小时，白天即使中午也不休息，实在累了才趴一小会儿。学习之外，为了维持生活，他便利用课余、节假日时间去校外打工。当平日别的同学沉浸于一同玩乐、假期跟家人共享天伦的时候，他从不抱怨，他告诉自己一定要坚强。直到2014年3月，绍军同学所在的班级要外出实习了，他才将此事告诉老师。在老师的帮助及家长和亲戚们的沟通协商下，家长坚持让绍军同学参加实习。绍军没有辜负众望，在实习期间，遇到休息日，他第一时间也是赶到医院照顾爸爸，直到2014年5月爸爸出院。2014年5月10日，他以优异的成绩完成了整个实习。正如他说：“生活从来都不是一帆风顺的，既然贫穷、苦难选择了我，我只有选择自强，只有靠自己，一直坚持不懈地奋斗，才能收获成果。”

尊敬师长，友爱同学，热爱劳动

刘绍军同学自来到2012电子电工（3）班以后，勤奋刻苦、乐于助人、严于律己、宽以待人、勤俭朴实、谦虚好学，不计较个人得失的优秀品质，潜移默化地感染了很多同学，也使新班主任整顿班风学风的工作开展得更加顺利。

在班上，无论老师让他劳动还是让他帮忙做班上其他事情，无论是不是他分内的事情，他都会认真去做。值日、劳动，他总是任劳任怨；放学后见到地板脏了，他默默去扫干净；见到身边有的同学违纪了，他会及时悄悄地提醒；班上没有人愿意协助宣传委员出板报，他义不容辞地接下这个活儿，一直坚持到现在。在学校，他很努力提高自己各方面的能力、素质；对待自己的学习能严格要求，精益求精，认真完成各科作业；平时能利用课外时间广泛阅读，大量积累，扩大知识面，学习成绩一直名列前茅。在担任班长期间，他积极参与班级与学校组织的活动，如在班上倡导“文明餐桌”行动，让全班同学树立节俭用餐理念，积极投入到文明餐桌行动中来；遵守《文明餐桌公约》，养成文明用餐习惯，打造温馨、文明的就餐环境，享受“文明用餐、节俭惜福”的快乐。刘绍军同学将工作力求做到最好，得到学校领导和老师的一致好评。

尽职尽责，忠于职守

他通过去不同的企业、单位勤工俭学，在别的同学都嫌脏嫌累，或嫌报酬太少不愿意做的情况下，他总是能坚持下去，积累了丰富的社会实践经验。他在企业实践中学到了很多在课堂上学不到的专业知识，知道了现在企业最需要怎样的员工，他自己也按照更高更严的标准去塑造自己。如在2014年3月25日至5月10日期间，在学校的安排下，他和全班同学一起去广东海信电子有限公司实习。在实习期间，由于积极主动，任劳任怨，各方面都表现出众，他被海信电子有限公司评为“优秀实践生”荣誉称号，并荣获海信电子有限公司给予的一等奖学金。

富有爱心，品德高尚

刘绍军从不乱花钱，也不和别人比吃比穿，压岁钱、零花钱全都有计划地存起来。但每当有人需要帮助时，他会毫不犹豫地伸出援助之手。遇到捐款时，他把会自己的所有零用钱全部捐出来。看到路边的残疾人，他常常悄悄地送上零花钱。因为他深知“赠人玫瑰，手留余香”，给别人帮助，自己也会收获快乐。每一次遇到有困难、需要帮助的人，他都会主动倾囊相助，这也深深感染着他身边的每一个人。在他的带动下，同学们都能把自己的零用钱赠给最需要的人，主动去帮助那些需要帮助的人。在假期中，他还会到孤寡老人家里慰问，进行义务劳动，得到老人好评。他说：“我最大的理想，是能够帮助所有像我这样的人，让他们走出贫困和苦难，不要继续这样的生活。我现在只能用自己的实际行动，用自己的真情回报社会！”

后记：刘绍军同学有着现在90后孩子身上很难体现的艰苦朴素传统美德，他孝老爱亲，扬中华传统美德；他自强不息，让梦想展翅飞翔！现在的他正努力地为自己的理想而拼搏着，相信刚柔并济、率直真诚的他能够沿着自己的自强之路，越走越远！他的努力和坚持，他的成绩和收获，都应该得到充分的肯定和赞扬！我们相信，这位格外懂事的学生，今后的道路会越走越辉煌！

关注社会、崇尚责任、重视实践的阳光女孩

——记惠州市实验小学学生刘坤璐

题记：『我要努力，我要改变。』这是刘坤璐在2012年参加一次假期社会实践活动后说出的一句话。当时，刘坤璐组织同班的几个同学开展环保的宣传实践活动，遇到了不少困难（如不会打字；不会设计宣传单；也不太好意思与人沟通；环保方面的知识也知之甚少等等），也碰到了一些善意的阻力，感到自身的知识缺乏，能力十分有限，发现问题却无法改变，深切地体会到只有让自身强大起来，才有能力去改变。这句话成为刘坤璐的座右铭，激励她坚定信心、追求上进。

刘坤璐，2003年1月出生在一个普通知识分子家里。她的父母亲都是大学本科毕业，知书达理，为人温和，乐观阔达。刘坤璐从小接受父母传统思想的影响，种下诚实守信、乐观上进、感恩孝顺等优秀品质的种子，养成喜爱读书、勤于用脑、重视动手的良好习惯。

2009年9月，刘坤璐就读惠州市实验小学。在党的教育方针和该校“搞活素质教育、争创一流名校”的办学宗旨的正确指引下，在一批爱岗敬业的老师们的关爱指导下，在“文明、勤奋、诚实、向上”的良好校风的熏陶影响下，刘坤璐优秀品质的种子得到春雨般的滋润，特别是通过参加学校组织的如德育教育基地活动、课外社会实践活动、少先队活动等各项“爱心”与“智慧”融合的思想教育教学实践活动，她树立了远大目标，也锻炼了坚韧意志，热爱祖国、诚实守信、孝老爱亲、志愿奉献、自强奋斗等优秀品质之树在她心中逐步成长，她成为了一个充满爱心、自强自律、品学兼优、全面发展的阳光女孩。

五年来，刘坤璐几乎每年都是惠州市实验小学的学习标兵、三好学生、优秀班干部、优秀少年队员。在她的荣誉册中，40多张的荣誉证书和奖状订成满满一大本，还有奖牌，让人见之感动……她用实实在在的行动不断为胸前的红领巾增光添彩，是老师、同学、邻里、家人眼中名副其实的美德少年。2013年12月，刘坤璐被惠州市精神文明建设委员会、惠州市文明城市工作局、惠州市教育局联合授予“惠州市第九届美德少年旭日奖”荣誉称号。

关注环保、志愿奉献的阳光女孩

惠州市实验小学经常系统开展以培养学生的社会责任意识为主题的德育教育实践活动。学校引导，家庭配合，刘坤璐在其父母和学校老师的影响下，慢慢对社会公益话题及志愿活动感兴趣，逐步产生了一种责任意识；主动了解志愿者服务的相关情况，曾多次表示要参加志愿者服务。但是由于年龄比较小，无法成为志愿者团队的正式成员，但刘坤璐并没有因此而退缩，而是在家长的陪同下，参与一些力所能及的志愿服务。每到假期，她总是有意识地规划一些活动：比如外出游玩“顺便”带上环保袋，她总是忘不了拾起地上的牛奶盒、纸屑。惠州的高榜山上，大亚湾的沙滩里，西湖公园的石椅边，小区的小树旁，都留下过她的足迹。

2012年国庆期间，当许多小朋友都外出游玩得兴高采烈的时候，刘坤璐这个班长，带领班里的同学，深入社区，开展了以“珍惜水资源、请节约用水”公益环保宣传活动，为了设计宣传单页，硬是把她爸爸折腾了几天；为了提高与小区的叔叔阿姨的沟通能力，她在家与家人对沟通言语逐句逐句进行了推敲，模拟现场情景反复练习，做足了准备。她的精神感动了家人，其父亲取消了假期出游计划，配合她开展宣传活动。连续几天，她们与同班的宋钰和李晨希同学走进了麦迪新村、广安花园、东江明珠、新世界长湖苑等十多个社区，发放资料1000多份。她们这些红领巾的身影也被《惠州日报》记者发现，事迹图片还登上报纸。惠州市实验小学也充分利用这个事例在全校开展了一场以责任意识为主题的少先队学习讨论课，让公益环保责任进一步深入人心，让校内其他同学受到教育和启发，带动了一批同学走出校门，主动参与社会公益实践活动。

关注社会、勇于实践的阳光女孩

受家庭和学校影响，刘坤璐平时非常关注热点时事和社会问题，经常陪父母一起看新闻报道，共同探讨一些社会热点问题。她喜欢对公众关心的热点问题刨根问底，常常把家人问得哑口无言。更重要的是，她勇于参与力所能及的社会调查实践活动。

2013年1月，习近平总书记在新华社报道文章《网民呼吁遏制餐饮环节“舌尖上浪费”》上作出重要批示后，用餐浪费再次成为热点。刘坤璐看到新闻后，对用餐浪费问题开始上心，常常把“光盘”挂在嘴边，不管在家用餐还是外出吃饭，她总会适当地提醒家人，她成为了“光盘行动”的自觉“执行者”。同时，她还经常主动地收集相关资料。

同年10月，刘坤璐提出要开展用餐浪费调查项目，目的是调查习总书记批示近一年后本地用餐浪费的实际情况。这是一个很烦琐又很严谨的项目，前期要做大量的准备工作。她爸爸曾经开玩笑地敲打她：“女儿，这个项目很麻烦的，你应该做不来。”可得到的回答是：“试试总可以吧，当玩啰……”刘坤璐一脸的云淡风轻。可一进入角色，她显得非常严肃又十分专注。为了做好这一调查项目，刘坤璐专门参加了学校指导老师组织的培训课，学习如何开展社会调查，学习如何选择调查要素并确定明细项目，学习调查手段及方法等。在指导老师叶永红的耐心指导和贴心帮助下，她制定了行动方案，借鉴网络资料设计一套调查问卷和五张工作表格，并在其父亲的帮助下确定了联系观察单位。

为了获取观察点最客观最直接数据资料，她显现出一股勇往直前的牛劲，连续十多天，在她父亲的陪同下，多个联系观察点来回跑，了解和记录用餐费用和剩菜饭情况。有两次因为时间没及时赶上，她还亲自用手去翻看观察单位的垃圾桶，估计浪费的实际情况。在饭店，她总是吃自己桌上的，而盯着别人桌上的，为此还闹出小尴尬和小误会。同时，她还在下埔滨江公园派发随机调查问卷，遇到了一个又一个不愿意帮助的叔叔阿姨，以及不明就里的白眼，有时候，连在一边的爸爸心里头都不舒服，但她始终没有放弃，坚持着。经过前后半个月的跟踪，她完成了爸爸认为她不可能完成的“壮举”。她的《光盘行动——用餐浪费情况调查报告》出来后，立即得到学校老师的充分肯定，学校把该实践项目层层送给科技创新大赛的组织部门参加评比，分别获得了2013年度惠城区青少年科技创新大赛科技实践活动一等奖、第十二届惠州市青少年科技创新大赛科技实践活动一等奖、第29届广东省青少年科技创新大赛科技实践活动二等奖。

事后，她还把调查结果反馈给被观察单位，也得到了充分肯定。观察单位惠州农产品物流配送中心有限公司还因此重新修定了《食堂用餐管理制度》。

崇尚文明、助人为乐的阳光女孩

作为班长，刘坤璐是一位尊师守纪、文明礼貌的表率。无论在校内还是在校外，她一言一行讲道德，举手投足见文明。从没有见她与同学红过脸，从来也没有人投诉过她。在班里，不论谁有困难，她都会伸出热情之手，帮助别人。同学忘记带笔，她主动递上一支；同学座位脏了，她主动帮忙清理；同学题目不会做，她耐心启发分析；往往到了周末，她都会晚一些时间到家，主动留下来帮忙打扫卫生。在她的带动下，越来越多的同学自觉热爱集体、关爱他人。她不愧是雷锋式的好少年。2012年，刘坤璐被惠州市实验小校评为“文明礼仪之星”。

乖巧懂事、感恩孝顺的阳光女孩

她的父母工作很忙，起早贪黑。妈妈做饭时，她主动帮忙做饭、择菜、收拾碗筷；奶奶腿不好，她常常陪奶奶聊天，给奶奶按脚、捶背，让奶奶开心；父母不在家，她自觉读书写字，整理内务，把家里弄得井井有条。她孝敬老人，体贴父母，得到周围邻里的由衷夸赞。

品学兼优、全面发展的阳光女孩

几年的学校教育学习让刘坤璐目标越来越明确，立志要成为一个对社会有用的人。因此，她学习特别用心，在学习中永远是一丝不苟、脚踏实地，成绩名列前茅。

她积极上进，参加学校组织各项活动，文娱表演、朗读比赛、体育比赛等活动都有她的参与。特别是她考入惠州市青少年艺术团后，一坚持就是6年，风雨无阻，6年不间断艰苦训练，绝大多数老团友都无法坚持而离开，但她没有喊一声累，没有叫一声疼，而是成为惠州市青少年艺术团的优秀代表坚持下来。几年来，她作为学校的优秀代表参与各项表演活动，她参加了全省运动会的开幕式表演、惠州市多年“六一”“国庆”“元旦”等许多重大节日的表演活动，给群众留下深刻美好的印象，也为学校争光添彩。她还是《东江时报》的小记者，用童眼观察世界、发现生活、感受生活，写下了自己的思索，发表习作多篇。

后记：刘坤璐是惠州市实验小学美德少年的优秀代表之一，也是新时期优秀学子的表率。相信在不久的将来，她的优秀品质将更加绽放光彩。

志愿做一名公益演员

——记东莞市莞城英文实验学校学生袁思晴

题记：『每次帮助别人解决困难，我都感觉特别地开心，我希望做一名公益演员，老师说这才能从心底帮助别人。』这句话源于一个可爱、真诚、志愿奉献的女孩——袁思晴。她有这样的雄心壮志，一方面源于她优良的品质，另一方面源于一所极为重视语言艺术培养的学校——东莞市莞城英文实验学校。他们共同成就了一部沁人心脾的儿童音乐剧《盛开的桃花》，入选央视3套举办的『第九届央视全国小品大赛』，这是全场唯一的一部儿童作品。

袁思晴，今年12岁，是东莞市莞城英文实验学校六年级的学生。她是学校的小名人，因为在学校的各种演出甚至是电视上都能看到她的身影。她擅长唱歌、跳舞、主持、表演、朗诵等。但是，她的功课一点没落下，成绩在班里一直名列前茅，从一年级到六年级都担任班长，三年级当上班级中队长，五年级当上大队委。这都源于她的敏锐的思维，以及自强奋斗的品质。

她的才艺和成绩让人惊喜，但她志愿奉献的精神更令人惊叹！于是，她产生了“公益演员”的愿望。在学校的培养下，一部感人肺腑的儿童音乐剧《盛开的桃花》真情推出，袁思晴同学担任主角“桃花”，该音乐剧夺得“广东省第九届少儿花会”一等奖，并入选央视3套举办的“第九届央视全国小品大赛”。在2013年10月，思晴和整部剧的小伙伴们来到首都北京，把“留守儿童”的心声带给了全国人民，也把社会温暖传递给了千家万户。袁思晴同学激动地说：“我觉得自己做了一件非常非常有意义的事，我希望全国的留守儿童都能早日跟父母团聚。”

她能有这样的成绩，离不开她“志愿奉献”和“自强奋斗”的品质！

我很开心，我希望每个人都那么开心

“这孩子特让我省心，她总是为别人着想。”袁思晴妈妈欣慰地说，脸上露出幸福的笑容。思晴同学九岁生日那天，爸妈非常忙，想起女儿生日的时候已经晚上10点多，妈妈懊悔得都快哭了起来，连忙赶回家。当他们推开门，女儿已经入睡，餐桌上放着一块小蛋糕和一张小卡片，上面写着：“妈妈，今天是你的苦难日，谢谢你！”妈妈的泪水止不住地流，流到心坎却变成了甘霖，滋润着为生活打拼的心田。

正是这种为人着想的品质，造就了善良、懂事、乐于助人的她。她总有着满满的正能量，班里同学遇到困难总喜欢找她，她也义不容辞地加入了“校园志愿队”，对班里贫困生进行帮扶，到敬老院慰问、打扫，提供社区爱心咨询等等，这都成为了她日常的工作，她不知疲倦，并乐在其中。

2013年的雅安大地震发生了，全国人民都在为雅安死难同胞哀痛的同时，她把自己的压岁钱全部捐助给灾区，但一个人的力量是单薄的，她觉得每个人都有义务为我们的同胞献出一点爱。此时少年宫的老师在筹备义卖活动，并找了袁思晴担任主持人开展整场活动，她极受鼓励，并向老师提出要帮忙整理义卖作品，还拉了一帮小朋友前来帮忙，在场的老师无不动容。活动举办得非常成功，她为雅安小朋友作的诗歌，也让在场观众深受感动。

她就是一个具有志愿奉献意识的一个孩子。她热爱助人的事情被传为佳话，但是，她优越的语言天赋和演绎能力也是显而易见的。老师发现她在艺术方面的才能后，想重点培养她，并告诉她，公益演员最能帮助人，因为艺术文化改变的，是人的心智。就像鲁迅“弃医从文”一样，在精神上帮助别人，这才是真正的帮助。思晴把这番话牢牢记在心上，从小乐于助人的她似乎找到了方向，加之热爱表演，她暗暗许下心愿：为公益演出，为有需要的人演出！

我的舌头很笨，但我的意志很坚强

“有了天赋，更需努力”，这是老师经常跟思晴同学说的一句话，她也非常刻苦，不断地攻破一个个难关，自强不息。

进入学校专业的训练队之后，她发现了自己的不足：气息短、舌头不灵活。在练绕口令的时候，舌头不灵活，语速极慢，老师告诉她每天要咬住苹果不断训练，她便一天“咬”掉十几个苹果，不时咬到舌头奇痛无比。但她最终还是攻克了，但新问题又来了，她明显发现自己念完一个长句会有些喘气，这是气息不足的表现。老师告诉她一个锻炼气息的方法，那便是“边跑步边唱歌”。一直不喜欢跑步的她进行了激烈的思想斗争，去还是不去？去！克服弱点是她的强项。为了鼓励自己，她选了三首歌，分别是《奔跑》《我相信》和《领你一直走》。每天一放学，她便到学校操场跑步，每当汗流浃背、不能坚持的时候，她就一边跑步，一边唱歌鼓励自己坚持下去，她总有办法让自己充满力量。

自强奋斗的她，很快得到了回报。她在唱歌比赛中荣获多个广东省少儿类金奖；在全国人民大会堂里比赛荣获少儿组金奖；英语及普通话的演讲、朗诵等比赛也荣获过东莞市金奖、特金奖，广东省一等奖；还凭着《要命的作文》获得“东莞市第九届我讲书中的故事•故事大王比赛”团体组的特等奖。2011年参加“东莞香雪•精彩童星电视大赛”，她在600多名选手中脱颖而出，经过几轮的比赛，最终荣获语言类二等奖，并被东莞电视台“宝贝豆丁”电视栏目聘请为该节目的小主持人。

我的力量很薄弱，但我的志向很远大

袁思晴同学喜欢表演，但她更希望为公益演出。上天总是眷顾善良、有理想的人，东莞电视台要拍一部关于环卫工人的公益广告，经学校推荐，她又一次担任主角。公益广告内容大致如下：酷暑之下，环卫工人要顶着太阳高温作业，许多市民仍随地丢垃圾。一天，一个环卫工人在马路上扫垃圾，由于酷暑带来的倦怠与不适，他不幸被一辆小轿车撞伤，当他的女儿（袁思晴同学饰）赶到医院时，发现父亲满脸鲜血而痛哭流涕。她看完剧本就流泪了，导演看了非常高兴地说：“这孩子，我多怕她现场哭不出来啊，她不是演技派，是真情实感啊！真是一个善良的孩子！”就这样，她成功地拍好了广告片，得到了导演的赞赏。

随着公益演出的增多，袁思晴同学积累了越来越多的演出经验。2013年，莞城英文实验学校为孩子们精心打造了儿童音乐剧《盛开的桃花》，袁思晴同学被选为主角，饰演“桃花”。剧情描述北方留守儿童桃花来到东莞探望在此打工一年多的父母，无奈父母刚转厂，没有及时通知家里，与来探望父母的桃花失去了联系。桃花在一群天真活泼、善良又充满爱心的小学生的帮助下寻到父母，并且成为新莞人，扎根东莞。

遇到这个角色，她不禁皱眉，她要饰演的是一个农村的留守儿童，但她一直生活在城市，最困难的是，“剧里只有我一个人饰演农村孩子，我的情绪经常被他们带走了”，面对这样的困难，老师告诉她：公益演出，最重要的是情感。袁思晴同学在此之前一直在关注留守儿童，对他们也非常同情。这次，遇到了帮助他们的机会，再难也要克服。于是，她要求妈妈带她回广西外婆家，妈妈一开始很奇怪，后来才明白孩子的用意。她回到外婆家，便跑去观察邻居的孩子，他是个留守儿童，父母都外出打工了，他从小跟着奶奶生活。看到只有6岁的孩子不断地把干柴从屋外运到屋内给奶奶烧火煮饭，她流泪了。在外婆家的几天，她不断地去找邻居家的小孩聊天，也在不断地了解他们的生活习惯，内心更是强烈地想帮助留守儿童与父母团聚。她终于胸有成竹地回到舞台，老师们都非常地诧异，直赞她超强的领悟能力，殊不知，这孩子已在背后做了那么多功课。

功夫不负有心人，演出获得了圆满成功，该音乐剧夺得“广东省第九届少儿花会”一等奖。省话剧院院长柏崇新认为，《盛开的桃花》一剧故事来自东莞，但其所表达的人文内涵对其他沿海城市发达地区同样适用。作品最终入选了央视3套举办的“第九届央视全国小品大赛”。2013年10月，思晴和整部剧的小伙伴们来到首都北京，当在剧中与父母相聚的那一刻，桃花痛彻心扉地哭喊，使在场的观众落下了眼泪，许多现场的专家、演员都对这年纪轻轻的孩子给予了高度的评价。

她把“留守儿童”的心声带给了全国人民，也把社会温暖传递给了千家万户。她激动地说：“我觉得自己做了一件非常非常有意义的事，我希望全国的留守儿童都能早日跟父母团聚。”

后记：“志愿奉献”和“自强奋斗”的品质，在袁思晴身上体现得淋漓尽致，她聪明、自信、可爱，更可贵！相信她一定可以坚持地走下去，把人格的光芒带给更多的孩子，把她源源不断的正能量传递给更多人！

阳光下的正能量

——记惠州市第十小学学生杨槟滔

题记：要做大家身边的小太阳！

在惠州市第十小学，有一颗熠熠闪光的校园之星，那就是惠州市第十小学六（1）班学生——杨槟滔。他脸上总挂着自信的微笑，明亮的双眸透着智慧，是一个帅气快乐的男孩。杨槟滔小学一到三年级在北师大附小就读，曾担任大队委学习委员、副班长等职，四年级转学至第十小学，任副班长、大队委等职。杨槟滔关心集体，乐于助人，多才多艺，勤学奋进，热爱劳动，是一位德、智、体、美、劳全面发展，充满朝气和阳光的优秀学生。在校期间，他获得过许多荣誉，他曾获得第19届华罗庚金杯少年数学邀请赛全国三等奖、“可爱的祖国2009广东省青少年书画摄影大赛二等奖”、惠州市第二届“中国移动杯”青少年艺术邀请赛民族乐器类儿童组优秀奖等多项国家、省、市、区荣誉，并且每个学期都被学校评为“阳光学子”“三好学生”，多次在各学科竞赛、文体活动中获奖。惠州市阳光少年、未成年人品德优秀“旭日奖”、校园十佳学子、学习标兵、三好学生、语英数小明星、才艺小明星、优秀主持人……硕果累累。“sunny，friendly and humor”是对他最好的概括。他充满爱心、随和友善、学习优异，兴趣广泛、品学兼优，全面发展，他以自己的行动不断地为胸前的红领巾增光添彩。

爱好广泛的小“太阳”

他求知欲强，勤学好问。课堂上，他敢于提问，善于质疑，对所学知识能理解并掌握；课外，他认真完成作业。他不满足于课堂上所学到的知识，一直坚持每天阅读有益的书报，不断从书中汲取丰富的知识，以开阔自己的视野。在学好文化课之余，他坚持抽出时间练习葫芦丝、小提琴、围棋、武术等。正是他不甘落后的精神，学习成绩一直名列前茅，连续五个学期均在学力竞赛和期末考试中获得“语文小明星”“数学小明星”“英语小明星”等荣誉称号；参与校内多项竞赛，竞赛成绩优秀；获得“数学知识竞赛”四年级组一等奖；在学校第一届文化艺术节获得作文比赛一等奖、绘画比赛一等奖、器乐比赛二等奖、朗诵比赛三等奖等等。

从小事做起的小“雷锋”

他是同学眼里的好伙伴。从小学一年级至三年级期间，杨槟滔一直担任班长职务，转学到十小后也一直担任副班长、大队委等职务。他待人真诚友善，助人为乐，从小长就一副古道热肠，是一位关心他人的小雷锋。“勿以恶小而为之，勿以善小而不为”的校训是他的座右铭，时刻激励着他把传统的美德落实到现实生活中的每个细节、每件小事上。平日里，他诚心带头遵守学校的各项规章制度，热心协助班主任和任课教师做好班级事务，耐心与同学交流相处，细心帮助同学解答学习难题，不懂的问题他虚心向同学求教，在同学中享有很高的信誉，深得同学信赖。在他的影响带动下，他所在班级年年被评为“校先进班级”，他自己也每个学期都被评为“阳光学子”“三好学生”或“校园十佳阳光学子”。他还热衷公益，代表学校为贫困乡村小学“山下小学”捐书捐物，其事迹惠州电视台及《惠州日报》均做过报道。他对同学真诚、热情，以助人为乐，处处为集体着想，主动帮助同学学习，做到虚心解答。他是一位关心同学的好学生，阳光的他总会给身边的小伙伴带去温暖和快乐，在小伙伴不开心时，杨滨滔就会从书包里拿出葫芦丝吹给小伙伴听，也教小伙伴如何吹，同学们都很喜欢找他玩。他从不与人斤斤计较，无论谁有困难，他都能毫不吝啬地伸出援助之手。

勤奋好学的小“学霸”

他是老师心中的优秀生。他遵守学校的各项规章制度，起到一定的带头作用，热心与班委一起努力协助班主任和任课教师做好各项班级事务；尽心尽责、耐心细致地与同学沟通交流、组织学习辅导、做好纪律、卫生保洁等工作，在同学中享有很高的威望，深得同学们的信任；积极参与和协助组织班级的各项校内外活动，处处为集体着想，主动帮助同学学习，做到虚心解答。他集体荣誉感极强，主动担任班级值日生组长，每到值日时，他总是叮嘱妈妈早早叫他起床，早早到校，带动全组同学，认真完成老师下达的任务，不怕脏、不怕累，常常以自己的满头大汗来换取教室的清新、干净的学习环境，获得师生的一致好评。班级各项活动和竞赛，每次都有他的身影。他做事勤快，富有创造力，主动承担班级、学校组织的各项任务。杨槟滔求知欲强，勤学好问。课堂里，他敢于提问，思维活跃，积极与老师同步互动；课堂外，他自觉学习，认真完成作业，重视各学科平衡发展，不偏科，也不需要别人督促。勤学善学的劲头让杨槟滔的学习成绩一直名列班级前茅，是老师和同学公认的“优秀生”，在各学科竞赛中屡获佳绩，2014年5月，他获得第19届华罗庚金杯少年数学邀请赛全国三等奖的好成绩。

他是运动场上的小健将，体育和他有着不解之缘。杨槟滔阳光活泼，运动能力强，喜欢跟着父母去登山、骑自行车、滑冰、打篮球、羽毛球、高尔夫球、游泳等，也喜欢陪着爷爷奶奶在小区里慢跑、打太极。他深受电影《叶问》的影响，周末喜欢学习咏春拳，他可爱地在父母面前立志：我要用我的智慧和咏春拳保卫钓鱼岛！惹得父母捧腹大笑。阳光可爱的杨槟滔很喜欢上体育课，与班级同学跑步比赛中总能跑到最前面。奶奶在炒菜的时候，突然发现盐用完了，这时他想发挥跑步很快的强项，便跟奶奶提出让他去超市买盐的建议，一会儿的时间，他就跑到超市把盐给奶奶买回来了。他也喜欢旅游，2010年，他用了一个月的时间到上海畅游世博会及科技馆等，增长了见识，增强了自立能力。由于户外旅游，他对这个美丽的世界更是好奇和热爱。他是学校田径队成员，每天坚持锻炼，并富有体育科技精神，积极参加每一届体育科技节，他制作的“快乐小鱼的新家”荣获了“变废为宝 创意无限”一等奖，其本人也荣获“小小爱迪生小小制作家”称号，为班级、年级争光的他。在运动和创作中得到了磨炼和启迪，也带动了班级其他人的参与。

他是博学多才的文艺通。杨槟滔兴趣广泛，多才多艺，5岁起开始参加钢琴、小提琴、葫芦丝、中国水粉画的培训和练习，2012年成功通过了中国音乐学院葫芦丝九级考试。他的绘画也得到教师的好评，曾获学校艺术小明星一等奖、第十一届艺苑杯当代少儿书法艺术大奖赛儿童画作品金奖；第十一届中国国际少年儿童书法大赛美术特等奖；可爱的祖国2009广东省青少年书画摄影大赛二等奖；“惠州市第二届‘中国移动杯’青少年艺术邀请赛民族乐器类儿童组优秀奖”等文艺奖项。他还是学校元旦文艺汇演的“优秀主持人”。他不仅多才多艺，还是一位充满爱心的天使，难得的是他能做到“老吾老以及人之老”。去年春节前，他主动要求参加到江北敬老院慰问的志愿者活动，这位阳光、善谈的少年和老人家聊得不亦乐乎，给孤寡老人一颗寂寞已久的心带去了多少温暖和慰藉。最后，他还拿出了他的拿手绝活，为老人家吹奏了几曲悠扬的葫芦丝。

长辈眼中的乖孩子

他是邻里夸奖的乖孩子。杨槟滔是个懂得感恩的孩子，他孝敬老人、体贴父母、和睦邻里，对人彬彬有礼。他懂得百善孝为先的道理，对长辈特别尊敬。在家里，他主动做家务，叠衣服、折被子、收拾房间，自己的事情自己做。他对爷爷奶奶、爸爸妈妈体贴入微。在妈妈感冒时，他会很心疼妈妈，他记得在学校老师说过感冒要多喝温水，于是他就一次又一次提醒妈妈多喝温水，希望妈妈感冒快点好起来；并会照顾生病的家人，日常的嘘寒问暖是他的良好习惯。每当妈妈做了他爱吃的可乐鸡翅，他总会拿到邻居家与一起玩的小伙伴分享。在他生日那一天，他邀请小区里许多小伙伴到自己家做客，一起吃蛋糕，一起唱生日歌，一起玩游戏。小区里有居民家的狗狗走失了，细心的杨槟滔记得狗狗的主人，帮助小区里走失的狗狗找到了家。在文明城市的影响下，作为小学生，他从自己做起，从身边做起，干湿垃圾积极认真分类，不乱扔垃圾，保护树木、节约用水、爱护大自然。他不仅自己这样做，还经常倡导身边的人也这样做。他在小区里见到垃圾，随时捡起扔进垃圾桶，这是从小养成的好习惯，为此，他还获得了“环境小卫士”的雅号。在进入小区大门时，他总为后面进来的拿着大袋小袋东西的叔叔阿姨推开门，是邻里争相夸奖的乖孩子。

他热心公益，奉献爱心。杨槟滔同学不断完善自己的道德品质、行为习惯，在奥运年——“绿色奥运”口号的鼓舞下，作为小学生，从自己做起，从身边做起，不乱扔垃圾，保护树木、清除小广告、保护环境、节约用水，爱护大自然的一切生命。他不仅自己这样做，还经常倡导身边的同学响应“低碳生活的潮流•苹果书屋捐书行动”。经过妈妈的同意，在妈妈的帮助下他向苹果书屋捐出了自己平日喜欢看的书刊。在闻知汶川大地震的消息后，他非常难过，在日记里写下了平凡而又感人的心声：“我多么希望能建更多的房子，让汶川的小朋友全部都搬过来住！让我们的每一分零花钱都捐给他们，让他们和我们一样快乐、幸福。”他拿出自己平时舍不得用、积攒了很久的全部零花钱，捐给了灾区的小朋友；同时，不遗余力地向家长、亲友、同学们宣传，发动捐款。他曾作为小学生代表和惠州电视台一起到贫困乡村小学“山下小学”慰问，和惠台主持人杨莹、小丹同台主持节目，为贫困山区的孩子送去了问候和友爱，捐书、捐物、倾情演讲，一番发自肺腑的话语让在座的师生深受感动。惠州电视台及《惠州日报》对他的事迹均做了报道。他幼小的心灵里面藏着一颗强大的怜悯之心。

后记：成长的道路是艰辛而漫长的，他在学校德育思想的教导下，在学习生活当中，在每一次的活动当中得到了磨炼和启迪。他用自己的善良和热心弹奏着一曲温暖心扉的歌曲；他用自己的理想和追求、进取和奋发为墨，书写一幅充满爱和希望的画卷；他用爱心、恒心、信心和诚心创造更加灿烂美好的明天。我们有理由相信：这个有着中华传统美德的少年，他日将会成为社会的栋梁之才。让我们祝福他的人生越来越丰富多彩。“阳光少年”就是像阳光一样无时无刻照亮、温暖大家心灵的“小太阳”。几年来，杨槟滔同学开朗自信、刻苦努力、爱好广泛、多才多艺、乐于助人。相信在不久的将来，他一定会在老师的扶持、同学们的支持、自己的努力下，让自己身上的闪光点像冉冉升起的一缕缕阳光，灿烂辉煌！

互帮互助　快乐成长

——记东莞市沙田广荣中学学生何嘉伟、何满德

题记：『帮助他人就是帮助自己，』这是他俩常说的一句话，『帮助他人可以获得更多友谊，他人有难，伸出援助之手，帮助他人我们觉得很开心。』就是这样纯朴友善的孩子，他们身上的确有值得我们学习的品质——乐于助人、互帮互助、服务奉献。

何嘉伟、何满德两位同学是东莞市沙田广荣中学初一年级学生，2013年荣获“东莞好人”称号，他们助人为乐的不平凡事迹先后被《沙田报》《东莞时报》东莞文明网等新闻媒体报道。他们所在的学校是东莞市一所薄弱学校，生源层次参差不齐，学困生、特殊群体学生相对较多。但近两年来，该校开展“三关爱工程”（教师贴心关爱、学生互助关爱、校外援助关爱）以来，校风发生较大转变，学校涌现出一批美德少年、心灵天使，三名同学荣获“东莞市好人”称号，该校先后获得“市德育示范校”“市高效课堂实验校”“市科普标兵学校”等荣誉称号。

前不久召开的东莞市“2013‘东莞好人’评选颁奖仪式”上，122名当选2013年度“东莞好人”的市民中有两位身材单薄的少年特别引人注目。他俩是来自东莞市沙田广荣中学初一（11）班的何嘉伟和初一（5）班的何满德，因为从2013年9月开始坚持每天“护送”初二（14）班阿文（化名）上学、放学，因而被评为“东莞好人”。

新学期又开学了，每天上学、放学，何嘉伟和何满德依然一路护送着阿文，三位同学小心地骑着单车，搭着肩膀走路，架起胳膊上楼。

父母支持，同学路上护送

阿文从小因病，腿脚不方便，上小学时，有校车接送，上下学也不太困难；上初中后，没了校车接送，需要自己骑自行车上学，稍不注意就会摔跤。

2013年9月，何嘉伟和何满德来到广荣中学读初一。他俩发现阿文在上学的路上摔倒了，赶紧上前去搀扶，并一路护送到校。事后他俩想到，如果遇到刮风下雨等恶劣天气，阿文就可能会摔跤；于是，决定一起护送阿文上下学。

两个孩子在回家向父母说了想法后，虽然父母都是普通工人，但是都对儿子帮助同学的想法表示赞同。

在谈到帮助阿文的事情时，何嘉伟和何满德拍拍胸脯说：“我们现在无话不说，都是最要好的朋友了，互帮互助当然是应该的，我们希望大家都能考上十中，更希望能做一辈子的好兄弟。”

平凡护送路，三人风雨同行

每天早晨6点钟，在阿文起床的同时，何嘉伟和何满德便已经来到他家，帮他装水，检查单车安全状况，三人的一天就从这里开始了。

6点10分整装完毕后，他们就去附近的小食店吃早餐。6点30分左右，三人便踩着单车前往学校。一路上，何嘉伟和何满德一前一后“护送”中间的阿文。阿文虽然可以骑单车，但毕竟脚部有伤，所以三人都必须特别小心。7点左右，三人便来到学校，放下单车后，何嘉伟和何满德便搀扶着阿文，送他进课室。7点10分，由于不是同班，在把阿文安全地送到教室坐下后，两位同学便回自己的课室了，此时离早读课开始还有10分钟。到了中午12点放学后，何嘉伟又准时来到阿文的教室，两人一路扶着前往饭堂，吃完饭后便回到教室午休。下午5点放学后，何满德和何嘉伟又像上学时一样，护送阿文原路返回。5点30分左右，三位小伙伴在阿文家中依依惜别。他们的一天就在这样的帮扶中结束，虽然很平凡、很简单，但能坚持下来实属不易，朴实无华的友谊之花在三人之间悄然绽放。

你送我上学，我辅导你功课

阿文虽然有伤病，但是他的梦想是要考上大学，当一个工程师，为社会作出更大贡献。“我希望能早点自力更生，不让爸爸妈妈为我担心，我也一定会努力学习，用实际行动表达对大家的感激之情。”

严格要求自己的阿文从未向学校提出放宽上学时间，而是坚持每天早起，准时上学，他坦言自己在两位同学护送前，自己跌过不少跤。虽然自己自强、自信，但心中还是比较压抑。在两位同学的帮扶之后，自己再也没有摔过跤了。这也让自己的性格一改内向、沉默，逐渐开朗起来。

赠人玫瑰，手留余香。阿文学习成绩好，而帮扶他的两位学弟的学习成绩相对处于班级的中游水平。因此每天放学回到阿文家后，他们三个人便一起做作业、温习功课，何嘉伟、何满德的学习成绩也逐渐提升。

同学互助之风，盛行广荣校园

学校得知何嘉伟和何满德这样无私助人的事迹后，因势利导，通过国旗下的讲话向全校师生广泛宣传。

广荣中学德育处负责人谢章林老师说，这样做就是希望更多的同学能够关注到阿文和帮助他的两位同学，学习他们的好品质，在全校范围内大力推广道德教育和模范教育。

阿文班的班主任唐老师说，对阿文特殊的身体情况，班上也做了一些特别关照。比如不安排其打扫卫生，不要求其出操和上体育课等。正是这样一个有爱的班集体给了阿文良好的学习环境和氛围，让他感受到来自各方面的关心和照顾。阿文也不忘感谢同学和老师。在课间操时，留在教室的他会主动擦净黑板，做一些力所能及的事，表达对大家的感恩之情。

阿文班的班长告诉我，几乎班上每个同学都扶过他走路，在他学习上有困难的时候，大家也都会主动帮忙。而在初二（14）班的门口，“文明班标兵”的荣誉牌成了这个班集体团结友爱的最好说明。

在广荣中学，善待身边同学的人也有很多。正是他们用自己的行动互相感染，让德育教育工作开展得更加深入。

后记：助人为乐是一种良知呼唤，助人为乐是一种爱的力量，它传递着正能量，传承文明进步。助人为乐并不是要惊天动地之举，一句鼓励、一次指路、一把搀扶，甚至一个善意的眼神，都可能帮助到他人。汇微善成大爱，集小流成江海。在助人为乐面前，有些人变得脆弱、敏感，想要丢弃曾经的信念，但也有人播种善果，浇灌希望。助人为乐，奉献为荣，实现伟大中国梦，需要我们每个人树立正确的幸福观、人生观，在帮助他人、服务奉献中感受人生的快乐和幸福。

风决定蒲公英的方向

——记惠州市惠阳区崇雅中学初中部学生杨凯玉

题记：『风决定蒲公英飞舞的方向，我们决定着自己未来的方向。』杨凯玉经常这么说。而像蒲公英一样平凡的他，也在用自己的行动，追寻自己的人生方向。

在多次学习水平测试中拥有优异成绩的杨凯玉，今年就读八年级。他是一个寡言少语的文静的男孩，读书是他的爱好，他可以捧着一本书静读一个下午；他也喜欢打球，在球场上跑一两个小时也不觉得累。这样一个优秀的学生，就读于素有“东江革命摇篮”之称的惠阳崇雅中学。这所有着将近一百二十五周年的名校在珠三角地区，曾培养出诸如邓演达、叶挺等革命先烈和历史名人。经过岁月的洗礼，崇雅中学发展成为了一所教育师资雄厚、有良好校风的名校。作为崇雅学子的一员，杨凯玉深感自豪。入校以来，他取得了巨大的进步，也在不断地成长。例如，他获得了“第十八届全国华罗庚金杯少年数学邀请赛决赛”三等奖、“第十九届全国华罗庚金杯少年数学邀请赛决赛”一等奖、“第十九届中华圣陶杯中学生作文大赛”三等奖、第十四届“新世纪”杯全国中学生作文大赛三等奖。

苦环境，立志向

杨凯玉出生在贫苦家庭。从小爸爸妈妈就教育他：要想改变自己的命运，或许不只读书这一条路，但读书是你目前最好的选择。从此，杨凯玉知道读书将是他终生的事业，他誓将穷尽自身所有力量把责任扛起来，争创辉煌的事业。

在一所并不太有名气的小学里，杨凯玉没有受到太大影响。不多话的他骨子里有一股不服输的劲头，老师的教育、父母的教导，鞭策着他去拼搏。在小学毕业时，他以全校第四名的优异成绩升入崇雅中学。

在中学，在众多强劲对手的班级里，他的成绩顶多算是中等水平。少年敏感的心有些许失落与自卑，但他暗下决心，不断超越。可是，首次月考他成绩排在全级五十名，现实再次给他挫折和打击。苦闷的杨凯玉变得焦虑。一天，他漫无目的地走在街上，眼前忽然出现了一片蒲公英。白色的蒲公英漫天飞舞，形成了一道亮丽的风景线。他伸出双手，接住其中的一簇。此时，杨凯玉浮躁的心平静下来，他感到一种从未有过的轻松。看着随风飘动的蒲公英，他开始思考：蒲公英无法决定自己的命运，它们的生存环境乃至它们的未来都决定于风，而我们人的命运、人生的方向掌握在自己手中，那我们有什么理由不奋斗呢？想到这儿，他忽然记起读过的一句话：“如果将字母A至Z从1开始编号，那么你的知识只有KNOWLEDGE=11+14+15+23+12+5+4+7+5＝96分，努力也只有HARDWORK＝8+1+18+4+23+15+18+11=98分，但是态度有ATTITUDE＝1+20+20+9+20+21+4+5=100分。”于是他重新端正了自己的学习态度，不再过于注重排名，而是享受学习的过程。他从基础抓起，脚踏实地地在学习道路上迈进。事实证明，杨凯玉的努力没有白白付出，两次正式考试他都取得了优异的成绩。

赞美的声音像开闸的洪水滔滔而来，对此，杨凯玉依旧虚心向学……因为他自己清楚，他在心里埋下了一颗梦想的种子，种下了希望，他要努力奋斗，把握自己未来的方向。

心感恩，苦拼搏

在成长的路上，有太多的人对杨凯玉很重要。他最要感谢的是自己的父母，是他们不断的鼓励，让他每次处于低谷时，能够得到信任与支持；他要感谢老师，是老师不倦的教诲让他不断进步，“春蚕到死丝方尽，蜡炬成灰泪始干”；他要感谢同学，感谢他们与自己一起学习，一起成长。

常怀着一颗感恩的心，这激励着杨凯玉拼搏奋斗，他给自己定下“今日事今日毕”的目标：能够在今天完成的事绝不拖到明天，需要在今天完成的任务绝不留下缺陷。或许正是这样有点完美主义的习惯，让杨凯玉在最初的磕磕绊绊中摸索着不断进步。他每天废寝忘食，沉浸于书海之中。长期的量变带来质变，杨凯玉的学习成绩突飞猛进，在升入八年级以来，他一直保持着年级第一。后来在一次与他班同学交流时，他提到这件事：“我也不知道为什么，但我相信有一种精神支持着我。七年级的暑假，我开始跑步。第一天，我居然一口气跑了20圈！也许是‘毅力’这么一种东西，让我坚持着跑完了全程。在一个月左右的时间里，我每天都坚持跑步。当我的汗水挥洒在学校的400米跑道时，我感到无比的满足。后来，受台风影响，天气不好。在一个下午，天空下着小雨，我却坚持跑下去，来参加暑期活动的学生都被我这家伙吓到了。新学期开始，我的内心似乎变得更强大，有一种说不出的力量，这种力量支撑着我敢于面对困难，并最终带给我收获。”他最后补充道：“未来的路还很长，但请相信，历经磨炼，最终我们一定可以成功抵达。”

播撒爱，乐奉献

生活在贫困家庭的杨凯玉很节俭，总会尽量帮家里省点钱。知道有个书店卖书一直打折，他就走十几二十分钟去那里买。一次，在路上等红绿灯时，一个穿着破旧的乞丐拿着碗向他乞讨。很少遇过这种情况的杨凯玉犹豫着要不要给钱，这时那乞丐却转身走向别人，一个中年男子爽快地从钱包里掏出五元钱给乞丐。杨凯玉羞愧极了，他也想明白了：虽然自己的家庭条件比不上别人，但我也应该力所能及帮助身边需要帮助的人。于是以后每次出门时，杨凯玉总会带上一些零钱。又一回去书店，在等红绿灯时，杨凯玉碰到了乞丐，他迅速地拿出两张一元纸币，小心翼翼地递给对方。那一刻，他的心中充满了快乐。这些事之后，他养成了帮助乞丐的习惯，同时也对自己进行了反思：一直以来，自己都只是顾着学习，没有想过关爱他人、帮助他人。他懂得了要做什么，于是开始行动。在家里他关心体贴父母，分担力所能及的家务。他的母亲有点儿健忘和粗心，杨凯玉就养成了这样的习惯：每天晚上睡觉前都要检查一遍门窗是否关好，电源是否关好煤气有没有关……在学校里，他极力配合老师的工作，认真负责地完成交代的任务，成为老师得力的小助手。他总是主动关心和帮助同学，赢得了同学们的喜欢。一次，有个同学打球时扭伤脚，杨凯玉立刻帮助送他去校医室，等把他送回课室才放心。后来这位同学请了几天假，他来校后杨凯玉主动去询问情况，帮助他补习落后的课程。平时班级组织回报社会的集体活动，杨凯玉也总是积极参与。在今年的“雷锋月”里，他参与了探望福利院老人和孩子、义务上山拾垃圾等活动，被班级评为“学雷锋标兵”。“我还会继续努力，传递自己对他人的关爱。”对此，杨凯玉如是说。

不断超越，给杨凯玉带来了许多名誉和赞美，而杨凯玉只是默默听着，做着自己该做的事。他希望凭着自己的坚持不懈，在未来的一天，能够到达梦想的彼岸。蒲公英已经起航，“风决定蒲公英飞舞的方向，我们决定着自己未来的方向。”

后记：现在，中国人民在为自己的“中国梦”而拼搏，杨凯玉亦在为自己的梦想努力。他的行为，体现出了社会主义核心价值观的精神。他的自强奋斗，体现了作为一个学生的敬业。对他人的关爱，是友善的表现。他的行为，一定会对建设一个美好的社会而起到推动作用。

映日荷花别样红

——记东莞市东莞中学学生杨忆萱

题记：『不懈追求，积极进取，做最好的自己。』这是东莞中学高一年级学生杨忆萱同学最喜欢的一句座右铭。从小学到现在，她一直都用这句话来激励自己不断进步，日臻完善。

杨忆萱同学性格开朗，品行优秀，勤奋好学，成绩优异，是一位品学兼优的好学生。她多才多艺，擅长写作、朗诵、主持、舞蹈，参加省、市、区各项比赛多次获得一、二、三等奖，是市里和学校的文艺骨干，先后被评为“东莞市优秀共青团员”“东莞市三好学生”，还是我市唯一荣获第十届“广东省宋庆龄奖学金”的中学生。

去年，她以优异的成绩考入广东省国家级示范性普通高中——东莞中学。这是一所具有深厚历史文化积淀的百年老校，创建于1902年，爱国将领蒋光鼐、学者容庚、工程院院士毛炳权和何镜堂、新浪网首任总裁王志东等均曾在此就读。东莞中学“对每一位学生的终身发展负责”的办学宗旨和“自主、和谐、共同发展”的办学理念让原本多才多艺的她更是如鱼得水，为她全面提升发展提供了更广阔的舞台。虽然进入我校就读还不到一年，她已是全校师生公认的品学兼优的学生代表。

孝老爱亲　乐于助人

杨忆萱同学的良好品行是从小就开始培养起来的。尽管是独生子女，家庭条件也比较优越，可她身上从来没有“骄娇”二气。爸爸是军人，妈妈是教师，严格良好的家教和温馨和谐的家庭氛围培养了她正直诚实、善良友爱、勤俭朴实的美好品格。

从小学开始，她就自己收拾用品，打扫卫生，整理房间，坚持自己的事情自己做，培养自理能力。妈妈工作忙，她就主动为妈妈分担如洗碗、择菜等力所能及的家务。她从小就懂得孝敬长辈，外婆患有白内障，视力不好，她就经常帮助外婆做事；每到周末，她都要牵着外婆的手，陪她去小区散步聊天，言谈举止透露出对长辈的孝敬和爱意。“老吾老以及人之老。”多年来，她还坚持每年不定期带领同学们到敬老院去看望老人，为他们送上水果和日常用品，还为老人们表演节目，与他们一起做游戏。作为九〇后女孩，能够做到这样有孝心、明事理，实属难能可贵。

在学校，她是乐于助人的典范。作为一名优秀共青团员，她始终用最高的标准来要求自己。她总是喜欢帮助他人，班里如果有同学在学习或生活上有什么困难，她就会想尽一切办法来帮助他。她每学期都主动提出帮扶班上两名学习能力稍弱的同学，与他们做朋友，一起学习，相互交流，帮助他们掌握学习方法，提高学习成绩。她真诚的品质和无私的精神，深受老师和同学们的赞许与好评。

勤学奋进　全面发展

杨忆萱同学很早就有着自己的奋斗目标，她不仅要求自己学习成绩优异，更要求自己做一个全面发展的人。为此，她一直勉励自己珍惜时间，不懈进取。

在学习上，她有强烈的求知欲和一丝不苟的学习态度，从小就养成了良好的学习习惯。她勤奋刻苦，善于思考，谦虚好问，努力培养科学的思维方式、全面分析问题和解决问题的能力。面对繁重的学习任务，她始终不畏艰苦，迎难而上，能很好地平衡参加各项课外活动和抓好课程学习的关系，充分利用时间，提高学习效率，在提升了综合素养的同时，又获得了优异的学习成绩。从小学、初中一直到高一，她文理兼优，每学年的考试成绩都在年级名列前茅。

“腹有诗书气自华。”杨忆萱同学并不满足于单一的课程学习，她热爱阅读，自小就养成了读书阅报的良好习惯，曾被评为“东莞市阅读之星”。从小学高年级起，她便开始广泛阅读各种题材的作品，既有散文小说，也有人物传记；有文学杂志，也有科技作品。这也为她拓展知识面、提高写作水平、提高人文素养奠定了良好的基础。

杨忆萱同学兴趣爱好广泛，通过老师的教导和自己的不断努力，她在写作、朗诵、主持、表演、舞蹈、体育等多方面都有特长，曾多次参加省、市、区各项比赛并获得优异成绩；她曾主持东莞电视台“教师节专场晚会”，受到领导和观众好评；她作为东莞市中学生代表参加“港粤青年学生交流活动”，以优雅的气质、出众的谈吐、卓越的才艺，展现了东莞中学生的文明、阳光、健康的形象；她擅长写作，曾荣获“我与我的祖国”广东省中小学生征文大赛省级二等奖、东莞市中小学生书信比赛一等奖第一名；她文采斐然、口才出众，有丰富的舞台经验和出色的主持能力，曾荣获东莞市中学生名篇佳作朗诵比赛一等奖、曾两次荣获东莞市中小学生演讲比赛一等奖；2012年和2014年，她先后担任了市团委主办的“东莞市中学生辩论赛”初赛、复赛、决赛多场比赛的主席，两次都被评为“东莞市中学生辩论赛优秀主持人”。

关心集体　热心公益

“一枝独秀不是春，百花齐放春满园。”杨忆萱同学认为，一个优秀的人总是来自优秀的集体，一个优秀的人总会为建设一个优秀的集体而奋斗。从小学、初中到高中，她一直担任班长。她工作主动负责，是学校和老师的得力助手，是同学的优秀榜样。她关心集体，甘于奉献，敢为人先，在班级建设中起到了良好的表率作用，是能够凝聚全班同学齐心协力的领头羊。

作为班长，她富有能力、恪尽职守、任劳任怨。凭着积极乐观的态度、热情诚恳的性格，她能如鱼得水地协调好班干部之间的工作，能和班上不同性格的同学和谐沟通，在向老师传达同学心声方面起到了纽带作用，在同学们当中拥有很高的威信。在平时的班级管理中，她全力配合班主任，发现班上有什么问题，她总会主动思考或与班委会干部一起商讨解决方法，并向老师提出解决方案，为班级管理和良好班风学风的形成作出了巨大贡献，为班级多次获得“先进文明班”立下了汗马功劳。

杨忆萱同学为人善良，富有爱心。一方面，因为从小就养成了勤俭节约的好习惯，她从不乱花钱、不与人攀比，每年的压岁钱、零花钱，她都会储存起来。另一方面，她热心公益活动，在扶贫助困等公益捐助活动中，她又毫不计较，格外大方，每年都要拿出自己储存的利是钱积极参与扶贫捐助活动。在校团委倡导的向贫困山区捐款活动中，作为班长，她精心制作课件，利用主题班会在班上积极发动同学，使班级所捐款项数额名列学校前列；汶川地震那年，她代表学校参加“母亲节特别行动”，组织学校同学参加“千人祝福”，主持了义卖活动，为汶川母亲献祝福，把善款捐给灾区的母亲们；初中三年，她先后几次远赴粤北山区参加“手拉手”助学活动，担任“爱心大使”，奉献一份爱心，给山区孩子捐助书籍和学习文具。

杨忆萱同学社会责任感强，热心参与社会实践和公益活动。每到寒暑假，她都会去东莞市图书馆担任志愿者，协助图书馆开展相关工作，尽管每次都要自己乘公交车来往，但她从来不曾有任何抱怨。她积极参加环保公益活动，宣传环保意识，并荣获“广东省环保小卫士”的荣誉称号。

后记：杨忆萱同学身上所表现出来的品德和精神，正是她自觉践行社会主义核心价值观的体现。她孝老爱亲，乐于助人；她自强奋进，追求卓越；她关心集体，热心公益……这些都是社会主义核心价值体系的具体内容。从她身上，我们看到了理想信念，看到了追求奋进，看到了精神美德。建设社会主义核心价值体系，要从青少年开始，杨忆萱的优秀成长事迹，或许能让我们从中得到启示。

自强自立、尊师孝顺的美德少年

——记肇庆四会市下布学校学生梁佩儿

题记：12岁的年龄，当大多数的孩子还在父母的怀里撒娇时，梁佩儿却失去了父母的疼爱，用稚嫩的肩膀为相依为命的爷爷奶奶挑起了生活的重担。梁佩儿说：『人不怕痛苦，只怕在痛苦中失去坚强；人不怕磨难，只怕在磨难中失去希望！』梁佩儿的故事带给我们的震撼和感动在继续着。在四会市百名校园之星评选中，小小年纪的佩儿获得了『自强自立之星』的称号。

飞来横祸，无妄之灾

今年12岁的梁佩儿，是四会市下布学校六（1）班的学生。她出生在四会市城中街道下布村一个代耕户的家庭里。她出生后不久，妈妈就离开了她，在她10岁时，爸爸又因病去世了，从此，她成了孤儿。突然的变故使她那原本就不美满的家庭支离破碎，一切都发生得那样突然，对于年幼的她而言，生活就以这样的面孔残酷地摆在她的面前。当时的她还不能完全懂得什么叫亲人的离去、什么叫伤心。但随着时间的流逝，她渐渐地懂得了这次变故带给她的是什么：她没有爸爸妈妈上学放学的接送，没有那些漂亮的衣服和丰富的食物，更没有可以亲昵的爸爸妈妈。她所拥有的只是与爷爷奶奶相依为命，只是过早地体会了生活的艰辛：忘不了爷爷奶奶插秧时累得腰都直不起来的情形；忘不了风湿病给年老体弱的爷爷带来的病痛的折磨；忘不了在菜地边临时搭建的又低矮又潮湿的小铁皮屋；忘不了奶奶起早贪黑在菜地里忙活的身影；更忘不了爷爷奶奶为她省吃俭用的场景……

百炼成钢，笑对生活

“泱泱海阔凭鱼跃，朗朗天高任鸟飞”，生活的压力没有压倒小佩儿，反而使她更加坚强。10岁的年龄，当大多数的孩子还在父母的怀里撒娇时，她却挑起了生活的重担，懂得自己的事情自己做，主动帮爷爷奶奶分担家务。早上，天还没亮，她就起床为下地种菜的爷爷、奶奶准备早饭；放学后，又匆匆地往家里赶，做饭、洗衣服、喂猪；中午，忙完家务后，她还会到田地里，为玉米、水稻、蔬菜除草施肥；晚上，见奶奶白天干活累了，就帮奶奶洗洗脚、捶捶背、洗洗衣服。去年暑假，爷爷由于年纪大了，在一次劳作中不幸摔伤了脚，不能下地里干活，奶奶又年老体弱。适逢地里的蔬菜成熟了，如果不及时收割，就会烂在地里。这可是奶奶辛辛苦苦的劳动成果，也是全家主要的经济来源！看着爷爷奶奶着急的样子，小佩儿更加心急。天还未亮，她就悄悄地来到菜地，将地里成熟的蔬菜摘下来，洗干净，捆成一扎一扎，放到箩筐里。为了能赶早到市场卖个好价钱，小佩儿顾不上吃早饭，挑起重重的两箩筐菜，马不停蹄地赶到菜市场，卖完菜后，已是上午十点多，虽然早已饿得饥肠辘辘，可是佩儿舍不得在市场买个包子充饥，回到家里放下担子，才有时间吃上一口热饭。看着狼吞虎咽的小孙女，爷爷奶奶既心疼又欣慰，村子里的叔叔阿姨们更是竖起大拇指，称赞她是一个年少懂事、自强自立的好孩子。从此，外表柔弱的小佩儿就成了家里的好帮手，更成了爷爷奶奶的贴心人。

自强不息，奋斗不止

在学校，梁佩儿同学是一个听话、学习成绩优良的好学生，她从不迟到、早退。平时在课堂上留心听讲、认真思考，积极回答老师提出的问题；课后认真完成作业。她活泼开朗、阳光、乐于助人，积极参加班级活动，与其他班干部团结合作，主动为班级服务。每年“六一”儿童节、校运会，她都会组织同学排练节目，参加学校的各项比赛。在平常的清洁劳动中，她总是挑最脏的活干，受到老师的表扬和同学们的喜爱。虽然她家庭经济困难，但她却有一颗助人为乐的心。在“红领巾爱心基金”捐款活动中，她第一个捐出了自己平时舍不得花的零用钱。上学期，学校有一个学生摔断了脚，要到佛山住院做手术，手术治疗费要几万块。但是这个同学家里经济比较困难，一下子凑不了这么多钱。学校了解后就发动全体师生为这个同学捐款。梁佩儿同学不仅自己积极捐款，还发动全班同学踊跃捐款，她所在的班在她的影响下，成为全校捐款速度最快、捐款数额最多的班级。该同学出院在家休养时，由于功课跟不上，心里很焦急，梁佩儿同学得知后，又与几位同学利用休息时间，经常到该同学家里，一边谈心开解，一边帮她补习功课，使她顺利地调养好身体重返校园。由于梁佩儿同学各方面表现积极，学习成绩优秀，每学期都被评为学校的优秀少先队员。今年在四会市百名校园之星评选过程中，她被评为“自强自立之星”。小佩儿依然稚嫩，依然存在不少缺点，但面对未来，她比以前更乐观、更自信，她会更加努力，也坚信自己的未来将更加精彩。生活是坎坷的，但生活又总是充满希望的，“微冷山头斜照却相迎”。她经常警告自己：不要畏惧暂时的困难，“莫听穿林打叶声”，坦然前行，总会迎来灿烂的明天的。

小佩儿是一个不幸的人，从小就要面临着生活的艰辛；她也是一个幸运的人，因为她从苦难中找到了成功的阶梯。她是一个自强不息的人，面对家庭的变故，面对生活的艰辛，她不是一味地抱怨，而是积极地改造生活、享受生活；面对困难和挫折，她从不轻言放弃，以坚强的意志、坚忍不拔的毅力铸造了一条通向成功的阶梯，并沿着阶梯逐步攀登而上。“天空不留下鸟的痕迹，但我已飞过。”她始终在努力地奋斗着，在她的字典里没有“言败”“放弃”的字眼，她乐观、坚持，所以更自信、快乐。小佩儿的生活很清贫，但是她总会在平凡中扬起风帆，笑看生活，接受挑战。正是她的乐观与勇气，让她一步步走到了今天。

后记：命运虽然没有眷顾梁佩儿，让她本应天真快乐的童年经受了太多的不幸与磨难，但命运之神并没有抛弃她，从小就苦其心志、劳其筋骨，让她将来能担当大任。正如她自己所说的一样：人不怕痛苦，只怕在痛苦中失去坚强；人不怕磨难，只怕在磨难中失去希望。我们相信，在艰苦环境中渐渐长大的小佩儿今后能够将自己奋发图强、自强自立的精神发扬光大，进一步磨炼自己的意志，更加努力学习科学文化知识，将来为建设祖国、振兴中华作出自己应有的贡献！

我的中国梦，我的音乐梦

——记潮州市绵德小学学生翁凯莉

题记：小凯莉人生的梦想是当一名作曲家，这个10岁的小女孩为了实现自己的梦想不断地努力、不断地追求，付出了辛勤的汗水，也收获了丰硕的成果。

翁凯莉，潮州市绵德小学五年级（3）班学生，今年10岁，是一位天真活泼、聪明伶俐，有梦想、有抱负，敢追求，热爱音乐的小女孩。2014年7月，翁凯莉终于实现了自己的一个梦想——她的童心歌（乐）曲专辑《我的童年和妈妈》将由世界图书出版社出版发行，这是这个音乐天才小女孩近三年来对音乐、对自己梦想的执着追求历程的结晶。

童心音乐会

6月份的一个上午，潮州市奎元老街老年大学五层艺术楼内张灯结彩、人声喧哗，节日气氛十分浓郁。室内小舞台中间摆着一台闪闪发亮的钢琴，横幅上写着几个醒目的大字：《我的童年和妈妈》——翁凯莉童心歌（乐）曲专辑音乐会。当小凯莉穿着绵德小学校服兴高采烈上场时，全场响起了雷鸣般的掌声。小凯莉走到钢琴旁，向全场的爷爷、奶奶、叔叔、阿姨鞠了一躬，带着甜甜的笑容开始了她的演奏。她演奏的第一个钢琴曲就是《我的童年和妈妈》，这是小凯莉在学习理查德•克莱德曼的钢琴曲《童年的回忆》一曲时，将部分旋律根据自己的生活实际进行了再创造……孩子的想象力是那么的丰富，孩子的演奏情感是那么的动人。她连续地演奏了《农家鸡群》《广济城楼放风筝》《凤凰瀑布群》《潮州高铁开通了》等12首曲目，都是根据克列门第、莫扎特、拉可夫、库劳等名人金曲进行自身的联想改编的，向观众捧出了一颗热爱家乡山水、热爱故土名胜、热爱父老乡亲的赤诚的童心……飞扬的旋律感人肺腑，把爷爷、奶奶、叔叔、阿姨带回了美好的童年，大家在潮州这片古老的土地上，尽情歌唱、欢快舞蹈，在“上水门城楼”放风筝，在韩江边玩耍……

童心绘名曲

翁凯莉在导师广东省韩山师范学院音乐系退休老教授陈安宁先生的精心指导下，用心感悟音乐的美，用心去欣赏音乐的美，用灵性去谱写、创造美的旋律。

创办于1945年的绵德小学是潮州市的一所品牌学校，具有浓郁的文化氛围。近年来，学校努力为学生创建“精神大花园”“天性花园”“绿色的花园”，小凯莉就是在这充满阳光的校园中快乐地成长，她爱唱、爱动、爱写，爱画……她的导师也抓住孩子的这一天性去诱导和感染孩子，让孩子在自由想象的天空中像鸟儿一样尽情地飞翔，用童心构建美的旋律。

在指导小凯莉学习欧洲钢琴名曲的过程中，陈教授总是让孩子弹奏、想象，想象、弹奏，反反复复交织于一体，让孩子在学习钢琴演奏技法的同时感悟自身设定的特定意境；指导孩子用最简易的增时与减时的方法沿着自己设定的目标将旋律进行改编，尽量向着孩子自己设定的目标靠近；做到了抓住名曲学习的某点经过反复成段，抓住名曲学习某段自由想象改编，适当裁剪成章。在陈安宁教授潜移默化的诱导下，小凯莉不知不觉进入到童心智能作曲的殿堂。她弹奏狄亚贝里的《回旋曲》时，脑海里出现的是《我和我的小狗》；她弹奏车尔尼599的75条时，脑海出现的是《风车呼呼转》；她弹奏哈农第37条时，孩子脑海出现的是《斗鸡》；她弹奏巴赫创意曲第一条时，脑海出现的是《童心梦游欢乐谷》；她弹奏克莱门蒂的《小奏鸣曲》时，脑海里出现的是《玩童•麦哨》……在陈安宁教授谆谆诱导下，不断演奏、不断想象、不断修改，逐步地形成了孩子习惯性的创作思维，一年内完成38篇西方名曲之东方童心自由想象的钢琴小品的童心化整合组编乐曲。为了让孩子尽快掌握钢琴编配和声乐规律，陈爷爷专门为孩子编写了记忆口诀："三个六个小蝌蚪，学着螃蟹朝前走，五个八个小蝌蚪不能携手朝前走"，慢慢让孩子在自己幼小的心灵里树立正确的和声概念。小凯莉在名曲学习的基础上为小学音乐课本中的《可爱的蓝精灵》《读书郎》《小小少年》《歌声与微笑》《让我们荡起双桨》《大海啊故乡》等30多首歌曲编配了钢琴伴奏，为自己的独立创作奠定了坚实的基础。

小荷初露

美丽的古城潮州是小凯莉心中"明媚的春天"，到处是花蕾绽放，到处是绿色覆盖，到处是鲜花烂漫。小凯莉牢记陈教授的一句话，那就是"奇留四转，转留四潮，延潮入终"。"奇"，指的是抓住一个奇妙的有个性的音乐主题；"留四"，指的是在写作中将这个主题留四次，旋律可相同但每个结尾音要有不同；"转"，指的是将捕捉到音乐主题加以发展衍生出新的旋律又再留四次，每次的结尾音或结尾的几个音要有变化，要有所不同；"潮"指的是歌曲的高潮；"延潮"，指的是将歌曲的高潮延长；"入终"指的是在写作中将歌曲转入终止，也就是将高潮延长后就要立即将歌曲转入终止。孩子在这种速成理念框架下兴趣很浓，很有自信，收效特别明显。两年多来，她独立创作并编配钢琴伴奏的儿童歌曲有：《北京去看胡爷爷》《当年的延安娃》《星星爸爸月亮妈妈》《天海湾》《爸爸啊妈妈》等40多首。特别值得一提的是小凯莉在潮州市人民政府编写的一本精装巨著中找到了潮州市银饰厂吴泽长爷爷（广东省工艺美术一级大师）设计的金银饰品《双龙戏珠》。她把双龙戏珠的活泼动态、金银饰品的整体浮雕分成了三个切入点即：双龙喜相对、双龙喜戏珠、双龙含珠睡；

根据这三个创作分点，将自己弹过的所有钢琴曲进行整体回顾，在不同的曲目中选择能表述这三个分点的节奏型，能体现着三个分点的旋律动态；经过自己反复地实践演奏，多次的补充修改，在导师的指导下终于完成了属于小凯莉自己创作的第一首钢琴独奏曲《双龙戏珠》。

后记：小凯莉人生的梦想是当一名作曲家，这个10岁的小女孩为了实现自己的梦想不断地努力、不断地追求，付出了辛勤的汗水，也收获了丰硕的成果。她就像祖国大花园中一朵悄然绽放的花蕾，在阳光、雨露中幸福成长。

『我要上学』

——记惠州市第十六小学学生邹传琦

题记：『我想上学，喜欢上学。』这是邹传琦的口头禅，为了这口头禅他也付出了相当大的努力，因为热爱学校，也因为坚持。

在惠州市第十六小学的校园里，人们会时常看到一个特别的学生，他不能独立行走，要么被人搀扶着牵着走；要么是双手攀附着楼梯扶手，一步一步慢慢走；要么是一只手扶着墙，用上身带动下肢蹒跚摇摆着走。他就是穿着统一定制的校服、说起话来慢条斯理、脸上总挂着灿烂的笑容却身患重病——重度脑瘫，就读四（2）班的学生——邹传琦同学。

2002年邹传琦出生时，就被有经验的专家一槌定音：这个孩子将来不一定会走路，绝对不会跑、不会跳，是个重度双下肢截瘫的脑瘫患儿——一级肢残……接下来的六七年时间，父母带着邹传琦转战南北：惠东、广州、佛山、东莞、北京、内蒙古、黑龙江……只要有人说哪里治疗效果好，他们就去哪里。

在康复治疗的日子里，为了锻炼肌力，邹传琦承受着难以想象的运动量，每天要做500个蹲起、300个仰卧起坐，15层楼房的楼梯上下两趟……每次难以忍受时，他会说："我很累，但我要坚持！"

几年下来，邹传琦的幼儿园的启蒙教育完全给耽误了。

2010年9月，父母抱着试一试的心态，带着已经是8周岁但大字不识几个的邹传琦，来到了惠州市第十六小学。对于一个生活完全不能自理，不会握笔写字、不会走路、无法独自上厕所的学生，惠州市第十六小学能接受吗？几乎所有知情的人都在怀疑，但惠州市第十六小学敞开怀抱，接纳了他。班主任朱老师细致地安排了同学帮邹传琦打早餐，还安排同学扶他去上厕所。生活上，老师教导同学们要多多帮助、照顾邹传琦；学习上，老师从一笔一画开始教起……邹传琦一步一步走了下来，在他的刻苦努力和老师家长的帮助下，第一学期考试语文98分、数学99分，第二学期语文97分、数学100分名列全班第二名，受到了老师和学校的好评。

但在接下来的学习中，邹传琦由于身体的原因造成了他写字慢、反应慢，带给了他学习上相当大的障碍。他的手部精细动作完成吃力，写字速度很慢，别人写三个字，他才能写了一个字。尽管每天的作业不多，但为了完成作业，他经常晚上十一点多才上床睡觉。可是，第二天早上7点钟不到就要起床，接受按摩放松治疗，不这样坚持，他的肌肉会很快萎缩、僵硬、坏死掉。邹传琦自己身上、腿因为做高强度按摩治疗，留下了许多搓伤的伤痕，经常是旧疤未好又添新伤。尽管这么辛苦，但他仍是要坚持上学，哪怕在学校时常被同学碰着而摔跤，有时甚至摔得头破血流。为此，家长曾几次试图对他说："邹传琦，上学这么辛苦，咱不上学了吧！"但每次他都会眼里噙着泪花，语气却十分坚定地说："不！我要上学，我一定要上学！"在他看来，在学校的时光是他最开心的时候，因为老师和同学都对他很好，而且可以学到很多东西。"我想上学，喜欢上学。"这是邹传琦的口头禅，为了这口头禅他也付出了相当大的努力，因为热爱学校，也因为坚持，如今的邹传琦，由刚上学时还需要妈妈搀扶着上下楼梯，发展为他自己扶着楼梯扶手，一步一步地爬上四楼、五楼，也能扶着墙壁自己去上厕所。

“我不能跑步，但是很多事情，别的同学能做到的，我也能做到。”对于大家的疑问，邹传琦用自己的努力给出了答案。上课时，他努力听讲，认真做笔记，老师提问他也会积极举手回答；回家后，他会把在课堂上学的内容在妈妈的帮助下再学习一遍……

只要天气好的话，每天下午放学后，邹传琦总是要求妈妈牵着他慢慢走着回家，他说这是为了让他的腿脚多多活动，以免腿脚活动少了，出现萎缩，因为他知道：他有两个比他还小的病友已经去世了……所以他得努力活着。虽然回家的路只有一千多米远，正常的孩子连蹦带跳一小会就能走完，但邹传琦每次回到家都会累得脸色发青、眼圈发黑，浑身大汗淋漓。他穿的鞋头全都贴上厚厚的橡胶皮，尽管如此，他的鞋子还是平均两三天就必须去修理店再贴上一层皮，经常是一双鞋子的修理费贵过了买鞋的钱，因为他走路是抬不起大腿，几乎是脚尖在地上拖着行走，但他还坚持着要走！

今天的邹传琦性格非常开朗，有一股少年不知愁滋味的劲头！看到同学、老师都能主动问好，笑脸示人；如果有哪位同学的笔、本子、纸没带或是用完了，他都很乐意帮助同学；在学校的集体活动中，他为了班集体的荣誉，摇旗呐喊，虽然他不能自己亲身上阵；他还教同学怎样系红领巾……虽然他对大家的回馈小于大家对他的帮助，但也体现了他的一颗热爱集体之心！

为了身体的康复，邹传琦经过了四年的暑假游泳训练，现在已经能自己在泳池中轻松游泳了。从最开始的怕水，到享受游泳，这对于一个重度残疾的孩子来说已经是很不简单了。享受游泳的邹传琦像一条调皮的小蛟龙，似乎从未感觉到与别的孩子有什么不同。

为了锻炼自己的双手，邹传琦主动要求去学琴，学琴的枯燥仿佛也让他陶醉。希望他今后的生活也像他指尖的音符叮叮咚咚、悦耳动听，跳跃起来！

自信、不怕困难。在校园里，由于教室在楼上，他的腿脚不方便，上下楼梯困难，虽然满头大汗，可是他从没有喊过一声苦、一声累，坚持自己的事情自己做；当得到同学老师的帮助后，从不会忘记说一声：“谢谢！”他成长的道路是坎坷的，付出的要比正常孩子多出几倍甚至几十倍。由于外表和正常孩子不同，在与小朋友之间关系相处上带来很大困难，他曾多次遭受别人的嘲笑和歧视，可是他仍然每天带着阳光、灿烂的笑容对待每个人。

只有内心强大，才是真正的强大。这个年仅12岁的少年，就像一株坚韧的向日葵。靠近他，总是被他灿烂的笑容和乐观精神所感染。说到做按摩时，他很大方地让你捏他僵硬的大腿，然后展示各种按摩手法，并露出八颗牙齿秀出了自己的肱二头肌；说到写字困难时，他毫不介意在你的本上写下自己的名字；说到经常摔跤时，他坚定地回答“我能自己站起来”……命运的曲折似乎只能够将他磨砺得更加坚强。

“梅花香自苦寒来。”四年的艰辛，一路走来，邹传琦的进步，大家都有目共睹：文化知识学到了不少，运动功能也得到了一定的改善。但伴随着年级的增长、知识层面的加深，摆在他面前的困难会越来越大。“现在的考试，传琦有点吃力了。”班主任朱军红老师说，“很多题目他会做，但是在规定时间内总是写不完，尤其是作文。”

不幸的邹传琦，却有幸地生活在惠州市第十六小学这个团结、和谐、充满爱心的大家庭中，老师和同学的帮助是支持他前行的力量。

后记：逆光中前进的孩子，成长中无数的烦恼会纠缠着你，希望你能勇敢地面对、克服，让自己能在逆光中飞翔起来！

志愿奉献的阳光女孩

——记江门恩平市恩城第一小学学生梁煦琳

题记：『金子是最纯美的，但比金子更美的是人的心灵。』这是梁煦琳同学写在房间书桌上的一句话。这句简单的话语时刻提醒着她：要做一个乐于奉献的阳光女孩。梁煦琳同学有一颗洁白无瑕、善良真诚的心灵，她心地善良、追求纯真、无私无邪。在家里，关心亲人的冷暖，经常帮助爸爸妈妈做一些力所能及的家务活，让亲情其乐融融；对待邻里，她文明礼貌，与人为善，深得邻里喜爱；在学校，她有一颗真诚的爱心。对于困难同学，她总是乐于伸出援助的小手，助人为乐，真诚奉献；对于学习上的后进生，她也是及时给予力所能及的帮助，从不计较个人的得失；对于博大复杂的世界，她有一颗天真的童心，小小心灵装满了追求真、善、美的理念。

梁煦琳同学是恩平市恩城第一小学四（2）班的班长和学校“红领巾爱心志愿队”的队长，她品学兼优、关爱老人、勤俭节约、乐于助人、关心集体。一直以来，她以高尚的品德、优异的学习成绩、全面发展的综合素质，成为同学们学习的榜样。

热心助人的小伙伴

梁煦琳同学有一颗金子般的心灵，她善良、真诚、纯真、有礼。在学校，她关心集体，积极协助老师做力所能及的班务工作，是老师最信得过的助手，更是同学们学习的榜样。凡是有同学在学习和生活中遇到困难，她都热心相助。课外时间，她是班里最忙的一个，如果同学问作业，她总是耐心地解答，因此被老师和同学称赞为最受欢迎“小老师”。她经常对同学说：“弯弯腰，就能把迷路的垃圾送回它的家。”在校园里，我们经常见到她随手捡起地上的落叶、纸屑。每次学校组织的献爱心活动，她都积极参与，无私奉献。在家里，她经常抢着做家务，还经常帮忙照看表弟。对待邻里，她文明有礼，与人为善，是最受大家欢迎的小伙伴。去年“六一”节那天，她把自己在冯如广场辛辛苦苦赢回的奖品送给了她们班当时没能赢得奖品的远浩同学；在一次大课间活动中，她们班的浩辉同学打篮球的时候扭伤了脚，其他同学都跑开了，只有梁煦琳同学留下来安慰他，扶他到校医室……

关爱老人的小天使

住在一小职工宿舍楼的退休教师郑彩秀是一位孤寡老人，两年前，她因一场大病导致双腿不灵便，生活起居很不方便。身为学校“红领巾爱心志愿队”队长的梁煦琳同学了解情况后，马上组织爱心志愿队的志愿者利用每天的课余时间深入到郑彩秀老师家里开展爱心帮扶、义务家政活动，还设立了“小护士护理组”和“家务料理组”，专门负责跟踪照顾郑老师，她自己还自告奋勇当“小护士护理组”的组长。每当郑老师生病，梁煦琳同学都及时向校医汇报，让她及时得到医治。到了教师节、重阳节等节日，她还用自己的零花钱给郑老师买节日礼物。就这样，她们两年如一日，一直无微不至、风雨不改、从未间断地照顾郑老师。去年年末，郑老师突然旧病复发，卧床不起。梁煦琳同学在每一天的课余时间和周末都带着两位爱心志愿者到郑老师家去，为她打扫房间、换洗衣服、扶她上厕所，为她煮饭、煲药，还一口一口地喂她吃……有时候看到郑老师窝在床上，情绪很低落，梁煦琳同学就像亲孙女一样陪在她的床前，给她讲故事、唱歌，逗她开心。在她们一连30多天的悉心照料下，郑老师逐渐康复，性格也开朗了许多。从那时候起，我们经常可以看到动人的一幕——郑老师一手拄着拐杖，一手搭在梁煦琳的肩膀上在操场散步。她逢人便说："这是我的好孙女。"这一幕也成了恩城一小一道最美的风景线。

关心集体的小主人

她关心集体，对于集体的荣誉她倍加爱护，凡是集体活动，都有她快乐的身影。上学期，恩平市团委在恩城一小分校举行恩平市中小学团队工作现场会议暨恩城一小新队员入队仪式，为了筹备这项工作，学校大队委的成员连续两周都到分校训练。梁煦琳同学为了把授旗的动作练得更熟练、更规范，每天一回到家就拿着一根竹子当旗杆来训练，有时候一练就是几小时。她就是这样一个不怕苦不怕累的同学，脏活、累活也总是抢在先，无论多艰巨的劳动任务，她都能够出色地完成。每到她值日的那一天，她总是第一个回到学校，拿着比她高出许多的竹扫把扫操场，然后拖洗地板、摆桌子……对于学校安排的劳动任务，她不但自己肯干，还表现出极强的组织能力和号召力。她经常说："我是组长，就应该带头苦干，不应该当逃兵。"

爱好广泛的小明星

她热爱生活、活泼好动，爱好广泛，是学校的文娱活动积极分子。她爱跳舞、爱弹琴、爱游泳、爱阅读，每学期都参加学校的舞蹈兴趣小组，寒暑假还会到艺术中心学习舞蹈和弹钢琴。在舞台上，她就是一个小精灵，尽情、投入、自信。她多次参与校内外组织的各项文娱表演或比赛，成绩优秀。2010年参加恩平市明远幼教集团家庭才艺比赛获一等奖；2011年参加恩平市"蓝鹰杯"钢琴比赛获三等奖；2012年参加珠中江民歌大赛获二等奖；2014年代表学校参加恩平市歌舞诗比赛获一等奖。身为一名班干部，她利用节假日和课余时间积极参加学校开展的有意义的社会实践活动。她每次都协助老师带领队员们到多个不同的场所进行实践活动，学会了许多课本以外的知识。在2013年恩平市班级文化评比中，她为班级的文化建设积极捐书、捐物，积极参与文化的设计，当老师的好帮手；她还作为主持人向大家介绍本班的班级文化，既展示了个人风采，又展现了该班独特的班级文化氛围，她们班的班级文化建设也获得了恩平市的二等奖。

成绩优异的小书迷

她学习勤奋努力，积极进取，从不在难题面前低头，在知识的海洋里，她是一个快乐的畅游者。她的学习成绩一直都名列前茅。她有科学的学习方法和良好的学习态度，每天都能独立、认真、按时地完成当天的作业。课堂上的她思维活跃，积极举手发言，课堂下能按照老师的要求认真做好课前预习和课后复习。她很喜欢阅读，一有空就读书，一看到喜欢的书就爱不释手。从童话故事到自然科学到有关动物的书籍，她都读得津津有味。广泛的阅读开阔了她的视野，也提高了她的写作水平。她每次参加学校的美术、写字、朗诵、征文、歌手比赛和学期考试均获学校的奖励。2014年，她参加恩平市四年级阅读竞赛荣获全市一等奖，征文《爷爷的生日晚宴》《三字经伴我成长》分别获学校的一二等奖，《爷爷的生日晚宴》还在《恩平风采》发表。在她的带动下，班上的同学都非常努力上进，她所在的班级的学习成绩一直名列全级前茅。她因此也获得了很多的荣誉：连续四年被学校评为“文明学生”“优秀队干部”“优秀少先队员”。面对成绩和荣誉，她从不骄傲，令老师和同学都刮目相看！

后记：梁煦琳同学活泼开朗，能乐观地面对学习和生活，具有良好的心理素质和适应能力。她以全面发展的素质、认真负责的工作态度和热心助人的好品格，赢得了大家的好评。她是我们心中的榜样，是我们心中可爱的阳光女孩！

自强，点亮心灯

——记深圳市宝安实验学校学生郑小可

题记：『命运无法改变，但人生可以重写。』妈妈的话一直影响着她，她不断克服困难、战胜自我。她坚信：眼睛看不见太阳，但是只要心里充满阳光，奇迹一定会出现。

灿烂的笑容，动听的歌声，流畅的钢琴曲，在这个12岁的女孩身上，我们看到的是和同龄人一样的活泼、快乐，甚至有比同龄人更多的阳光、自信。然而，12年来，她一直生活在黑暗之中，双目失明的痛苦没有让她沉沦，反而令她更加自强。她就是宝安实验学校六（3）班学生——郑小可。

宝安实验学校是一个创造奇迹的地方，在这里，两百多名教职员工勤勉工作，精心培养“健康、文明、上进、博爱”全面发展的学生，“为成功的人生铺路，为幸福的人生奠基”。小可幸运地进入这所学校随班就读。六年来，经过老师的辛勤教育，她养成了良好的习惯，获得了终身受益的知识；通过参加学校开展的各项活动，她展示了自己的特长，学会了承担和感恩，成长为一个开朗自信、阳光大气的女孩。

困难，锻造坚强

她患有早产儿视网膜病变，出生一个多月就双目失明。一个眼睛看不见的孩子随班就读，可想而知要遇到多少困难。美术课上，同学们画画，她不知道画的是什么；体育课上，同学们运动，她没办法跟着训练；信息课上，同学们操作，她只能坐在一旁；课间游戏，她不能参与，静静地坐在一旁，体会不到游戏的快乐……看不到老师的板书，看不到生动的课件，看不到多彩的课本，所有的一切，完全要靠耳朵听记。低年级学习的知识简单，她靠听能记住上课的内容，可是随着学习知识内容的增多，她不能完全记住，尤其是随着知识的加深，理解分析能力跟不上，她变得烦躁不安，特别敏感自卑。

身为小学语文教师的妈妈为自己的孩子感到十分痛心，只能想方设法帮助她。看不到课本，妈妈就教她学习盲文。开始，她不愿意自己的课本与别的同学不一样，对摸读盲文书十分抗拒，妈妈只好在书上贴上盲点圆片。后来，学习的内容多了，她不得不学习盲文摸读和盲文书写。妈妈不会，学校允许她请假到广州盲校、元平特校请教专业老师；没有盲文英语书，老师同学帮着打印。整整六年，老师和同学帮着打印了厚厚一大叠的盲文英语书。在老师和同学的帮助下，经过自己的努力，她学会了盲文摸读和书写，跟着同学们一起学习。她不但英语讲得很流利，而且可以独立阅读课文……

带着老师和同学们浓浓的爱，她克服了一个又一个的困难，和同学们一同前行在求知路上，快乐地收获着！

特长，滋养自信

由于受视觉的影响，在求学的路上，她走得很艰难。眼睛看不见，她的阅读范围和阅读速度受到很大的影响，课外阅读没有相应的盲文书，她无法和同学一起交流分享。没有形象思维，数感能力差，她学习数学特别困难，学习上的挫折让她的情绪特别暴躁，人也变得敏感自卑。

为了让她走出自卑的阴影，妈妈发挥她在音乐方面的特长，请老师教她学弹钢琴、吹葫芦丝、拉小提琴、唱歌。渐渐地，她对自己有了信心，大家又能听到她爽朗的笑声，看见她欢快的身影。老师也及时发现了她的特长，鼓励她参加各项活动。她的语感很好，老师经常让她示范朗读课文，字正腔圆、抑扬顿挫，常常令同学佩服；英语单词拼写比赛，她的记忆力好、反应快，常常得到同学们的掌声；她的语言模仿能力好，讲故事绘声绘色，科技节演讲比赛情感充沛，常常吸引着同学；由于对英语的特别喜爱，她喜欢给电影配音，积极参与英语节英语歌曲比赛；对于音乐的敏感，让她钟爱于艺术节的“校园歌手”比赛、“钢琴之星”比赛……

特长让她找到了自信，她越来越主动地参与学校各项活动。“故事大王”展示台上，有她的声音；英语节汇报表演中，有她的歌声；大班会才艺展示上，有她的琴声；体育节开幕式方阵队上，有她的身影。她参加2013年第三届深圳钢琴公开赛，获得“业余小组二组”第五名；参加2013年第四届中国少年儿童艺术节小演奏家全国总决赛，获得钢琴D组金奖；参加2014年“鹏城中小学校园春晚”，获得优秀演员称号……

她获得了更多的展示平台，也得到了同学的认可，获得了同学的友爱，更加融入了集体之中。她面对困境永不放弃的精神，感动了很多人，也得到了社会的关爱。

阅读，生成智慧

书籍是心灵的窗户，为了增强她内心的正能量，无论是妈妈还是老师，都特别重视她的课外阅读。每天，妈妈拖着疲倦的身躯，坚持为她读书，有时，读着读着就睡着了。她明白妈妈的辛苦，自己要求从深圳市图书馆借来盲文《读者》摸读，她还学会自己下载电子书听读；老师在班级开展“同读一本书”活动，她积极参加、踊跃分享。广泛的阅读，不仅开拓了她的视野，还陶冶了她的性情，让她的心灵更加明亮！《爱丽丝漫游奇境记》《尼尔斯骑鹅旅行记》《永远讲不完的童话》让她喜欢上幻想；《狼王梦》《小狐狸买手套》《荒野的呼唤》让她感受到动物间的真情；《鲁滨孙漂流记》《汤姆•索亚历险记》和《蓝色的海豚岛》给她勇敢；《假如给我三天光明》《五体不满足》和《名人传》给她自信。渐渐地，她由一个固执任性、胆小自卑、不善表达的女孩变成了一个阳光自信、乐观向上、兴趣广泛的女孩。

随着阅读书籍的增多，她的知识面越来越广，积累也越来越多。小学六年期间，她先后在校报《拿云少年》、全国杂志《多彩校园》以及《盲童文学》中发表习作；2011年、2013年分别两次获得深圳童话节童话故事创作大赛银奖。

她的自强不息感动了大家。2014年4月9日，《深圳特区报》刊登她自强不息的报道《我能听到它们的颜色》。2014年6月，她被评为宝安区“阳光少年”。2014年6月，学校推荐她参加宝安电视台的“七彩年华”专题教育片的拍摄。

感恩，丰富心灵

正是老师们辛勤的教育，同学们不断的鼓励，她对自己越来越有信心，独立生活能力也越来越强：从依赖父母、不能独立行走，慢慢地，胆子大了，走出封闭的自我，接受同学的帮助，和同学上学放学，自己独自乘坐电梯。在接受老师的关爱、同学的友爱的同时，她也渐渐地学会了帮助别人，为地震灾区、贫困山区、身患重病的同学捐款，用自己的琴声歌声带给别人快乐。她也学会了感恩，她坚持每天练琴两小时，坚持每天唱歌。小学毕业前夕，她在学校五楼剧场举办感恩音乐会，用琴声和歌声来表达自己对母校的感恩，对老师的感恩，对同学的感恩。

后记：因为感恩，世界才会美丽；因为感恩，我们的心灵才会变得丰富而美好；因为感恩，我们的生活才会变得更精彩。希望她在成长的路上，勇敢面对困难，勇于承担责任，更加自立自强，学会与人交往，心怀一颗感恩的心，阳光快乐每一天！

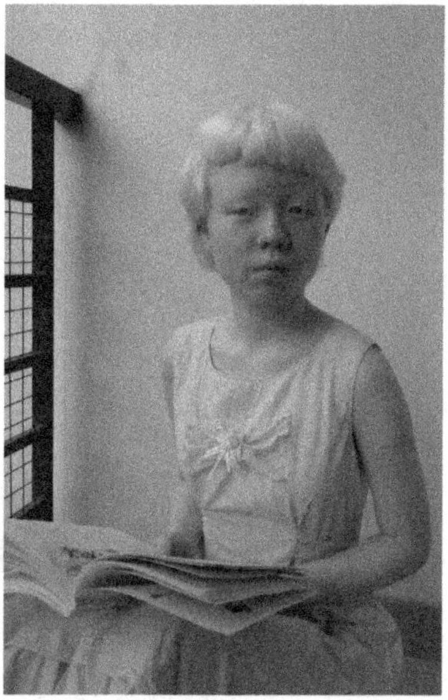

梦在心中，路在脚下

——记深圳市福田区竹园小学学生王新月

题记：『每个人都有自己的梦想，在实现梦想的途中也总会遇到许多挫折，但是只要你有坚定执着的信念，并付出坚持不懈的努力，梦想就一定能实现。』这是王新月同学说过的话，是她的生活信念，也是她自强奋斗的真实写照。

在深圳市红荔西路与农林路交汇处的西北角，有一所环境优美的国际生态学校，叫竹园小学。如果你来到这里，可能会发现一个“与众不同”的学生，说她与众不同是因为她的头发、皮肤都是白色的。她是一名白化病患者，叫王新月，是这所学校五年级二班的学生，她有着与其他学生不一样的成长历程。

命运多舛，路在何方

2003年1月10日，王新月降生了，刚一出世就被确诊为单纯性白化病（一种隐性遗传病）患者。由于身体不产生黑色素，全身的毛发、皮肤都是白色的；强烈的阳光会灼伤她的皮肤，令她睁不开眼睛；最大的问题是视力低弱，双眼视力分别为0.03与0.04。2006年经医学鉴定，她被确定为二级残障人士。对于白化病的治疗目前仅停留在实验研究阶段，还没有临床治愈的先例。

冬去春来，新月渐渐地长大，渐渐懂事。上幼儿园后的一天，她回家后哭着对妈妈说：“妈妈，我为什么跟别的小朋友不一样啊？他们都笑话我，我不想要白头发。”妈妈为她擦去泪水，安慰她说：“这是上天给你的特殊礼物，我们没办法选择，笑话你的人都是没礼貌的，老师会批评他们。”对于新月，父母只是期盼她尽量跟正常的孩子一样，多接受一些学校教育，成长为一个心理健康的人。新月入读小学之初，父母与老师交流时表示：希望她在学校有一个舒心的环境，同学们不歧视、不欺负她，不要在她生命的历程中过早地涂抹上痛苦的色彩。

父母的担忧不是多余的。新月入学后，由于同学们不了解情况，害怕白化病传染，没有人愿意跟她接近；由于她的外貌特征，同学们给她起了不少的绰号——“白发苍苍老爷爷”“白骨精”“圣诞老人”等等；个别同学还捉弄、刁难她。如此境遇，成人尚且痛苦，让一个刚走出幼儿园的孩子情何以堪？这时候班主任老师给了她莫大的帮助。老师跟同学们解释她的病症是不传染的，让同学们尊重她、爱护她……境况渐渐有所改观，但她还是感受到了同学与她之间的距离。

缩短与同学间的距离，与同学们正常地交往，得到同学们的尊重，是她最大的心愿，也是她最初的梦想。

披荆斩棘，奋勇前行

“你如果想让别人尊重你，你就要值得别人尊重。”这是王新月的话语。怎样才能值得别人尊重呢？她想了很多，最后意识到：作为一名学生，首要的事情就是好好学习，取得优秀的成绩。当自己的学习成绩比同学们好的时候，也许就不会被歧视了。

说到学习，她面临的首要问题就是看不清老师的板书和大屏幕上的字。尽管出于照顾，老师安排她坐在了教室的第一排，但还是很难看清黑板上的板书，看不清大屏幕上的字。所以，每天她只能是听课，只能靠同桌告诉她黑板上的板书和大屏幕上的字。上课的辛苦，可想而知，接着就是读写问题。她的眼睛只有在距离书本10厘米左右的地方才能看清书本上局部的文字。眼镜对她没什么帮助，阅读与书写对她来说都是艰难的事情。

在荆棘密布的学习道路上，她没有畏惧、退缩。上课时集中精力，专心听讲，尽量记住老师讲授的内容，并及时在书本上做一些必要的记录；课后再消化吸收所学的知识。至于读写，她只有借助助视器有限的帮助，付出比常人更多的心血和汗水。课外她严格要求自己，每门功课都认真对待。有时晚上学习时间长了，父母看着心疼，就催她休息，她总是说："我还没完成作业呢！"坚持学完后睡觉。有些练习册的后面附有答案，她一定先自己完成，再进行核对。当她发现自己出错时，都要思考错在哪里？为什么出错？今后遇到同类问题要注意什么？有一年寒假，老师要求同学们阅读《三国演义》。她认认真真地读完了全本《三国演义》，记住了主要的人物和情节。全班只有三名同学读的不是简化版本，她就是其中之一。

她很早就学会了查字典，后来还学会了电脑搜索，借此可以更好地学习。此外她还自学了电脑五笔输入法，在学校学习的基础上继续学习电脑绘画，创作了《火车》《美丽的海洋》等很多精美的作品。课外阅读是她最感兴趣的事情。上小学以来，她先后阅读了《三国演义》《西游记》《钢铁是怎样炼成的》《童年》《金银岛》《悲惨世界》等几十部中外名著，此外她还喜欢阅读跟动物有关的书籍，掌握了不少动物学知识。

天道酬勤。在学校和老师、同学的帮助下，王新月刻苦努力，提高了学习成绩，成为班级以至年级的佼佼者。除体育外，她参加过所有学科的竞赛活动，并屡获佳绩。近五年来，她先后获得了50多个奖项，涉及语文、数学、英语、美术、书法、科技、文明礼仪、生活习惯等诸多领域。班级里举行课本剧表演，她积极报名，认真准备，投入地表演，丝毫没有难为情，更无半点胆怯。特别是有一次台湾慈济组织面向学校五年级学生举行环保教育活动，她和同学们一起抢答问题，举手踊跃参加台上的互动，没有半点的自卑。她多次被评为"学校优秀学生""三好学生""优秀少先队员"；2013年被评为"深圳市优秀少先队员"，是竹园小学唯一获此殊荣的学生。

她取得优异成绩的同时，也收获着同学们由衷的尊重。有一次英语考试她得了满分，公布成绩的的第二天，一位此前对她不太友好的同学热情地对她说："王新月，你真厉害！那么难的试卷也能考120分，我们做朋友吧！"

"历经风雨见晴日，关山初度路犹长。"王新月最初的梦想实现了，未来的道路还很长很长……

自强自立，追逐梦想

视障让她看不清眼前的世界，却遮挡不了她心中的美景。她想做个品学兼优的学生，想做个自强自立的人，想做个有益于他人、有益于社会的人。

生活中，她是个坚强的孩子。上小学后，她学着烧开水，手摸到壶嘴处烫伤了，也没有退缩，坚持练习，终于学会了烧水。三年级时，新月可以自己上学了，家人不放心她，想继续接送，她却坚持自己走路上学。由于看不清道路，她走路都要试探着，尤其是楼梯、台阶、崎岖不平的地方。后来父母发现她身上有时出现磕碰的痕迹，她自己却从来没有说过。老师、同学们照顾她，不让她值日，可她坚持不要照顾，坚持要与其他同学一样做值日，时刻不忘挑战自己。

她渴望自立，努力提高着自己的自理能力，尽量减轻父母的负担。从上小学的第一天起，她就自己整理学习用品，整理自己的衣物。外出时记着带齐自己的必需品（水壶、袖套、墨镜、遮阳伞等）；在家里她尽量帮着做些家务，带弟弟玩耍，教弟弟学拼音、学说话。

她平时团结同学，懂得分享。有同学向她请教学习上的问题时，她总是热心解答。她写作有些心得，就在班上给同学们介绍经验，她的习作常常是同学们写作的范文。每次学校组织校外活动，她总是积极参加，并带些零食跟大家分享。最初家长看她挑选大包的海苔、饼干一类小食品，就问她为什么买这些，她说："我们班一共40多名同学，我要保证每人能分到一份。"

她是一个热心公益事业的孩子。每当学校组织募捐活动，她都踊跃参加。有一次，学校组织给贫困地区的孩子们捐书，她捐了8本保存完好、印刷精美的图书，其中有些是可以留下来继续阅读学习的。当家长问她为什么不留着以后再读时，她说："贫困地区的孩子可能更需要它。"

"一个人的价值，应该看他贡献什么，而不应当看他取得什么。"爱因斯坦的这句名言是她的座右铭。现在她最大的梦想是长大以后做一名校长。当问她为什么要做校长时，她说："我要建一所学校，让所有像我一样的孩子都能够跟正常孩子一样来这里上学。在这里，老师爱护学生、认真教学；学生尊敬老师、用心学习；同学之间互相关心、互相帮助，大家快乐地学习，健康地成长。"

后记："自小刺头深草里，而今渐觉出蓬蒿。"王新月是个自爱、自强的学生，她没有埋怨命运的不公，而是通过自己的努力奋斗，开启了一片希望的蓝天。老师和家长为之欣慰，期望她继续发扬自强自立的精神，在人生的道路上奋勇向前，早日实现自己美好的梦想，让自己的生命焕发出璀璨的光芒。

雏鹰展翅　放飞梦想

——记茂名市新世纪学校学生张凯华

题记：『成功的关键在于个性的品质，个性品质的根本在于责任心。』这是张凯华同学的座右铭，他知道，自己的事情自己做，自己出了了问题自己要承担，做人关键要有责任心。

张凯华，男，2001年1月11日出生，现年13岁，广东省茂名市新世纪学校学生。茂名市新世纪学校创办于1994年8月，是茂名市教育局直属九年一贯制学校，学校占地123亩，建筑面积46500平方米，现有45个教学班，在编教职工150人，学生2486人。近年来，学校高度重视校园文化的导向、凝聚、规范功能，浓墨重彩营造人文底蕴丰厚的校园育人环境，充分利用校园的每个空间，精心打造了历史文化长廊、现代科技长廊、励志长廊、科普长廊、安全知识长廊、“英姿飒爽”系列专栏、“书香飘逸”系列专栏、地理园、书香苑、成功林、人和石等十三大景观，真正做到每一面墙壁会说话，每一个景点能育人，使师生时时刻刻受到感染、陶冶、暗示、寓意、激励。张凯华是初一（2）班学习委员、共青团员。他是一名热爱祖国、热爱集体、勤奋好学、多才多艺，善良质朴、乐于助人，尽职尽责，曾多次获得“三好学生”、“优秀少先队员”等称号和各类才艺竞赛奖励，德智体美劳全面发展的优秀学生。张凯华同学就像是一只在晴空展翅高飞放飞梦想的雏鹰！

多才多艺，全面发展

作为一个有梦想的学生，张凯华同学从小认真学习。他懂得只有努力学习、全面发展，长大以后才能成才，才能报效祖国。因为有了这种信念，所以他总是严格要求自己，虚心接受老师的教育。他具有远大的理想和爱国主义情怀。他待人真诚，爱好广泛，尤其喜欢电脑、美术。他懂得：要成为新时代的建设者和接班人，就必须全面发展。因此他学习刻苦努力，思维敏捷，善于思考，学习态度严肃认真，目的明确，有较强的上进心，不畏学习中的困难，敢于挑战。课堂上，他勇于积极发言，敢于提问，对不懂的问题“打破砂锅问到底”，对所学的知识也能很好地掌握和理解，并且善于运用自己所学的知识解决问题。进入初中以来各方面表现突出，政治上要求进步，积极靠拢团组织，坚持以团员标准严格要求自己。

除了掌握了丰富的文化知识以外，张凯华同学还是个兴趣爱好广泛的学生。他爱好电脑，是学校信息学奥赛队队员，曾在中国儿童青少年计算机表演赛中荣获广东省一等奖，并且作为广东省队的一员（茂名市唯一一个）去北京参加全国总决赛荣获全国三等奖。作品《能源转换机》获“第十二届广东省中小学电脑制作活动”绘画优秀奖。作品《海水淡化机器人》荣获茂名市青少年儿童科学幻想绘画三等奖，每年他设计的学校运动会会徽、吉祥物荣均获学校一等奖，现在班级的班徽也是由他设计的。正是他这些优秀品质促使他不断发展，并获得了丰硕的成果——他的成绩从小学一年级到现在都名列前茅，每次大考都屡屡获得同级前十名，每个学期都获得“三好学生”“优秀队干部”等荣誉称号。他多次参加的“学科竞赛”都获得优异成绩，初一数学希望杯还获茂名市二等奖，在班级甚至学校都有相当高的威信。

团结同学，尽责奉献

在班级里，他和同学相处得十分融洽，老师和同学都很喜欢他、信任他。班里的各项活动都有他活跃的身影，大事小情都有他付出的心血和汗水。对于学校和老师布置的任务，他从来都主动做，并保质、保量完成。在班上，他是老师的“小助手”，是同学的“小老师”。他不仅得到老师的高度信赖和称赞，还受到了同学们的爱戴。每次举行活动，他都能很好地帮老师组织同学，策划活动；台前幕后，他都策划得井井有条，帮老师解决了不少问题。进入初中过后，他发挥自己的电脑特长，帮助老师解决电脑方面的问题，他设计能力强，为班级设计班徽，为学校设计运动会会徽和吉祥物。作为学校信息学奥赛队的队员，因为计算机学得好，平时，班里小组分数的统计，班里成绩的统计，都是他主动设计电子表格帮助班级完成。他是班级的学习委员，他的团队协作能力和班级管理能力在这一岗位上得到提高，懂事且积极的他在老师的指导和同学的支持下完成一次又一次的班会活动组织、班干部工作计划和总结等工作。因为各方面表现优秀，本学期在家长会上，还作为班级优秀同学的代表发言，向家长们介绍自己的学习方法、爱好与学习如何妥善处理等经验。

张凯华认为，具有强烈的集体荣誉感是一个学生的优良品质，祖国的美好未来需要大批的建设者，仅靠个别人的本领是不行的，如果能使全体同学都取得进步，那就是他最快乐的事。因此，他抱着分享和交流的心态，不仅和学习成绩好的同学在一起谈心得、交流学习经验，争取更大进步；还不厌其烦地帮助后进生解答疑难、耐心讲解；并且利用自己的特长，经常主动关心班里喜欢网络游戏、学习落后的同学，有时把自己的电脑作品和同学们一起分享，交流自己的心得，引导同学正确使用电脑，培养的兴趣爱好。

在我校创建“书香校园”的活动中，也有张凯华活跃的身影。作为学习委员他积极和其他同学一起建设班级图书角，总会把自己喜欢的书刊带到学校里与同学传阅，也会与他们分享读书的感受，还常会向他们推荐一些好书，平时还在一起交流读书心得呢！他积极倡导同学们“好读书，读好书”，并组织同学们开展“课前一分钟”的活动，让他们利用课前的时间畅谈阅读感受或热点时事，或是推荐一本好书。每月张凯华同学还会利用一节班会课组织班中甚至是年级的读书交流会，会后收集每个同学的发言稿，择优展示在教室展示台等地方，此活动大大推动全班乃至整个年级的读书气氛。

发挥特长，热心公益

作为学校信息学的奥赛队员，张凯华在小学的时候已经获得计算机表演大赛全省一等奖，并作为广东省的代表到北京参加全国总决赛，在班里他是公认的电脑能手。他利用自己擅长电脑FLASH工具制作出很多公益作品：如他制作的消防作品《珍惜生命，远离火灾》，用自己独特的表达方式，为学校宣传防火的重要性尽到自己的一份力；再如他制作的FLASH动画作品《贪睡》生动、有趣，非常幽默地反映出当前学生不良的个人卫生习惯；还有环保作品《能源转换机》，宣传节约能源的重要性。

作为一名志愿者，张凯华积极参加学校举行的志愿活动，在前不久他还参加了“广东工艺恤孤促进会”举办的“扶孤助学计划——爱满罐”活动，用自己平日生活中剩下的零钱一点一滴地储存在罐子里，用于资助广东省农村贫困孤儿的学习和生活。

尊敬师长，独立自主

张凯华是一个尊敬师长，热情有礼的小男孩。他家住在教师宿舍，每逢老师遇到电脑上的问题，张凯华非常乐意去帮助解决。老师利用课件上课，经常遇到技术上的问题，总会首先想到他。张凯华还是老师得力的小助手，每逢周末，他都会帮助老师统计班级小组的学生德育考核成绩，统计的准确性和规范化深得老师赞扬。

周末或节假日，他完成作业喜欢帮助爸爸做一些力所能及的家务，比如擦一下桌椅、帮金鱼换换水。快要做饭时，就去帮爸爸择菜、淘米、摆好餐具。吃完饭后，他主动来洗碗、擦桌子。周末的早上，他就跟爸爸去买菜，把所有买回来的东西都拿到他们家之后，他才去写作业。每逢回到姥姥家，有许多老人的子女都外出工作，只有老人自己在家，他就会主动地去给那些老人们带去贴心的问候，还陪他们聊聊天，自己带了好吃的东西，也不忘拿一些给他们。

后记：成绩代表过去，张凯华的人生之路才刚刚起步，蜜蜂只有辛勤采蜜，才能酿出甜美的蜜糖，雄鹰只有勇敢的搏击风雨，才能使自己的翅膀更加加强有力。大浪淘沙，方显真金本色；风雪过后，更见青松伟岸。他总是时时刻刻地提醒自己：要更加勤奋地学习，不断提升自己的文化水平和人格素养，实现自己的理想——长大后做一名电脑工程师。愿这只展翅的雏鹰在今后的日子里会更加努力，锻炼得更加坚强，为班级争光，为自己的人生添彩，不辜负老师和家长的期望和厚爱，自由地放飞梦想！

传承美德、勤勉好学的好少年

——记佛山市同济小学学生黄靖然

题记：『Be your personal best and make others great.』做最好的自己，并且成就他人的伟大。

黄靖然同学今年11岁，是佛山市同济小学五年级（4）班中队长，现任学校少先队大队委。小小年纪的她，就以良好的思想品质、优异的学习成绩、全面发展的综合素质，连续五年被评为学校的“三好学生”和“三好学生标兵”；2012—2013学年度被评为禅城区优秀学生干部、禅城区十佳“美德少年”。

老师的助手、同学的榜样

黄靖然总能以一种彬彬有礼、积极乐观的风采打动他人，以一种对工作认真负责，对学习刻苦钻研的态度感染他人。她的座右铭是：“Be your personal best and make others great.”做最好的自己，并且成就他人的伟大。作为中队长，她一直都热诚待人，热心地服务班级。每次班级活动，她都为之忙碌奔波；每次中队委讨论，都尽心尽力发言提议；每次班级制度建设，充分展示其领导组织才干。本着对班级事务很认真负责的态度，她对于班级的事务非常上心。作为中队长，她处处以身作则，起模范带头作用，尽心尽力认真完成老师布置的任务，做到善始善终。每天早晨，黄靖然都提前到校督促同学进行早读，让班级的学风蔚然成风；中午午休时间，对违反纪律的同学敢于大胆指出；放学后，时常能看到她在帮值日生打扫卫生；当老师不在时，她总能把班级管理得井井有条，是老师的得力助手，是同学们的“小老师”。在上学期学校开展的“文明中队”评比中，班级获得全校评比总分第一名。每一期的黑板报和主题班会都得到老师和同学们称赞。老师把任务交给她，她就马上查找板报和主题班会资料，组织安排同学，把最艰巨的任务留给自己去完成。作为中队长，她勇于挑战和提升自己。她积极参加学校大队委竞选，经过自我推荐、为一年级同学上队课、制作竞选海报、演讲拉票等一系列环节，最后经过全校同学投票，一级一级选举，最后得到全校老师和同学的信任高票当选。当选大队委后，她积极参加各项工作，作为班干部及少先队干部，具有双重身份，在班级和大队委工作之间难免会引起一些矛盾冲突，她能够妥善处理好班级工作与大队委之间的关系，做到大队委、班级工作两不误。

同时，黄靖然很有自己的主见和原则，也是一位热心助人的好同学，会积极在自己力所能及的地方帮助他人，会很热情地和同学老师打招呼。她爱好广泛，胸襟宽广，乐意和身边的同学分享自己的观点和收获。她和同学相处得十分融洽，同学们都很喜欢她、信任她。平时她也注意工作方法，比如早自习，有时候大家讲话，她便让讲话的人管纪律，让他们也尝尝当班委的滋味。平时，黄靖然同学不但能够真诚地指出同学的错误缺点，也能够正确地对待同学的批评和意见。面对同学的误解，她总是一笑而过，不会因为同学的误解和批评而耿耿于怀，而是诚恳地接受，从而不断完善自己；因此在班集体赢得威望，以高票当选为“禅城区优秀学生干部”。由于她在班集体工作中能认真、高效地履行着班长的职责，能策划并认真执行班级的“奖励机制”，鼓励同学们做好人好事、努力学习、做好本职工作，班级因此树立了良好风气。她平时努力做好班级会议记录和考勤工作，布置任务从不拖拉，一直都是以“今日事，今日毕”的原则去做每一件事。

黄靖然热爱学习，不仅能做到端正学习态度、明确学习目标、探索好的学习方法，而且能广泛地汲取课外的知识精华、领略文学的风采、探索世界的奥秘、体味人生的百态。遇到不懂的问题，她总坚持请教老师直到问清楚为止。每个星期二的英语托管课，她主动与在班里英语学习稍差的同学“结对子”活动，担当了两位“待优生”的学习师傅。在她的帮助下，两位同学都取得了长足的进步，获得学校的“学习进步奖”。此外，黄靖然对各科知识进行整理，同学们都喜欢借她整齐系统的笔记借鉴。她也常主动与同学交流学习心得，把学习上的看家本领和盘托出，探索问题，共同学习。

勤学苦练，追求卓越

黄靖然对学习英语特别感兴趣。一年级的时候，她在电视上看到希望英语风采大赛的节目，第一次了解到中国人还可以把英语运用掌握得如此得体、纯熟，第一次了解到英语知识的浩瀚。从此，她养成了收看历届希望英语风采大赛的习惯。她非常佩服参赛的选手，把选手的演讲稿当作范文来背诵，幻想自己也能像选手们一样站在全国最高水平的英语演讲台上，成为像选手们一样出类拔萃的人才……正是这样的梦想，激励着黄靖然夺得第六届英语电视大赛全国总决赛一等奖。2013年4月，黄靖然在校内的选拔赛中取得了优异的成绩，代表学校在禅城区、佛山市、广东省三场口试中过五关斩六将，在几千参赛者中脱颖而出，参加在成都举行的全国总决赛。在全国最高水平的英语演讲比赛中，有很多中英双语私立学校的学生参赛，可谓是高手云集。面对各路高手，来自公立学校的黄靖然没有丝毫畏惧，为了在比赛中取得优异成绩，她做好了精心的准备：每天除了背诵地方特色介绍、主题演讲外，还把听英文歌、背英文故事作为每晚的必修课。她要求自己通过听英语歌和看美剧提高自己的英语水平。和其他人一样，刚开始听英语歌她也听不懂，她就将歌词记下来，通过查资料把不懂的单词弄清楚。从4月份的校内选拔到8月份的决赛一路走来，面对各种的困难和压力，她从来没有对自己失去信心，更没有想到过放弃。她以“书山有路勤为径，学海无涯苦作舟”为座右铭来激励自己，以顽强的毅力克服了一个又一个的困难。当她站在全国总决赛舞台上，以流畅的英语充满自信、潇洒自如地进行演讲时，专家评委们以热烈的掌声对黄靖然出彩的演讲给予了充分的肯定。靖然为同济小学捧回了高年组一等奖金牌。手捧金牌，她深深地体会到：收获来源于辛勤的学习，语言学习靠的是持之以恒的坚持，学英语是一个积累的过程，只有不断地积累才能越走越远。

爱好广泛，积极向上

“学习要持之以恒，要靠自己的刻苦努力，才能取得成功。”这是黄靖然开学的第一天老师写在黑板上的话。这五年来，她以这句话来鞭策自己，使自己成为一个品学兼优、乐观向上、团结友爱、尊敬师长、勤于实践、乐于奉献、全面发展、学有所长、充满自信的好少年。常言道：“一年之计在于春。”每学期刚开始，黄靖然都会为自己制定学习计划和目标，在达标过程中即使遇到挫折，她也不灰心并以乐观的心态去面对，及时和老师交流沟通，找出自己的不足之处，并认真加以改正完善，力求使自己不断进步。所以上课时，她总是认真听讲，积极发言，遇到不懂的问题主动向老师请教，由于有了科学的学习方法和主动求知的勤奋精神。她的学习效率很高，有的同学做功课要花很长时间才能完成，而她总能在较短的时间内完成功课，不仅字写得漂亮，而且正确率很高。此外，她还广泛阅读课外书籍，增长课外知识，开阔眼界，在学校的“阅读之星”“写字比赛”“航模比赛”“数学竞赛”中均获奖励。她爱研究，爱动脑，爱科学，在校内科技节多次获奖，在广东省第三届少年儿童科学体验活动中被评为“十佳选手”，还获得全国科学实验嘉年华金奖，并在全国希望杯数学竞赛获得银奖。

黄靖然爱好广泛，注重德智体全面发展。她积极参加学校体育活动，跑步、游泳样样都有不俗表现。她是学校合唱队、打击乐队成员，舞蹈、主持、绘画、唱歌等样样都拿得出手。值得一提的是，她从4岁开始学习中国舞。每到需要学习新的基本功，尝试新动作时就是最辛苦的时候，训练中最考验耐力和功力的是压软度，而黄靖然压软度天生比较硬，拉筋训练的时间和承受的痛苦比其他人都要长得多，几乎每周到上课前都想要放弃，但在父母和老师的鼓励下，她勇敢地坚持了下来。功夫不负有心人，经过不懈的努力，她在2010年获邀请参加CCTV少儿春节联欢晚会，并多次参加广东省电视台春节联欢晚会、佛山市电视台等舞蹈表演并获奖；她的美术作品也获得全国第十六届小学生绘画、书法比赛二等奖。在众多兴趣中，她最喜爱唱歌，在课余时间经常和同学们一起飙歌，她还是学校的“童声小歌手”呢！黄靖然还能说一口标准、流利、有感情的普通话，在校的五年期间，她积极参加演讲和朗诵比赛，她不但是学校的小广播播音员和场室解说员，还获得过学校故事演讲比赛一等奖。

后记：黄靖然在老师和家长的关爱下得到了锻炼和成长，凭着自己出色的表现和真诚的付出，赢得了大家的信任、同学们的信赖、老师的喜爱。在今后的学习和生活中，她将会更加努力，使自己各个方面做得更好。

带着阳光去追风

——记深圳市清华实验学校学生龚楚越

题记： 带着阳光去追风，是我的梦想。

像大多数在深圳这个先锋城市长大的少年一样，龚楚越算得上一个“追风少年”：喜欢计算机、网络、新潮的玩具、炫幻的科技产品，但他的注意力似乎更多集中在这些事物的内在，他更乐意把它们打开，看个究竟，以致一抽屉的玩具车竟然没有一件完整的——两颗小虎牙最早成了打开它们的工具。他喜欢说流行的网络语言，但自带过滤器分析这些语言的成色，这使他本来不多的“口头作文”有趣又不失大雅；喜欢玩游戏，但花在游戏上的时间极少，更多时候他是在以一个12岁少年的懵懂孤独地探索着高深莫测的汇编语言，他更乐于用它编写小游戏、小程序，供自己和身边的小朋友使用。流行是一把双刃剑，流行元素和正确引导、纠偏机制的混搭，使他的“追风”有了正向的能量和阳光的品质，少年的梦想里铺满了阳光的底色。

龚楚越今年12岁，六年级学生。他就读的学校——深圳清华实验学校，今年办学也正好是12年，他是伴随着学校一路走来、一起成长的。清华实验学校是清华大学在异地兴办的唯一一所基础教育学校。说起这个学校，人们津津乐道的不仅是她的清华品牌，更多的是学校在教育教学上的创新、努力和不同凡响的业绩。学校是全国单间规模最大的民办学校之一，有学生7000余人，先后获得市一级学校、省一级学校、全国优秀民办学校、深圳市市长质量奖、第三方社会排名深圳民办学校第一等众多顶尖的荣誉；以一般的生源和12年的短暂历史，累计为国家贡献了30位清华、北大学子，近百位射击世界冠军、中国冠军、省市冠军和国家一二级运动员。学校很早就确立了“阳光校园、阳光教师、阳光学子”“个性化教育”等办学理念，率先引进卓越绩效管理模式，在“一切为了学生发展”的顶层设计上不计成本、不懈努力。在这种浓厚的素质教育氛围和差异化、个性化培养的环境中，众多优秀的学生脱颖而出，龚楚越就是其中一个代表。

力摘星辰藏袖底

龚楚越天资聪颖，思维活跃，课堂上积极发言，努力学习，成绩一直在年级和班级领先。整个小学阶段，他在语、数、英学科竞赛中经常获奖，被评为学校“三好学生”七次、“六个一”持卡小明星五次、“阳光学子”五次、“阅读之星”四次、“校园十杰”三次、“优秀学生干部”三次，还被评为“清华之星”“科技之星”“学习之星”“英语之星”“创新素养之星”和优秀社区雏鹰先锋队员，获得桃源居社区基金会的奖学金。

除学校的荣誉外，他还获得了宝安区优秀少先队员称号、三届深圳童话节主持人比赛银奖、两届深圳童话节英语剧金奖、两届全国奥英比赛二等奖、深圳明星小主播大赛百强小明星、深圳童话节童话创作金奖和银奖、深圳童话节书画大赛银奖和铜奖、深圳青少年关爱活动最佳征文奖、深圳多媒体网络作品设计三等奖、全国普法教育活动三等奖等。今年，他被评选为宝安区“阳光少年”，他的事迹介绍视频作为两个学生典型之一在宝安区教育系统学生表彰大会上进行播放，当日《宝安日报》对此进行了报道。

热爱学习、善于思考、成绩优秀、素质全面，是他给人们留下的第一个印象，而众多的荣誉就像夜空中闪亮的星星，是对一个努力行走、不断追求上进的少年的嘉许。

热心公益多面手

龚楚越出生在深圳，在寒暑假经常回到父母老家。条件艰苦的山区农村，让他感受到了淳朴、爱心和亲情；现代文明的都市生活，使他开朗乐观、积极进取。他爱父母、尊敬师长、友善同学、乐于助人，两次被评为“感动班级人物”。

他担任过校园电视台小主播、少先队大队部科技委员、深圳学生通讯社小记者，现在担任学部少先队大队长和校长小助理，协助学部校长进行学生自我管理。从读幼儿园起，他就开始在社区、学校和班级主持各种活动，主持过桃源居社区跳蚤市场慈善捐赠拍卖会、学校文艺汇演、学校十周年庆典、校园电视节目、升旗仪式、学校晨会、少先队员入队仪式、学科竞赛活动、科技讲座、班会等，作为学生形象大使向来宾介绍学校，进行中英文演讲、相声和中英文短剧表演。

良好的品德、心理素质和活动组织、管理能力，是他给人的第二个印象。

造化随从玩中来

作为一个小小少年，龚楚越也喜欢玩，但他玩的是高科技，也玩出了高水平，他最突出的素质和能力表现在科技方面。他获得了深圳市“争当小实验家”竞赛物理类一等奖、深圳小学生机器人知识竞赛一等奖和宝安区小学生机器人知识竞赛三等奖，他制作的太阳能自动浇灌系统获得全国科技创新大赛深圳赛区一等奖、太阳能旗杆获得宝安赛区一等奖。他的科技实践活动作品每年都获得学校的一等奖，他还获得了清华青少年机器人创意竞赛二等奖。

他的理想是将来在科技上做出成就，做一个对社会有用的人。他对未知世界始终保持浓厚的兴趣和探索的欲望，从参加科技博览活动到修理玩具用品，他都会仔细琢磨，一探究竟。他在书籍和网络中探索科技知识和解决问题的方案，常与工程师和专业人士在网络论坛或现场交流。他从小学二年级开始使用单片机，因为周围的老师和同学都不会，所以他总是一个人在摸索，也从那时开始自学编程。他用VB语言编写了圆的超级转换器、闰年、鸡兔同笼、因数、答卷错误率计算器等程序，用scratch软件制作了贪吃蛇和射击球等小游戏。他自学3D MAX和key shot软件，学会了绘制3D渲染图形。他给珠海魅族科技有限公司提供自己制作的手机主题，成为该公司年纪最小的“软件供应商”和“纳税人”。

他在家里有专门的工作台和各种工具。他经常动手制作一些东西，来解决生活中遇到的问题。寒暑假回老家时，因为担心阳台上的盆栽缺水干死，他尝试使用打点滴的医用吊针，经过不断改进，制作了在科技大赛中获一等奖的第一代、第二代太阳能自动浇灌系统。因为在做小实验、小制作中总是找不到合适的电源，他制作了一代和二代可调电源；因为家里电脑接收wifi信号的能力不强，又制作了奶粉罐天线。他还制作了手机门禁卡、手机红外遥控器、磁力探测器、蓝牙模块开发板等，来装备自己的数码生活。在学校六一英语跳蚤市场上，他组建了科技公园小组，策划了较新颖的数码产品销售方案，使每个小伙伴都开心地挣到了“第一桶金”。

科技已经成为他的日常生活，他总有新的创意和想法，喜欢尝试用新的思路去解决问题，被大家称为“科技小达人”和“小百事通”。老师、同学、家人朋友遇到电脑、手机、网络、家用电器、出行等方面的问题时，总是第一个想到他，他也乐意帮他们解决，并从中不断增长知识。

后记：久远的文明，浩渺的知识，像时光雕刻的风景，深深吸引着他的双眸；人间的真情，反哺的责任，像爱心酿造的甘霖，悄悄滋润着他的心田；神奇的宇宙，炫幻的科技，像天使挥舞的魔杖，轻轻拨动着他的天赋。他像风一样追逐着它们，这就是追风少年——龚楚越。在社会主义核心价值观中，“富强”是排在第一位的，少年强则国强，国家的富强当以科技为推手，以今日少年为未来的中坚力量，一个热爱科技的孩子一定能够在未来的国家进步中贡献一份力量。

积极进取 品学兼优

——记梅州市职业技术学校学生戴荣清

题记：『宝剑锋从磨砺出，梅花香自苦寒来。』这是戴荣清同学最喜欢的励志名言。她品德优秀，品行端正；她好学善问，勇于攻坚，成绩优异；她关心集体，乐于奉献，工作负责，善于创新，虽不善于在老师面前奉承讨好，却尽力做好老师布置的每一件工作；她乐观向上，真诚友善，从不计较个人的得失，能恰到好处地把握善待他人的原则，与同学和睦相处，文静的外表和甜甜的笑容，在同学们的心目中树立起美好的形象，也给老师留下了深刻的印象；她重视体育，热爱运动，兴趣广泛。她以其超凡的人格魅力、超强的学习能力、出类拔萃的专业技能和组织能力成为学校和老师重点培养对象，在同学中有着很高的威信和广泛的影响。

戴荣清，女，汉族，1997年3月出生于梅州市大埔县，2012年9月至今就读于梅州市职业技术学校美术设计与制作专业，担任班长和学校宿舍纪律委员会副主席。

在两年的职校学习生活中，戴荣清同学曾获得校级“学习标兵”两次、校级“热爱集体标兵”一次、学校宿舍纪律委员会“优秀学生干部”两次、梅州市“三好学生”、广东省“优秀学生”等荣誉称号；在2013年梅州市中等职业学校技能大赛“视频处理（团体）”项目中获得第二名；在2014年梅州市中等职业学校技能大赛“数字影视后期制作”项目中获得第一名；在2014年广东省中等职业学校技能大赛“数字影视后期制作”项目中获得二等奖。

品德优秀，品行端正

戴荣清同学品德优秀，品行端正，作风正派，热爱生活，积极进取，有崇高的理想和伟大的目标。作为优秀共青团员，她时刻注重提高自己的思想觉悟和个人道德修养，关心国家大事，努力提高自己的思想认识，增强为社会服务的意识；有坚定的政治信仰，热爱祖国，拥护共产党的领导。作为学生干部，她热爱同学，工作学习处处以身作则，遵守学校各项规章制度。

在老师的精心教导下，她努力做到严于律己、宽以待人，无论做什么事，都把“德”放在首位。在学校，她乐于助人，哪位同学需要帮助，无论是学习还是生活，她都抢在前面，挺身而出，为同学排忧解难；在家里，她除了做好自己的事，还帮母亲做饭、料理家务，帮父亲干一些简单的农活；在社会上，她总是会利用假期去帮助村子里的孤寡老人，为他们带去生活的帮助以及精神上的慰藉，因此受到大家的好评；同时也带动了不少同学加入了“讲道德，做文明中职生”的队伍中。作为班长，她常常能提出一些好的意见和建议，认真组织好每周三下午的班会活动，而且能引导非团员积极向团组织靠拢，做好优秀团员推荐工作，有强烈的集体荣誉感和工作责任心。

好学善问，勇于攻坚

学生以学习为本，学习是学生的第一要务。要成为一名优秀的技能能手，在激烈的社会竞争中占有一席之地，就必须有良好的专业知识。

戴荣清同学学习目的明确、态度认真，肯钻研、勤思考，好学善问、学风踏实，勇于攻坚，有增强系统学习、全面掌握知识的意识，能抓住要点、重点，举一反三，融会贯通；上课时能注意听讲，积极回答老师提出的问题，及时做好课后笔记；下课后，对同学的求教，总是耐心解答，不厌其烦，营造了共同学习、共同进步的氛围。

入学第一年，戴荣清同学就对自己的专业有了深刻认识，并确定了要参加省级技能大赛的学习目标，立志利用两年的时间在省级技能竞赛中获得优异的成绩。而她选择的方向是“视频处理”项目，这个项目使用的是全英文版的软件，而对于中考落榜的她来说，英语本来就是薄弱课程。为了能够很好地记忆软件功能，她把所有英文注释标注在笔记本上，利用每天的空余时间进行背诵，虽然英文单词不会读，但是凭着坚强的意志力和永不服输的精神，最终全部记忆下来，并能熟练地操作软件进行视频的处理，并在一年级的时候就代表学校参加梅州市的技能大赛，最终获得第二名的好成绩。

更可贵的是，戴荣清同学在学习的同时还能帮助在学习上有困难的同学，尤其是在专业实训课程上，主动、耐心地为他们讲解，不厌其烦，一直讲到他们会为止。在她的努力下，班里的同学专业技能有了很大的提高，整个班级的学习氛围更加浓厚。

工作负责，善于创新

作为2012级电脑美工班的班长，戴荣清同学敢为人先，勇于担当责任，起到了良好的表率作用，是一个能够凝聚全班同学的领头羊。“想同学之所想，解同学之所难”，全心全意为同学，服务关心同学，热心解答同学的疑难。凭着乐观积极、热情诚恳的性格如鱼得水地协调班干部之间的工作，她积极地做好同学和老师在生活中沟通的纽带，帮助老师了解班内同学的情况，第一时间将同学们在生活上和学习上遇到的问题反馈给老师，并及时的、最大限度地帮助她们，让她们充分感受到班级体的温暖。有一次，宿舍的同学半夜肚子疼，是戴荣清同学第一个站出来，以她娇小的身躯背着同学去往医院急诊，医生说幸亏来得及时，未导致病情严重恶化。

作为学校宿舍纪律委员会副主席，戴荣清同学具有较强的组织管理能力，对待工作积极主动、认真负责、乐于奉献，为学校校风校纪的良好发展作出贡献，是宿管老师们的得力可靠助手。在担任主席期间，她以“服务同学，完善管理”为宗旨，以“踏实、创新”为出发点认真开展本职工作，在有独特想法的基础上，不断吸取他人精华，从而形成自己的管理方式。在主持每周的部长会议上，她及时处理存在的问题，与成员沟通，化解成员间的摩擦，保持工作时是小领导，平时是好朋友的关系。

乐观向上，真诚友善

做一个诚实、善良、乐观、谦恭，有责任心和荣誉感的新时代青年是戴荣清同学对自己的一贯要求。

戴荣清同学的家庭经济条件并不宽裕，但她热爱生活，乐观向上，艰苦朴素，热爱劳动，具有勤劳、正直、善良的品性和良好的生活习惯。学习之余，她积极参加各种社会活动，从中得到许多有益的社会经验，不断提高自己的社会实践能力，在减轻家庭父母经济负担的同时，增加了自己的社会历练，增强了接受信息的敏锐性和信息融合能力。

在校期间，戴荣清同学真诚地关心爱护身边的每一位同学，深入了解同学们的困难之处，并力所能及地帮助她们。她谦虚谨慎、不骄不躁、为人真诚、待人友善、乐于助人，从不计较个人的得失，能恰到好处地把握善待他人的原则，与同学和睦相处，为同学们排忧解难。宿舍生活比较拥挤，同学间难免出现摩擦和矛盾，她总是细心分析矛盾耐心劝导，解决争执，使班级始终团结一致，与同学们建立了深厚的友谊。“一枝独秀不是春”，她总会用积极的心态去感染、带动周围的同学，热心地帮助其他同学去共同进步。

重视体育，热爱运动

戴荣清同学重视体育锻炼。体育课上，她认真完成老师布置的训练，积极地投入到体育运动中，从不因为怕累而逃避运动和训练。她在学校第九届田径运动会上主动报名参加女子800米、女子1500米竞赛和4×200米接力赛，在学校第十届田径运动会上参加女子800米竞赛、女子400米障碍赛，均取得优异的名次。

兴趣广泛，全面发展

老师的教育、家长的引导使戴荣清同学明白：当今社会需要的是全面发展的复合型优秀人才。作为新世纪的青少年，她很深刻地意识到仅仅拥有书本上的知识是不够的。因此，她重视德、智、体的全面发展，重视兴趣、特长的培养。她喜欢科学小制作，自己动手制作的小作品多次获校级奖励；踊跃参加学校组织的各项活动，积极参加学生社团（如电子协会，计算机协会等）。在计算机协会，她担任小组长，负责普及成员的视频处理知识，提高专业技能。因为动手能力强，她还在电子协会担任组织部部长，经常组织协会成员到校外进行义务家电维修，受到市民的好评。

后记：戴荣清同学在这两年时间里，成熟与自信取代了青涩和稚嫩，汗与累，哭与笑，勤与奋，最终将会汇集成一张满意的答卷。在这个小女孩身上呈现出一个健康的青少年的活力和朝气，相信在以后的风雨路程里，她坚强、勇敢的精神会使她的理想很快、很好地实现！就像一只正在展翅飞翔的雏鹰，在成长的道路上还将不断进取、不断奋斗。

举手之劳，救人一命

——记深圳市螺岭美德少年李悦

题记：她说：『没有什么原因，有人遇到困难就应该去帮助。』

螺岭外国语实验学校育人目标是：培养具有国际视野的“五美六会”阳光少年，教育学生从小知礼、懂礼，做具有爱心的少先队员。这学期就发生了一件这样真实的事情，主人公是学校四（6）班的李悦同学。

朴实无华，孝亲敬老

她，性格活泼开朗，做事能干，有自己的主见。平日校园中见到老师时，她总是彬彬有礼，轻声问候；课堂上发言时，她的回答总是那么精彩，常会回答出其他同学所不知的疑难问题；课外活动中，她观察事物很仔细，喜欢跟同学交谈，善于沟通。当然她也跟其他孩子一样喜欢游泳、滑冰、跑步等运动，也跟其他孩子一样喜欢网络世界。但更重要的是：她是螺岭助人为乐的榜样，是老师同学心中的最美少年。

李悦同学生活艰苦朴素、勤俭节约，从不追求名牌衣物、用品，不铺张浪费，因为她懂得爱慕虚荣是不可取的。我们都知道，现如今很多孩子在家里总会抱怨父母，不满父母的唠叨，反感父母的关爱；而年仅十岁的她，学会了尽量控制自己的情绪，懂得尊重父母，有一颗感恩的心。在爸爸妈妈的眼中，她是一位懂事、有爱心的好女儿，是爸爸妈妈的骄傲。

李悦同学曾告知老师，每年的压岁钱除了购买自己日常所需要的学习用品之外，剩余的都是自己攒起来，等有需要的时候再用。她在家吃饭从不挑食，饮食习惯非常好，饭后经常帮助妈妈洗碗。

爱心少年

李悦同学也非常地善良，富有爱心。据了解，有一次电视上正播放着地震后灾区小朋友的现状：他们生活困难，三餐不饱，有时候甚至饮水都成为问题。这时候李悦就赶紧让妈妈多为灾区小朋友捐一些旧衣物，并且也跟妈妈坦言要拿出来一部分压岁钱去买些物品捐给灾区的小朋友，还要拿出来一部分压岁钱直接捐给灾区的孩子们，希望他们早日摆脱生活困境。

平时在学校里，她也很喜欢帮助他人。在上楼梯时看见比自己年龄小的同学背着重重的书包，她会主动帮忙；看见班上的同学闹矛盾时，她会跑过去劝解；体育课上同学不小心把脚扭伤了，她主动上前把同学背到校医室。

有一次，她在校园里捡到一个钱包，主动交到学校保安处。平时在教室里捡到的文具都会主动交回给失主，李悦同学说：“这是每一位少先队员应该具有的品质，在课堂上老师常常教导我们要拾金不昧、乐于助人。同时我也为自己能成为一位少先队员而感到骄傲，所以我觉得要对得起“少先队员”这个称号，从生活中的每件小事做起。”班上的同学说起她，纷纷竖起大拇指，都认为李悦同学能严格要求自己，是同学们学习的好榜样。

李悦同学还非常孝敬长辈。她知道自己的姥爷得了血栓，手脚不灵活，所以经常帮助姥爷洗手洗脚。尤其是姥爷患白内障期间，她都是认真做完作业后陪姥爷上街，小心翼翼地扶着姥爷，生怕姥爷因看不清而被车碰到。孩子这种体贴和孝顺父母的心甚是让人感动。

正是因为李悦同学所具有的这些优秀的品质，才让她更加懂得了在生活中如何去体爱他人、关心他人。

将爱进行到底

2013年11月，在学校附近，一位年逾七旬的老奶奶因为迷路，血压急速升高，视力突然模糊，无力前行，突然瘫坐在地，老奶奶无助地向过往路人求助。来往的行人不少，可是，半小时过去了，来往路人远远看到都避之不及，没有人愿意上前搀扶一把甚至询问一声。老奶奶的情况越来越严重，此时老奶奶眼睛已经接近失明，身体不能站起，情况十分危急。此情此景被经过这里的李悦发现，她连忙上前主动搀扶老人，问清老人的情况后，她吃力地背上老人的三袋行李，搀扶着老人一步一步往家的方向走去。路上，老人不停地询问李悦的名字，李悦同学都没有告诉老奶奶。李悦同学回忆说：“当时脑海里只有一个目标就是把老奶奶顺利送到家中，我非常担心奶奶的身体会吃不消。而且助人为乐是一个少先队员应该做的事情，雷锋叔叔教导我们做好事不留名，送老奶奶回家只是一件非常小的事情，没有什么值得夸奖的。”

老人回家后一直对李悦念念不忘，用了一个月的时间多方打听，才得知李悦是螺岭外国语实验学校的学生。1月3日上午，老人亲笔写了一封感谢信送到学校，并热泪盈眶地握着老师的手，颤抖的双唇不断重复着：“请你们一定要找到我的小恩人，将这封信转交给她，如果不是她，后果不堪设想啊！谢谢。”

得知老人送感谢信后，学校领导非常重视，动员全校寻找那位热心学生。后来经过调查了解，确定帮助老人的孩子叫李悦，就读四年级（6）班，今年10岁。当找到李悦同学询问此事时，她轻描淡写地说：“是发生了这样的事，不算什么啊。”说到为什么要帮助老人，李悦挠了挠头，想了一会儿说：“没有什么原因，有人遇到困难就应该去帮助。”记者采访时问到：“最近有新闻报道过一些‘碰瓷’事件，你不怕被别人误会吗？”李悦对记者说：“我在电视上看过相关报道，但我当时只想着帮人，没有考虑那么多。”老师们认为：“李悦是个热心的孩子，同学们遇到难处，她都会尽自己所能去帮助他们。”

是的，爱心没有大小之分，我们要从身边的小事做起，从“我”做起。“只要人人献出一点爱，世界将变成美好的人间。”让我们向冷漠说不，将爱进行到底。

1月21日，《深圳晚报》、深圳新闻网等媒体长篇报道了李悦同学这种助人为乐的精神。李悦同学将爱进行到底的行为非常值得我们学习，我们也为李悦感到骄傲。

后记：“百行德为首”，让我们向道德模范学习，争当美德少年。从自身做起，从小事做起，自觉践行道德规范，养成良好习惯，坚定理想信念，做热爱祖国、理想远大的好少年；勤奋学习、追求上进的好少年；品德优良、团结友爱的好少年；体魄强健、活泼开朗的好少年。要积极投身精神文明创建活动，在家庭做一个好孩子，在学校做一个好学生，在社会做一个好公民，为实现我们的“中国梦”作出自己应有的贡献。

科技创新结硕果　素质教育真本色

——记深圳第二外国语学校学生孙致远

题记：『天行健，君子以自强不息。』语出《周易·乾》，意谓：『自然的运动刚强劲健，相应地，君子处事，也应像天一样，自我力求进步，刚毅坚卓，发愤图强，永不停息。』『自强不息』是一种积极的人生态度，也是一种人生追求的境界，是对人生意义的深刻认识和理解。『自强不息』还意味着一种开拓创新的精神，要不断地有新的成就。所以，在社会生活中，每一个人都应当具有生生不息、日新月异的精神，自力更生，发愤图强，不断前进，勇于拼搏。人的一生，只有在这种新的追求中，人的生活才能更有意义，才能感觉到人生的幸福和快乐。一个人只有对生活充满热情和信心，才能始终如一地坚持这种生命不息奋斗不止的精神。孙致远把这句话作为座右铭，足见其强烈的探索精神和创新意识。他把这句话当作了人生的格言，他也是在用汗水和辛勤践行这个真理。

孙致远，男，1997年6月出生，深圳第二外国语学校高二（8）班学生，担任高二（8）班副班长。2012年秋，孙致远同学以中考成绩年级前列的名次进入深圳第二外国语学校。入校伊始，孙致远同学就以其超凡的人格魅力、超强的学习能力、出类拔萃的学习成绩和组织能力成了全校师生关注的焦点，也成为了学校和老师重点培养的对象。孙致远的成长，离不开培养他的这块沃土。

深圳第二外国语学校是理想的人生发展平台。建校伊始，就以创建人文特色外语强校作为目标战略，教师团队由全国招聘的优秀教师、品牌教练和学科带头人及北京师范大学等名校优秀毕业生等组成。创办四年来，学校着力开展教师创业核心价值建设，成立教师专业发展学校，成立学术委员会、课程委员会和青年教师成长共同体，夯实发展基础，打造学校核心竞争力。

学校加强学科课程体系建设，推出高效课堂、智慧课堂、数学学案式教学、物理探究式教学、化学实验发现法、生物生本课堂、历史开放式教学、地理主体参与式教学等，受到学生普遍欢迎。除开齐国家规定的所有课程外，还为学生量身定制了竞赛类、学科提高类、活动类、特色类共4大类40多门选修课，内容覆盖自然科学、人文科学、社会科学、体育以及艺术等领域，初步形成了多元开放、课内课外有机结合的校本课程体系，先后成立了少年文学院和少年科学院。

2011年10月，经过一年多的准备，深圳第二外国语学校少年科学院宣告成立，目标在3—5年内成为全国科技教育特色学校，现正着手开发具有校本特色的科技活动必修、选修课程，建立科技创新、学生电视台、摄影摄像、电脑制作、无线电测向、智能机器人、空模、海模、车模、观鸟、建模等学生科技社团。

品德高尚，自立自强

孙致远同学政治思想表现好，诚实守信，谦恭有礼，性格内敛，沉稳干练。他成绩特别优秀，但从没在同学面前显示出一种优越感。他富有爱心，待人诚恳热情，对学习和生活上遇到困难的同学，总能及时地伸出援助之手，尽己所能帮助他们。班主任钟老师考虑到他学有余力，又乐于助人，编座位时，有意安排一些学习上或上课表现方面欠佳的同学跟他做同桌。他总是乐于接受，跟他同桌过的同学也都能从他那里有收获，或在精神上深受感染，或在学习上倍受教益。杨同学就是一个在他的影响下奋发学习成绩突飞猛进的典型。杨同学生长在单亲家庭，家庭条件比较差，缺乏自信心，曾经出现过自暴自弃的迹象。2013年上学期，钟老师安排他们同桌，孙致远同学一方面经常给他鼓劲，课余还带他到家里吃饭，一起散步，一起打羽毛球；一方面又在学习上不遗余力地帮助他。杨同学的心情日见开朗，同时重拾信心，学习干劲越来越足，学习成绩迅速上升。高二下学期期末考试，杨同学一跃进入年级前12名，现在基本上稳定在年级前十五名以内。谈起这段往事，杨总是动情地说："我永远不会忘记我的这位同桌，要不是他的鼓励，我也许至今还未走出阴影，现在还在不在读书都说不定。是孙致远坚定了我学习的信心，让我重新找回了自我。"

孙致远很小就跟随父亲来到深圳，父亲忙于教学，长期忙碌，一家人一年难得有几天团聚的日子。作为独生子女的他，比同龄人更自主自立。生活上他坚持做到"自己的事情自己做"，从不惹父母生气，不跟他们提过分的要求，尽可能减轻父母的负担。他从小就学会了做饭、炒菜、洗碗、擦地板、洗衣服等，家里的活，样样拿得起、放得下。有些粗活重活，他有时还抢在母亲前面去做。在90后独生子女中，许多都是泡在父母的宠爱中，衣来伸手，饭来张口，甚至把这种享受当成了理所当然。因此，不熟悉孙致远同学的人，根本不会想到他是一个如此自立自强的孩子。

爱好广泛，开拓创新

孙致远同学志向远大，知识面广，关心时事，关注社会热点。作为文科生，课余时间他跟同学讨论时事，针砭时弊，从不附和人家的观点，理性而不偏激。进入高二，孙致远同学通过竞聘担任了班级班长职务。他工作认真踏实，以身作则，严于律己，有很强的集体荣誉感和团队合作精神。他多才多艺，积极参加学校的各项活动，并取得丰硕成果。2013年3月，他获得校诗歌朗诵比赛二等奖；2014年3月获校十大歌手比赛第五名的好成绩。

在深圳第二外国语学校的少年科学院里，孙致远尽情领略着科技的魅力，感受着科技的神奇。他是一个喜欢钻研的人。一个司空见惯的现象，也会引起他的思考；一个瞬间闪现的念头，给他带来了创作的灵感。在路面交通中，我们常常看到这样的惨剧：由于驾驶者尤其是新车手遇到危急情况，由于紧张反应不过来，误把油门当刹车猛踩。孙致远看在眼里，急在心里。他萌生了一个念头，能不能发明一种装置，防止司机误把油门当刹车？于是，他陷入了漫长的思考中。

创造发明其实是一件很辛苦的事情。在科研教室里，他度过了多少个不眠之夜，估计连他自己也数不清。为了找到精确的数值，他多少次错过了吃饭的时间，吃了多少包泡面，他已记不得了。为了找到合适的工具和实验材料，他总是不知道疲倦，每当节假日，他就去深圳大大小小的五金、机电、小商品市场。他认为，坐在教室里，只能是闭门造车，创造不出产品来，只有带着问题出去走走，才能拓展思路，才能有解决问题的新点子。功夫不负有心人，他的“新手紧急刹车防误踩油门装置”终于研制成功了。2013年4月，孙致远带着他的创新发明，代表深圳第二外国语学校参加了第28届广东省青少年科技创新大赛，还是高一学生的孙致远获得了二等奖。

在科技创新大赛上，孙致远的发明赢得了专家、评委的一致好评以及媒体记者的广泛关注，孙致远告诉记者：这个发明是根据汽车保险带的原理改进的，将其由偏轴齿轮加传动带控制的结构，改为液压油加阀门控制的结构，使其只能慢慢移动，当快速移动时锁住踏板。这个装置不用改变汽车内部结构，可以轻松安装。随后，这项发明获得了国家发明专利。《深圳晚报》和《晶报》对这些先进事迹都有报道。

在科技创新的道路上，孙致远付出了辛勤的汗水，也收获了累累硕果。2012年10月，获得深圳市中小学航空航天模型定点着陆项目比赛二等奖；2012年12月，获得全国青少年车模大赛三等奖（第七名）；2012年12月获深圳市科技创新大赛一等奖。

学习刻苦，品学兼优

在学习上，孙致远同学的最大特点是各科均衡发展，而且科科优秀。他的成绩不是“死读书，读死书”得来的。他好学、会学，课堂上勤于动手动脑。他的学习笔记并不是照抄老师在黑板上的板书，更多的是老师在讲解时的一些看似不经意的分析方法、解题思路，他所注重的是学习的方法。孙致远同学有很强的理解能力、概括能力以及综合运用能力，这些能力在学习历史中被他表现得淋漓尽致。进入高二后的每次考试中，总有一些题目难度很大，对学生能力要求很高，他总能以缜密的思维、清晰的条理得出最佳的答案。两年的高中学习，每次考试他均以绝对优势稳居年级前列，期期被学校评为“三好学生”。2014年6月，他被评为深圳市“优秀学生干部”和广东省“优秀学生”。

后记：孙致远，当代中学生的楷模。在他身上，充分展示了一个当代中学生的蓬勃生机与热烈色彩。今天的他，自信、稳重，更有思想，更具活力，可以相信，在新的人生征途上，他将走得更远，飞得更高。

积极向上、全面发展的好学生

——记韶关市翁源县龙仙第一小学学生杨龙雨

题记：『爱让我健康快乐成长。』这是杨龙雨同学经常说的一句话。这朴实的一句话，犹如春雨般滋润着他茁壮成长，在人生道路上作为座右铭激励着他不断向前进！

杨龙雨，男，出生于2002年10月，是广东省翁源县龙仙第一小学五年级（4）班的学生。老师的言传身教，父母的悉心熏陶，在他幼小的心灵中播下了一粒粒健康向上的种子，使他一天天茁壮成长，成为一名品学兼优的好学生。在五年的小学学习生活中，他勤奋好学、积极进取、团结向上，是父母眼中的乖孩子、长辈面前的孝顺儿、老师心目中品学兼优的好学生，也是同学们学习的好榜样。他时刻记住自己是一名少年先锋队队员，并努力成为一名优秀的少先队员。

学校是他成长的沃土

翁源县龙仙第一小学是一所历史悠久、底蕴丰厚、人才辈出的学校，是学生腾飞的摇篮、教师成长的沃野。学校拥有一支团结、实干、师德高尚、业务精湛的具有开拓创新精神的教师队伍，曾培养和造就了全国特级教师、全国优秀教师、全国优秀班主任、南粤教坛新秀、省“三八红旗手”、市“巾帼建功”先进个人、市县劳动模范、省市县优秀教师和优秀班主任。教师们凭着开放的教育思想、创新的教学理念，以良好的素质、进取的态度、奉献的精神和踏实的作风培养了一批又一批品学兼优的优秀学生。学校逐步形成“以棋育德，以棋启智”“‘三生’教育”、心理健康教育的校本课程特色，坚持“德育为首，教学为主，育人为本、创办特色”的办学思想，朝着“三风好，校园美，质量高，特色明”的目标优化学校管理，深化教学改革，加强校园文化建设，构建平安校园，营造浓郁的育人氛围，努力办成翁源县小学素质教育的示范点和“窗口学校”。

他是积极进取的好学生

一、勤奋刻苦，成绩喜人

在学习中，他思维敏捷，有着一股钻劲儿，不向任何一道难题低头。他求知欲强，课堂上，他敢于提问，善于质疑，对所学的知识能理解地掌握；课外，他大量阅读一些有益的书报，以开阔自己的视野、增长知识，碰到难题就向老师请教或自己查阅资料解决，正是这种好习惯促使他不断发展，并获得了丰硕的成果——他从一年级至今学习成绩均保持在年级的前列。五年来，杨龙雨同学多次获得表彰，多次荣获过学校、县“三好学生”“优秀少先队员”“学习标兵奖”的称号。

在同学眼中，他是一名挺懂事的“小大人”。长期以来，他作为班干部，总是勤勤恳恳地为班级为同学服务，对老师交给的任务，总是不折不扣地完成，并且做得有条不紊。他处处以身作则，为同学树立了榜样：上课专心听课，独立思考，认真完成各科作业；见到有同学违反了学校班级规定，他敢于上前指正；有时遇上个别同学为一些鸡毛蒜皮的小事吵闹起来，他总是主动上前劝阻调解，并像个小老师似的跟他们讲些“同学之间要团结”“大事化小、小事化了”的道理，常常能使犯错的同学静下心、沉下气来承认错误并表示坚决改正。正是他这种做法影响了所有的同学，才使他们这个班集体充满了朝气，充满了活力，班风正、学风浓。

二、兴趣广泛，全面发展

杨龙雨同学的兴趣爱好很广泛，除了掌握丰富的文化知识以外，他在朗诵、美术、书法、写作、打羽毛球等方面也是佼佼者，平时刻苦训练，并且持之以恒，从不间断。他总是积极地参加学校及班级的各种活动，他和同学自编自演的英语节目在学校里公开演出并得到了广泛好评，为班级争得了荣誉。由于表现出色，他经常受到老师的嘉奖：在学校举行的朗诵比赛中荣获个人朗诵一等奖、“朗诵组”二等奖；书法比赛荣获一等奖；在县教育局组织的“财税杯”绘画比赛中，作品《马》荣获二等奖；参加韶关市第六届中小学虚拟机器人竞赛活动中，荣获小学组“智能校车”项目三等奖；习作《第一次放孔明灯》在《少先队员》刊物上发表。

三、关心班级、爱护公物

杨龙雨同学作为班长，总是以身作则，以大局为重，毫不吝惜牺牲个人时间。每当班级布置劳动任务时，他就带领同学认真完成，有些脏活、累活自己身先士卒，带头干、抢着干，并且毫无怨言。每次劳动后，他总是把班级的劳动工具整理摆放得整整齐齐。他经常说：“只要为班集体争得荣誉，牺牲个人利益毫不足惜。”所以他被同学们誉为“班级的小雷锋”。

他是懂事、孝顺的好孩子

一、热爱生活，增长生活技能

杨龙雨同学是个充满阳光的小男孩。他热爱生活，经常积极帮助父母干一些力所能及的事情：扫地、扫楼梯、抹桌子、洗袜子、学做饭等等。十二岁年纪便能杀鱼、做饭。一道西红柿炒蛋，做得色香味俱全，让爷爷吃得乐呵呵。

二、关心、照顾生病的曾祖母

一颗孝顺的心，使小小年纪的他懂得对老人的关爱。每天放学回家，他进门的第一件事，便是跑到卧病在床的曾祖母面前细心询问曾祖母身体情况，给曾祖母倒水，经常给曾祖母喂饭，向曾祖母叙说自己的学习情况等等；还逗乐曾祖母，让曾祖母重拾生活的笑声，忘却病痛的折磨。每次曾祖母总是摸着他的头，笑眯眯地说："我的乖宝宝就是惹人爱。"

他是诚实、热心的好伙伴

一、团结同学、乐于助人

杨龙雨同学具有很强的集体荣誉感。他觉得：个人的进步是渺小的，只有让全体同学都进步，那才是一件大乐事。他不仅和学习成绩好的同学在一起谈心得、交流学习经验，争取更大进步，还经常与其他班干部一起主动关心班上学习有困难的同学。为了帮助学困生解答疑难，他总是百问不厌、耐心细致地讲解。在他的热忱帮助下，班上的几名学困生在各方面都有较大的进步。

二、拾金不昧、爱心常存

生活中，他极富有爱心。2008年他还是个幼儿园的小朋友，汶川大地震时，他哭着回家说："妈妈，他们真可怜，连家都没有了，我们帮帮他们吧。"于是，他便毫不犹豫地把自己攒的一大盒钱捐了出去，他告诉妈妈说以后不吃零食了，把钱都存起来，帮助那些有需要的人。

2009年他上小学了，在学校里，每位同学都是他的好朋友、知心好伙伴，无论是生活上还是学习上，谁要是有困难只要是找他帮忙，他一定会尽心尽力地帮忙。他和许多同学一样爱看书，平时，他总是让妈妈给他买各种各样的课外书，名人故事、历史故事、童话故事等都是他的最爱，在书里他认识了邱少云，认识了董存瑞，认识了雷锋，英雄们高尚的品质深深地感染着他，生活中的点滴都彰显他对英雄的敬仰。

2013年3月，他在回家的小区路上，看到地上有一个钱包，钱包鼓鼓囊囊的，当时身边一个人都没有，他心里十分焦急，左顾右盼地看了半天也没有一个人，心想：那就等一会吧，也许失主发现包丢了会回来呢！可是等了半个多小时也没有人回来，于是他想打开包看看吧，也许包里会有失主的联系方式。他打开一看里面有厚厚的一沓钱，有身份证、行车证及各种卡。他想丢包的人该有多着急呀，于是他赶快跑到物业管理处，让物业的人一起帮忙找失主。物业的经理根据身份证上的地址确定了失主，并同杨龙雨一同去到失主家找到了失主。失主已经发现包丢了，正在难受呢，一看包被送回来激动极了，没想到装了那么多现金的包还能找到，一听说是孩子捡的，忙拿出200元钱让孩子买点吃的，孩子怎么也不肯要。失主说："钱丢了还没什么，关键是里面有太多的证件，要是丢了可麻烦死了。"一个星期过后，失主为了表示对孩子的感激之情，做好了一面锦旗送到了学校，并说："现在的孩子真是值得我们这些大人学习啊！"

他是勤劳能干的好帮手

在班级里，杨龙雨同学担任过多种职务，在提高自己学习成绩的同时，他能尽职尽责，努力做好自己所负责的每一项工作。担任班级卫生委员时，为了做好班级的卫生工作，他天天坚持早到校、晚离校，把班级卫生整理得井井有条；在卫生劳动中，他能以身作则，脏活累活抢着干，在同学中间起到了良好的带头作用，使班级的卫生工作在学校一直名列前茅，为班级赢得了荣誉。值日班长的工作他也做得很认真，总是第一个到校，打开教室的门，整理好教室卫生。身为班干部，他总是尽自己最大的努力，为老师排忧解难，做老师的好帮手。在学习上，他主动帮助学习有困难的同学，把自己的学习经验和方法分享给他们，用自己的切身体会鼓励他们，有许多同学被他的真诚打动，同学们都把他当成自己的知心朋友，有什么心事都愿意与他交流，在互相交流中取得共同进步。在少先队的工作中，他积极宣传少先队的知识，发展介绍新少先队员，让更多同学加入这个先进组织，为少先队组织不断输入新鲜的血液。

后记：总之，一路走来，杨龙雨同学不断充实自己，严格要求自己，在小学生涯中迈上了一个又一个的新台阶。他是素质教育春风吹拂下茁壮成长的小苗，他有一颗善良、纯真、金子般的心灵，他那拾金不昧的精神更值得大家学习。

继承 创新 志愿 奉献

——记佛山市第一中学学生李晓娴

题记：『脚踏实地，仰望星空，奉献小我，甘之如饴。』李晓娴同学目光灼灼，语气坚定。她——一个十七岁的青年志愿者，用她的一言一行感动着周围的同学。她和她的同伴们为岭南文化的传承事业不遗余力地奔走呼告，旨在使更多岭南人关注正在消失的非遗。

李晓娴同学就读于佛山市第一中学。这所坐落于汾江之滨的百年名校是佛山市教育局唯一直属的全寄宿制普通高中，是首批广东省国家级示范性普通高级中学、首批“广东省重点中学”、首批广东省“教学水平评估优秀学校”；多次被授予“广东省先进集体”荣誉称号，连年获得“佛山市高考优胜奖”；2010年被国家教育部授予“艺术教育先进单位”称号；2011年被教育部评为“第四届和谐校园先进学校”。学校向来以“重素质，讲规律，活教活学，广育人才”的办学特色和校风好、教育质量高闻名遐迩。在“追求卓越，铸造栋梁”校训的鞭挞之下，佛山一中人才辈出，桃李芬芳。

学校松弛有度的教育模式给了李晓娴同学全面发展的机会。该生具备良好思想道德修养，热爱祖国，关心国家大事，有较高社会责任感和服务意识。她能做到严于律己、宽以待人，尊师重道，团结同学，乐于助人，有较强的集体意识。

爱心少年　热心公益

在班内，她是深得爱戴的好班长，是同学心目中的大姐大，但这位干练独立的少年有着一颗金子般的心，她常年在社区进行志愿服务，获得了街坊邻里的称赞。她回忆说：自己从小在粤北山村长大，深知落后地区生活不易，自己现在的生活迈入了小康阶段，应当尽力去帮助有需要的人们。她的家乡也因此得到了李嘉诚等众多公益人士的援助，从一个沿海渔村蜕变为今日熠熠生辉的汕头经济特区。

“青年人是祖国的未来，社会需要我们。”她不仅个人具有高度的奉献精神，还主动组织和领导青年人共同参与到志愿服务的行列里来。在学校举行的爱心义卖活动中，她与几位班干精心策划，最终筹得善款2950元并以班级名义全额捐出。2013年暑假，她带领一中学子参加“寻梦佛山”志愿服务活动，成为一名小导游，带领一群孤独的孩子参观游览佛山名胜，为这群外来务工人员子女原本枯燥无味的假期增添几分趣味。她的杰出表现获得佛山创文办以及祖庙博物馆的一致好评，并且作为志愿者代表接受了《佛山日报》的采访。面对镜头，她微笑地说：“我们应当感谢这群孩子的父母，他们为佛山为广东的建设奉献了自身的力量。能和他们的孩子成为朋友，我很高兴。”

2013年12月，一中迎来了她的百岁诞辰，李晓娴同学成为学校百年校庆活动志愿者中的一员。舞台幕后是她忙碌的身影，无一句怨言，只为远道而来的校友奉献一场完美的视觉盛宴。当天冬日下是她奔走的身影，她没喊一声累，只把最好的服务与微笑留给慕名而来的来访者。半年前，校庆办的一位老师找到她，告诉她有一位身处耄耋之年的一中校友叫黎伯，黎伯的生活近况很不好，他当年的同学寻助无果，只得求助于母校。李晓娴同学接过老师手里的资料，上面是近几年佛山各大媒体对孤寡老人黎伯被逼迁一事的报道，看完之后身为小蜜蜂志愿者协会会长的她当即应允，愿以协会的名义向黎伯提供帮助。和同伴探望完黎伯以后，她感触很大，黎伯的“家”不过是楼梯口一间不足二十平方米的小房间，年逾八十的老人只是睡在一块木板上休息，吃的也只是凉的速食食品。在和黎伯聊天的过程中，她了解到黎伯原是一名光荣的战士，她立即想起了家中同是曾为国浴血奋战的外公，眼前的这位老人为祖国奉献了一生，晚年竟落到这般田地，她心痛不已。回校后，她立即和另外几位协会领导人制定援助方案，计划着每月探望老人两次。随后她在全校公开招募志愿者，引起了众多同学的热烈反响与积极参与。

她的热心充分展现了一中学子的风采，她的奉献极好地诠释了“青年志愿者”的含义，予以“佛山青年志愿者”之名号她亦当之无愧。

传承文化　甘之如饴

佛山一中的学生活动丰富多彩，社团发展有声有色。李晓娴同学是佛山一中小蜜蜂志愿者协会的会长，该协会在李晓娴同学上任后被评为“广东省优秀社团”。小蜜蜂志愿者协会是为数少有的结合志愿活动与本土文化传播活动的原创学生社团，兼有志愿者组织的特点和文化传播组织的特点，能组织举办各种志愿活动和文化传播活动，更将两者结合起来，成立以来取得了不小的成绩。该协会是佛山一中最大的文化传播和志愿活动组织，组织内部分工明确，成员能力卓越。协会举办的各种活动兼有校内外活动、社会活动，涉及面广，影响力强，具首创性和新颖性。

作为新会长上任以后，李晓娴同学贯承小蜜蜂原有的精神，致力于岭南文化的传承事业。不仅如此，她还积极创新，希望通过更为新颖的形式展现传统文化的魅力，从而引发了更多青年人的兴趣。在她的领导和学校的大力支持下，小蜜蜂多次举办大型文化活动，邀请社会文化人士，将多项非遗项目引入校园，在校园内反响热烈，更得到了社会各界的高度认可。

2013年10月，小蜜蜂成功举办电台文化节。电台作为潮流文化的传播者，是现代与传统文化的交汇，如何从电台中传承佛山特色文化，是小蜜蜂志愿者们新的出发点。本次活动可以说是李晓娴同学和小蜜蜂的一次创新，她没有着眼于传统文化，而是选择介绍文化传播的媒介——电台，旨在让同学们更了解佛山本地的电台文化，更好地融入佛山文化的氛围。活动形式包括讲座以及游戏，李晓娴同学还邀请到了广东省十佳电台主持人、佛山电台著名DJ邱静女士莅临校园分享自己的经历，活动反响热烈，受到了同学与老师的欢迎。

2014年寒假，佛山电视台《经历》栏目的一期节目引起李晓娴同学的兴趣，这期节目介绍了一项广东省非物质文化遗产——南海藤编，可惜的是这项指尖上的艺术目前正面临后继无人的危机。李晓娴同学和同伴们不辞劳苦，在近两个小时的车程之后，来到南海盐步，找到一位藤编老师傅并对其进行了采访。郑师傅对她们的到来欣喜不已，并向她们介绍了南海藤王府。去到藤王府，李晓娴同学和同伴们立即被眼前琳琅满目的藤制品征服，上至气派的藤家具、下至做工精细的工艺品无一不令同行的人称赞不绝。自此，李晓娴同学便下定决心必将此艺术引入校园，让更多人了解它。经过两个月的策划与筹备，小蜜蜂于2014年4月成功举办“非遗藤编进校园”活动，广东省非遗项目传承人梁先生带来许多精美的工艺品，让慕名而来的同学们大饱眼福。报告厅内人头济济，大家纷纷把握机会拜师学艺，握着几条细细的藤跟师傅有模有样地学了起来。同学们浓厚的兴趣令李晓娴喜出望外，当他们挥舞手中的作品时，身为引路人的她不由得会心一笑。此外，李晓娴同学还盛情邀请了佛山二中、三中等名校一同享受这场文化盛宴，希望将这项非遗传播到各个校园。此次活动在社会上引起了热烈反响，《佛山日报》《珠江商报》等多家媒体对此进行了大篇幅的报道。

李晓娴同学的脚步不仅限于此。她充分利用闲暇时间积极向社会知名人士学习、交流；组织志愿者到佛山特色景点协助参与导游讲解工作；将口述历史带进校园，为佛山口述历史活动的新一代接班人提供学习、交流的平台。

李晓娴同学认为对于一般人来说，大多数人对文化的态度比较敷衍，极少人对保护和传播文化拥有强烈意识；但是，大多数人都不希望传统文化消失，希望保留文化的独特地位，可大家会觉得投门无路，“这个时候就需要有先行者，而我愿意奉献小我，即便误解与困难不断，但我甘之如饴。”李晓娴同学语气十分坚定，“文化传承不是一蹴而就的事，诚然，高中生看起来似乎没有很大的影响力，但只要有想法，我们愿意去关注这个社会。我相信，在推动社会进步的力量中，青年人是不可或缺的。”今日之她多努力一分，明日之文化将多一分影响。当千千万万的青年踏上文化传承之路，我们生长于斯的土地也会多一份魅力与风景线。她的执着充分展现了岭南学子的风采，她用她的满腔热忱在生她育她的土地上播下了文化传承的种子，予以“岭南文化先行者”之名号她亦当之无愧。

学习刻苦　全面发展

李晓娴同学学习刻苦，学习效率高，拥有扎实的知识基础，具备创造性思维和发散性思维，具有学术研究的潜质。她成绩优异且稳定，成绩排名长期稳定在年级理科前一百名。她还积极参与各学科竞赛并且都有不俗的表现，曾获广东省中学生物联赛三等奖等。面对优异的成绩，她一直保持谦逊的态度，追求更高更远的目标。学习之余，性格开朗的李晓娴爱好广泛，博览群书，口才了得，思维清晰，有较强的演讲与辩论能力，曾代表佛山一中应邀参加第三届“知行杯”泛珠三角华语辩论赛。此外，她还曾参加由佛山一中主办、广东省各大名校联办的模拟联合国大会，表现优秀，赢得了与会代表的称赞，并获得了“最佳记者”的称号。

李晓娴同学有自强自立的生活作风、良好的生活习惯，心理素质较好，能够自主应对学习和生活上的各种考验。此外，她积极参加体育锻炼，身体素质较好。

后记：综上所述，李晓娴同学是一名德智体美劳全面发展的学生。她少怀壮志、自信独立，是新中国二十一世纪不可多得的四有青年，相信假以时日，必将成为祖国的栋梁之才，为社会主义贡献力量。践行志愿服务精神，是建设社会主义核心价值体系的生动实践，是中华民族传统美德的传承，是社会主义道德的基本要求，也是公民道德的基本准则。李晓娴同学是当代青年的标杆，作为当代青年，要从现在做起，从自己做起，使社会主义核心价值观成为自己的基本遵循，并身体力行大力将其推广到全社会去。

乐于学习　乐于助人　乐于成长

——记广东北江实验学校学生袁恺

题记：恺，快乐、和乐也！作为新时代的中学生，他以『乐』于学习、『乐』于完善自我、『乐』于助人的形象感染着家人、同学、老师！

“乐”于学习的楷模

在初中两年的学习生活里，他取得了优异的成绩：多次考试的总分在年级都名列一二，单科成绩也都是数一数二。当然，这与他以学习为乐的宗旨是分不开的。

在初一第一次期中考试时，他由于生病而没能参加考试，可他早早就准备好迎接考试了，一周的努力复习也是在发烧时昏沉度过的。虽然父母多次劝他不要让自己这么辛苦，但他却说：“我一点都不累啊，我觉得很开心，很充实！”

最后，他在老师和父母的劝导下并没有因为缺席考试而郁郁寡欢，相反地，他改变了对考试的看法，也终于懂得过程远比结果重要得多。

于是，他更加努力学习：课堂上，有他认真听讲的神情、逻辑严密的发言、字迹工整的笔记；下课后，有他与同学积极讨论的场景；在家里，更有他挑灯夜读，孜孜不倦汲取知识的身影……

“乐”于完善自我的“新少年”

他不仅成绩优异，而且爱好广泛。因为他知道，作为一名学生，作为一名有理想有抱负的青年，成绩不是最重要的，最重要的是个人的综合素养！

他是一名英语爱好者。从4岁起，他就开始学习英语，标准的英语发音、内容繁多的语法要点、一个个生僻的英语词汇，他都熟记于心。他还在英语学习过程中注重听和说，大胆主动地与外国人交流，练得一口流利英语。在“希望之星”等多次英语（演讲）竞赛中获得一等奖。

他对于中国的古代文化也非常钟情。在空闲时间，他会看些诸如《唐诗鉴赏三百首》《楚辞》《诗经》等古籍。他还在2014年中国汉字听写大会广东赛区选拔赛中获一等奖。他也对汉字文化有一定研究，所撰写的社会科学类论文《谁来捍卫笔尖的汉字文化》荣获“2014年广东科技创新大赛三等奖”。

当然，他也注重劳逸结合，课余时间经常参加一些体育活动。他擅长打乒乓球，常常会在体育课的自由活动时间约上班里同样爱打乒乓球的几个同学一起到球台前切磋球艺。只见一抽一拉，乒乓球如子弹般周旋于球拍之间。一局下来，双方早已是汗流浃背，球艺却长进了不少……

面对接踵而来的赞誉，他不仅没有骄傲，反倒很冷静地告诉身边的同学：成绩、特长、爱好当然重要，因为这些是评价一个学生最重要的指标，但我希望你们明白，在当代社会对于一个人来说，诚信更重要！

那是初二下学期的第一次段考，不知为何，每一科的难度似乎都大了很多。七科的试卷早已发完，最后的语文仿佛就是“重头戏”。

他不止一次紧张地计算着自己的总分：“还不错，就看语文的了。”

语文课的上课铃骤然响起，老师稳健的脚步声越来越近，教室里不禁弥漫着一丝紧张的气氛，静得很。只见老师拿着一沓厚厚的试卷走进教室，所有人都倒吸了一口冷气，他也双手合十，祈求语文能拿好成绩。

“袁恺，101.5！”老师庄严的语调中似乎带着欢快！

他难以置信地接过试卷，他的同桌也露出了羡慕而敬佩的笑容。可当他仔细地看了一遍试卷后，心中有种不对劲儿的感觉：难道是算错分了？我怎么会有这么高的分数？果然，当他认真算了分数后，发现竟少扣了两分，那是一道古诗默写题。他心中开始挣扎起来：这可是两分呐，就这样没了多可惜啊！没了这2分，意味着年级第一将会成为奢望，因为另一个班有一个同学是我强劲的对手，平时考试成绩不相上下的。他不停地安慰自己。不行！我白白得了两分，对于其他同学来说是不公平的！我又怎能违背诚信这一做人的基本原则呢？一定要告诉老师！他坚定了决心，鼓起了勇气，举起了手。

当看到自己的分数就这样变成了“99.5”，他心中如打翻五味瓶般，百般滋味，既是为丢掉这两分后悔、惋惜，也更是对自己能坦诚告诉老师实情，诚实守信而欣慰。

他正是一个这样的人，无论面对什么，诚实守信永远是他做人的原则与信条。

“乐”于奉献的“小雷锋”

他是个热心的人，当身边的人有什么需要，他总是毫不犹豫地伸出援助之手。记得那个中午，下课铃声刚刚响起，他与几位同学走向了饭堂。突然一位同学拍拍口袋：“糟了，我的饭卡忘在教室了，我要跑回去拿才行。”说完，他立马掉头就要往回跑。此时他却不假思索地一把拉住了那位同学，说：“没事，我先借你吧，再回去就晚了。”那位同学也忙道谢：“谢谢，我明天就会还你的。”他这时大方地笑了笑：“不要紧，或许哪一天我也会向你借饭卡呢。”

他不仅是个爽快大方的人，还十分关心、体贴同学。那次体育考试，骄阳似火，好不容易跑完了一千米，早已是头晕目眩、气喘吁吁。他是第一个到达终点的，刚缓过气儿来，就远远地看见同学小风一瘸一拐吃力地向终点跑来。他忙迎上前去，扶住小风问他怎么了，小风说：“我的脚扭伤了，痛！”他搀扶着小风，问道：“还好吗？我送你去医务室吧。”小风难受地点了点头。终于到了医务室，却没看见校医的踪影。等了好一会儿，他便把扶着小风在楼梯台阶上坐下帮他扭脚，捶捶膝盖，还不时问他好点儿没有。最后，他就和其他几个同学慢慢地把小风扶回了教室。

后记：他可谓是优秀中学生的代表，也正是有着如此优秀的众多中学生，我们的菁菁校园才会如此美好；也正是有着如此优秀的众多中学生，我们的和谐社会才能永葆青春；也正是有着如此优秀的众多中学生，注定了我们的“中国梦”必将成为现实！

学会感恩是她的梦

——记韶关市韶钢第四小学学生陈美桦

题记：翻开她的日记本，扉页上写着这样一段催人奋进的话：『作为新时代的红领巾，「学会感恩」是一本读不完也道不尽的道德模范之书，我要用这些道德模范之书中的一字一句来指导自己日常生活中的一言一行！我要刻苦学习，团结友爱，全面发展，争做一名优秀少先队员。』

韶关市韶钢第四小学是全国红旗大队、广东省体育特色小学、广东省书香校园、广东省诗歌示范学校、广东省一级小学、广东省文明安全校园、韶关市德育示范学校、韶关市师德先进、韶关市未成年人思想品德教育先进实践基地，获综合实践基地体验活动比赛3个一等奖、两个二等奖；《闪闪红星操》获广东省红领巾带动唱一等奖；阳光体育活动获省市3个一等奖；多次承担韶关市体育艺术2+1现场会；代表韶关市参加广东省体育艺术2+1现场会经验交流；承担“韶关市全市少年宫活动现场会；在韶关市“弘扬雷锋精神 践行社会主义核心价值观”作“培养青少年崇高的品质”经验报告。近几年，韶钢四小培养一批学生荣获韶关市“雏鹰少年”“美德少年”“雷锋式好少年”“优秀少先队员”称号。

粤北山区的韶钢四小的五（2）班班长、少先队大队委——陈美桦同学就是新时代红领巾的典型代表。2014年，她被学校推荐为韶关市“美德少年”。

学习生活中的陈美桦，严以律己、身言示教、传承美德、学会感恩，是韶钢四小少先队员优秀典范。

品学兼优，多才多艺

陈美桦同学从小就立志德、智、体、美、劳全面发展自己，做复合型、对社会有贡献的人。她不仅成绩优秀，还年年被评为学校的“三好学生”“优秀班干部”；多次被评为“四有好少年”“体育小明星”“优秀少先队员”；还获得“阅读金星”“十大校园小歌手”“故事大王”“雷锋式学生”“英语竞赛”“优秀小记者”“优秀小播音员”等荣誉称号；积极参加《红领巾相约中国梦》《队旗永飘扬 红歌伴成长》《汇聚正能量，共筑中国梦》《红领巾心向党学雷锋找榜样争四好》《阳刚少年 用成长拥抱梦想》《感恩祖国 感恩父母》《美德从这里开始》《红领巾唱响中国梦》《小小手画大蓝图 童心童画献党情》《做雷锋式的好少年》《做一个有道德的人》《向国旗敬礼》《同享一片蓝天 共献一片爱心》红领巾爱心捐款活动、《与经典为伍 与梦想同行》——共筑中国梦诗歌诵读、《做一个诚实守信的美德少年》《美德从这里传承》慰问活动、《红领巾心向党 祖国发展我成长》《学先锋 争四好》《我运动 我健康 唱响美的旋律》《中华民族响扇》《经典浸润人生 雅言传承文明》等主题活动；多次主持校内的各类活动；同时利用课余时间积极参加古筝、朗诵、写作、书法、摄影等业余培训学习；通过了广东省文化馆古筝社会艺术水平八级考级及中国歌剧舞剧院朗诵社会三级考级并获得考级证书；分别获得2011年中国民族音乐艺术节暨第六届“天下筝会”古筝重奏、独奏一、三等奖；2012年参加第八届

“为学杯”全国中小学生创新作文大赛，参赛作文“小金鱼”获得小学组一等奖；参加韶关市第十七届中小学（幼儿园）“英东杯”书画比赛摄影作品《舞动的旋律》获摄影组一等奖；2013年参加韶关市第十八届中小学（幼儿园）“英东杯”书法《腾飞》获文艺竞赛小学组二等奖，古筝独奏《雪山春晓》获文艺竞赛小学组三等奖；2013年度“全国小学生诗歌节”荣获优秀诗歌作品奖；2014年在第四届“星火杯”全国少年儿童美术书法摄影大赛中获得金奖。

她知道红领巾是国旗的一个角，是少年儿童先锋队的标志。红领巾象征无数革命先烈的鲜血和党的关爱。她在主题队会演讲中说：“戴上红领巾的人就成为了党的孩子，向先辈们学习，不怕流血、不怕牺牲、无私奉献，时刻准备着为共产主义事业而奋斗。我是新时代的红领巾，就是要热爱祖国、刻苦学习、孝亲敬老、服务人民、崇尚科学、辛勤劳动、团结互助、诚实守信、遵纪守法、艰苦奋斗，做一个美德少年。”她带领全体同学在韶关市中小学生体育艺术2+1阳光活动现场会中表演手语操《感恩的心》时，一起说出：“我们感恩父母，因为父母给予我生命；我们感恩同学，因为同学教我团结友爱；我们感恩老师，因为老师教我知识；我们感恩校园，因为校园给我美好学习环境；我们感恩社会，因为社会教我和谐相处；我们感恩党，因为党哺育我成长；我们感恩祖国，因为祖国教我好好学习天天向上。”全场观众为之感动不已。

班级管家，同学益友

在学校里，她是班级管家、同学益友，是老师的得力小助手，她的梦想就是能做好同学们的“服务员”。从小学一年级开始，她就当选为班长。自当上班长那一天起，她就用稚嫩的肩膀承担起了一份责任。在各项活动中，她总是积极参与，充分发挥自己的特长，为班级赢得了很多的荣誉；劳动时总是抢着干最脏最重的活儿，从不偷懒，从不惜力，也不会拿出班长的架子只指挥别人干。对待班级的劳动任务，她总能够提前出色地完成，只要哪天她值日，她总顾不得吃早饭，就急急忙忙奔到学校做值日，等其他同学到校后，教室早就被她打扫得干干净净了。下课后，同学们在休息。她却还在忙着收发作业本；有同学不守纪律了，她会及时给同学们指出来；有同学遇到不懂的问题，她会耐心辅导；有时睡觉了，同学打来电话问她题目怎么做，她都能抛开睡意，愉快地把自己的解法告诉了同学。在班里，她希望把阳光般的快乐带给大家，自己来承担责任。例如，在德育综合实践基地训练期间，合作游戏“传承”环节中有一个同学出现小小的失误，整个组就算失败。作为班长的她勇于担当，一个人必须用自己的双手和肩膀替全班同学做俯卧撑，虽然不是她的错，但规则是有错就由班长承担。此时全班四十多双眼睛看着她，为她的勇敢、担当感动得都哭了。而她却毫无怨言用宽容的胸怀勇于承担，她用自己的行动教育所有的人要学会担当、学会合作、学会奉献，更要学会感恩。她与同学们更加珍惜集体荣誉，成为同学们的好伙伴、好榜样。2014年4月，在韶关市德育综合实践基地军体训练展示中，她与同学们共同努力，获得了德育综合实践团体第一名。

孝顺懂事，感恩回报

她怀着一颗感恩的心，在韶关市“长者公寓杯”“孝亲敬老”故事讲演比赛中，演讲肺腑感人。她是这样说的，也是这样做的。

她孝顺懂事，是一个懂得感恩回报的好孩子。陈美桦出生于韶钢职工家庭，从小就受到良好教育的熏陶，小小年纪就会主动帮爸爸妈妈干一些力所能及的家务活，像洗锅、刷碗、煮饭、扫地、叠被等那是不在话下；还经常帮妈妈捶背、捏腿、洗脚减轻妈妈的劳累。在空余时间，她总会陪父母聊聊天，给他们带来无尽的快乐。有一天妈妈感冒了，她贴心地嘘寒问暖，端水递药，主动把家务承担下来。妈妈生病期间，她为了让妈妈多睡一会儿，早上很早起来替妈妈准备早餐。她还坚持自己的事情自己做，从不让父母为她操心，尽可能减轻父母的负担。

小时候由于父母工作忙，外公外婆把她带大，她与他们的感情非常深厚。长大后，她学会孝顺和回报他们，三天两头必定给他们打个电话，嘘寒问暖，分享校闻趣事。尤其在吃鱼时，外公外婆眼睛不好，她总是主动细心地替外婆把鱼刺剔除，才放心地让他们吃。她说：“小时候是他们照顾我，为我剔鱼刺，我现在长大了就应该照顾他们。”一有时间她就会跑到外公外婆家，替外公捶捶背、捏捏腿，替婆婆梳梳头，她还学会了为外婆剪头发。她说：“手艺虽然不好，但我要学会为外婆做一个时髦年轻的发型，让外婆高高兴兴度过晚年。”在外婆生日时，她用压岁钱给外婆买了一条红围巾，外婆逢人就说：“这是我外孙女送我的生日礼物。”外公身体不好，长期咳嗽，有次爸爸妈妈带她回老家，她听说化州橘红可治咳嗽，就用平时家里卖废纸品积攒的钱买了两盒橘红回来送给了外公，外公感动地说：“我这外孙女真孝顺，没白让外公疼你！”

热心公益，传递美德

她品学兼优，表现出众，被选为韶钢四小少先队大队委员。作为大队委的她，积极热心参加各种公益活动，通过这种方式将爱带得更远，将美德进行传递，时时刻刻都在做着同学们的表率。在2011年6月“韶钢正子手拉手书香体健心连心”送温暖活动中，她带着自己用零花钱买来的学习用品赠送给了新丰的小同学；2012年5月参加“爱心传递梦想，书籍成就未来”——韶钢四小与韶关市东联小学“乡村百校图书工程”捐献活动时，她将自己很多心爱的书籍赠给了那里的同学；代表韶钢四小到曲江福利院参加爱心慰问活动，为那里的老人唱歌、削水果、梳头、修指甲，送去物质食粮和精神食粮，用爱心温暖着孤寡老人的心；多次给灾区、贫困山区捐款、捐物，参加红领巾爱心基金捐款活动；多次给灾区、贫困山区捐款、捐物，参加红领巾爱心基金捐款活动。

她常说：“传承美德，学会感恩，是一本本读不完也道不尽的道德模范之书，我要用这些道德模范之书中的一字一句来指导自己日常生活中的一言一行！心境求高洁，人格尚完美，学养求丰富！做一个有益于人民、有益于社会的人！”

红领巾是祖国的未来。“少年强则中国强，少年富则中国富”，梦想的追寻和实现，成就了一个国家的腾飞和荣耀。让所有的红领巾和青少年努力学习、积极向上，发扬自强不息、奋发有为的精神，自觉学习和践行社会主义核心价值观，响应习近平总书记提出的实现中华民族伟大复兴的梦想。

传承美德，华实言行，让我们共筑美好中国梦。

后记：梦想是美丽的，它是心底最美的期望；梦想是阳光的，它让人由彷徨到坚定。同学们，让我们一起逐梦吧！

品学兼优的快乐少年

——记韶关市韶师附属小学学生黄攀郅

题记：『帮助别人，快乐自己。』这是韶关市韶师附属小学五年级一班的学生黄攀郅的座右铭。

黄攀郅，今年11岁，是广东省韶关市韶师附属小学五年级一班的学生，广东省“优秀少先队员”，韶关市“十佳少年”，现担任学校少先队大队长、五年级一班的班长。他勤奋学习，性格开朗、兴趣广泛、善于动脑、敢于探究，是老师的得力助手，更是同学们学习的榜样。他不仅自觉参加校内外的各项活动，还主动组织、带领本班及全校学生开展各种有益的活动，是一名在积极“践行社会主义核心价值观”教育活动中涌现出来的品学兼优的优秀少先队员。

勤奋刻苦，团结友爱

在学习上，他有着一股钻劲儿，不向任何一道难题低头。正是凭着这种刻苦钻研的劲儿，他的语文、数学、英语五年来一直名列前茅。五年来，他共参加22次“庆元旦”“庆六一”活动，语文、数学、英语竞赛分别获奖22次，十个学期优异成绩奖10次，诗歌朗诵、故事演讲、作文比赛、写字比赛、体育比赛等各类奖项9次。2011年6月，二年级的他在英语老师的推荐下，参加小学五六年级的英语竞赛，通过英语视听、短文理解、英语话题演讲等精彩展示，综合评价获全市二等奖。同时，他还积极帮助同学学习，把帮助同学当成是一件快乐的事。他常常说：“帮助别人，快乐自己。”在学习上，当同学遇到困难时，他都会耐心地给同学讲解，直到同学弄懂为止。上学以来，只要是与他同桌的同学，他们的成绩都会慢慢提升，连字也写得越来越漂亮，经常得到同学家长的夸奖。并且，他还发挥班长的带头作用，发动一些学习好的同学一起成立互助学习小组，采用一帮一、手拉手的形式结对子，从而让学习好的带动学习差的同学，使整个班形成你追我赶的良好学习风气。在生活上，他也热心帮助同学，每次竞选班干部，他的选票都远远超出其他同学。

兴趣广泛，全面发展

除了各科学习成绩优秀外，他还是个兴趣爱好非常广泛的学生。他不仅喜欢学习书本知识，还喜欢拉小提琴、打乒乓球、游泳、打篮球、踢足球、打羽毛球、唱歌、跳舞、写书法等；小提琴方面更是造诣较深，达到八级，多次代表学校到敬老院、福利院爱心表演，参加社会上的公益演出，小提琴演奏得到社会人士广泛关注好评，并得到爱乐乐团小提琴首席演奏李老师的高度赞扬。2013年，他参加中小学生“英东杯”乐器比赛，获区、市二、三等奖。同时，他积极参加各种活动，德智体美劳全面发展：参加“我的中国梦”演讲比赛获区二等奖；参加学校举办的各类体育运动，如羽毛球获学校第五名。2012年，他被评为浈江区中小学“雷锋式学生”。五年来，他多次被授予“优秀少先队员”“十佳少年”“三好学生”“优秀大队委”“优秀班干部”“文明礼仪好学生”“诚信标兵”“美德少年”等各类荣誉近20项。面对成绩，他并没有骄傲，而是始终谦虚好学，不断提高自己，全面发展。

热爱劳动，敬老爱亲

在班级中，每当有什么最脏、最累的活儿，冲在最前面的总有他的身影。老师不在的时候，他也总能发挥自己的组织能力，带领同学们把班级打扫得干净彻底，总是让老师十分放心。他的这种表现潜移默化地影响着班集体中的每个成员，他们班的卫生一直是全校最好的。在家里，他时刻怀着一颗感恩的心，孝敬长辈，关爱身边的人，做自己力所能及的事，比如帮妈妈拖地、扫地、洗碗等。有一次，妈妈感冒躺在床上，全身没力，他就跑到大街上的药店里买了感冒药和消炎药，回到家里按药盒上的说明，让妈妈吃下去，并且让妈妈盖上被子安静睡觉。然后，他自己去市场买菜、回家自己煮饭。等妈妈睡醒后，他端来一碗热腾腾的米饭给妈妈吃，妈妈感动得热泪盈眶。他不仅孝敬自己的父母，而且乐于助人，把快乐带给别人。有一次，在他放学回家的路上。突然，听见身后“啪”的一声，原来是一位老奶奶摔倒了，正趴在地上，着急地摸着什么。他并没有犹豫，很快地跑上前去，原来老奶奶在地上找她的眼镜。可能是由于天色较晚，再加上老奶奶的眼神不太好，一直没发现就在旁边的眼镜，他赶紧扶起老奶奶，帮她捡起了眼镜，老奶奶激动地连连说“谢谢”。经过交谈才知道，老奶奶的眼镜是她的女儿从国外买来送给她的生日礼物，非常贵重。他心里顿时暖烘烘，觉得自己做了一件了不起的事。这就是黄攀郅，“帮助别人，快乐自己”。公交车上，他总是把座位让给爷爷奶奶等有需要的人；发现马路上有垃圾时，他总是第一时间捡起来扔进垃圾桶；看见盲人朋友过马路时，他会主动迎上去扶着他们安全过马路……

后记：“帮助别人，快乐自己。只要人人都献出一点爱，这个世界将会变得更加美好！”这些话，他不仅时常挂在嘴边，更是身体力行，在日常的生活中实践着。虽然没做过什么惊天动地的大事，但在平凡的小事上体现出了一个少先队员优秀的道德品质。黄攀郅这位勤奋好学、积极向上、文明守纪、尊老爱幼、乐于助人的好学生，具备新时代少年的综合素质，是社会主义核心价值观教育体系培养出的优秀学生的代表，是学生的榜样，是少年的精英，更是当之无愧的一名优秀的少先队员。我们相信，成绩优异、兴趣广泛、全面发展的小男孩在党的阳光照耀下，在少先队这块沃土的培育下，一定会像小树苗一样健康茁壮成长。

梦想在心，担当在行

——记佛山市顺德区德胜学校学生郭雨彤

题记：背负着责任和梦想前行，是幸福的。

该学生性格开朗，爱好广泛，与同学老师相处融洽，在家孝敬父母关爱老人，同时在生活上自立自主，从不需要父母操心；在学习上发扬钻研精神，在学期考试和各项竞赛中均获得优异成绩；在班级和年级事务中，积极组织并参与各项活动。在学校、家长的培养下，该生形成了自信坚毅、开拓进取、昂扬向上的品质品德，锻炼了沟通协调、统筹规划等领袖才能。初中阶段，她多次获得期末考试一等奖、全国化学竞赛二等奖，中考成绩进入顺德区前20名；高中阶段，两次期末考试均进入全区前10名（含国华），先后获得数学“希望杯”全国三等奖、广东省生物竞赛三等奖（参赛选手以高二学生为主）、化学竞赛省一等奖，并被评为顺德区“优秀共青团员”。

自立自强不肯认输

她并不是土生土长的本地人，父母作为大学生在上世纪90年代来到顺德，在此扎根，而她就成了一个不知道家乡是哪里的“外地人”。没有家族庞大的人际关系，没有对这片土地的归属感，她从小被父亲教育着要自立自强，被父亲要求把每件事情做到比别人好，因为——“爸爸妈妈帮不了你，你只能靠你自己做得比别人好”。在这样的教育下，她努力发展自己的才艺，同时在学习上也要做到最好。

小学时，她参加校舞蹈队，每天比其他同学提早半个小时起床，在7点钟前赶到学校，永远是第一个等待在舞蹈室门前的同学。除此之外，她还担任多项校、镇级活动的司仪，从一、二年级时的懵懂好奇，渐渐变成了五、六年级的自信稳重。她明白，一个小小的司仪，也承担着沉甸甸的的责任，对观众、对老师，还有对自己的责任。

上初中后，她专心于学业，各学科成绩均名列前茅。但成绩也有波动的时候，初二下学期，连续两次跌出年级前一百，她最初是伤心、愤怒、不甘，后来她收起了无用的眼泪，拒绝了父母提出的上补习班的建议，每个周日自己上网找卷子下载练习题。她相信自己的实力不需要别人的帮助，只有自己才最清楚自己的问题所在，她更不肯认输，不肯让别人看轻了她，不肯否定自己的实力。皇天不负有心人，她在中考中取得了十分优异的成绩，证明了她的付出。如果说这成绩证明了什么，证明的是她坚信的一个道理：别人的始终是别人的，如果你没有积极主动地去努力去争取，那么你永远得不到你想要的东西。

即使是在初三毕业的那个暑假，她也没有沉迷于玩乐，而是抓紧时间阅读古今中外的文学作品，并为之深深沉醉。她明白，一年紧张的初三生活剥夺了她太多的阅读时间，让她的心灵疲惫又渴求着养料的滋养。从余华的《活着》到柴静的《看见》，她遨游在书海中，体会着不同的人生，思考着社会百态。她抓紧时间充实自己，为的是让自己更加强大更加成熟，成为一个更理智、更优秀的人。

除了这些自发的行为之外，父母也一直推动着她的独立自理。从5岁开始，她就一个人搭乘飞机回老家看望外公外婆，一直到12岁无人陪伴业务结束。据母亲回忆说，她第一次无人陪伴的时候，头也不回地就离开了父母，开开心心地跟着空姐走了。还有一次，她和其他无人陪伴的小朋友玩得十分开心，在下飞机时还主动帮别人提行李，一路上走得跌跌撞撞，却依然笑得开心。这么多年过去了，她还是抱有当年那颗纯洁善良的心灵，乐于助人、敬老爱亲，每年都与父母一起回老家看望老人。

敬老爱亲珍惜亲情

由于外公外婆和爷爷奶奶都不在广东，每年能够回家探望老人的时间就只有春节和暑假，因此，她也格外珍惜和祖辈们在一起的时光。外婆家在城市里，她每天都会和外婆走去买菜，然后帮着外婆做菜，在上菜的时候，她总会迎着外婆的心意赞美一通，希望外婆能高兴。外公退休前是个知识分子，她常和外公聊天，讨论一些社会问题。在闲暇的午后，她会一边帮外公捶背，一边和外公聊天。还有已经故去的曾祖母，总是把她称为“小棉袄”。爷爷家在农村，她并不讨厌农村，因为这是她先人们居住的地方，江南水乡，灵气十足。早晨，她陪着奶奶一起从自家菜园里择菜、洗菜。中午，她会和爷爷出去走走，耐心地听爷爷讲他从前的故事。到了晚上，菜总是丰富一些，一家人围着桌子，一边吃饭，一边聊着家常。她喜欢这样的时刻，也尽力多回家一些日子，和老人们多待一会儿。在广东的日子，她不时会去敬老院和老人们聊聊天，帮他们排解寂寞。看着老人们的笑脸，她知道，她能够带给他们的快乐是无法估量的，而和他们待在一起，她也从心底里感到温暖和快乐。

无论在父方还是母方，她都是家里最大的小孩。伴随而来的是繁重的“保姆”职责。在大小聚会的时候，她必须承担起照看小孩的工作，陪着他们玩耍，提醒他们注意礼仪，保证他们的安全，这绝不轻松。在被小孩子的叫声吵得头疼的时候，在被表弟气得说不出话来的时候，她都想过要放弃，要抛下一切责任不管不顾地走开。但是她没有，因为她认为那是她的亲人，她希望他们玩得开心，过得开心，拥有一个快乐的童年，她应该负起一个做姐姐的责任，容忍他们、包容他们、保护他们。

更多的时候，家里只有三个人。她总是能够体贴父母，从不提过分的要求，她不想让父母为难。她总是努力学习，甚至有时父母出去玩了，她还在书桌前苦读，因为她不想让父母因为她的成绩去求人。在学习以外的时间，她会主动承担家务，尽力让父母得到休息。她从不会因为同学就忽略了父母；相反，她和父母就像朋友一样，无话不谈。

坚持努力浇灌梦想

在她的心灵深处，有两样东西，她视作快乐的源泉：一是阅读，二是摄影。

她在很小的时候就展现了对阅读的兴趣，一直持续到现在。还不识字的时候，母亲就给她订了幼儿画报，稍稍大一点，她开始看《丁丁历险记》。等到了小学三四年级的时候，她看过的书就已经超过百本了。上了初中，她从最简单的小说阅读转向更短小精练、更意味深长也相对枯燥的散文阅读。她喜欢各种各样的作家，厚重的龙应台，沉郁的周国平，有灵气的海子，忧郁的顾城，辛辣的卡夫卡，动人的胡赛尼，迷幻的安房直子……她从不同的作家中感受着不同的人生态度，从不同的作品中体会世间百态，从那些或厚重或轻盈的文字中汲取生命的养料，充盈着自己的内心，获得满足的快乐。

摄影是她最近一年才喜欢上的，但她已经深深地爱上了它，不可自拔。她渴望着用相机记录一切她看到的、感受到的，美丽的、丑恶的，快乐的、悲伤的，让人印象深刻的景象。她喜欢在闲暇的午后到公园里走一走，拍下那些细微的美好事物，记录一朵花开的历程；或者是和父母一起开车出去边玩边照；或者是在美术课上照下同学的笑脸。即使是在最消沉的时候，一拿起相机，她立刻就能开心起来。对着厚厚一大本指导书，她学着用单反；看着网上的教程，她学着使用photoshop；为了更好地纪念这一年的摄影历程，她甚至学会了如何制作视频，还印制了一套明信片。摄影推动着她前进，她也因此更加喜欢摄影。她会一直坚持下去，也从未想过放弃，一直一直坚持，直到梦想放飞。

后记：在短短的十六年生命中，她每一天都生活得积极乐观、充满意义。她自立自强，无论是在学习还是生活上都同样优秀；她敬老爱亲，做好一个子女和晚辈应做的事情；她坚持梦想，努力奋斗，以自身践行了社会主义核心价值观：爱国、诚信、敬业、友善。她时时刻刻爱着她的祖国、她的家乡，保持着一颗纯洁善良热诚的心，热情地帮助他人、关心家人，诚实守信恪守承诺，认真对待学业渴求知识，为追求梦想而努力奋斗！

品学兼优，不断进取

——记顺德梁銶琚职业技术学校学生黎蓓仪

题记：越努力，越幸运！

黎蓓仪同学在顺德梁銶琚职业技术学校三年的职业中学生活中，有渴望，有追求，有成功也有失败；她孜孜不倦，不断地挑战自我、充实自我，为将来实现人生的价值打下坚实的基础，使自己的成长之路更为丰富，越走越宽。她用自己的行动印证了“越努力，越幸运”的名言。

作为学校的优秀毕业生，黎蓓仪同学在校期间担任了校团委干部、班长、团支书等职务，通过自己的努力获得了老师们和同学们的认可，曾被评为“2012年度顺德区优秀共青团干部”及“2013—2014年度广东省优秀共青团员”，也曾在第二届广东省职业院校学生硬笔书写技能大赛中获得一等奖；2013年顺德青年时尚文化节之“青春梦想•美丽顺德”手绘明信片创作大赛获二等奖。在高中的最后阶段，她光荣地加入了中国共产党，成为了一名先进学生党员；并在2014年中高职对口升学考试中，参加广东外语艺术职业学院艺术设计（广告）专业考试获得总分第一名的好成绩！

不畏艰难，孜孜不倦

进入顺德梁銶琚职业技术学校学习的三年里，黎蓓仪同学就立志要成为一名出色的学生。她积极投入到文化课和专业技能的学习中，对待学习有明确的目标和端正的学习态度，并结合各科的实际而不停改进自己的学习方法，做到“温故而知新”。她通过努力使各门功课都取得了不错的成绩，成为班级上的一颗闪亮的“星星”。但她意识到，要作为一名出色的学生，光靠成绩好还是不够的，还需具备多方面的才能，于是她选择了加入校团委会，希望以此来锻炼自己的才能。

初进入团委工作，黎蓓仪便感到了不适应，单是一份普通的活动策划书便让她反复修改了十余次仍得不到通过。在与师姐的交流中，她发现了最大的问题，团委工作不同于班级上的工作，所涉及的层面更广，更考验办事的能力，因此也更需要从不同方面进行思考，站在不同的角度去策划活动，尽可能地让每一位学生能够参与到其中。在不断的挑战困难中，她仍然时刻以一颗热情饱满的心来应对工作，在失败中找原因、找不足，锻炼自我，并参加了第十三届的团委会换届选举，得到老师和同学的支持，担任了十三届团委文体部部长。升任为部长的她始终严格要求自己和其他干事，要谨记团委的“六得”（做得、想得、抵得、挨得、记得、玩得），并把认真、刻苦、细心作为工作的标准，每次活动后及时反思所存在的问题与不足，做得“见贤思齐，见不贤而内自省也”，务求为同学们带来丰富而又有意义的课余生活。

升入高三，黎蓓仪选择了升大，她相信只有不断追求知识才会有更大的作为。然而高三的学习生活是枯燥无味的，每天是千遍一律的复习生活，在她看来，唯一的刺激点就在于每一次的模拟考试中，每一场考试都是一场头脑风暴，能激发出无限的潜力。名次作为每场考试中的产物，总会让一众学生又爱又恨。对于黎蓓仪来说，这是一场学生的战争，名次有高有低是正常的；但是对成绩的不满意，仍是让她心里不是个滋味。哪里不会就要花功夫去把它弄懂，在哪里跌倒就要在哪里爬起来。于是她花了时间去分析、总结成绩不够好的原因，并做了一个简单的复习计划安排，分类归纳好各科的笔记本和错题集，配合自己的学习方法进行复习。她相信努力是不会白费，她的汗水是不会白流的，果然皇天不负有心人，她几次模拟考成绩稳步提升，因为“越努力，越幸运”！

热爱专业，成绩突出

高二的上学期，在专业老师的建议下，黎蓓仪参加了广告竞赛培训小组，希望把兴趣转变为学习的动力，更加系统地去学习广告知识，提高动手实践能力，提高自己的审美水平。然而现实并没有想象中般美好，制作课题的时候常常因为技巧的不熟练而拉了总体成绩的后腿，因为设计的平庸而被认为不认真，因为动作慢而不够时间完成题目，每天宿舍、饭堂、工作室三点一线的生活，使她无比的疲劳。但她没有选择放弃而是选择再接再厉，用积极乐观的心态来面对每天高强度的训练，利用小本子把平常生活中一闪而过的小灵感记录下来，收集各种各样有用的素材来充实自己的素材库。面对自己最薄弱的软件操作，她规定自己每天都必须要背快捷键，每天都必须在指定的时间里完成老师布置的课题作业；此外还要多看经典的广告样式，学习他们的制作手法，通过自己的思考及创新进行“二次创作”。这段培训经历让她对以往自己所学的知识有了一个新的认识，一个新的体验，同时也是对自己所掌握知识的一个考验和评价。她深刻地体会到只有稳打稳实的基本功才能立足于社会，只有扎实的基础才能有更加出色的发挥和机遇。经过黎蓓仪同学的不断努力，她在专业上取得了不断的进步，在各级专业技能竞赛中获得优异的成绩。

严于律己，积极上进

在高二的时候，黎蓓仪参加了学校的党课学习班。作为一名学生党员，她一直认真地去完成党校老师所布置的作业，定期向党汇报自己的思想情况，在思想上对党组织有了一个比较全面的认识，并依此坚定了自己的入党信念和动机。她认真学习党的基本知识，学习科学、文化和业务知识，坚持用党员的标准严格来要求自己的一言一行，坚持不懈，努力提高自身素质修养，在工作、学习和社会生活中起先锋模范作用，时刻不忘提高自己的政治觉悟和道德修养。她严于律己、严格规范个人作风态度；严格遵守党、学校的规章制度、坚决不做败坏国家、学校的事；大胆指出不良作风，并以身作则，杜绝歪风外纪。她对自己严格要求，遵纪守法，尊敬师长，团结同学。为人正直，诚实守信是黎蓓仪最大的特点。

对于黎蓓仪来说，她只是一个平凡的学生，也许她没有那么优秀的成绩，没有很出众的才华，也没有很出彩的能力，与优秀的党员也还有很大的差距；但是，只要勤勤恳恳踏踏实实地做好自己的本职工作，坚持自己的信念，相信自己也是很优秀的。而她也会一直朝着这个方向前进，继续进步！也是因为她的不断努力，她成为全校唯一一个被同意入党的学生！

乐于助人，升华自我

“谢谢你啊”，这句话是黎蓓仪在参与志愿活动时最常听到的一句话。在学习之余，她利用空暇时间多次参加社会实践及义工志愿活动。在容桂鹏星社会工作服务社，她是一位青年志愿者，也是长者艺术屋一名美术志愿小老师；在陈村宏德社会服务中心，她是一名参与墙画绘制的志愿者，被顺德区志愿者联合会授予“三星级义工”称号。她运用在学校所学的知识，展现了自己的才能，在服务群众的同时，也认识了许多来自不同地方的朋友，接触社会，开阔视野，增长才干。与不同阶层、不同类型的人交流，聆听他们的故事，帮助他们，在社会实践活动中认清了自己的位置，发现了自己的不足，对自身价值进行客观评价，既锻炼自己，也帮助了别人。她一直坚信“少抱怨，多做事”的原则，与其把时间浪费在无谓的怨言中，倒不如把时间花在更有用的事上。她不希望自己的人生是碌碌无为、虚度光阴，她希望能把有限的时间放在更有意义的事情上，从而得到锻炼，得到成长，升华自我，充实自我，用行动来证明自己的能力。“赠人玫瑰，手有余香”也正是她参与义工活动的最佳写照。

在这三年的时间里，黎蓓仪同学学会了很多，懂得了很多：“给自己一个表现的舞台，给自己一个成功的机会，每一个人都是一个潜力者。”在学校团委这个舞台里，她培养了自己的领导能力与应变能力，学会如何周详地去策划一个活动、一件事情，每一个活动的背后都有着无数的汗水与心血；在班级的学生工作中，她体会到了每一个岗位的不易，也让她更有热情地为班级建设工作贡献自己的一份力量；在社会实践的过程中，她不再是依赖父母温暖怀抱的小女孩。真正地参与到社会工作中，让黎蓓仪学到了做事首先要学会做人，明白做人的道理，学会如何与人相处，真的锻炼了自己。一路走来，她感谢母校——顺德梁銶琚职业技术学校提供的这个平台，她也不忘感谢父母对自己的支持与鼓励、老师们的大力培养，以及同学们给予的支持和帮助，是他们加速了她的成长，给了她无限的信心和动力。在以后的道路上也会更加努力，以求有更好的表现，做一个对社会有用的人！她明白到只有通过自身的不断努力，拿出百尺竿头的干劲，不断提高自身的综合素质，坚持自己的原则，融入社会的步伐，坚持不懈，才能在人才高地上站稳脚跟，才能扬起理想的风帆，驶向成功的彼岸。

后记：“路漫漫其修远兮，吾将上下而求索”，未来要走的路还很长，要面临的挑战还很多，可是黎蓓仪同学不会忘了内心有多努力，就有多幸运，因为她一直坚信“越努力，越幸运”！

自信自强中闪耀动人光芒

——记佛山市顺德一中实验学校学生岑青林

题记：追求卓越，成功会出其不意来敲门——并不是所有的付出都会有回报，但我们会在不断的付出中得到意想不到的收获，所以作为人，穷其一生最重要的便是不断追求！

广东省佛山市顺德区顺德一中实验学校的岑青林同学是一位刚刚走出初中校园的优秀毕业生，在中考中以优异的成绩考上了佛山市第一中学。能从一个稚嫩的孩童成长为一位有社会责任感、集体荣誉感和个人荣辱感的学生，实践人生岔道口上的第一次成功的抉择，其间需要的毅力、勇气和坚持是显而易见的。

感恩中承担

感恩自己所拥有的一切，这是岑青林同学良好心态的重要来源。在成为一名一实学子后，她一直严守顺德一中实验学校的校训“学会做人，学会求知，学会办事，学会健身”。在学校汲取各种知识，在学会成为一名拥有良好的世界观、人生观与价值观的优秀学生的同时重视每一天的学习，尽心尽力地完成各种工作，在这期间学会了什么叫责任。她一直都认真对待每一节体育课，珍惜每一次课间锻炼，而且经过初三的体能训练她的体质也变得更好了，真正实现了强健身体。

自入学以来，无论从她脸上开朗的笑容还是从她周记的字里行间，总能看出那溢出的喜爱，而她也是个爱班之人。加入11班这个家庭后，她便当上了宣传委员。她总是十分乐意去为班级出一份力，除此之外对于其他的任务她也乐于承担，不消极也不抱怨，对待班级的清洁工作她也是不怕脏不怕累，总是在规定的时间内又好又快地完成自己的任务，让班级变得更清洁美丽。她还是个友爱同学的学生，待人谦和、诚恳。在课下，她总会对一些向她请教的同学倾囊相助，而她若是遇到了难题也会在反复思考却还未能得出答案时请教别的同学，她与同学互帮互助、共同进步，整个班级都是朝气蓬勃的。而在宿舍，她也是个遵规守矩的好舍员。她总是作息准时、值日认真而又干净卫生，在未到休息时间时她也会与舍友们一起谈谈心，聊聊今天在课堂上的收获，她们都在相互交谈中获益匪浅。而其所在的宿舍每月均获得“标兵宿舍”的称号，她自己也获得了“文明宿舍生”的称号。就是这样一个优秀的集体，大家相互鼓励、相互支持，全宿舍的7人中有5人考上了区属中学，尤其是其中三名女生共同考取了佛山市第一中学。

追求中成长

作为一名中学生，岑青林同学把学习当成自己的第一任务，从容面对各个科目。她有着认真刻苦的学习态度，在课堂上认真听讲，每一节早读课都能清楚地听见她那抑扬顿挫的声音，而在老师要求的练字时间里她也是一丝不苟地一笔一画地练好每一个字。最后，她的书写变得更为工整漂亮了，在学校的硬笔练字比赛中也多次获得一等奖，其作品被展示在校园板报上。而在课下，在适当放松后，她便抓紧时间解决课堂上的疑问。她的成绩稳定，每一次考试成绩都保持在年级前30；每一次考试成绩的一等奖都能收入囊中；每个学期均获得“三好学生”的称号。

在初一时，她便是一个勤奋好学的学生，在课堂上总能看见她专注的目光。每一节课她都全身心投入，紧跟着老师的节奏；在课前三分钟的演讲中，她总能以她大方自信的表现赢得众人响亮的掌声。虽然在初一时新增了许多门科目，但她都很好地接收了这些新知识，并在第一次考七科的考试中取得了好成绩。而在初一的学习生活中，她一直都力争上游。在经过一个学期的努力学习，她的成绩稳步上升，最后以全级第一的好成绩步入了初二，并获得了奖学金。

在初二，她继续发扬初一时的优点，“求知上进”一词在她身上体现得淋漓尽致。岑青林同学也因着自身良好的英语功底进入了英语竞赛班，在培训的日子里虽耽误了不少自习时间，但她能够做到培训与日常学习两不误，继续提升自己，最后在2012年全国习思能力英语竞赛中获得了二等奖；而且在第十届“叶圣陶杯”全国中学生新作文大赛中荣获三等奖。但人无完人，在刚开始接触物理时，她的成绩仅居中下，但经过不懈的努力，她在反复地练习中提高了自己的水平，使自己在物理的学习中变得游刃有余。进入了下学期后，她还参加了2013学年度顺德区中小学生英语口语比赛并获得了二等奖，而在参加了多项比赛之余，面对初二的会考她也是不慌不忙，与同镇的两名同学早早地去做调查，认真地写地理报告，在地理老师的帮助下与同学一起完成了一份优秀的地理报告，最后以优异的成绩通过了会考。而会考后她又毫不松懈，继续专注于期末考的准备，以全级第五的成绩迈进初三并再次获得奖学金。

到了紧张忙碌的初三，她调整好自己的时间，在上学期适当地加快了学习的步伐，即使面对新增的化学，她也很快便调节好自身的化学学习节奏，在一次月考中再次登上了全级第一的宝座。在接下来的学习中她仍不骄不躁，稳定地去到下学期。在初三下学期这一更为紧张的阶段，她仍能保持自身乐观向上的心态，直面接踵而至的考试，对待繁重的作业不懈怠。她每天都早早到达课室，进行复习与预习，而到了中午放学后总能看见她仍在课室里学习，晚上她也是很早就回到课室学习了。不仅如此，她还很好地利用了各种边角时间，身上总带着写了要背诵的知识小纸条，在空闲时间便拿出来看看。就这样，她充实地度过了每一天，然后迎来了中考这一大日子，最终也考上了自己理想的高中。

而在初中周末休息的时间，她最爱去的地方便是图书馆。她几乎每周都去一次图书馆看书，非常享受在安静的图书馆里捧着一本散发着淡淡香气的书籍细细阅读的时光，而有时她也会在图书馆做一下习题。若是没去图书馆，她也会在自己的房间里看书写作业，在适当的时间也上一下网、看一会儿电视，充实轻松地度过悠闲的周末。

自信中进取

自入学以来，她便担任班级宣传委员一职，对于该职位的工作完成得可谓是得心应手，所出的板报曾多次荣获第一，获得诸多老师与同学的认可。她兢兢业业，毫不吝啬地把空余时间都献给了工作，不管是班级的板报与各种装饰还是大小活动中的海报她都倾力而为，每一项宣传工作都倾注了她的心血，每次老师布置的任务总能认真完成，曾多次获得优秀班干部与宣传积极分子，其出色的工作质量让班级的宣传栏成为一道亮丽的风景线。

她不仅是宣传委员，而且是学校的一名播音员。在初一时经过多重严格规范的考核后，她凭着颇为出彩的表达成为了学校广播站的一员。她所在的栏目是影视快评，自加入以来，她每星期都认真辑稿，反复诵读后才在精心挑选的背景音乐下富有感情地将最新的影评分享给全校师生，其广播工作得到了大家的认可，该栏目也是好评如潮。而在即将退出广播站之时（学校规定初三、高三的学生需退出），她对该栏目的广播交接工作亦做得很好，让接手的下一批播音员能更好更快接替她们，为学校的广播站建设作出自身的努力，其清脆的嗓音也留在了大家的心里。

岑青林同学还在初二时担任了班级的物理组长。她积极组织各种学习活动，与组员相互交流、一同进步，与他们分享各自好题与做题的好方法。在她的带领下，其小组成员的物理成绩皆得到了提高，而她自己的组织能力也在团队合作中得到锻炼，完美地诠释了“双赢”。

实践中完善

岑青林同学不但成绩优异而且兴趣也十分广泛。她十分喜欢朗诵，在初二时在学校举行的“志存高远，品味书香”活动中成为了班级的领诵，一首激昂的《黄河颂》得到许多好评。她对绘画也很有兴趣，从小学开始便常常参加画画比赛并拿过不少奖。她在2012年顺德区青少年科技创新大赛中获得了三等奖，在学校举行的三次体艺节的画画比赛中曾分获二等奖和四等奖。画画带给她无限的乐趣。她还是个勇于挑战自己的学生。她在初二的体艺节参加了四百米的跑步比赛，拼尽全力，最终虽未能获得名次，但其勇敢拼搏的精神是十分可嘉的。她在班级也曾主持过班会课，她认真地准备了一周的时间，最后给大家呈现出来的效果也是让人赞叹的。

在假期里，她总会去到家附近的花店帮忙，主动去扫地、摘黄叶、擦花盆等；在暑假里，她总会在烈日下精神抖擞地卖花，干劲十足地工作，得到了花店老板的赞扬。她在初中时经过考核加入了佛山小记者协会，多次外出采访，在丰富多彩的活动中锻炼自己的表达能力与写作水平；她在“宣传十八大、赞颂新成就——小记者看佛山”活动中表现优秀，获得小记者荣誉证书，也在一次采访稿比赛中获得优秀奖。在初三毕业后，她将三年来不要的书籍与自己衣柜里的不需要的衣服整整三大袋都寄到了云南山区的学校。

后记：岑青林同学在学习上坚持一步一个脚印，用勤奋与专注在初中三年——其人生中重要的一个阶段写下了浓墨重彩的华章，在这期间她的严格律己、诚信待人、拼搏上进使她在各个方面都得到了较大的提高。今后，相信面前不论是风雨还是彩虹，她都能坚定自己的信念，她都能闯出更好的天地！

用阳光的笑容传递正能量

——记佛山市顺德区勒流中心小学学生黄嘉欣

题记：『老师，记得把梁靖的书给我哦！』每学期开学第一天发新书的这一刻，总有这么一个大眼睛女孩，带着满脸稚嫩的笑容冲着老师说这么一句迫不及待的话。这一说，就是三年。

她，就是勒流中心小学的黄嘉欣同学。她积极乐观，有她的地方总有阳光。

助人以行不以言

黄嘉欣上三年级时，班上的梁靖同学在广州市医学院第一附属医院被诊查出患有“系统性红斑狼疮”。梁靖是她的邻居，一二年级她俩就已经成为好朋友了。嘉欣得知梁靖患病后身体较虚弱，就每天早上7点准时在她家门前等，帮她背书包、拿药品，然后陪伴着她步行上学，一路上用她的热情、笑容让梁靖忘记了病痛。教室在四楼，她双肩背着自己的书包，右肩搭着同学的书包，左手搀扶着梁靖，一步一步登上一级一级的阶梯。她曾在日记里写到：“我多么希望自己是男孩子，把梁靖一口气背上四楼，不要让她喘不了气……”那时，她只是一个九岁的小女孩，但她积极乐观，希望自己有能量，用“强有力的臂膀”帮助别人。每天，你会看到梁靖身边总有黄嘉欣忙碌的身影：帮忙倒水，扶她上厕所，交作业……全班同学在她的正能量影响下，都积极地帮忙，梁靖身边总会围着四班的同学。

教人以学不言烦

四年级时，梁靖的病情越来越严重，需要进医院治疗。平时学习不太积极的嘉欣却三百六十度地改变了：上课忽闪着大眼睛，专心听老师讲课，不时在笔记本上写笔记，特别是数学课。因为她的基础不扎实，一下课，你会看到她主动找班长、科代表等同学质疑问难，用练习本记下解题过程，每天的作业再也不需要组长催交了，学习的目标明确了，成绩明显提高了。而且除了值日要打扫课室外，她每天早早就收拾书包回家，不像以前那样留在课室跟同学说笑。后来，从她写的日记中才得知，她是为了帮在医院治疗的梁靖补回落下的功课。为了能更好地教梁靖，自己必须先要掌握好课堂上老师传授的知识。“嘿，今天教梁靖一道简便运算题时，说着说着，自己也搞糊涂了，看着梁靖皱着眉头看着我的样子，我不禁哈哈大笑，心想，都是自己没认真听课，梁靖被我害惨咯……”她在日记里写到。全班同学知道情况后，也很主动帮忙，当她有时有听不明白的，还主动把解题思路写给她，让她照着说给梁靖听，有空也陪她去医院或梁靖的家里一起当起“补习老师”。同学们为此还给她起了一个绰号——“实习老师”。

慷慨捐助忙祈福

五年级，梁靖又被广州中山大学附属第一医院检查出患有并发性鼻窦炎及淋巴瘤，要动两次手术。对于本来已经属于临界低保的家庭无疑是雪上加霜，为了这个病，梁靖家里的积蓄已经全部用光，还借了亲戚朋友五六万块钱。于是，班主任把情况报告学校，学校毅然决定发起了募捐活动。当天，嘉欣一早就在老师办公室门口等候，还没等老师放下手提电脑，就腼腆地说："老师，我的钱有点'碎'，但我数了好几次了，我担心待会同学们交时耽误你数数，我先交，你数清楚，因为这些零钱有些是平时妈妈买东西剩了给我的，所以……""能帮助别人的，哪怕是一分钱都珍贵。"阳光般的笑容又充盈在她的脸上。得知学校发动捐款后，她更加勤快往梁靖家里跑，告诉她哪些同学捐多少多少，还用大人般的口吻安慰梁靖妈妈："不用担心，很多同学都捐款，梁靖得到治疗，很快就会好的，我们全体同学都在等待她回学校上学呢！不用担心哦……"然后又给病床上的梁靖说笑话去了，连隔壁病床的阿姨都被逗乐了。所以，只要她在，笑声就在，仿佛梁靖身上的病魔都会被她的正能量赶去九霄云外……

在梁靖手术前，嘉欣发动全班同学折了一千只纸鹤，并写上祝福。她在日记中写道："我看电视上说，纸鹤是吉祥之物，只要折够一千只，就会给对方带来好运，我要发动班上的同学，一起为梁靖祈祷，她一定会手术成功的……我期盼……"这一个装满五颜六色的千纸鹤的透明玻璃瓶一直放在梁靖的床头上……

毕业不忘送温情

六年级，梁靖只能在家里休养，人虚弱极了，头发也因为化疗掉光了，嘉欣特意用自己的零花钱买了一顶帽子给她，每次去看望她，总夸赞梁靖"你戴了帽子的样子更美呢！"尽管自己课业负担加重，但嘉欣总会抽出时间跟她视频、聊天，"你今天精神不错噢！""说个笑话给你听，今天体育课小X跑步又倒数第一了，看他的大肚腩，怎么跑得起来……""班上的xx同学，报了民办初中，去补习了，没空来看你了，但叫你加油哦！""我这个马大哈，今天又忘带通知被批了，唉，你是我的好朋友，要多提醒我呀！"……"今天，我又跟梁靖视频交流了，我看到在镜头那一方的梁靖，只能躺在床上，要靠她妈妈扶起靠在墙上，很虚弱。放假后，我得去帮忙照顾她，我想她快乐……"每次视频后，她总拿起笔，在她的日记本上记录自己的心情。

"六一"儿童节那天，一放学，她和班上的同学就约好把自己在游园活动时获得的零食奖品都拿去跟梁靖分享，因为她知道梁靖很渴望过上一个快乐的节日。这是小学阶段最后一个“六一”儿童节。“回想起四年前，我和梁靖穿着花裙子早早来到学校，准备表演节目，那时我俩多么快乐……我希望梁靖永远都快乐……”她阳光的脸上写满了她内心的期盼，她热爱生活，热爱生命。

要拍毕业照了，她悄悄给了老师十块钱：“老师，我其实很想梁靖来和我们拍集体照，但她行动不方便，我替她交五块钱，帮她多晒一张可以吗？”……

后记：她，一个平凡阳光的小女孩，为一份友情，坚持了三年为患病的同学服务，送去温暖，送去阳光。大家都相信，还有两个三年、四个……因为，有她就有爱！

桂畔河畔的小精灵

——记佛山市顺德区桂畔小学学生黎芷诺

题记：『从我做起，从现在做起，从点滴做起，做一个懂得感恩，乐于奉献的人。』这是来自桂畔小学五年级（6）班黎芷诺同学的座右铭。

“一海帆竞发，两岸景如画”的桂畔海旁，耸立着一座美丽的学校——桂畔小学，自然风光优美怡人，顺德新城可见一斑。自2002年建校以来，桂畔人同舟共济，奋勇进取，教育教学质量全面提升，获得社会良好赞誉。

在这样一个充满诗情画意的学校，有一位严于律已、乐于助人、乐于奉献的同学，她通过身边的平凡小事，体现了一个不平凡的品格。她就是桂畔小学五年级（6）班的学生，11岁的黎芷诺。

善思好学蓓蕾初绽

在同学们眼中，黎芷诺是大家学习的榜样：善学善思、学习优秀，这得益于她的母校——美丽的桂畔小学。

上学的第一天，当她刚跨入小学的时候，幼稚而无知，对一切都充满了好奇，校园美丽的环境、可亲可敬的老师、活泼可爱的同学，都是那样新奇。神奇的课堂把她深深地吸引住了。从此，教室里上多了一双孜孜以求的眼睛；课堂上总能听到她勇敢地发表自己的见解；下课了，对于不懂的问题，她总以孩子少见的虔诚，虚心向老师求教；对于课后的作业，她总是第一时间完成，哪怕有时朋友约她出去玩，哪怕有好看的电视节目，哪怕要去吃向往已久的美食，她都会要求自己先做完作业。

专心听讲，善于思考；认真完成作业，成绩优秀，让黎芷诺成为班级的“领头雁”。充满诗情画意的校园环境和书香校园氛围让她沉醉其中，而学校每月的读书“漂流活动”让她与书结缘，爱上了读书。

幼小的她沉浸在书的海洋，老师派下来的图书：《逃家小兔》《安徒生童话》《十万个为什么》……他们像魔石一样吸引了她，书本成了她探求、寻求知识的神圣殿堂。渐渐地，书本上、课堂上的知识再也不能满足她了，她在学校的图书馆流连徜徉，静静阅读；她在新华书店驻足停留，缠着妈妈买一本又一本厚厚的书籍。著名的英国哲学家培根说过：“读史使人明智，读诗使人聪慧，演算使人精密，哲理使人深刻，伦理学使人有修养，逻辑修辞使人善辩。”酷爱读书的她，像一只不知疲倦的小蜜蜂尽情地吮吸着春天的花蜜。读书滋养了她的心灵，拓宽了她的视野，也让她学会了做人，懂得如何把每一件事做好。

好学、善学、善思，她的好习惯、好思维，令她在学校的各项检测中，多次获得学校金、银、铜奖，成为学校的“新三好标兵”。

爱心流淌幼苗茁壮

黎芷诺待人热情，乐于助人。看到班里有的同学成绩不理想而又不得其法，她打心底里为这些同学着急。

为了帮助这些同学提高学习成绩，她征得老师同意，率先在班上组织开展了“手拉手，结对子，好朋友”活动。因为，人与人之间渴望沟通、交流，孩子也一样。优等生是孩子们学习的榜样，榜样固然美好，但距离太远，给学困生造成的压力更大，反而加重了挫败感和自卑感。成为好朋友之后，既打破了原来优生与差生之间的沟通交流的墙壁，又有利于同学间的团结。

小浩同学是一个脑袋大大、非常单纯的孩子，怪讨人喜爱的；但是由于小浩好动，谁也不愿意跟他同桌，这时的他好像折翅的小天使。看着小浩无辜的神情，黎芷诺主动提出跟他同桌，没有歧视，没有管束，只有孩子之间的平等、信任，他们一起学习，一起玩耍。自此，小浩上课的时候，眼睛更凝神了，还不时漾起可爱的笑容！从此，同学们多了一个学习伙伴，老师少了一份天天要处理投诉的忧心。而在饭堂主动帮老师拿碗的是他，积极地打扫工区卫生的也是他，好几次，他的习作还被老师当作范文念呢！期末考试，小浩的语文80分、数学95分、英语98分，还被评为“新三好标兵”。

德国著名哲学家雅斯贝尔斯说过：教育是“一朵云推动另一朵云，一棵树摇动另一棵树，一个灵魂唤醒另一个灵魂。”芷诺无论是在管理班级，还是在跟孩子交往中，从来没有灌输，而是注重点燃、唤醒、激励。因为唯有温暖、关爱才能化解坚冰，丑小鸭才会变成一只漂亮的白天鹅。

除了在学习上帮助同学，在生活上她也积极参与帮助其他人的活动，平时在学校饭堂也总能见到她积极维持秩序、帮助幼小同学的身影。

“能够帮助别人，我感到快乐”，这是黎芷诺最常说的一句话。

五年级上学期的时候，细心的同学都发现了一件奇怪的事：每个同学吃饭时都配有一份水果，却从来没见过黎芷诺吃过水果，以前她可是很喜欢吃水果的。后来同学们发现，原来黎芷诺把自己的水果和一些食物给了校门口一位衣衫褴褛、风烛残年的老太太。黎芷诺和这位老人非亲非故，因见她经常在桂畔小学的校门外一带披发乞讨，便每天将自己的午餐水果带给老太太吃，还从家里给老太太带来食物和生活用品，在生活上照顾和关爱老太太。

黎芷诺优良的品格源于母亲的教导。在妈妈眼中的芷诺：开朗活泼、积极上进、思维敏捷、抗压能力强，很多时候，身为母亲是感到非常欣慰的。但是当女儿满心期待母亲的表扬的时候，当女儿受到众多夸奖的时候，母亲总是把这份爱深藏在心中。正因为这样，黎芷诺既没有其他孩子的“娇骄”二气，也没有霸气，更没有惰气。有时大人都觉得有一定难度的问题，摆在她面前会觉得原来也不是太难，她竟然可以超乎大人想象地去完成，她会让你相信孩子有无限的潜能。

相对于同龄孩子的任性、刁蛮，芷诺从来都是那样彬彬有礼、落落大方。每次见面总会主动向每个人问好；和别的孩子一起玩时，总会让着比她小的孩子，能很快让孩子们开心地玩到一起；更难能可贵的是，大家一起吃饭时，吃饭前她总会先有礼貌地说：叔叔吃饭、阿姨吃饭，等长辈开始吃了，她才动筷子吃。和一般的小孩子不太一样，她的独立性也很强，有自己的主见，遇到困难很少依赖父母，总是自己想办法解决。

社会实践雏鹰展翅

黎芷诺积极上进，深得老师和同学的喜爱，在同学中享有一定的威信。她从二年级开始担任班长和中队长，配合老师管理班级。在管理班务中，黎芷诺同学有创意地开展丰富多彩的活动，形成良好班风，如校园小剧，辩论比赛等，是老师得力的助手。她还担任学校护旗队升旗手、大队委组织委员等。

不管学校工作多么繁忙，黎芷诺总能安排得妥妥帖帖，从来不迟到、早退，从不跟老师提条件。

黎芷诺同学是学校春晖小义工队的一员。她积极参加桂畔小学义卖活动，筹集善款，所得款项全部纳入“桂畔春晖爱心基金”。她常说：“同一蓝天下的孩子都要快乐幸福健康地成长。”当“六一”国际儿童节到来之际，她和春晖小义工队成员进行了“扶贫送温暖”活动，给贫困学生们送上了节日食品大礼包：学习用品、体育用品、生活用品等，让他们感受到博爱、温暖；重阳节来临，黎芷诺和春晖义工队队员去敬老院慰问孤寡老人，给老人端茶递水、打扫卫生、表演文艺节目，做一些力所能及的事，把歌声和欢笑带给了孤寡老人，给老人带去欢乐；清明节之际，她在老师带领下，来到奉献园，在这里感受了奉献者们无私无畏将器官捐赠出来，把爱延伸给有需要的人，由此也懂得了人生的意义。

她时常说：“能帮到别人或者对社会有所贡献是一笔最大的财富，只有当你精神和能力上足够富有的时候，你才可以有所贡献。”她会通过她的实际行动让她身边的人相信：爱是可以传递的，当我们将爱的火炬传递给别人时，别人同时也拥有了爱的种子，如果每个人都可以将爱传递出去，爱就会像阳光一样洒落在世界的每一个角落。

课余时间，她尽情徜徉在多姿多彩的活动中。她参加了学校的葫芦丝小组，“六一”才艺表演，她的葫芦丝独奏《月光下的凤尾竹》让听众如痴如醉；在校园艺术节上，也大放异彩。她还参加了学校主持人兴趣小组、扬帆文学社。在文学社成立的时候，她被老师选为小主持，但是由于嗓音条件不占优势，她几次想放弃。在老师的鼓励下，她反复练习，在活动中活泼可爱的形象给老师们留下了深刻的印象。她还担任校园小记者，采访了肖校长，采访期间提问的尖锐、思维的敏锐，令校长称赞不已。

无论多忙，她也没有忘记童年的作家梦，她还是那样喜爱写作。她的作文《心愿》荣获全国第十六届“语文报”杯省级特等奖；《中国梦　我的梦》征文荣获国家一等奖；《乡间趣事》在《珠江商报》上刊登；《桂畔——美丽的家》刊登在校园网。

后记：21世纪的学校，要培养什么样的孩子？德育先行还是摆在首位，树立社会主义核心价值观；培养孩子具有好学上进、勇于实践、善思独立、感恩奉献的优秀品质；弘扬正能量，是当务之急。而黎芷诺同学的身上正集中体现了这些美好的品格。少年强，中国强；少年梦，中国梦。期待在践行社会主义核心价值观中，顺德桂畔小学的大花园里会涌现出更多的“优秀桂畔学子”。

扬起奉献的风帆，争当新时代的好少年

——记中山市南朗镇云衢小学学生甘梓睿

题记：『给予比拿取要幸福得多。』这是甘梓睿同学经常挂在嘴边的座右铭。的确，甘梓睿同学用自己的言行举止诠释着这句话的内涵，他经常以助人为乐，乐于奉献，见到别人快乐，他自己也会快乐。

圆骨碌的脑袋、尖尖的脸蛋、黑不溜秋的双眼、高挺的鼻梁再加上一把能说会道的嘴巴，这就是他——帅气、活泼的甘梓睿。他是中山市南朗镇云衢小学五（5）中队的一员，是一个既普通又平凡的少先队员，他虽普通，但却有一颗热爱少先队、乐于奉献的心。

南朗镇云衢小学前身是创办于1808年的香山四大书院之一的云衢书院，于2007年由原南朗中心小学、白企小学、合水小学、关塘小学四所学校合并而成，是中山市一级学校。学校校园环境优美，占地面积现为100亩，建筑面积12200㎡，绿化面积28794㎡，现有31个教学班、在校学生1341人、教职工90人。结合云衢书院的传统精神和现代教育的发展理念，学校提出了“自主教育，塑造四气少年，打造阳光团队”的办学目标，以“全面发展，全员发展，主动发展”的教育理念追求教育的高境界。近年来，该校的素质教育硕果累累，教师、学生在参加全国、省、市和镇的德、智、体、美、劳各类竞赛中，成绩斐然。学校先后被评为“国家级青少年体育俱乐部”“广东省绿色学校”“广东省巾帼文明岗”“广东省朝阳读书活动试点学校”“中山市文明行为规范学校”“中山市红领巾示范校”“中山市安全文明学校”“中山市依法治校单位”“中山市田径体育传统项目学校”“中山市书香校园”“中山市优秀家长学校”“中山市保护学生视力试点学校”“中山市无吸烟学校”“中山市交通安全文明学校”“中山市卫生先进单位”“中山市健康促进铜奖学校”等。

品学兼优、严于律己

他是个勤奋刻苦、不甘落后、努力追求全面发展的学生。上课时，他专心致志听讲，从不错过任何一个举手回答的机会，也不向任何一道难题低头，只要有一点弄不明白，都会刨根问底，直到把问题弄懂为止。不耻下问是他的良师益友，正是这个好朋友促使他不断发展、不断进步。

他还是个“小书虫”，每天完成作业后都会在书籍中寻找快乐、在知识的海洋中遨游，从中汲取丰富的知识，学习做人的道理。《一千零一夜》《100个名人故事》《鲁宾逊漂流记》《西游记》《红楼梦》等，都是他的最爱。只要一拿起书，他就会爱不释手、津津有味地看起来，像是被迷魂般地痴迷。爸爸和妈妈的呼唤全听不见，世间万物都像不存在般，一心扑在书的海洋里，脑海里除了书还是书。因为他补充了大量的课外知识，小脑瓜里装满了能量，同学们考什么他也能毫不犹豫地回答他们，受到了他们的追捧。

学习文化知识是如此这般，在体育、艺术方面他也积极参与：运动场上有他矫健的身影，每年学校的体育节他都热情参与；舞台上有他帅气的身姿，还经常参加各类的艺术展演；演讲台上有他声情并茂的表现……所有的一切一切都悄悄地感染着全校的老师和队员们。提起他，队员们都会竖起大拇指，教师们都会点头称赞。他多次代表班级和学校参加各种校外的活动，不但取得不错的成绩，还让自己得到了锻炼，独自面对陌生人或陌生的环境时一点也不怯场，表现得落落大方。

他非常热爱少先队这个组织。深深地知道少先队是党的后备力量，如果今天身为少先队员没有做好自己的本分工作——努力学习，日后踏足社会时，如何报效社会和国家呢？因此在日常，他自觉遵守《中国少年先锋队章程》，遵守《小学生守则》和《日常行为规范》。作为班干、队干，他严格要求自己，处处以身作则，对班级工作，对少先队工作认真负责。

在学校开展的各项少先队活动中，他能积极参与，努力把工作做到最好，让自己时时刻刻具备少先队员的光荣感和使命感。

诚实友爱、乐于奉献

“给予比拿取要幸福得多。”这是甘梓睿同学经常挂在嘴边的座右铭。他用自己的言行举止诠释着这句话的内涵。

一、在家做个好孩子

在家里，他虽然是独生子女，但是会经常帮忙做一些力所能及的家务活。每天一早起床后他都会主动承担一些家务活：扫地、晾衣服等，以减轻爸爸妈妈的负担，有时候还会给爸妈做早餐。看到热气腾腾的早点，爸爸妈妈欣慰地笑了。

二、在校做个好学生

还记得那是个闷热的早上，树上的知了在烦躁地叫嚣，好像在抱怨天气的恶劣。五（5）中队的教室里一片热闹的景象，因为老师临时有事要提前离开一会。老师前脚一迈，极个别学生就躁动起来了：交头接耳是最正常的现象；追逐打闹的也跟着行动起来……这时，只见甘梓睿同学眉头一皱，挺身站了起来：“同学们，现在是上课时间，我们都是学生，虽然老师不在课堂上，但不正是考验我们自觉的最好机会了吗？”这声音犹如一道闪电，大家愣住了，教室里顿时鸦雀无声。这样的事对于甘梓睿同学来说只是冰山一角。老师交给的任务，他都乐意接受，并做到有始有终；对同学团结友爱，主动帮助队员们解决学习或生活中遇到的问题；只要遇到在学习上有困难的同学，总会耐心地尽其所能，认真讲解，哪怕是耽误了自己的时间也在所不惜。

三、在社会做个好公民

在小区，见到保安、邻居，他总是甜甜地向他们打招呼，保安叔叔、邻居阿姨都亲切地称呼他为“小帅哥”；见到别家的小朋友摔跤了，他总会第一个跑过去嘘寒问暖。

别看他只是个11岁的男生，是几百万少先队员中的普通一员，但从小他爸爸就告诉他：善良的本质就是奉献。因此平时他积极参与各种公益活动：2008年5月12日，四川汶川发生了8.0级特大地震，学校组织全体师生向灾区捐款捐物。同学们私底下交头接耳，问问别人捐多少钱，自己回家好向爸爸妈妈要，甘梓睿同学一声不吭，在心里盘算着。放学回家后，他毅然走到自己的存钱罐前，把里面存放了几年的零用钱悉数取出，全部拿到了学校；少先队举行的汶川大地震的义卖，他和妈妈抢先报名，在义卖的摊档前，他们忙碌的身影随处可见；“手拉手活动”中，为石板中心小学的捐款他义不容辞，零用钱献完了，就回家动员爸爸妈妈、爷爷奶奶一起献爱心；为同校患血癌的余家乐同学的募捐他也乐在其中……总之，他觉得能帮助到别人就是快乐的，那是一种从没有过的自豪感，那是奉献带来的快乐。

他的表现得到了学校、老师和社会的认可。自从加入少先队以来，他每学期均被评为学校的“优秀少先队员”。2011年，他的家庭荣获中山市“亲子义工家庭”的称号。2013年6月，他被评为“广东省优秀少先队员”。

虽然他并不一定是最优秀的，但我们相信，在党的阳光照耀下，在少先队这块沃土的培育下，在学校辅导员的栽培下，在爸爸妈妈的悉心照顾下，他一定会像小树苗一样健康、茁壮成长，成为一个优秀的、自强不息的少先队员。

后记：热爱家乡、热爱学习、诚实守信、孝老爱亲、志愿奉献是甘梓睿同学的生活写照。他目标明确、言行一致，是老师、同学们心中的美德少年。

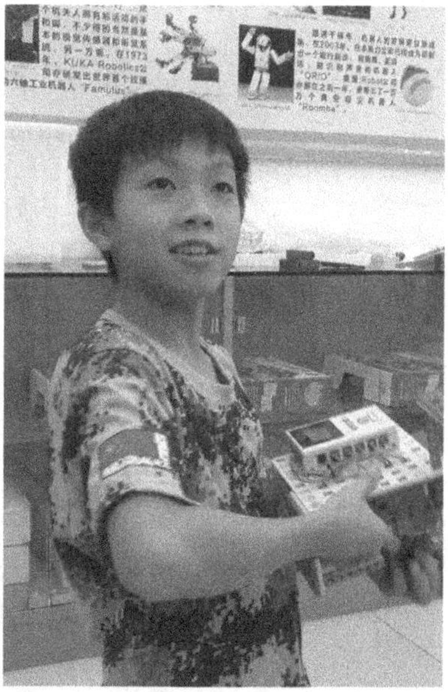

诚信，在他身上闪耀

——记中山市石岐中心小学学生唐翌哲

题记：『我必须去，我要信守承诺』——这是出自一位四年级小朋友之口，朴实而又坚定，也许他还不会懂得『人不信于一时，则不信于一世』的道理。但是，我们相信，处于懵懂期的孩子会感受到：因为诚信，我与同学们一起努力；因为诚信，我与家人相亲相爱；因为诚信，我与伙伴一起欢笑。慢慢地，他会明白，诚信是人类的一种美德，诚信是一种无形的力量，又是一种无形的财富，还是连接友谊的无形纽带。

唐翌哲是中山市石岐中心小学四年级的学生，老师和同学们眼里品学兼优、诚实守信的美德少年。他是一个活泼开朗、阳光自信、多才多艺的小男孩，我们常常能够看见他快乐的笑脸，听到他快乐的笑声，乐观自信的他连续多年被评为学校的“三好学生”，今年还被中山市教育局授予“中山市美德少年”的称号。而他所在的石岐中心小学更是一所历史悠久、人杰地灵、绿树成荫、错落别致的求学净土。在这里，你会感到春风化雨、润物无声，你会听到莘莘学子的琅琅书声，你会闻到书香弥漫、爱意浓浓。唐翌哲同学正是在这样美丽的校园的熏陶、和蔼的老师的教导下，如同一株小树，和着阳光、伴着小雨，快乐地成长，关于他真诚守信，富有爱心、乐于助人的一些小事逐渐在老师同学们中间传播开了。

信守承诺，待人诚恳

学校里良好的教育和熏陶、大量的阅读、父母的言传身教，使他获得了广博的知识，学会了许多做人的道理，对家人、对老师、对同学，他都能做到一诺千金，说到做到。记得2013年12月，唐翌哲被学校舞蹈老师选上了代表学校去广州参加由省妇联、省关心下一代工作委员会、香江集团和省妇女儿童基金会联合主办的“大爱同行——广东关爱妇女儿童慈善汇”，他非常珍惜这次表演的机会，这可是代表中山市到省里去表演啊。汇演的时间一天一天近了，他们的表演队训练也越来越棒了，可是当第二天就要去表演了，当晚唐翌哲突然发起了高烧，体温一度逼近40度，烧得他迷迷糊糊的，这可急坏了他的爸爸妈妈，他们一晚都守在唐翌哲身边给他喂药、物理降温。时间已经接近凌晨4点，他的体温仍然没有下降，妈妈只能对唐翌哲说：“孩子，你发高烧，明天可不能去参加表演了。”唐翌哲一听着急了，扑一声就爬了起来说：“我不能缺席，否则整个表演团队就要受到影响。”“你可是发高烧啊，你会拖累整个团队的！”妈妈着急地说。唐翌哲不假思索地说：“我必须去，我要信守承诺。”第二天一早，唐翌哲毫不犹豫地在爸爸的陪同下回到学校，坐上了去广州的车。在彩排过程中，有两名其他队员因为发烧吃不下快餐，唐翌哲同学让爸爸把带来的一点稀粥分给两位舞蹈队员吃，并告诉爸爸帮忙照顾这两位队员，他自己能够自己照顾自己。在队员们的共同努力下，表演非常成功地完成了。在返程中，仍然发着烧的他迷迷糊糊地在座位上睡着了，但他的脸上泛着快乐的笑容。

知恩守礼，心地善良

唐翌哲同学是一个善良、知礼的孩子。在家里，他尊敬长辈、礼貌待人、体贴父母，尽力帮助父母做力所能及的家务活，让亲情其乐融融，有时父母因为工作原因不在家，他从来都是自己照顾自己，不给父母添麻烦，有很强的自理能力；对待邻里，他文明礼貌、与人为善，深得邻里喜爱。他积极进取、乐于助人、富有爱心，极力帮助有需要帮助的人。当他听到爸爸说工作的地方还有很多贫困家庭，他主动提出希望去看看那些贫困家庭的孩子；当班级家委会提出在中山市板芙镇寻找一些贫困家庭的孩子开展“共同成长”——“一对一”交朋友，他第一个响应，还积极协助进行筹备；当看见自己的朋友家里非常贫穷，住的是松皮棚，父亲还患重病，他感到很难过，询问爸爸可以怎样帮助他们。他遵守社会公德，爱护公共财物，保护生态环境，从不乱扔一片垃圾，从不摧残一草一木。从小养成节约每一滴水、每一度电、每一张纸的好习惯，并提醒家人周围人一起环保。他为了使北极熊不致于那么快死亡，坚决拒绝爸爸上车就开空调和自己晚上开空调睡觉；他把家里的废弃旧电池收集到一起，送到回收站；他把家里的旧报纸、矿泉水瓶、塑料包装袋积攒起来，卖给回收废品的叔叔。

行为感染，师生夸赞

和许多同龄的孩子一样，唐翌哲同学热爱学习、喜爱阅读。他喜欢听《弟子规》《大学》《论语》，每天早上一起床就嚷着叫妈妈放给他听，边听边吃早餐，边听边琢磨。在阅读许多古代文学故事的过程中，他渐渐接触了许多做人做事的道理，不仅对人正直友好，与同学和谐相处，有良好的道德品质，而且在诚信助人和拾金不昧方面的表现尤为突出，做到急人所急，替别人着想，曾多次拾到别人的财物，都一一想方设法寻找到并归还失主，得到失主的感谢。例如，2013年11月10日，唐翌哲同学在回家的公交车上拾获一个钱包，钱包里有一千多元现金，还有信用卡、饭卡、学生证、身份证等证件。他环顾四周，大声问谁丢了钱包，可是失主早就下了车，怎么办呢？他问了一起随行的外公，外公告诉他先把这个钱包带回家，然后想方设法联系上失主。唐翌哲一路在想，那位丢失了钱包的哥哥会多着急啊。回到家，他立刻寻着学生证上的信息打广东药学院中山校区的值班电话，请求值班人员帮忙联系上失主，并留下了联系电话。那位丢失了钱包的学生看见自己的物品失而复得，感动极了，一个劲地说“谢谢、谢谢”；当得知他是中山市石岐中心小学学生，他执意给学校校长室打去了电话，对他们学校学生拾金不昧的高尚品格赞许不已。还有一次，唐翌哲同学在高速路服务区拾到一部贵重的手机，他急忙地对爸爸妈妈说：“丢了手机的人肯定很着急，因为里面的电话号码他都会忘记。”唐翌哲很着急，坚持在原地等候失主的到来，但等了十多分钟也不见失主。在妈妈的引导下，他暂时保管了这部手机，他相信失主会打电话回来。果然半小时后，失主来电了，原来那是一个东莞市的失主，他和失主约定，帮她把手机关机并留下联系电话，让失主尽快来领回手机。3天后，那位失主专程从东莞赶来中山领取手机，当面感谢了唐翌哲同学，夸他真是一个助人为乐的好孩子。过去的两年多里，他曾拾获4台新的手机，并都一一归还失主。每当他帮助了别人，得到别人的赞许，他的心里总是美滋滋的。

唐翌哲同学不但自己讲诚信、懂礼仪，还用自己的言行感染着周围的每一个人，是一位播种诚信友爱的好少年，他无愧于学校“三好学生”“中山市美德少年”的称号。他就像一棵沐浴在阳光下的小树，平凡普通，却散发着迷人的美德之光，带动、影响着身边的每一个人……

后记：古人云：“民无信则不立。”诚信不仅是一种品行，更是一种责任；不仅是一种道义，更是一种准则。唐翌哲同学所做的一点一滴，普通而平凡。在他眼里，诚信就是说话算数和信守承诺，就是要对人正直友善、充满爱心。这对于一个孩童来说实在难能可贵，这也折射出中山市石岐中心小学从小就注重对孩子的环境熏陶引导和老师的潜移默化，是该学校坚持对孩子进行社会主义核心价值观教育的重要体现，是学校德育的成果缩影。假如我们的学校都能长期坚持对孩子的正面引导，让广大青少年学生从小就养成现代人必须而且应当具备的基本素质和品格，那么诚信将会成为耀眼璀璨的阳光，光芒普照大地；成为广袤无垠的大地，胸怀承载山川；成为秀丽神奇的山川，净化人的心灵。诚信是最美丽、最圣洁的心灵，它让人问心无愧、心胸坦荡。

孝感人间，坚强少女为病父撑起一片天

——记河源市职业技术学校『最美孝心少年』李律捷

题记：『宝剑锋从磨砺出，梅花香自苦寒来！』她说一定会好好读书，诚实做人，靠自己的努力改变命运；同时回报社会，帮助更多有困难的人。

李律捷，女，1997年出生，17岁，就读于河源市职业技术学校学前教育专业二年级。

祸从天降家变故

李律捷本来拥有一个平静而完整的三口之家。父亲李永福没有固定工作，在市区用摩托车载客赚钱养家，母亲也没有工作，只是在家操持家务。虽然家庭经济比较拮据，但一家人相亲相爱、其乐融融，小律捷过着简单而快乐的生活。可老天爷对小律捷太苛刻了，连如此清贫而简朴的生活也不肯给她。

2002年的一天，父亲李永福突然患了一种怪病，四肢抽搐无力，不能站立，更不能行走，甚至不能用手拿着碗筷吃饭；同时，父亲视力严重下降，说话含糊不清，生活完全不能自理。患病初期，亲戚带父亲先后到河源、广州等大医院检查治疗，可连具体病因都查不出来，治疗根本没有效果。父亲病了，家里的“大山”轰然而倒！家里原来的一点积蓄根本不够支付父亲高昂的医药费，很快便欠债累累，同样贫穷的亲戚也无能为力，母亲便开始外出日夜打工，年仅5岁的小律捷开始学习照顾生病的父亲和操持家务。在亲戚和邻居的帮助下，她学会了买菜、做饭、喂父亲吃饭喝水等，生活艰难地熬着。可是两年后，日夜操劳而又看不到希望的母亲终于无法忍受，狠心地将亲戚及社会好心人捐助的准备给父亲看病的3万元卷走，留下了当时年仅7岁的女儿和身患怪病的丈夫，从此音讯全无，10年来电话也没打一个。

母亲的离家出走让卧病的父亲痛彻心扉，也让小律捷哭干了眼泪。但是，想到父亲，她只能抹干眼泪，更加悉心地照顾和安慰父亲，硬是用自己坚强的性格和稚嫩的臂膀支撑起了苦难的家。她不仅要包揽做饭、洗衣等所有家务，还要帮父亲擦洗身子，帮助父亲从床上艰难地移到椅子上再慢慢挪到卫生间上厕所。

看到年幼的律捷无力独自照顾父亲，大伯父便把父女俩接到了家里，住在一间不足１２平方米的铁皮棚里，并帮助律捷向政府申请了每月250元的低保，父女俩就靠着低保收入维持生计。其实，大伯父的家境也很困难，大伯母患有恶性肿瘤，主要靠两个儿子打工维持一家人的生活；而二伯父30年前就瘫痪在床，一直由大伯父一家照料。这个不幸的大家庭一共有３个病人，生活的艰辛可想而知。

坚强撑起苦难家

虽然有大伯父的协助，但照顾父亲的重担大部分落在了年仅8岁已经上小学的律捷身上。她每天早上6点多就起床去市场买菜，回来煮好早饭，侍候父亲起床吃饭，然后，匆匆忙忙背着书包赶去学校，放学后又赶紧回家，放下书包去忙家务。父亲有病，她不能让父亲饿着，每顿饭都要及时做给父亲吃。低保收入微薄，250元要维持着父女俩每月的日常生活，小律捷学会了精打细算。为了买到便宜而又新鲜的蔬菜，小律捷常常跑到几公里外的批发市场买菜。为了父亲能吃好每一顿饭，小律捷每顿饭都变着花样为父亲做可口的饭菜。每天晚上，煮好饭、侍候父亲吃饱饭，小律捷还要为父亲擦洗身体，然后才做洗衣服、扫地等家务活。等一切忙完了，小律捷才有空拿出课本，温习当天的功课，做当天老师布置的家庭作业。尽管这样，懂事的小律捷学习非常用功，成绩一直在全年级名列前茅。因为她想用优秀的成绩和表现来抚慰父亲苦痛的心，让父亲高兴一点。她知道，病痛正吞噬着父亲的身体，母亲的离家出走使父亲的病雪上加霜，她无力抚平父亲内心的伤痛，就尽量除上学外的其他时间都在家陪着父亲，给父亲讲学校的事情，与父亲一起憧憬着自己长大后的未来，鼓励父亲克服失去母亲的痛苦，战胜病魔，鼓起活下去的勇气和信心。住的地方虽简陋，但小律捷总是把家收拾得干净整洁，把父亲的衣服和被褥晒得清清爽爽。父亲整天在家里，她要让生病的父亲住得舒服点。小律捷在好心人的帮助下，还到处奔走寻求治疗父亲的方法。为了赚钱给父亲买药，初中阶段的李律捷便开始在附近的商场做假期工。

在学校，小律捷好学开朗、热心助人，老师和同学们都很喜欢她，可老师和同学们一直不知道阳光、开朗、活泼、门门功课都非常优秀的李律捷背后有一个苦难的家庭，有个需要她照顾的病父。

自强孝女迎春来

2006年7月，李律捷的伯父看着他们父女连基本的生活也维持不了并面临着失学的情况下，带着李律捷到市妇联求助。市妇联在了解核实情况后，将她纳入了“阳光助学”和每年节假日活动的慰问对象，并于2008年帮助李家申请了一套政府廉租房，使两父女能够从12平方米的长年漏雨的铁皮棚搬到了两房一厅约四十平方米的廉租房里；同时积极联系有关媒体对李律捷的不幸和孝心进行报道，希望更多的爱心人士伸出援助之手。2012年，初中毕业的李律捷为了能早点参加工作，报读了河源市职业技术学校（与河源市广播电视大学两校合一）的学前教育专业。在学校，她学习非常努力，成绩很优秀，尤其是钢琴弹得很好，还曾经代表学校参加市里的演出活动。自强、乐观的李律捷从不向学校反映自家的困难，只是一放学就往家赶。老师从侧面了解到她家的情况后，向学校申请了特困生助学金，帮补一下父女俩的生活。

2013年底，深圳市宝能投资集团有限公司的负责人在《广州日报》上看到了关于李律捷独自照顾病父十年的报道，为其孝心与坚强所感动，遂主动联系省扶贫基金会对其家庭进行慰问，捐款资助李律捷完成大专学业，保障父女近几年的生活和李父日常的医药费。10年来，在小律捷的精心照顾下，父亲的病情也有所好转，能够在女儿的帮扶下起来坐一会儿，可以结结巴巴地一个字一个字说话了，他吃力地对前来探望他们的好心人说："律捷很孝顺，也很坚强，10年了，她一直都很细心和耐心地照顾我，我为有这样的女儿感到骄傲。"

后记：李律捷非常感谢社会各界热心人士的关心与援助。她表态一定会好好读书，诚实做人，靠自己的努力改变命运，同时回报社会，帮助更多有困难的人。"宝剑锋从磨砺出，梅花香自苦寒来！"我们相信，经历过种种艰难与困苦的李律捷一定会迎来属于自己和父亲的春天！

为胸前的红领巾增光添彩

——记河源市第一小学『十佳少年』朱芳菲

题记：『哪怕我是一颗小星星，我也要让它闪光发亮！』这是朱芳菲同学的座右铭。这句话给了她很大的鼓舞，时刻提醒她严于律己、拼搏向上。

朱芳菲同学是河源市第一小学六（5）班的学生，自入学以来一直品学兼优、多才多艺、能力突出，每学期均被评为学校“优秀三好学生”。朱芳菲同学从小就立志读好书、做好人，回报父母、回报师长、回报社会，并一直用实际行动践行自己的诺言。在学校老师的耐心教导下，在父母殷殷期盼和自身努力下，朱芳菲同学在德、智、体、美、劳方面都得到全面发展。经过辛勤的努力，朱芳菲同学的学习成绩始终名列年级前列，在各项比赛活动中多次获得佳绩：2014年被评为学校的“十佳少年”；2013—2014年连续4次被评为学校的“学习标兵”；2008—2014年连续11次被学校评为“优秀三好学生”；2013年获河源市电视台教育视线的“达人之星”称号；2011年和2012年连续两年在河源市电视台举办的新年音乐会上成功地表演了钢琴独奏；2013年以优良的成绩取得钢琴十级证书；2013年获河源市器乐比赛小学组一等奖；2012年获中国少儿小金钟音乐大赛河源决赛铜奖；2010—2014年连续8次被评为学校“优秀班干部”；2012—2013年连续两次被评为学校“优秀小巡警”；2012年获学校演讲比赛二等奖；2014年获学校现场作文比赛一等奖；2011年获全国小学生英语竞赛低年级一等奖；2008年获中国青少年艺术选拔河源赛区钢琴组二等奖；2009年获全国青少年优秀选拔河源赛区三等奖；2010—2013年连续4次获得学校数学口算比赛的奖项；2012年获学校英语单词积累比赛二等奖；2013年获学校现场作文比赛三等奖；2011年获学校数学日记比赛一等奖；2009年获学校词语积累比赛一等奖；2012—2014年连续3次获学校英语作文比赛一等奖；2014年获学校英语单词积累比赛一等奖……

朱芳菲同学是一个脸上总挂着自信的微笑、明亮的双眸透着智慧的阳光女孩。她以自己的行动不断地为胸前的红领巾增光添彩。

班级的“领头羊”

在学校，朱芳菲同学对待学习和工作一丝不苟、脚踏实地，每一次的任务都按老师的要求认认真真地完成，课堂上总能听到她独特的见解。无论是在学习上还是在工作中，她都是大家公认的“领头羊”。

作为班长，对于学校布置的各项任务，她总是积极认真地去完成，力求快而好。在班主任叶老师的指导下，她组织了多次中队活动，如交通安全教育、牙科知识竞赛、学雷锋、六一主题等有意义的活动。她还写得一手端正秀气的好字，每次出班级的黑板报时，她都积极画报花、写字。另外她积极出谋划策，组织同学参加社会实践活动，不仅活跃和丰富了班级的文化生活，而且提高了班级的凝聚力。

朱芳菲同学认为：班长就是一个班集体“领头羊”，要积极配合老师，有责任管理好班级事务，处处维护好班级荣誉。在工作中，她平等地对待每一位同学；在任何时候，任何情况下，“想同学们之所想，急同学们之所急”；在自习课上阻止那些说话和乱搞小动作的同学，让自习课保持安静；当同学之间发生矛盾时，她会主动调解矛盾，化干戈为玉帛。她手中还握有一份德育量化考核表，详细记录了同学们的各项加分和扣分的情况，如：上课回答问题加分、作业工整加分、背诵课文加分、乐于助人加分、卫生保洁加分、违反纪律扣分、不按时完成作业扣分……班务事情在她的管理和带动下井井有条，她总是能让为同学们一直操心的老师放下沉重的一颗心，是老师的一个得力助手！

学习的好榜样

朱芳菲同学成绩优异，但从没在同学面前显出一种优越感。她富有爱心，待人诚恳热情，对学习和生活上遇到困难的同学，总能及时地伸出援助之手，尽己所能帮助他们。班主任叶老师考虑到她学有余力又乐于助人，编座位时，有意安排一些学习或上课表现方面欠佳的同学跟她同桌。她总是乐于接受，跟她同桌过的同学也都能从她那里有收获，或在精神上深受感染，或在学习上倍受教益。朱芳菲同学在老师的教育和父母的关心下，养成了良好的学习习惯，学习专心，勤学善思，不懂就问，常主动与老师同学交流学习心得，从中获得了很大的进步。在老师的鼓励和熏陶下，她对源远流长的中华文化十分热爱，养成了爱好阅读的好习惯，很早便广泛阅读了历史类、传记类、名著类和其他多种题材的作品，有效拓展了知识面，并注重学有所用和学习创新，勇于实践，不断进行写作锻炼。她以童眼观世界，发现生活、感受生活，写下自己的思考。如今她已经有《我读书，我快乐》《七色彩虹》《观郁金香花展》《百善孝为先》《再见了，老师》等多篇习作获奖并在《河源日报》“古邑学堂”和《河源晚报》教育版中发表。

“我要为胸前的红领巾增光添彩！”朱芳菲同学总是这样说。她常常在校内外的学习、活动中忙得不亦乐乎，但她总是充满自信地面对。她多次参加民乐队比赛、钢琴比赛、朗诵比赛、牙科知识普及竞赛、现场作文比赛等等，每次都认真准备，付出了许多辛劳和汗水。多少个中午，别人休息或看动画片时，她早早来到学校在教室里反复练习；多少个傍晚，同学回家了，她留下来仔细揣摩，每一个动作、每一个眼神都力争做到最好。记得那次朗诵比赛，由于比赛时间紧迫，她利用晚上休息时间练读千多字的讲稿，第二天早晨五点就爬起来背诵。虽然因感冒扁桃体红肿发炎，嗓子很痛，但她却坚持苦练。最终，虽然只获得了演讲比赛的二等奖，但她的努力过程令人钦佩，同学们都把她当作自己学习的好榜样，老师们也夸奖她。而面对大家的赞扬，谦逊的她只是微微一笑，在心中立下了更高的目标。

家里的好孩子

在家里，她是个懂得感恩的好孩子。她在家里孝敬长辈，和睦邻里，小小年纪就有了很好的口碑。

妈妈做饭时，她总爱在一旁帮忙，淘米、择菜、打鸡蛋，都是她的拿手好活。妈妈照顾一家人很辛苦，晚上她端来热水为妈妈洗脚，一双小手抚摸着妈妈的脚，说："妈妈，您为我操劳了这么多年，辛苦了。"体贴的话语让妈妈感动流泪。爸爸工作辛苦，经常加班劳碌奔忙。她默默记在心里，每天总要给爸爸打个电话或发个短信，提醒爸爸注意身体。奶奶年纪大了，细心的她常常陪老人散步聊天，还给身体不便的奶奶洗头，用自己省下的零钱为老人买来可口的点心。2013年10月，她的奶奶不小心摔倒，卧床不起。她主动喂奶奶吃饭，为奶奶端尿盆、擦身、按摩、洗衣服等等，十足是个小大人！百善孝为先。她孝敬父母，体贴老人，得到亲人们的由衷夸赞。

社会的文明使者

在社会，她是文明使者。"弯弯腰，捡出一片净土。"外出游玩、小区散步，她总不忘随手捡起地上的奶盒、纸屑，一言一行讲道德，举手投足见文明。文明不就应从这点点滴滴小处做起吗？她还是家里的低碳宣传员，她告诉奶奶洗菜的水要浇花；洗衣服的水冲马桶；用过的易拉罐、包装盒做成小收纳盒，装饰居室。

"哪怕我是一颗小星星，我也要让它闪光发亮！我要为胸前的红领巾增光添彩！"这就是朱芳菲。她全面发展，积极进取，助人为乐，表现优异。她是优秀少先队员的代表，是文明的宣传员，是一位"十佳少年"。

后记：我们相信，朱芳菲同学秉感恩之心，以爱心待人，在未来的学习、生活中一定会演绎更多的精彩。

自强不息的学子

——记河源市紫金县好义镇高尚小学学生江海亮

题记：江海亮同学这样激励自己：『面对生活的不幸，我们要自强不息。』在自己的生活学习中，他始终表现出顽强的品质，不断地奋斗进取。

江海亮，男，十二岁，就读高尚小学六年级，学校少先队中队长，班级班长。他爱祖国、爱人民、爱劳动、爱科学、爱社会主义；他团结同学、热爱集体、身体健康、生活自立；他做事求完美、做人求真诚，是一名有理想、有道德、有文化、有毅力、守纪律的小学生。他的学习成绩一直名列前茅，连续六年被评为校级“三好学生”“优秀少先队员”“优秀班干部”。他小小年纪，却以良好的思想品质、优异的学习成绩、全面发展的综合素质，成为同学中的佼佼者。

坚强乐观，快乐成长

江海亮自小生活在农村一个贫穷的家庭中，家徒四壁，住在一个破旧的瓦房里。父亲在江海亮出生时已经四五十岁了，又没什么手艺，在家只能务农，生活很艰难。母亲生下他们两姐弟后，不堪忍受贫困的生活，在江海亮四五岁时离开了这个家，音信全无。江海亮过早地失去了母爱。然而命运的不幸又降临在这个家中，父亲在江海亮读二年级时不幸患上癌症，又无钱治病。父亲在痛苦中去世了，江海亮和姐姐成了孤儿，姐弟俩只能相依为命。生活的重担过早地压在了他们姐弟俩身上，但江海亮是个坚强的孩子，这一切不幸并没有打倒他。在那些艰难的日子里，他在学校里依然认真地学习，依然和同学们友好地相处，依然尽心地履行班长的职责，没有在同学和老师面前流过眼泪，也并未因此而变得郁郁寡欢，他的各科成绩也依然名列前茅。

那段时间里，他姐姐在家里经常以泪洗面。有一次，姐姐哭着说：“海亮，我们从小失去了妈妈，现在又没了爸爸，以后的日子可怎么过呀！”他含着眼泪告诉姐姐：“姐姐，不要难过，一切都会好起来的，我们要好好学习，将来出人头地。”

自此，他告别了以前与同学们一样的衣来伸手、饭来张口的日子，变得勤快而懂事，成为家中的好帮手。放学回家，他洗菜、扫地、做饭；节假日，在做好功课之余，他尽可能干一些力所能及的家务活。

努力学习，积极进取

学习上，他是佼佼者，有良好的学习习惯，各科学习成绩一直在班级名列前茅，尤其是语文更加优异，令人敬佩。每次上课的时候总是专心听讲，时刻跟着老师的思维，作业总是完成得又好又快，遇到不会的问题就记下来，第二天问老师。六年来，他上学从不迟到或早退，上课专心听讲，独立思考，认真完成各科作业。此外，他还不断充实自己的课外知识，每到双休日，他就早早地起来看课外书，《昆虫记》《西游记》《林海音童话集》等书籍均已看完，并认真地做好了读书笔记……六年来，他一直担任班级的班长，连续六年被学校评为“三好学生”。同时，他还积极参加各类竞赛，多次获奖。

工作上，他处处以身作则，为同学们树立了良好的榜样，是老师得力的小助手。他从小就懂得遵守纪律，讲文明，热爱集体；他热爱劳动，积极带领同学们参加学校组织的各项有益的活动，加强体育锻炼，身体素质好。学校开展“文明学生”活动中，他带头不买零食，不乱扔纸屑果皮，不随地吐痰。见到有的同学违反了学校规定，他勇于上前指正。有时遇上个别同学为一些鸡毛蒜皮的小事吵闹起来，他总是主动上前劝阻，并像个小老师似的跟他们讲些“同学间要团结”“大事化小小事化了”的道理，常常能使犯错误的同学沉下气来认错并表示坚决改正。

在校领导、班主任及各位老师事无巨细的照料下，自小就十分懂事的他顺利而快乐地生活着，其聪敏好学、刻苦努力是全体师生有目共睹的，因为他知道：“天将降大任于斯人也，必先苦其心志，劳其筋骨，饿其体肤，空乏其身，行拂乱其所为，所以动心忍性，曾益其所不能。”在人生的道路上，自己并不是孤军作战，因为自己身后有着庞大的后援。他把生活中的坎坷和学习上的困难都当作对自己的考验，是人生对自己的磨炼，因此他有勇气面对人生的挑战。

心地善良、乐于助人

他和同学们相处得特别好，从来不和同学闹矛盾，同学请他办事总是尽力而为。几年来，他勤勤恳恳地为班级、为同学服务，更为难得的是经历如此悲惨的他，心灵并没有因此蒙上阴影，依旧保持着一颗纯洁、善良的心。

五年级上学期，同学江庆明的爸爸因病去世了，悲伤的庆明默默地在教室里流泪，班主任老师一边安慰着庆明，一边担心庆明的忧伤情绪会影响到他，可是没想到他竟用自己省吃俭用留下的零花钱买了彩色玻璃纸和一个精致的纸盒，利用课余时间，动手将彩纸折成一颗颗美丽的小星星，因为他在电视上看到：一个人生病了，朋友们把亲手折叠的千纸鹤挂在他的床上，这个人的病渐渐就好了。于是，他萌生了折千纸鹤的想法，希望自己亲手折叠的千纸鹤能消除庆明内心的忧伤，他把自己折的五彩星星放进纸盒中送给庆明，希望庆明像他一样拥有一颗坚强的心。这是多么纯洁而善良的心灵啊！他的行为深深地打动了同学们和老师的心！

江海亮同学特别爱帮助别人，班级里哪位同学有困难，他也会不辞辛苦地为之排忧解难。记得有一次，班里有个学生因病需要在家休养几个星期，他看在眼里，急在心里。于是他主动找到班主任说："老师，江杰不能来上学了，许多功课都会落下的，我家距离他家很近，让我去为他补课吧！"班主任迟疑了一下说："你，你行吗？"他好像看出班主任的心思，忙说："老师，你放心吧！我一定不会耽误了江杰同学的学习。"就这样，他每天利用课余时间去为江杰补课，把这一天老师讲的内容原原本本地讲给那个同学听，为了讲得详细些，课上他认真做笔记，不放过老师说的每一句话。返校后，江杰在第一次的单元检测中就取得了很不错的成绩，这与江海亮同学的耐心补习是密不可分的。事后，班主任才知道他们两家离得并不近，他们一家住村东头，一家住村西头，而且中间还要经过一条大沟，为了不耽误补习，他放学就先跑到那个同学家里，等补习完功课再回家吃饭，然后做功课。

除了关心同学爱护班级外，他更是班级的学习带头人：在课堂上认真听讲，积极动脑发言，课后能够及时复习巩固，并且能够提前预习下一篇课文；平时在学习中遇到困难，能够主动找其他同学讨论，力求解决问题；每次考试都名列前茅。在他的这种学习风气的带动下，全班形成了良好的学习习惯，同学们都以他为榜样，争做好学生。

作为一名孤儿，江海亮同学是不幸的，但同时江海亮同学也是幸运的，因为他有着许多人的关爱。多年以来，社会上和学校中也有很多的人关心帮助他，助其完成学业。这一切让他深切地感受到了社会主义大家庭的温暖，感受到了党对我们青少年深切的爱，从而也造就了他热爱祖国、热爱党、帮助他人的优秀品质，使他具备了勇于探索、善于创新、不怕挫折、乐观自信、团结奋进的拼搏精神。

后记："面对生活的不幸，我们要自强不息。"这是江海亮最喜欢的一句格言。我们相信，江海亮会在爱的浸润中茁壮成长！让我们满含期待的目光，期待着江海亮走向辉煌的那一天！

赠人玫瑰，手有余香

——记河源市源城区啸仙中学学生李璐

题记：『赠人玫瑰，手有余香。』在帮助别人的过程中，自己也收获了快乐，所以我愿意倾己之力助人为乐。

李璐，河源市源城区啸仙中学八年级的学生，现担任八年级（8）班班长，兼任学校学生会主席。她一直是一个品学兼优的学生。她爱父母、爱祖国、爱人民、爱劳动、爱科学；尊敬师长，团结同学，乐于助人；勇于战胜病魔；虚心好学，刻苦钻研，各科成绩优异；勤俭节约，生活朴实，各方面表现非常突出，是一名有理想、有道德、有文化、有毅力，守纪律，全面发展的优秀学生，是学校全体学生的学习楷模。具体事迹如下：

品德优秀，思想上进

她十分重视自己的思想品德培养，从小就以我国历史名人和现代英雄人物的故事为榜样，向他们学习，立志将来做一个对国家、对人民有用的人。她能够认真学习并践行社会主义核心价值观，自觉地严格遵守《中学生守则》和《中学生日常行为规范》，自觉遵守学校的一切规章制度，自从入学以来从未有过迟到、早退、旷课等现象出现。因为表现出色，获得不少荣誉：2010年被评为东源县“三好学生”；2013年被评为源城区“三好学生”；2014年被评为校级“十佳学生干部”；并曾多次获得“三好学生”“优秀班干部”“优秀学生会干部”等荣誉称号。

战胜病魔，快乐学习

2008年，一场意外的重病——白血病让李璐和她的家庭陷入了困境，她不得不休学一年，花尽了家中所有积蓄。就在一家人陷入绝望时，深圳市宝安区福永中心小学、宝安区塘尾万里学校全体师生给了她大力支持与关爱，让她深深地懂得人间自有真情在，让她懂得了生命的珍贵，也让这个坚强的女孩儿看到了世界的美好和灿烂，更让她拥有一颗感恩的心。在广州南方医院经过一年多的治疗后，她终于回到她家乡的小学继续上学。她一边坚持康复治疗，一边返校学习。李璐同学虽然因病经常耽误上学，但仍然坚持天天复习功课，并且每次考试都是班里第一。她在自己取得优异成绩的同时，不忘帮助学困生。凭借着自己在深圳读小学时比农村学校优先接触到英语知识，她利用课余时间，对班里一些后进生一个一个单词地教，使他们开心地学习英语。她曾经对班里的后进生陈烨同学进行长期学习上的帮扶。在她不断的努力下，陈烨同学也在不断地进步。与此同时，她还经常帮助班主任做同学的思想工作，常用自己战胜病魔、发愤图强的经历说服身边的同学要珍惜生活、好好学习。“赠人玫瑰，手有余香。”她常说在帮助别人的过程中，自己也收获了快乐，所以她愿意倾己之力助人为乐。

诚实守信，热心公益

她热爱祖国，勤奋学习，立志成才，把理想付之于实际行动之中。在社会，她诚实守信，遵守社会公德，热心公益活动，在实践中磨炼自己的能力，增长自己的才干。在校除了自己努力学习之外，作为一班之长，为了使同学们团结一致，形成良好的班风，她经常组织全班同学到农村孤寡老人家中，帮助老人挑水、拾柴火、打扫卫生、陪老人聊天，使老人家多一分快乐，少一分空虚；还主动组织同学们为贫困同学捐款助学。她在校尊重老师，关心同学，在帮助别人的过程中，使自己和他人不断进步，并得到快乐。2013年，雅安地震后，她捐出了自己积攒的所有零花钱，并且组织全班同学为灾区捐款。作为学生会主席，她经常组织志愿者到河源双下福利院做义务劳动，慰问孤寡老人，为老人做力所能及的事，陪他们聊天，抚慰他们寂寞的心灵。她说她一定要加倍努力，以雷锋为榜样，做好事，做好人，为和谐社会贡献一份微薄之力。

孝敬父母，尊敬长辈

李璐还是一个非常孝敬长辈的好孩子。她心地善良，追求纯真，无私无邪。在家长的眼里，她是一个懂事的好孩子，甚至可以说是父母的知心朋友。在家里，她自己能做的事情自己做，不管是学习还是生活，自己的事情很少要父母操心，自己主动分担不少家务，从小就开始坚持自己洗脚、洗袜子、叠被子等。上了初中，她更勤快了，每天吃饭前后，主动给父母盛饭、端菜、收碗、擦桌、洗碗。懂事的她从来不挑吃穿、不攀比享受，只是和别人比自己学到的知识，比在学校的表现。尽管她的经历特殊，但是她在家中从来不搞特殊。

后记：阳光总在风雨后，梦想总在憧憬中。这个追梦的好少年，像一只雄鹰向着自己的理想执着地起飞！怀揣着一份坚毅、一种感恩，一个14岁的少女同样用行动抒写着青春最华美的篇章！